성경 이야기 상담

이론과 실제

성경 이야기 상담
이론과 실제

초판인쇄 2025년 2월 20일
초판발행 2025년 2월 28일

지은이 오우성, 박민수
펴낸이 최준규

총괄기획 박노일
편 집 이상민

펴낸곳 피앤씨에듀
경기도 고양시 일산동구 백석로 119 214-904
등록 제2017-000078호
전 화 070)7550-3758 팩 스 02)6280-3758
홈페이지 www.pncmedia.co.kr 이메일 pnc@pncmedia.co.kr
ISBN 979-11-88782-78-9 93180

정 가 20,000원

머리말

성경에는 다양한 이야기들이 기록되어 있습니다. 이 이야기들은 쉽고 재미있으며 기억에 오랫동안 남습니다. 또한 많은 기독교인들에게 감동을 주며 삶의 의미와 기쁨을 회복시켜 줍니다. 이런 의미에서 성경 이야기는 오랫동안 상담자의 기능을 해 오고 있다고 할 수 있습니다. 이 책에서는 성경 이야기의 이런 기능을 조금 더 발전시켜서 성경 이야기 상담Biblical Narrative Counseling으로 소개하고자 합니다.

성경 이야기 상담은 성경의 영감성을 대전제로 하고 있습니다. 성경을 해석하는 데 성령과 성경 간의 관계가 등한시된다면, 성경이 잘못 읽히기 쉽습니다. 성경이 학문적 연구의 대상이 될 때에도 영감으로 쓰인 말씀이라는 성경의 본질이 등한시되어서는 안 된다고 봅니다.

이 책을 쓰게 된 동기 중 하나는 많은 기독교인들이 성령의 본질과 사역에 대해서 잘 알지 못할 뿐 아니라 현실생활에서 그분의 임재와 활동을 인식하거나 느끼지 못하고 있다는 문제에 대한 해결책을 찾아보고자 하는 것입니다. 성령의 사역 중 하나는, 특히 요한복음에서 강조하는 것이지만, 현실적 삶에서 우리와 항상 함께 계시고 우리 안에 계시며 우리를 인도하시는 것입니다.

성경 이야기 상담은 결국 성령께서 성경 이야기를 수단으로 해서 내담자를 회복시키는 상담이라고 정의할 수 있습니다. 성경 이야기 상담은 그동안 이러한 경험이 없는 기독교인들이 성경 이야기를 통해서 성령과의 만남이 체험되도록 고안된 것입니다. 예수 그리스도를 믿음으로써 구원을 얻게 되는데, 그 구원은 추상적인 것도 아니고 지적이거나 교리적인 것만도 아닙니다. 현실적으로 성령께서 우리와 함께하심이 그 구원의 중요한 증표입니다. 그 성령께서 미숙한 우리를 끊임없이 성숙시키시고 그 성숙하는 과정을 감사하며 즐거워하는 것이 기독교인들의 삶입니다. 성경 이야기를 통해 성경 속의 인물들이 깨닫고 느끼며 살았던 경험이 오늘날의 기독교인들에게도 늘 함께 했으면 합니다.

성경 이야기 상담이 기독교 상담의 한 모델로서 교인들의 구원사역에 쓰일 수 있기를 기대합니다. 성경의 계시적 능력은 비단 이야기 형식의 내용에만 국한된 것은 아니지만 복음의 진리를 선포하는 데 이야기 형식이 널리 사용된 것은 그만큼 이야기가 이런 목적에 효율적인 수단이란 사실을 잘 말해 주고 있습니다. 우리나라 교인들은 어릴 때부터 성경 이야기에 익숙해 왔기 때문에, 이 상담은 적용 가능성이 크다고 할 수 있습니다. 무엇보다도 이해하기가 쉽고 적용하기도 쉽다는 것이 이 상담의 장점이 될 수 있습니다.

기독교인들은 누구나 적어도 두세 개 이상의 성경 이야기를 알고 있기 때문에 성경 이야기를 소재로 하는 상담은 모든 기독교인들이 사용할 수 있는 상담 방법입니다. 또한 이 상담은 상담자가 있을 때 사용할 수 있지만, 상담자 없이 자기 스스로 성경 이야기를 사용해서 성경공부 방식으로도 상담할 수 있습니다. 이런 의미에서 성경 이야기 상담은 모든 기독교인들이 사용할 수 있는 상담 방법입니다.

이 책을 성경학 전공 오우성 교수와 기독교 상담 전공 박민수 교수가 함께 집필한 것은 성경에 근거한 기독교 상담을 개발해 보고자 한 노력의 일환입니다. 성경 이야기 상담은 국내외에서 처음으로 개발되었기 때문에 아직도 부족하고 미비한 점들이 있습니다. 이 부분은 앞으로 끊임없이 연구되어서 보완되어야 할 것입니다.

이 책은 성령께서 끊임없이 통찰력을 주시고 힘을 주시며 마음을 같이하는 많은 동역자들을 허락해 주심으로 서로 간에 격려가 되어 훨씬 쉽게 완성할 수 있었습니다. 이 상담을 개발하는 동안 이 작업에 참여하여 도움을 준 기독영성상담연구소의 연구원들 한 분 한 분에게 각별한 감사의 말씀을 전합니다.

오우성 · 박민수

차 례

제1부 성경 이야기 상담의 이론적 배경

제1부

성경 이야기 상담의 이론적 배경

제1장

성경과 상담

성경 이야기 상담은 성경 이야기를 분석하는 데 그치지 않고, 구체적으로 상담 및 치유까지 제시하고 있다는 점에서 고무적인 시도를 하고 있다. 접근 방식은 성경 이야기를 상담의 소재로 삼고 있다는 점에서 일반 이야기 상담과 다르다. 성경을 깊이 연구하고 있기 때문에 이러한 연구는 큰 의의가 있다.

1. 성경과 심리상담

성경은 초대교회 때부터 다양한 기독교 상담의 교재로 사용되어 왔다. 비록 학문적인 체계는 결여되어 있지만 지금도 전통적인 방식으로 성경이 상담에서 계속 사용되고 있다. 성경의 저자들은 교리적·신학적 관심도 컸지만 무엇보다도 목회적 관심이 지대하였기 때문에 교인들의 영혼과 삶의 치유와 상담에 대해 많은 것을 가르치고 있다.

1) 상담에서의 성경 사용

상담에서 심리학의 도움을 받아 성경 사용을 학문적으로 시도한 사람은 1930년대 R. C. 캐봇Cabot과 R. L. 딕스Dicks였다. 그 후 50년대부터 W. 오츠Oates, C. 와이즈Wise, E. 투르나이젠Thurneysen, J. 애덤스Adams, G. 콜린스Collins, L. 크랩Crabb, T. 오덴Oden, W. 오글즈비Oglesby, D. 캡스

Capps가, 국내에서는 박종수, 양유성, 이관직, 전요섭 등이 상담에서의 성경 사용에 관해서 관심을 가지고 연구해 왔다. 그런데 이들 대부분은 상담학자들이다.

성경학자들은 이러한 연구와 접근방식에 대해서 회의적이거나 냉담한 반응을 보여 왔다. 이런 현상은 심리학 쪽에서 기독교에 대한 부정적 관점을 가지고 있는 것에 기인한다. 이 문제를 더욱 심각하게 만든 것은 19세기 말 K. 하제Hase 등의 성경학자들이 예수 그리스도와 바울과 같은 성경 속 인물들에 대해서 현대심리학 이론을 근거로 병리적 해석을 하면서부터였다. 다시 말하면 예수 그리스도와 바울 사도를 정신적으로 비정상적이라는 주장을 심리학을 근거로 제시한 것이었다. 이런 상황이 서서히 개선되기 시작한 것은 F. C. 그랜트Grant의 논문, 성경의 심리학적 연구(*Psychological Study of the Bible*)가 나온 이후의 일이다.

시편의 '진리'는 다윗의 저작이냐 아니냐 하는 것이 아니고 하나님과의 관계에서 개인과 모든 사람들의 심층을 표현한 것이라고 보았다.[1] 시편의 저자들은 죄와 용서, 해방과 기쁨을 온전히 체험한 사람들이며 주님 안에서의 인간 영혼의 심층을 잘 관찰했다. E. 굿이너프Goodenough도 그의 책 성숙한 신앙을 향해서(*Toward a Mature Faith*)(1955)에서 심리학적 성서해석의 가치와 중요성을 지적했다. 그는 심리학적 비평은 성서해석의 새로운 지평을 열고 먼 미래에까지 영향을 미친다고 보았다.

현대 독자들은 심리학적 통찰력을 가지고 성서를 읽는다. 그래서 심리학적 이론은, 그것이 적절하게 사용된다면, 성경을 해석하는 하나의 도구로서 유용하게 쓰일 수 있다. 심리학 이론을 기초로 하고 있는 상담은 성경의 관점과 권리를 적용할 때 기독교 상담이 될 수 있다. 성경이

1) F. C. Grant, "Psychological Study of the Bible," in *Religions in Antiquity: Essays in Memory of R. Goodenough*, ed., J. Neusner, (Leiden Brill, 1968), 112.

상담의 지도 원리를 제시할 수 있고 주요한 자원으로 사용될 수 있는 것은 성경이 인간의 다양하고 복합적인 경험들을 다루고 있기 때문이다. 인간은 그의 능력과 지혜의 한계로 갖가지 고통과 어려움을 겪는다. 인간은 성경을 통해서 자신의 진실한 모습을 발견할 수 있다. 죄의식으로 고뇌하는 영혼, 죽음의 두려움으로 체험하는 좌절과 환멸, 끊임없는 불안과 무의미로 우울해지는 삶, 이 모든 것들이 성경 속에서 나타난다.

그래서 많은 사람들이 성경을 알고 내담자의 문제를 정확히 이해할 수 있다면 성경구절을 직접 내담자에게 적용하는 것이 효과적이라 생각해 왔다. 이런 관점에서 성경의 뒷부분에 부록형식으로 삶의 갖가지 상황들과 문제들을 열거해 놓고 적용할 수 있는 성구들을 추천하는 목록을 만들어 놓았다. 콜린스는 "상담 중 유익하게 사용할 만한 참고 성구들"이라는 표에서 불안, 두려움, 분노, 실망, 죽음, 질병 등 다양한 상황을 열거하고 그에 합당한 성구들을 제시하고 있다.[2)]

그런데 크랩이 밝힌 대로, 많은 상담자들은 성경이 상담의 온전한 지침서가 되기 위해서는 위의 방식만으로는 부족하다는 것을 알게 된다.[3)] 전요섭은 세속적 심리이론에 성경구절만 덧붙이는 것, 상담자가 성경에 무지하여 그것을 오용하는 것, 내담자의 죄책감을 부추기는 것, 성경에 대한 미신적 견해와 부적절한 적용 등[4)]을 상담에서 성경을 사용할 때의 문제로 지적한다.

2) G. Collins, 교회지도자를 위한 효과적인 상담, 정동섭 역 (서울: 두란노, 1984), 41－43.
3) L. Crabb, 인간이해와 상담, 윤종석 역 (서울: 두란노, 1993), 97f.
4) 전요섭, "목회상담에서 성경의 역할과 활용방안에 관한 연구," 성결신학연구 (성결대, 13, 1988), 203－219.

2) 성경 사용과 성경 해석

사회구조가 단순한 시대에는 사람들의 문제도 비교적 단순하였다. 그러나 현대 후기의 다양하고 복합적인 사회는 쉽게 이해하기 어려운 많은 문제들을 생산해 낸다. 이러한 문제들은 서로 다른 가치관과 이해관계, 개인주의화되어 공감대를 상실해 가는 사람들에게 더욱 심각하게 나타난다. 이러한 문제들을 이해하고 해결하기 위해서는 보다 체계적이고 학문적인 문제분석이 필요하고 성경의 적용도 이에 맞추어 보다 체계적이고 학문적으로 이루어져야 한다.

성경의 적용문제는 성경의 해석문제와 불가분의 관계에 있다. 성경을 보다 심도 깊게 해석하여 성경의 다양한 측면을 이해하게 되면 상담상황에 적용하는 방식도 다양해질 수 있고 보다 깊은 문제의 원인도 밝혀낼 수 있다. 성경 해석 분야는 초대교회 이후로 많은 연구가 이루어졌고 시대에 따라 다양한 방식이 등장하였다. 때로는 성경의 문자적·역사적 의미가 선호되기도 하고 때로는 알레고리적 영적 해석이 주도적인 방식이 되기도 하였다. 20세기는 역사 원리가 성경 해석의 지도 원리가 되면서 성경은 과거의 책이 되어 현재의 삶과 큰 괴리를 가지게 되었다. 이 원리에 따라 교육받은 신자들은 역사적인 지식은 풍부하지만 현실적 삶에 그 지식을 활용할 수 없는 문제를 경험한다. 이 역사비평방식은 또한 성경 본문을 부분부분 절단함으로써 미시적 분석을 시도하여 성경 본문의 전체적이며 유기적인 의미를 찾지 못하게 하였다.

이런 문제들이 지적되면서 20세기 말부터 등장한 문학비평방식은 역사비평방식이 가진 문제들을 극복하고 성경 해석의 새로운 차원을 열어 주었다. 무엇보다도 성경을 그 문학적 장르에 따라 전체적으로 읽고 해석할 수 있게 하고 성경이 제시하는 초월적 세계와 영적 의미를 추구할 수 있는 길이 열리게 된 것이다. 이 책에서 소개하는 서사비평은 문학비평의 일종으로서 성경의 본문을 전체적인 이야기로 읽으면서 성경 본래의 의미를 밝혀 보고자 하는 것이다. 그래서 성경 이야기 상담은 무엇보다도 성경 이야기의 본질과 가능성, 그리고 그 한계점을 분명히 파악해야 한다.

2. 성경 사용 원리

성경 이야기를 분석하기 전에 상담에서 성경이 사용되는 원리와 방식에 대해서 간단히 알아보자. 1930년대부터 오늘에 이르기까지 성경을 상담에서 사용하는 원리와 방식에 대해서 많은 연구가 있어 왔다. 이러한 연구를 종합하여 D. 캡스는 성경이 상담에서 사용되는 원리를 네 가지로 제시한다.

첫째, 성경 사용 시 내담자의 특별한 필요와 환경에 맞추어야 한다.

둘째, 성경은 내담자의 신체적·심리학적 한계에 예민하게 반응하여 사용해야 한다.

셋째, 성경 사용은 상담 원리나 방법들과 일관성을 가져야 한다.

넷째, 상담자는 성경의 특정한 텍스트가 가지고 있는 역동적·현시적 능력을 인식해야 한다.[5)]

그러나 위의 원리에 대한 반론도 심하다. E. 투르나이젠은 성경 본문이 환자의 필요에 따라 정해지는 것이 아니라 성경 말씀이 환자의 필요를 규정해야 한다고 보았다. 이 견해는 개인의 내면적 갈등을 분석하는 역동적 심리학에 대한 불신을 반영한다. 대표적 학자는 J. E. 애덤스인데

5) D. Capps, "Pastoral Use and Interpretation of the Bible," in *Dictionarry of Pastoral Care and Counseling*, ed., R. J. Hunter, (Nashville: Abingdon Press, 1990), 82–84.

그는 도덕적·교훈적 성경 사용을 주장한다. 그의 입장은 보수적 관점을 대변하는데, 그에 의하면, 상담에서 성경구절은 내담자의 필요에 따라서 선정되어야 하나, 선정된 성경구절은 분석적 가치보다는 도덕적 가치를 더 중요시해야 한다. 선정된 성경구절은 내담자의 내면적·심리적 갈등을 분석하는 데 사용되는 것이 아니고, 내담자의 죄를 고소하고 도덕적 행위를 유도하는 데 사용되어야 한다는 것이다.[6] 애덤스는 내담자의 심층적 갈등은 탐색할 필요가 없고, 그 탐색이 정확하다는 보장도 없기 때문에 기독교 진리와 마찰을 일으키는 내담자의 행위를 찾아서 성경을 사용하여 회복시키면 된다고 보았다.

애덤스의 방식은 다소 시대에 뒤진 느낌이 있지만, 우리가 놓치지 말아야 할 중요한 통찰력을 가지고 있다. 사람들은 삶의 수준이 높아지면 좀 더 섬세하고 관대하게 대우를 받으면서 살고 싶어 한다. 그래서 탈근대주의 시대의 특징으로 문제해결도 옛날처럼 엄격한 방식을 획일적으로 적용하기보다는 다양한 방식을 선호한다. 이런 추세에 맞추어 상담 현장에서도 상담자의 일방적인 권위와 지도를 따르기보다 내담자의 참여와 협력을 강조하는 시대로 변하고 있다.

상담이 기독교 상담이 되기 위해서는 애덤스가 제시한 성경의 충족성은 만족되어야 한다. 기독교 상담에서 성경의 진리는 기초이며 원리가 되어야 한다. 물론 성경을 어떻게 상담에 적용하느냐 하는 방법론의 문제는 성경 해석학의 도움을 얻어야 한다.

그러나 대부분의 상담학자들은 애덤스의 견해와는 달리 성경구절 선정에서 내담자의 문제에 대한 주제적 관련성보다는 역동적 관련성을 더 중시했다. 예를 들면, 이혼 문제를 다루는 데 이혼에 관한 성경구절

6) Ibid., 83.

이 반드시 가장 적절한 것이 아닐 수도 있다는 것이다. 대신에 예수의 비유나 바울의 서신 중에서 내담자의 내면적 갈등의 역동성을 이해하는 구절들이 더 적절할 수도 있다. 이 점은 내담자의 문제에 대해 단순히 성경구절을 제시하거나 적용하는 방식을 넘어서 내담자의 심리에 대한 역동적 이해가 필요함을 강조한다. 그런데 여기에서 지적해야 할 사실은 내담자의 문제에 대한 역동적 이해가 필요한 것처럼 성경에 대한 역동적 이해도 필요하다는 것이다.

이것은 성경 이야기 해석에서 하나의 교훈이나 교리를 이끌어 내기보다는 이야기의 역동성을 살려서 문제해결을 시도하는 방식이다. 이런 점에서 위에서 제시한 성경 사용의 네 번째 원리는 특별한 연구를 필요로 한다. 지금까지는 상담에서 내담자의 내적 역동성 분석에 치중했지만, 그에 못지않게 중요한 것은 텍스트의 역동성을 파악하는 것이다.

성경의 본문은 변화시키고 현시하는 능력을 가지고 있다. P. 리쾨르Ricoeur에 의하면 성경 본문은 '세계를 현시하는disclosive' 기능을 가지고 있다. 성경의 의미는 교훈적이며 신학적인 것에 국한되지 않고 새로운 세계를 나타내 보이는 힘을 가지고 있다. 이 새로운 세계는 성경에서 말하는 '하나님의 나라'이다. 독자가 텍스트의 세계에 몰입한다는 것은 서사비평에서의 공감현상과 유사하다. 이 새로운 세계는 내담자에게 도전하며 초청한다. 성경은 단순히 상담절차와 원리를 인증하고 강화하는 차원을 넘어 내담자를 새로운 세계로 인도하는 능력을 가지고 있다.

그래서 성경 본문의 현시적 능력을 평가하고 규정하는 방법이 개발되어야 한다. 성경은 내담자에게 어떤 변화를 일으키는가? 그 변화는 어떤 기준으로 평가되어야 하는가? 이런 질문들은 성경에서 대답을 찾아야 한다. 이런 점에서 캡스의 지적은 정확하다.

> 성경 텍스트의 현시적 잠재력이 보다 더 잘 이해된다면 우리의 상담 방법들은 성경 텍스트에 의해서 보다 직접적으로 정보와 지식을 제공 받을 수 있고 심리치료 이론과 기술에 보다 덜 의존하게 될 것을 우리는 기대할 수 있다.7)

이 말은 현대의 심리치료 이론과 기술이 필요하지만, 그것보다 더 성경 본문의 현시적 능력에 의존할 수 있다는 의미이다. 캡스의 이 통찰은 성경 이야기 상담에서 구체화될 수 있다. 성경에는 다양한 문학 장르가 있지만, 무엇보다도 이야기 형식의 성경 본문에서는 새로운 세계를 현시하는 기능이 강하게 나타난다. 성경 이야기 세계는 문제를 해결할 수 있는 새로운 경험의 장을 마련해 준다.

3. 성경 사용 방식

성경이 상담에서 사용되는 방식은 간단하게 정의하기 어렵다. 역사적으로 볼 때 성경은 목회상황에서 다양한 방식으로 사용되어 왔다. 내담자의 문제가 시대별로 다른 것처럼 성경의 사용도 시대별로 큰 차이가 있다.

1) 시대별 성경 사용 방식

성직자의 권위가 높았던 초대나 중세 교회에서는 상담자의 역할을 했던 성직자 위주로 성경이 사용되고 상담이 진행되었다. 그런데 이런 경우 상담자가 성경을 권위주의적authoritarian으로 사용하여 상담의 효과를 줄이는 경우가 있다. 일단 상담자에게 상담의 주권이 있을 때, 성경

7) Ibid., 84.

의 말씀이 쉽게 윤리적 교훈으로 바뀌어서 강제적 주입식이 되거나 과장되고 강박적인 행동을 권장하게 된다. E. P. 윔벌리Wimberly는 성경의 권위적authoritative 사용과 권위주의적 사용을 구분했다. 전자는 내담자의 문제를 깊이 통찰하여 성경을 분별력 있게 사용함으로써 상담의 효과를 높이는 사용이고, 후자는 내담자를 억압하고 위축시켜서 내담자로 하여금 왜곡과 위장을 하도록 하는 방법이다.[8)]

현대사회에 접어들면서 내담자의 문제가 다양해지고 욕구가 커짐에 따라 성경 사용 방식에도 변화가 있었다. 기본적인 방식으로는 내담자가 문제를 토로하면 상담자는 그에 합당한 성경구절을 찾아 내담자를 위로하고 권면하는 방식이다. 이 일은 굳이 성직자의 역할에 의존하지 않고 평신도들도 할 수 있는 일이고 또 성경이 권하는 일이다. 이런 경우에는 보통 성경에서 나타난 어떤 용어, 구절 혹은 신학적 개념들을 내담자의 상황에 직접 연결시킨다. 이 경우 상담자의 성경적·신학적 지식이나 성경의 해석 방법 등이 중요한 주제로 등장한다. 일반적으로 상담자는 전문적인 신학과 성경 해석 교육을 받지 않았기 때문에 그들의 인용이나 해석이 피상적이기도 하고 때로는 본문을 왜곡하는 문제도 생긴다.

전요섭은 건전한 성경 활용 방안으로 성경구절 분량의 적절한 선정, 내담자와 협의된 성경구절 활용, 지시적 방식, 성경의 과제 부과, 활용의 적절성, 즉 바른 해석과 적용 등을 제시한다.[9)]

이상의 활용 방안은 내담자가 대체적으로 성경에 대해서 개방적이거나 적대감이 없을 때 효과가 있다. 상담자가 기억해야 할 사실은 기독교 내담자일 경우 내담자는 상담자에게 오기 전에 스스로 성경의 말

8) E. P. Wimberly, 목회상담과 성경의 사용, 김진영 역 (서울: 한국장로교출판사, 2005), 17.
9) 전요섭, op. cit., 189−194.

씀을 여러 차례 삶에 적용해 보려는 시도를 했을 것이다. 이런 방법이 내담자에게 효과적이지 못했기 때문에 상담자를 찾게 되는데, 상담자가 일방적으로 성경을 상담상황에 인용하는 것은 부정적 반응을 더욱 부추길 가능성이 있다. 따라서 이런 경우는 먼저 내담자가 성경인용에 어떻게 반응하는지를 민감하게 살펴야 한다. 특히 유의해야 할 사실은 내담자가 성경을 오역하거나 자기중심적으로 왜곡하여 믿고 있는 경우이다. 이런 경우는 성경 말씀에 대한 그릇된 지식과 편협한 해석을 교정해 주는 것이 필요하다.

2) 상담자의 성경관

성경을 상담에서 사용한다고 할 때 먼저 고려해야 할 사항이 상담자의 성경관이다. 상담자가 어떤 성경관을 가지고 있느냐에 따라 그가 성경을 상담에서 사용하는 유형이 달라진다. 이 성경관의 차이로 성경적 상담과 기독교 상담이 서로 다른 입장을 취하게 된다. 성경관은 복합적인 차원에서 설명될 수 있지만, 상담과의 관계에서 보면 성경에서 계시된 진리와 심리학의 진리 간의 관계 설정이 문제가 된다. 일반적으로 성경의 계시를 심리학의 진리보다 우월한 것으로 보는 입장이 보수적인 성경적 상담의 주장이고, 양자 간의 관계를 동등한 것으로 보는 것이 진보적인 기독교 상담의 입장이다.

(1) 보수적인 기독교 상담

보수적인 기독교 상담의 견해를 잘 대변하고 있는 사람이 J. 애덤스이다. 성경을 상담 현장에 직접 적용하는 유형으로 애덤스의 권면적 상담이 있다. 애덤스는 내담자의 문제 분석부터 해결방안 제시까지의 모든 과정이 성경의 진리를 구현시켜야 한다고 본다.[10] 이 상담은 성경의 진리가 먼저 확립되고 그것에 비추어서 내담자의 문제를 분석하고 해결방안을 제시한다는 점에서 그 접근 방식이 비교적 단순하고 해결책도 분명하다는 장점이 있다. 이에 반해서 내담자의 다양한 문제들을 충분히 수용하지 못하고 일방적 권면과 지시로 끝날 우려가 있다.

이런 유형의 상담은 수직적인 권위가 존중되는 시대에 유효하였으나 현대의 상황에서는 저항과 이탈을 불러올 수 있다. 이 접근방식은 선지자들의 질책과 위로를 연상시키기 때문에 선지자적 상담유형이라고 할 수 있는데 이 방식을 통해서 내담자가 자신의 문제를 깊이 통찰할 수 있다면 유효한 상담방식이 될 수 있다. 애덤스는 이런 관점에서 성경을 주석하여 성경상담 주석 시리즈를 출판했는데 그의 이러한 시도는 성경과 상담을 접목시키고자 하는 노력의 일환이다.

(2) 복음적인 기독교 상담

애덤스의 유형이 가지는 문제점들을 보완시키면서 성경의 적용을 보다 심도 깊게 시도한 사람이 L. 크랩이다. 크랩은 애덤스의 성경적용 방식은 제한된 문제들에만 국한된다고 보면서, 성경 해석의 다양성을 살려서 보다 광범위한 문제들에 접근할 수 있게 해야 한다고 본다. 크랩의 성경관은 다음과 같이 요약할 수 있다.

첫째, 심리학은 성경의 권위 아래 있다.

둘째, 성경은 정확무오한 영감된 계시이다.

셋째, 성경 우위성의 원리가 학자들의 사상을 기능적으로 조절해야 한다.

넷째, 성경과 심리학 간의 통합을 시도하는 사람은 성경 내용에 통달해야 한다.[11]

10) J. E. Adams, 성경적 상담법, 이종태 역 (서울: 월간목회사, 1977), 12f.

L. 크랩에 의하면, 상담의 이론적 근거를 성경에 둔다는 것은 성경의 충족성이 만족되어야 한다는 뜻이다. 그는 성경의 충족성을 "상담자나 심리치료사가 물을 필요가 있는 모든 질문이 성경 내용이나 성경에 함축된 의미로서 답변된다는 의미이다."라고 정의한다.[12] 이 정의는 다소 광범위하고 추상적이긴 하지만 성경의 진리가 상담의 기초가 되어야 한다는 정신을 잘 표현한 것이다. 그는 상담에서 성경 해석의 중요성을 강조한다. 그는 성경이 바로 해석된다면 상담자의 모든 질문에 대한 해답의 기본 틀을 제시할 수 있다고 본다.[13] 그가 유기적 성경 해석의 가능성을 최대한 살려서 다양한 내담자 문제를 성경의 원리하에서 해석하고 해결책을 제시한다는 측면에서 전망이 있는 방식이라고 평가할 수 있다. 특히 그가 신앙 공동체의 문제해결 능력과 역할을 강조하여 성경의 사용을 신앙 공동체의 기능과 연계시킨 점은 현실적으로 발전시켜야 될 부분이다.

(3) 진보적인 기독교 상담

진보적인 기독교 상담의 견해는 성경이 내포하고 있는 세계관과 인간관을 중심으로 심리학과의 대화를 시도하는 것이다. W. 커원Kirwan은 성경적 세계관과 인간관은 창조 질서, 성경이 강조하는 관계성, 성숙한 인격에 대한 성경의 가르침으로 풀이한다.[14]

목회 상담과 기독교 상담으로서 성경의 진리와 심리학의 진리를 동등한 것으로 보는 상담은 그 종류가 많다. 이 상담들의 경우에 기독교 상담의 정체성 문제가 제기된다. 만약 심리학의 진리와 성경의 진리가 동

11) J. E. Adams, 성경적 상담학, 정정숙 역 (서울: 총신대출판부, 1982), 54.
12) L. Crabb, 기독교 상담심리학, 오현미 역 (서울: 나침반, 1994), 94.
13) L. Crabb, 인간이해와 상담, 29f.
14) W. Kirwan, 현대기독교 상담학, 정동섭 역 (서울: 예찬사, 2007), 40-72.

등하다고 본다면 심리학의 진리만으로도 충분하다는 결론이 가능하다.

특히 심리학의 진리가 성경의 진리와 배치될 때, 이 상담들에서는 심리학의 진리를 택할 것이라는 사실을 쉽게 예견할 수 있다. 이런 경우에 이 상담을 굳이 기독교 상담이라고 해야 할 이유와 근거가 사라진다. 이것이 기독교 상담에서 정체성의 문제를 불러일으키는 주요 요인이다.

3) 상담에서 성경을 사용하는 세 가지 방식

일반적으로 기독교 상담에서 기독교적 정체성을 갖추기 위해 성경적 세계관이나 인간관이라는 신학적·성경적 틀을 가지고 있다고 하지만 이 기준도 실제 상담상황에서 적용하기에는 추상적이며 혼란스러운 경우가 많다. 전요섭도 상담에서의 성경 활용에 대해 분명한 지침이 없고 일관성이 적으며 활용방식이 다양한 점을 지적하고 있다. 이런 다양한 사용방식을 종합정리해서 요약한 사람이 캡스이다. 그의 분류에 의하면 다양한 방식을 세 가지로 나눌 수 있다고 한다.

첫째는 성경의 특정 인물들이 사용하는 상담기법을 연구하여 그것을 상담상황에 적용하는 것이다. 예를 들면 예수 그리스도나 바울, 사무엘 등의 상담기법을 연구하는 것이다. 물론 이 경우 이 인물들이 현대적 기준으로 보는 상담을 했다고 보기는 어렵다. 그러나 많은 사람들이 이들과의 만남과 대화를 통해서 문제해결을 한 것은 분명하고 그 과정에서 오늘날 기독교 상담자들이 배울 수 있는 기법들이 있음은 분명하다.

두 번째는 상담상황에서 제기되는 성경적인 주제들, 죄와 죽음의 문제, 고통과 악의 문제, 갖가지 재난과 사고로 인한 상처 등을 성경적으로 조명함으로써 내담자의 문제를 해결해 보고자 하는 것이다. 이 방식으로 상담에서 제기되는 성경적 주제들을 중점적으로 다룬 사람은

W. B. 오글즈비이다. 그는 상담자들이 현장에서 제기되는 문제들을 성경적 관점에서 분석하고 해답을 제시하기 위해서는 성경신학적 지식이 필요하다고 보았다. 성경에는 수많은 신학적 주제들이 있는데 이 주제들은 직간접적으로 내담자의 문제들과 연관되어 있다.[15] 그는 상담에서 특히 중요하게 다루어야 할 주제로 하나님의 주권과 자유, 두려움과 믿음, 동화와 저항, 죽음과 재생, 위험과 구속을 집중적으로 다루었다. 그는 결론 부분에서 위의 주제들 외에도 성경에서 중요한 주제들로 다루어야 할 것은 이름의 의미, 종속과 독립, 개인과 공동체의 주제라고 열거했다.[16] 그는 구체적 상담 사례를 제시하면서 성경의 각 주제들을 이 사례와 연결시켜 예리하게 분석하고 있다.

세 번째는 성경에 대한 문학적 접근 방법을 통하여 성경의 각 부분의 문학적 특성을 파악하고 그것을 상담과 연결하는 방법이다. 성경은 문학적으로 볼 때 시, 이야기, 역사기록, 비유 등 다양한 장르로 구성되어 있다. 이 문학 형식은 내담자의 경험과 문제를 분석하고 이해하는데 도움을 줄 수 있다. 이 방식은 성경의 문학적 형식과 내용의 흐름을 살려서 상담에 적용하는 방식이다. 이 방식은 누구보다도 캡스가 깊이 연구한 분야인데, 그는 성경의 다양한 문학형식 중에서 특히 시편, 잠언과 비유에 관심을 가진다.

그는 성경의 이 세 가지 형식을 인간이 처하기 쉬운 세 가지 한계상황과 연결시키는데 그가 보는 인간의 한계상황은 인내의 한계, 도덕적 통찰력의 한계와 이해의 한계이다. 그는 갖가지 고통스러운 상황으로 인내의 한계를 경험하는 내담자들에게 시편은 공감이나 감정이입의 방식을 통해서 그들을 위로하고 도움을 줄 수 있다고 보았다. 그는 시

15) W. B. Oglesby, Jr, *Biblical Themes for Pastoral Care* (Nashville: Abingdon Press, 1980), 45.
16) Ibid., 222f.

편에 나타난 다양한 정서적 경험 중 특히 슬픔의 정서에 주목하고 슬픔의 위로과정을 구조화할 것을 제안한다.

잠언의 문학적 형식은 도덕적 통찰력의 한계상황을 겪는 내담자에게 지시적 방법으로 도덕적 규범적 방향을 제시해 줄 수 있다. 여기서 지시적 방식을 사용할 때 내담자의 도덕성 발달 수준이 고려되어야 한다.

그는 비유형식이 이해의 한계를 가진 내담자의 인지재구성에 도움을 줄 수 있다고 보았다. 비유는 전통적으로 윤리적 교훈을 주는 것으로 해석했지만 많은 비유의 핵심은 역설과 전도subversion를 통한 기존의 인식변화에 그 초점이 맞추어져 있다. 이 비유의 특성을 상담에 적용할 때 인식변화에 어려움을 겪는 내담자를 도와서 파괴적 성향에서 긍정적 성향으로의 전이를 쉽게 유도할 수 있다.[17] W. G. 롤린스는 캡스의 이론을 현실치유의 한 형태로서 잠언 사용, 정서적 정화와 갱신된 희망의 조성 수단으로서 시편 사용, 인지적 재조직의 조력자로서 비유 사용이라고 요약했다.[18]

캡스의 이론은 성경의 문학적 형식을 예리하게 관찰하여 상담상황에 적절하게 연결시켰다는 점에서 높이 평가 받고 있다. 그가 성경의 사용에서 성경의 권위를 강조하고 성령의 역할을 중시한다는 점도 고무적이라 할 수 있다. 그러나 그의 접근 방식이 가지는 약점은 그의 성경관이 명확하게 제시되지 못한 점, 전통적인 성경 사용 방법과 그의 방법이 조화를 이루지 못한 점 등이다.

일반적으로 목회자들은 성경이 상담에서 중요한 역할을 해야 한다는 점에 대해서는 반대가 없지만, 애덤스의 접근 방식처럼 교리적 · 수

17) D. Capps, op. cit., 147f.
18) W. G. Rollins, *Soul and Psyche: The Bible in Psychological Perspective* (Minneapolis: Augusburg Fortress, 1999), 180.

직적 접근에는 문제가 있다는 인식을 가지고 있다. 그러나 현 상태로서는 성경이 상담에서 구체적으로 어떻게 적용되어야 하는지에 대해서 일치된 견해를 찾기 어렵다. 이 문제는 성경과 상담과의 관계에서 성경학자들이 부정적 내지는 소극적 입장을 취하고 있기 때문에 더 이상의 진전을 기대하기가 어렵다. 이 문제를 잘 지적한 사람이 D. 캡스이다. 그는 현재 성경학의 이론을 상담에 적용시키는 작업을 하면서, 성경학자들이 이 주제에 대해서 관심이 없다는 사실과 성경학이 목회 상담학에 유용한 도구가 될 것이라는 생각을 하는 사람이 적다는 것을 발견했다고 말한다.[19] 캡스의 이 지적은 앞으로 성경학의 연구 과제로서 제시되어야 할 부분이다.

캡스는 성경의 문학적 형식에 주목하여 시편, 잠언, 비유를 중심으로 살폈는데 그가 연구하지 못한 분야는 성경 해석학에서 최근 활발한 연구가 이루어지고 있는 서사, 즉 이야기 분야이다. 문학적으로 보면, 성경은 신구약을 통틀어 방대한 부분이 이야기 형식으로 기록되어 있다.

성경 해석학 분야에 20세기 후반부터 서사비평이 등장하면서 성경 이야기를 이야기 형식으로 읽고 해석하고자 하는 연구가 많이 이루어지고 있다. 이에 맞추어 상담에서도 성경 이야기를 상담 방법으로 이용하고자 하는 움직임이 있어 왔다. 이 분야가 아직 큰 관심을 끌고 있지 못하지만 몇몇 학자들은 성경 이야기가 내담자의 문제를 분석하고 그 문제에 대한 진단 및 치유 능력을 가지고 있음을 인식하고 있다.

성경에는 많은 본문들이 이야기 형식으로 기록되어 있다. 이 이야기는 그 내용으로 볼 때 역사, 복음, 비유 등 다양한 모습을 띠고 있는데, 이 다양한 성경 이야기가 내담자의 다양한 문제를 해석하고 분석하

19) D. Capps, op. cit., 10f.

는 데 도움을 줄 수 있다.[20]

성경 이야기 상담은 인간이 처하고 있는 세 가지 한계를 다 극복할 수 있는 상담이다. 왜냐하면 성경 이야기에는 내담자가 공감이나 감정이입을 통해서 인내의 한계를 극복할 수 있는 많은 이야기들이 있다.

예를 들면, 내담자는 성경 이야기의 인물, 사건, 배경, 혹은 관점에서 공감 혹은 감정이입을 체험할 수 있다. 성경 이야기에는 내담자 이해의 한계를 극복할 수 있는 비유가 많이 들어 있다. 예를 들면, 이야기 형식으로 된 탕자의 비유나 선한 사마리아인의 비유 등이 이에 속한다. 나아가 성경 이야기는 도덕적·영적 통찰력의 한계를 극복할 수 있는 다양한 성경적 메시지를 포함하고 있다.

4. 성경 이야기와 상담

성경 이야기는 현실의 이야기를 반영하고 있기 때문에 내담자의 현실적 문제를 분명하게 인식하는 데 도움을 주며, 문제인식이 있고 난 후에 그 문제에 대한 상담 및 치유까지도 이루어 낼 수 있다. 성경 이야기의 이런 능력은 성경 이야기가 가지고 있는 역동성과 메시지와 관련이 있다.

우선 성경 이야기가 상담 분야에서 지금까지 연구되고 있는 내용을 먼저 간략히 소개한다. 필자의 견해로는 성경 이야기는 상담에서 크게 두 가지 측면에서 연구되고 있다. 첫째는 정신심리학적 측면에서의 연구이고, 둘째는 문학적 측면에서의 연구이다. 먼저 간략하게 전자의 견해를 살펴보겠다.

20) D. Capps, *Biblical Approaches to Pastoral Counseling* (Eugene, OR: Wipf & Stock Publishers, 2003), 10－12.

1) 정신심리학적 측면에서의 연구

정신심리학적 분야에서는 몇 가지 접근방식이 있지만 그중에서 융의 분석심리학 이론을 이용하여 성경 이야기의 역동성을 분석하고 문제를 진단하며 치유하고자 하는 학자들이 있다. D. O. 비아Via의 경우 성경 이야기를 가지고 상담 및 치료까지 연결시키지 않지만 성경 이야기를 융의 심리학적 관점에서 분석하여 문제를 진단하고 있다. 비아는 누가복음 15:11-31의 탕자 이야기를 그 실례로 든다. 이 이야기는 문학 장르상 비유의 범주에 들어가지만 비유 중에서 서사적 비유로서 이야기로 취급할 수 있다. 이 비유에는 사건, 등장인물, 배경이 나오며 특정한 관점과 수사학이 들어 있다. 비아는 이 이야기에 등장하는 인물들을 융의 분석심리학적 개념으로 설명한다.

> 아버지는 자기, 탕자는 자아, 큰 아들과 돼지는 그림자이다. 여기서 탕자가 자신의 몫을 가지고 먼 나라로 가는 사건은 자아가 그의 독립성을 확보하기 위하여 자기를 떠나는 것으로 해석된다.[21]

탕자는 모든 것을 허비한 후에 심한 가뭄을 만나 먹을 것을 찾지 못하여 돼지가 먹는 것으로도 배를 채우지 못하는 상황에서 비로소 자신의 참된 모습을 발견하게 되는데, 이것은 융의 분석에 의하면 자아가 그림자와의 동화를 통해서 자기를 발견하게 되는 것이다. 이 아들을, 자기의 상징인 아버지는 잔치를 벌여 영접하지만 그림자인 큰 아들은 정죄에서 벗어나지 못하고 있는 모습을 나타낸다.

비아는 이 이야기에서 인간의 문제는 궁극적으로 자아와 그림자와의 갈등이지만 자기를 발견해 나가면서 해결될 수 있는 것으로 풀이한다.[22] 동생에 대한 형의 정죄는 억압으로 작용하여 동생의 소외현상을

21) D. O. Via, "The Prodigal Son: A Jungian Reading," *Semeia*, 9, 1977, 21f.

불러오지만 아버지의 영접은 결국 문제해결의 실마리가 된다. 이 이야기에서 비아는 내담자가 흔히 부딪히기 쉬운 문제를 심리학적으로 잘 분석하고 있지만 상담 및 치료에 대한 구체적인 언급은 없다.

박종수는 비아와 같이 융의 심리학으로 성경 이야기를 분석하고 더 나아가서 상담 및 치료의 방법까지 제시하고 있다. 그는 이야기 치료의 예로 나아만 장군의 이야기(왕하 5:1–14)를 들어서 먼저 융의 심리학으로 분석하고 상담 및 치료기법을 구체적으로 제시하고 있어 흥미롭다.[23] 그의 상담 및 치료기법은 적극적 상상을 통한 무의식 엿보기, 연상과 확증을 통한 분석, 등장인물의 콤플렉스 발견 및 이야기 다시하기를 통한 인지재구성 등이다. 그는 또한 자신의 가면 벗기, 내면의 소리 듣기, 문제 외부 노출하기 등 개성화를 위한 구체적 방법을 상세하게 설명하고 있다.[24] 박종수는 성경 이야기를 분석한 것에 끝나지 않고 구체적으로 상담 및 치료까지 제시하고 있다는 점에서 고무적인 시도를 하고 있다. 그의 접근 방식은 성경 이야기를 이야기 치료의 소재로 삼고 있다는 점에서 일반 이야기 상담과 다르다. 그는 성경학자로서 성경을 깊이 연구하고 있기 때문에 그의 연구는 큰 의의가 있다고 본다.

단지 성경 이야기에 심리학 이론을 적용하는 경우 발생하기 쉬운 문제는 성경 이야기 자체의 상담 및 치료 능력이 상대적으로 격하될 위험이 있다는 것이다. 성경 이야기는 단순한 하나의 이야기가 아니고 성경의 본문이기 때문에 성경 해석이 먼저 신중하게 이루어져야 한다. 그렇지 않으면 성경 이야기는 이미 짜인 분석심리학의 이론적 틀에 맞추어져 해석되어 성경 이야기의 맥락과 의미를 잃어버릴 가능성이 있다

22) Ibid., 35ff.
23) 박종수, 성서와 정신건강 (서울: 한국신학연구소, 2004), 66–92.
24) Ibid., 167–174.

는 것이다. 이러한 심리학주의나 환원주의의 위험성을 잘 인식한 G. 타이센Theissen은 성경 본문을 역사적 · 문학적 · 신학적으로 먼저 충분히 분석하고 난 후에 심리학 이론을 적용하고 있다.

2) 문학적 측면에서의 연구

두 번째로, 문학적 내지는 성경 해석학적 방식으로 성경 이야기를 상담에 적용시킨 학자는 윔벌리이다. 윔벌리는 내담자의 개인신화, 결혼신화와 가족신화를 탐색해서 내담자가 가지고 있는 문제를 분석한다. 그리고 이 분석에 근거해서 M. 화이트White와 D. 엡스톤Epston의 이야기 치료 기법을 사용하여 내담자의 문제를 해결하고자 한다. 그는 이 상담과정을 7단계로 나누어서 설명한다.

1단계, 당면 문제에 관심 기울이기
2단계, 내담자 개인, 결혼, 또는 가족의 신화에 관심 기울이기
3단계, 신화의 성격 규명하기
4단계, 신화의 영향을 도표화하기
5단계, 선호하는 이야기 경청하기[25]
6단계, 목표 정하기
7단계, 신화 재구성하기

그의 이론에서 독특한 점은 성경 이야기에 대한 서사비평의 통찰력을 이용하고 있다는 점이다. 이 점은 필자가 성경 이야기를 서사비평적 관점에서 분석하고자 하는 점과 일치한다. 단지 그의 이론은 아직 개발중에 있기 때문에 이론적 체계를 갖추고 있지 못해서 내담자의 문제와 해

25) E. P. Wimberly, op. cit., 13.

결방식을 사례 중심으로 간략하게 설명하고 있다. 그가 서사비평을 성경 이야기에 적용하고 있지만 아직 체계적으로 발전시키지 못한 것이 문제이다. 그리고 그는 내담자와 성경 이야기 간의 문학적 효과, 즉 공감이나 감정이입과 같은 현상을 역할 이론으로 접근하고 있지만 필자는 성경적 배경을 살리기 위해서 성령론의 관점으로 설명하고자 하는 점이 서로 다르다. 그의 사례가 주로 아프리카계 미국인 중심으로 되어 있어서 한계가 있지만, 그의 시도는 괄목할 만하고 계속해서 발전시켜야 할 것이다.

J. T. E. 도건Dogun의 *Biblical Narratives in Pastoral Care*는 성경 이야기를 상담 및 치료에 적용시킨 하나의 예이다.[26] 도건은 성경 이야기를 중환자실에 조산아를 입원시키고 있는 부모들에게 적용하여 상담한 사례를 보고하고 있다. 그는 성경 이야기를 선정해서 부모들에게 상담 자료로 사용하고 있지만, 그의 사례보고는 특별한 케이스에 국한되어 있고 성경 이야기의 적용은 단편적이어서 일반적인 이론으로 체계화되어 있지 못하다.

5. 성경 이야기와 내담자 이야기

프린스턴 신학전문대학원의 상담학 교수였던 D. 캡스Capps는 상담과 성경에 관해서 통찰력 있는 진술을 한 바 있다.

> 성경 텍스트의 현시적 잠재력이 보다 더 잘 이해된다면, 우리의 상담 방법들은 성경 텍스트에 의해서 보다 직접적으로 정보와 지식을 제공 받을 수 있고, 심리치료 이론과 기술에 보다 덜 의존하게 될 것을 우리는 기대할 수 있다.[27]

26) J. T. E. Dogun, "Biblical Narratives in Pastoral Care," (D. Min., Southeastern Baptist Theological Seminary, 1993).

이 진술이 성경 이야기 상담의 본질을 잘 설명해 주고 있다. 성경 이야기 상담은 상담에 성경을 보다 더 직접적으로 사용하고 심리이론이나 사회철학이론에 덜 의존하고자 하는 상담이다. 성경의 현시적disclosive 능력은 성경의 계시성에 근거하고 있다. 성경의 이 능력은 성경 본문에서 나타나는데, 특히 이야기체 본문에서 잘 드러난다.

성경에는 수많은 이야기들이 있다. 이 이야기들은 아브라함의 이야기, 모세 이야기와 예수 그리스도의 이야기처럼 긴 것도 있고, 요나의 이야기, 선지자 나단의 이야기와 향유옥합을 깨뜨린 여인의 이야기와 같이 짧은 것도 있다. 이 이야기들은 길고 짧음에 관계없이 그 나름대로 메시지와 재미를 가지고 있다. 그러나 독자들에게 의미와 재미를 안겨 주지 않는다면 이야기로서 가치가 적을 것이다.

성경 이야기의 이런 특성으로 말미암아 이 이야기들은 초대교회 때부터 설교, 교육 및 선교에 많이 사용되었고 수많은 독자들의 가슴속 깊이 간직되어 왔다. 성경 이야기는 또한 교회의 상담 현장에서도 사용되어 왔고 나름대로 효과가 있었다. 그러나 그간 상담에서의 성경 이야기 사용은 부분적이었으며 단순한 차원에 머물러 있었다. 일반 이야기가 상담에서 효과적이라는 사실이 인식되면서 성경 이야기가 기독교인들에게 효과적인 상담 자료가 될 수 있다는 생각이 대두되기 시작했다.

기독교인들은 성경 이야기에 익숙해져 있고 성경 이야기 속의 등장인물 들의 영향을 받아 왔다.

최근에 출판된 M. B. 슈워츠와 K. J. 카플란의 성경속의 치유와 상담은 성경 이야기의 상담적 효과를 잘 드러내 주고 있다. 그러나 이제까지 상담에서의 성경 이야기 사용 방식은 문제가 있었다. 상담에서

27) D. Capps, "Pastoral Use and Interpretation of the Bible," in *Dictionary of Pastoral Care and Counseling*, ed. R. J. Hunter (Nashville: Abingdon Press, 1990), 84.

성경 이야기를 사용하고 있지만 성경 이야기 자체를 보다 학문적이고 체계적으로 연구하지 못한 것이다. 성경 이야기도 성경의 일부분이기 때문에 성경 해석의 방법론을 적용해야 한다. 사실 그동안 많은 독자들이 성경 이야기의 등장인물들에게 공감 내지 감정이입을 함으로써 문제를 해결하는 데 도움을 받았다. 이런 현상에 대해서도 학문적인 연구가 부족했다. 이 책에서는 그간의 문제점을 보완하기 위해서 성경 이야기를 서사 비평을 통해서 면밀하게 분석하고자 한다.

성경 이야기 상담은 또한 기독교 상담의 정체성을 확립하는 데 도움을 줄 수 있다. 기독교 상담은 다양하게 발전되고 그 가능성도 크다고 할 수 있으나 무엇보다도 상담에서 기독교적 정체성의 문제가 크게 대두되고 있다.[28] 심리학 이론과 기법에 신학이나 성경을 부분적이고 편파적으로 적용하는 것이 과연 기독교 상담을 만들 수 있느냐는 질문은 기독교 상담에 있어서 본질적 질문이다. 목회 상담이나 기독교 상담은 심리학적 통찰과 이론을 가지고 목회현장에서 실시하는 상담이다. 이 상담방식은 기독교인들에게 발생하는 심리적·정신적 문제에 대해

28) 필자는 2007년 성서와 심리학의 대화라는 책에서 이 문제를 심도 있게 지적한 바 있다. 이 책에서 필자는 성서와 심리학 간의 대화 채널로서 성서적 심리학, 심리학적 성서해석과 기독교 상담학을 제시하였다. 그런데 이 세 분야에 대한 연구 결과, 대화의 채널로서 세 가지 방법은 나름대로의 장단점을 가지고 있음을 발견했다. 우선 성서적 심리학은 W. G. 롤린 스(Rollins)의 견해처럼 성서학 내에서 합법적이고 중요한 분야로 인정되고 연구되어야 한다. 이 학문은 성경의 독자들에게 인간이해의 새로운 차원을 열어 주고 전문적인 심리학자들에게는 인간 영혼의 본성, 기원, 습관, 능력과 목적에 대해 보다 넓은 지식을 제공해 준다. 심리 그 자체는 독자적인 영역이 아니고 신체와 영과의 상호 유기적인 관계 속에서 존재하고 기능한다. 성서적 심리학은 성경이 기독교인의 심리에 결정적 영향을 미치고 심리 역동의 원인이 될 수 있음을 보여 준다. 심리학적 성서해석은 심리학이 인간의 무의식 세계에 영향을 받고 있다는 점에서 인간의 진면목을 예리하게 파악하고 구원의 온전한 열매를 맺도록 성서 해석을 통하여 도움을 준다. 그러나 G. 콜린스(Collins)가 잘 지적한 것처럼 심리학과 성서학 간의 무분별한 통합은 양 학문에 대해서 바람직하지 못한 결과를 초래할 수 있다. 특히 이 분야는 심리학주의와 심리학적 환원주의의 위험성을 다분히 포함하고 있기 때문에 그 유용성에 큰 제약이 따른다.

유효한 해결방안을 제시하고 있기 때문에 최근에 많은 관심을 끌고 있는 분야이다. 그러나 목회 상담이나 기독교 상담에서 기독교 진리와 심리학 간의 마찰과 긴장이 불가피하기 때문에 기독교 상담이든 목회 상담이든 간에 학문의 정체성 문제가 논쟁의 대상이 되고 있다.

최근 이런 배경으로 인해 기독교계에서는 상담과 성경의 관계성에 대한 주제가 심심찮게 화제에 오르고 있다. 기독교 신앙을 가진 사람이면 누구나 성경이 하나님의 말씀이며 하나님의 진리가 계시된 책이라 고백한다. 이 신앙은 성경에서 계시된 하나님의 뜻이 기독교인의 삶과 사역에 적용되어야 하며, 그 뜻을 실현시키는 것을 삶의 목표로 삼는다. 이 신앙에 의하면 성경이 예배, 설교, 교육, 선교, 전도, 구제 등의 사역에 적용되어야 하는 것처럼 상담 사역에서도 적용되어야 한다는 것은 당연한 일이다.

그런데 교회 상담 사역에서 성경이 등한시되어 온 것은 안타까운 실정이다. 왜 그러한가? 여러 가지 이유가 있겠지만 그중 중요한 이유는 현재 우리나라 기독교계의 현실은 성경과 상담학, 또는 심리학과의 학문적인 대화가 부족하기 때문이다. 서구 신학계에서는 20세기 초부터 이 주제가 학계에서 대두되기 시작했고, 20세기 후반에 와서는 성서학에서도 이 주제를 심도 깊게 다루기 시작했다. 이에 비해서 우리나라 성서학계에서는 아직 이 주제를 깊이 다루지 못하고 있다.

교회 사역 현장에서 그간 목회 상담이나 기독교 상담의 이론과 실습 프로그램을 발전시켜 왔지만, 성경이 상담에서 사용되고 있는 실태와 바람직한 성경 사용의 모형에 관한 연구가 부족했던 것이 사실이다. 그런 연유로 해서 목회 상담이나 기독교 상담 분야에서 학문의 정체성 문제가 제기되고 있다. 이 정체성의 주제는 여러 각도에서 접근할 수 있지 만, 그중에서 가장 바람직한 방법은 성경과 상담과의 관계를 새롭게 조명해 보고 그 상담의 이론적 근거를 성경의 진리에서 찾는 것이다. 캡스는 성경 이야기 상담의 본질에 관해서 예리한 통찰을 하고 있다. 즉, 성경의 계시적 능력을 충분히 활용하면 심리이론이나 기술에 의존하는 비중을 줄일 수 있다는 것이다.

상담 분야에서의 성경 사용은 신앙의 전통이나 배경에 따라 다양하기 때문에 일률적으로 설명하기 어려운 것이 현실이다. 개신 교회의 뿌리가 되는 성경 중심의 신앙과 신학이라는 오래된 전통을 감안할 때, 많은 기독교 상담자들과 목회자들은 성경을 상담에 적용시켜야 하며, 성경이 상담에서 중요한 역할을 해야 한다는 사실을 공감한다. 그러나 그동안 기독교계는 심리학과 상담학의 이론을 연구하고 도입하는 데 주력했기 때문에 성경과 심리학 또는 상담학과의 관계성에 많은 관심을 기울이지 못했으며 성경을 상담에 어떤 방법으로 적용해야 하는지에 대해서는 일치된 견해가 없다.

성경 이야기 상담은 성경 안에 있는 이야기를 상담에 사용하여 상담 효과를 얻고자 하는 상담이다. 성경 안에는 수 많은 이야기들이 있는데, 이 이야기는 모세 오경이나 복음서 등의 개별 책 안에 있는 이야기같이 길거나 짧은 개별적 이야기도 있고 전체적으로 이야기 형식으로 쓰인 복음서와 사도행전 같은 분야도 있다.

성경 이야기 상담은 성경 이야기와 내담자 이야기 간의 관계성에 착안한 상담이다. 성경의 이야기와 내담자의 이야기 간에는 유사성이 있고, 이 유사성을 잘 활용하면 내담자의 삶에 역동적인 변화가 창출될 수 있다. 이는 성경 이야기가 내담자의 이야기에 영향을 미치고 그 삶을 변화시킬 수 있음을 말해 준다.

제2장

성경 서사론

성경 서사론은 성경을 명제 신학의 텍스트로 읽기 전에 삶의 역동적 세계를 성경 속에서 찾고자 하는 것이다. 지 · 정 · 의와 영성으로 구성된 삶의 총체적 세계는 어떤 신학적 메시지나 교훈 또는 교리보다 앞선다.

성경 이야기도 문학적 장르로 보면 이야기 형식에 속하기 때문에 먼저 이야기의 본질과 구성 요소, 기능을 살펴보고자 한다. 그다음에 성경 이야기가 일반 이야기와 다른 점들을 알아보려고 한다.

1. 이야기의 개념

사람은 태어나면서부터 부모나 가족들로부터 이야기를 들으면서 성장한다. 아이는 부모가 들려주는 재미있는 동화나 이야기를 들으면서 세상을 알아 간다. 우리는 누군가로부터 이야기를 들으며 자라났고 또 아이들에게 이야기를 들려주고 있다.

이야기적 삶을 살아가는 대표적인 시기가 어린 시절이다. 어린 시절의 이야기는 자연스럽게 삶의 한 부분이 된다. 아이들은 자연스럽게 이야기를 만나며 이야기를 받아들이고 이야기와 하나가 된다. 아이에게 있어서 이야기는 자신을 찾는 모험이기도 하다. 이야기에 의해 아이들은 자신의 삶을 만들기도 하고, 그 이야기와 자기 자신을 동일시하기도 한다.[29] R. A. 나이미어Neimeyer는 "사람은 이야기에 의해 자기 자신과 삶을 만들어 가고, 이야기의 성숙과 함께 성장해 가는 삶을 살아간다. 사람은 이야기를 만들기도 하지만 자기가 하는 이야기에 의해 만들어지기도 한다. 그래서 사람은 이야기적인 삶을 살아가게 된다."고 했다.[30]

이와 같이 자기 자신과 외부에 대한 인식은 이야기를 통해 형성된다. 즉 자신에 대한 인식, 타인에 대한 인식, 세계에 대한 인식은 이야기를 통해 형성된다. 특히 우리 자신이 가지고 있는 인생관, 세계관, 가치관 등은 중요한 사람들이 들려준 이야기가 만들어 낸 결과물이다. 따라서 사람들은 이야기를 만들기도 하지만 동시에 다른 사람이 들려준 이야기에 의해 살아가기도 한다.

이야기는 신화, 전설, 동화, 설화, 서사시, 역사, 연극, 드라마, 무언극, 미술작품, 영화, 신문기사, 대화 등 어느 곳에나 존재한다. 이야기는 거의 제한이 없는 다양한 형태로 모든 시대, 장소, 사회 속에 존재해 왔다. 이야기는 인류의 역사와 함께 시작되었기 때문에 동시에 어떤 집단, 문화, 종족 속에도 존재하고 있다. 이것은 바로 이야기가 삶 그 자체이기 때문이다.

1) 스토리와 내러티브

영어의 스토리story와 내러티브narrative는 용어의 뜻과 의미 그리고 쓰임새에 의해 구분이 된다. 그러나 우리나라는 이 두 단어를 이야기라는 용어로 번역하여 같이 사용하고 있다. 학자들 간에는 이 두 용어를

29) 고미영, 이야기 치료와 이야기 세계 (서울: 청목출판사, 2004), 23.
30) R. A. Neimeyer, "An Appraisal of Constructivist Psychotherapies," *Journal of Conseling and Clinical Psychology* 61(2) 1993: 226.

구분 없이 사용하기도 하고, 스토리는 이야기로, 내러티브는 서사로 뚜렷이 구분하여 사용하기도 한다. 그러나 필자는 이 책에서 이 두 단어를 구별하여 사용하려고 한다.

영어에서 스토리는 역사history라는 단어와 같은 어원에서 나왔고, 한때는 동일한 의미로 사용되기도 하였다.[31] 스토리는 줄거리를 통해 어떤 사건에 대해 묘사한 것이며, 일정한 구조를 가지고 있다. 또한 스토리는 아주 제한적인 용어로서 수많은 문학적 양식들, 즉 신화나 비유, 무용담에서 나오는 이야기tale를 말하기도 한다. 따라서 스토리는 사건을 단순한 이야기체로 만들어서 사건의 내용만을 간결하게 전달하는 것을 말한다.

내러티브의 어원은 라틴어 내레이터narrate이다. 이 내레이터는 '무엇을 알게 하기 위하여 이야기로 설명하는 것'을 의미하는 것이다. 따라서 내러티브로서의 이야기는 스토리보다 좀 더 광범위한 개념으로[32] 내러티브는 이야기의 구성 요소인 사건, 등장인물, 배경에다 담론discourse을 덧붙인 것이다. 즉, 내러티브는 스토리에 담론을 추가한 것이다. 그러므로 내러티브는 담론이 있는 이야기이다.

담론이란 이야기를 일정한 관점과 수사적인 기교로 새롭게 엮는 기술이다. 그러므로 같은 이야기 소재를 가지고 있으면서도 담론에 의해 여러 종류의 다른 이야기가 만들어질 수 있다. 담론의 특징은 '어떻게'를 의미한다. 같은 이야기라도 이야기하는 방식에 따라 다른 이야기가 될수 있다. 예를 들면, 예수 그리스도의 이야기를 네 가지 다른 방식으로 만들어 낸 것이 사복음서이다. 마태, 마가, 누가, 요한은 동일

31) W. B. Robbinson, **이야기식 설교를 향한 여행**, 이연길 역 (서울: 한국장로교출판사, 1983), 13.

32) Jennifer Freeman, David Epston and Dean Lobovits, *Playful Approaches to Series Problems: Narrative Therapy with Children and Their Families* (London: W. W. Norton, 1997), 72.

한 예수 그리스도의 삶과 교훈을 각기 다른 방식으로 우리에게 전해 주고 있다.

담론은 이야기를 구성하는 수사학의 일종이다. 수사학에는 관점과 전개 과정, 상징, 아이러니, 이야기 기법 등이 있다.

2) 이야기의 중요성

사람은 이야기를 하면서 살아가는 존재이다. 이야기는 시인과 극작가와 소설가들의 전유물이 아니다. 우리는 이야기를 통해 자신의 삶을 이해 하고, 자신의 삶을 하나의 이야기로 만들며 살아간다.[33] 이야기가 우리의 삶에 중요한 이유에 대해 E. 피터슨Peterson은 다음과 같이 말했다.

> 우리가 우리의 삶을 기술하려 할 때, 또한 사실은 중요하지만 겉으로는 대수롭지 않아 보이는 일에 주목하고자 할 때, 우리의 행동과 감정에 특유의 질감을 더해 주는 색깔과 모양과 냄새의 미묘한 차이를 음미하고자 할 때, 직장과 가정에서 갖는 만남과 관계에 일관성을 부여하고자 할 때, 그리고 이웃과 역사 가운데 우리의 정확한 자리를 발견하고자 할 때 우리가 사용할 수 있는 가장 좋은 방법은 바로 이야기다. 이야기는 예리하고 새로운, 세세한 것들을 묘사하기 좋아한다. 동시에 그 모든 세세한 일들 이면에 깔려있는, 눈에 쉽게 띄지 않는 의미와 목적 등을 발견하고 드러내 주기도 한다. 이야기 속에는 사소한 일과 커다란 일들이 모두 똑같이 중요하게 대우 받고 서로 쉽게 연결되어 있다.[34]

이처럼 사람은 크고 작은 이야기를 통해 경험을 조직하고 이해한다. 우리의 경험은 이야기 형식으로 정리되어 기억 속에 저장된다. 기억되어 있는 이야기들을 통해 사람들은 자신이 경험한 사건에 의미를 부여하고

33) Ibid., 212.
34) E. H. Peterson, 다윗: 현실에 뿌리박은 영성, 이종태 역 (서울: IVP, 1999), 14.

만들어진 이야기를 통해 가치, 믿음, 욕구나 필요 등을 표현한다.[35] 그래서 이야기는 의사소통을 위해 가장 효과적인 매체로 사용되어 왔다.

왜 사람은 이야기를 하고자 하는가? 우리는 이야기를 함으로써 자신의 문제가 풀리는 것을 경험한다. 우리는 이야기를 하지 못하면 병들거나 혼란스러워진다. 우리는 우리의 이야기를 함으로써 자신의 욕구를 충족시키거나, 감정의 정화catharsis를 느끼거나 삶의 의미를 발견하고 자신의 정체성을 깨닫게 된다. 또한 자신의 이야기를 통해서 기쁨과 재미를 느끼고 다른 사람과 공감대를 가지며 자신이 살아 있다는 느낌을 가지기도 한다. 예를 들어 우리나라 남자들은 군대 이야기, 정치 이야기, 스포츠 이야기를 하면서 공감대를 형성한다. 또한 여자들은 자녀 양육 이야기, 배우자, 가까운 가족 등의 이야기를 하면서 공감대를 이룬다. 사람들은 자기 이야기 또는 다른 사람 이야기를 하면서 자기가 살아 있다는 느낌을 갖게 된다.

삶은 복잡하다. 그래서 우리는 삶을 설명할 방법을 찾는다. 이 설명은 우리가 우리 자신에게 하는 이야기이고, 이 이야기가 우리의 경험을 구성하고 행동을 결정한다.[36] 그러나 현대인에게는 고대인들에게 있었던 신화와 같은 궁극적인 이야기가 없다. 현대인은 궁극적인 삶의 의미를 찾을 수 있는 이야기가 없는 세계 가운데 살고 있다. 그래서 우리는 우리의 삶 속에서 궁극적인 이야기를 찾아야 한다. 그렇게 함으로써 우리는 우리의 이야기를 통해 삶을 재해석하면서 의미를 부여할 수 있게 된다.

사람들이 이야기를 하는 또 다른 이유는 사람이 유한한 존재라는 한계를 벗어 버리고 싶기 때문이다. 우리가 상상력을 가지고 이야기 속으로 들어갈 때 우리는 더 넓고 더 자유로우며 더 정연한 세계가 있음을 알게 된다. 때때로 이야기는 우리를 더 실제적인 세계로 인도하고, 우리

35) 양유성, 이야기 치료 (서울: 학지사, 2006), 3.
36) Michael P. Nichols and Richard C. Schwartz, *The Essentials of Family Therapy*. 3rd ed. (Boston: Allyn and Bacon, 2007), 263.

의 지평을 넓혀 주며, 우리의 시각과 통찰력을 예리하게 해 준다.[37]

J. 브루너Bruner의 주장처럼 우리가 '살았던 시간lived time'을 기술할 수 있는 방법은 이야기 형식밖에 없다. 물론 이것은 시간의 경험을 기술할 수 있는 다른 형식이 없다는 것이 아니다. 살았던 시간에 대한 의미를 알기 위해서는 이야기의 형식을 쓸 수밖에 없다는 의미이다. 그러므로 어떤 사람이 자신의 삶을 말할 때마다 그것은 항상 이야기 차원에서의 성취라고 할 수 있다.[38]

2. 이야기의 구성 요소

이야기의 구조에는 두 가지 특징이 있다. 첫째, 이야기는 행위자, 행위, 목적, 상황, 도구로 구성되어 있기 때문에 우리는 이야기에서 행위자의 보다 밀접한 특징을 알게 된다. 이야기에는 사건들의 순서가 포함되고, 그 순서는 바로 행위자의 의도와 의미를 전달하게 된다는 것이다.[39] 따라서 이야기를 한다는 것은 최초의 즉각적인 경험을 역사적으로, 있는 그대로 기술하는 것이 아니라, 특정한 방식으로 경험을 구조화하는 것이며, 삶의 내용과 계속성에 형식을 부여하는 방식으로 경험을 구조화하는 것이다.

그러므로 우리의 삶에 대해 이야기한다는 것은 일어났던 것에 대한 단순한 기록으로서가 아니라 우리의 경험을 계속적으로 해석하는 것을 의미한다. 그래서 우리의 삶을 이야기하는 자서전의 형식이 일련의 삶을 만드는 절차로서 고려되어야 한다.[40]

37) Eugene H. Peterson, op. cit., 15.
38) Jerome Bruner, "Life as Narrative," *Social Research*, Vol. 54, No. 1, 1987: 12–13.
39) 고미숙, op. cit., 13.
40) Ibid., 14.

둘째, 이야기에는 말하는 사람과 듣는 사람이 있어야 한다. 이야기는 듣는 사람에게는 권위가 있는 목소리이다. 왜냐하면 이야기를 하는 사람은 청중이 모르는 이야기를 알고 있기 때문이다. 또한 이야기를 하는 사람은 모든 사건과 행위에 대해 선택을 할 수 있기 때문이다. 이러한 관점에서 연대기와 이야기를 구분할 수 있다. 즉 연대기는 사건이 일어난 순서대로 단순히 기술하지만, 이야기는 이야기하는 사람의 회고적인 관점에 의해 가장 중요한 사건들을 선정하고 그들 사이에서 원인과 동기 관계를 밝혀내 조직적이고 일관된 설명을 제공한다.[41] 따라서 이야기는 경험을 구조화하는 것이며 경험에 의미를 부여하는 것이다. 자기 삶에 대한 이야기는 자신의 삶에 대해 의미를 부여하는 방식이며, 다른 사람의 삶을 이야기적인 문맥에서 이해한다는 것은 타인의 의도와 의미를 이해하는 방식이다.[42]

M. A. 포웰Powell에 의하면, 모든 이야기는 사건, 등장인물, 배경이라는 세 가지 요소를 갖고 있다. 사람들은 무엇인가를 누군가에게 그리고 어떤 장소, 어떤 시간에 행하게 된다. 여기서 그 사람이 행하는 무엇인가는 사건이고, 행하는 사람은 등장인물이며, 장소와 시간은 배경이다.[43] W. A. 코트Kort는 상담자들이 귀 기울여 들어야 할 이야기의 요소는 배경, 인물의 성격, 플롯, 그 이야기의 전반적인 분위기 혹은 톤tone이라고 하였다.[44] 등장인물과 사건은 시소의 양쪽과도 같다. 어느 쪽이 움직이면 그것은 다른 쪽에 영향을 미친다.

41) David Carr, *Time Narrative and History* (Bloomington and Indianapolis: Indiana University Press, 1986), 57–64. 고미숙, Ibid., 14에서 재인용.
42) 고미숙, op. cit., 14.
43) M. A. Powell, op. cit., 71.
44) Wesley A. Kort, *Narrative Elements and Religious Meaning* (Philadelphia: Fortress Press, 1975), 18.

[그림 2-1] 이야기의 구성 요소

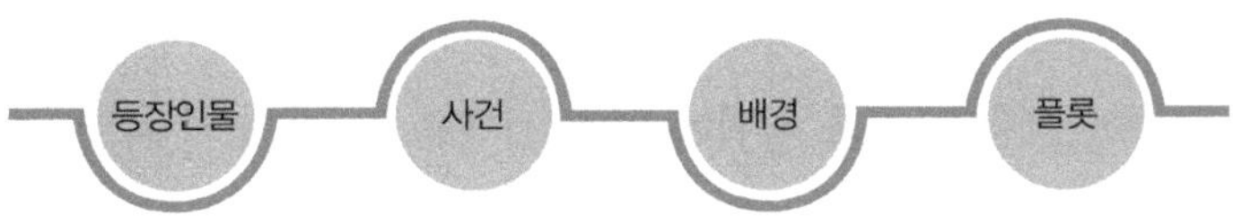

1) 등장인물

이야기가 구성되기 위해서는 등장인물이 필요하다. 등장인물은 이야기 속에 등장하는 사람들로서 이야기에서 중요한 의미를 가진다. 등장인물은 이야기에서 행위자인데 여러 가지 행동들을 수행하는 사람이다. 등장인물은 사람뿐만 아니라 무생물, 동물, 꽃 등 사람이 아닌 것들이 될 수도 있다. 등장인물의 묘사에는 등장인물이 스스로에게 부여한 자기 묘사뿐만 아니라 이야기 속의 중요한 인물들을 통해서 부여된 묘사도 있다.[45)]

이야기의 저자는 독자에게 등장인물에 관한 것을 들려주거나 보여주는 기법을 묘사하기도 한다. B. 우스펜스키Uspensky는 인물 묘사를 네 가지 측면에서 설명한다. 그에 의하면, "공간적-시간적 측면은 행동을, 어법적 측면은 대화를, 심리적 측면은 생각을 그리고 이념적 측면은 신념과 가치를 가리킨다."[46)]

등장인물은 개별 인물마다 독특한 평가 관점을 가지고 있는데, 이 평가 관점은 등장인물이 가지고 있는 가치나 신념을 나타내며 사건이 발생할 때 어느 것을 선택하느냐를 결정하는 기준이 된다. 등장인물은 또한 특정한 성격을 가지고 있는데, 이 성격은 어떤 인물이 작품에서 일관

45) C. V. Gerkin, 살아있는 인간문서, 안석모 역 (서울: 한국심리치료연구소, 1988), 146.
46) M. A. Powell, op. cit., 97.

되고 특징적으로 묘사되는 부분이다. E. M. 포스터Forster에 의하면, '잠재적으로 상충되는 다양한 성격을 가진 원형 등장인물round character과 일관성이 있고 예측 가능한 성격을 가진 평면형 등장인물flat character'이 존재한다고 한다.[47]

이야기에서 가장 활발하게 해석 기능을 수행하는 것이 바로 등장인물이다. 이 등장인물을 통해 의미 있는 타자와 신화적 이미지들이 상호 연관 속에서 경쟁하고 대안적 틀이 형성되기도 한다.[48] 이야기의 초반에 등장인물들은 어떤 종류의 균형 안에 존재한다. 이야기가 사건화되기 전에 사람들은 등장인물의 나이, 생김새 등 기본적인 것에 대해 알게 된다. 이것은 이야기의 기초적 사건이다. 이야기의 기초적인 사건은 어떤 목표에 도달하기 위한 노력을 꾀하도록 등장인물에게 동기를 주며, 사건은 점점 복잡해지고 결국 등장인물의 행위는 결말까지 이르게 된다.

등장인물과 독자 사이에는 정서, 사고, 행위의 측면에서 상호 작용이 일어나는데 이것을 감정이입empathy, 공감sympathy, 혹은 반감antipathy이라고 한다. 감정이입은 독자가 등장인물들과 자신을 동일시하는 현상을 말한다.[49] 흔히 독서의 과정에서 독자는 등장인물에 몰입하게 되어 자신과 등장인물을 동일시하는 경험을 하게 되는데 이것을 감정이입이라고 한다. 공감은 감정이입보다는 그 심도가 약하기는 하지만 독자가 등장인물의 처지나 정서를 충분히 이해하고 받아들이는 것을 말한다. 이에 비해서 반감은 독자가 등장인물을 경시하거나 싫어하는 현상을 말한다. 독자와 등장인물 간의 이러한 상호 작용은 작품의 메시지가 독자의 삶에서 현실화되는 동기를 부여한다.

47) Ibid, 101.
48) 정희성, "열린 체계로서의 목회임상진단," 목회와 상담, 2, 2002, 272.
49) Ibid, 102–105.

2) 사건

사건은 이야기 속에서 일어나는 해프닝인데, 사건 없이 이야기가 꾸며질 수는 없다. 예를 들어, '피터에게는 친구나 친척이 없다.'라고 말하는 것은 이야기가 아니다. 왜냐하면 이 진술은 사건을 묘사하지 않았기 때문이다. 이 진술에 사건을 묘사하는 '피터가 죽었다.'와 '단 한 사람만 피터의 장례식에 참석했다.'라는 문장이 있다면 이야기를 구성하는 것으로 간주된다.[50] S. B. 채트만Chatman에 의하면 사건에는 말, 생각, 느낌이나 감정도 포함된다.[51] 사건이 이야기가 되기 위해서는 사건이 말하는 사람에 의해서 제시되는 방식도 고려해야 한다.

사건에는 핵심사건과 주변사건이 있는데, 핵심사건은 매우 중요해서 그것이 빠지면 이야기의 논리가 파괴되어 버린다. 하지만 주변사건은 생략되어도 이야기의 기본 구조는 파괴되지 않는다.[52] 따라서 이야기에 있어서 무엇이 핵심적이고 무엇이 주변적인 것인가를 파악하는 것이 중요하다.

이야기의 진행순서는 이야기 세계를 만들어 가는 과정이다. 즉, 사건이 발생하는 순서를 말한다. 이야기하는 사람은 앞으로 어떤 일이 일어날 것인가를 미리 알려 주기 위해 시간적으로 앞으로 나아가기도 하고, 이미 일어난 사건을 알려 주기 위해 과거로 거슬러 가기도 한다.[53] 이야기하는 사람이 한 사건을 진술하는 데 소요되는 시간은 사건이 일어난 실제 시간duration과는 전혀 일치하지 않는다.

독자는 이야기 속에서 사건이 발생하는 빈도frequence와 그것들이

50) Seymour B. Chatman, *Story and Discourse—Narrative Structure in Fiction and Film* (Cornell University Press, 1980), 43–44.
51) Ibid., 45.
52) Allan P. Mark, op. cit., 72–73.
53) Ibid., 73–74.

진술되는 빈도에 관심을 가져야 한다. 어떤 사건이 이야기 전개 과정에서 언급되는 빈도는 그것이 전체 이야기에 영향을 미치기 때문에 중요하다. 반복은 대체로 강조의 의미를 갖고 있는데, 그것은 이야기를 듣는 사람에게 사건의 의미를 한 번 이상 고려하도록 요구하기 때문이다.[54]

이야기의 플롯plot[55]을 이해하기 위해서는 사건들을 서로 이어 주는 인과관계의 요소들을 확인하는 작업이 중요하다.[56] 이 인과관계가 플롯의 결정적인 특징이다. '왕이 죽고 그다음에 왕비도 죽었다.'라는 문장은 전혀 관련이 없는 두 개의 사건을 보고하고, 그것이 발생한 순서를 말하고 있기 때문에 플롯을 이루지 못한다. 이야기가 플롯을 갖기 위해서는 사건들이 의미 있는 형태로 서로 연결되어야만 한다. 항상 그런 것은 아니지만 대체로 이것은 인과관계의 요소를 사용함으로써 가능해진다. E. M. 포스터에 의하면, '왕이 죽고 왕비가 슬픔을 못 이겨 죽었다.'라는 문장은 두 사건 사이에 인과관계가 형성되기 때문에 플롯이 된다.[57]

인과관계는 많은 경우 갈등에 의해서 발생한다. 갈등은 행동, 사상, 욕망 또는 의지의 불일치라고 할 수 있다. 갈등은 다양한 차원에서 일어난다. 대부분의 경우 갈등은 등장인물들 사이에서 일어나는데, 그것은 관점의 불일치나 등장인물들의 서로 다른 성격적인 특징으로 인해서 야기된다. L. 페린Perrine은 갈등이 등장인물과 배경 사이, 즉 사람과 그들의 환경 사이에서도 일어날 수 있음을 발견해 냈다. 등장인물들은 자연과 사회, 그리고 운명과 갈등을 일으키는 것으로 묘사되기도 한다. 때때로 등장인물들은 자신과 갈등을 일으키기도 한다.[58]

54) Ibid., 77–78.
55) 플롯(plot)은 구성, 구상, 설계 혹은 구조 등으로 번역된다.
56) Ibid., 78.
57) Edward M. Forster, *Aspects of the Novel* (1927; reprint, Harmondsworth, Eng.: Penguin Books, 1962), 86.
58) Laurence Perrine, *Story and Structure*, 44. Allan P. Mark, 82–83에서 재인용.

3) 배경

배경은 등장인물이 행동하기에 적합한 상황을 설정해 주는 이야기의 한 요소이다. 즉, 배경은 이야기가 벌어지는 세계 또는 환경의 범위와 구성 요소이다.[59] 연극 관람객들은 드라마에서 배경이 얼마나 중요한지를 잘 알고 있다. 어떤 연극에서는 의도적으로 무대장식을 간단하게 하고, 어떤 연극에서는 정교한 장면들로 배경을 채우기도 한다. 이러한 차이는 있지만 장식을 전혀 하지 않은 무대도 배경으로 간주하기 때문에, 배경이 없는 연극은 있을 수가 없다. 마찬가지로 이야기에서 배경은 사건과 등장인물만큼이나 필수적인 요소이다.[60]

배경은 행동이 언제, 어디서, 어떻게 일어나는지를 말해 준다. 그리고 배경은 다양한 기능을 수행한다. 배경은 등장인물의 모습을 보여주고, 갈등을 해소시키며, 이야기의 틀을 마련해 주는 일을 한다.[61] 배경의 주요한 기능은 이야기의 분위기를 형성하는 데 기여한다는 것이다. 특히 우리는 공간적 · 시간적 · 사회적 배경 유형을 고려해야 한다.[62]

공간적 배경은 이야기의 등장인물이 생활하는 물리적인 환경을 가리킨다.[63] 공간적 배경은 장소 혹은 공간으로서 주인공들이 그들의 이야기를 형성하고 살아가는 곳이며, 문화적 · 사회적인 배경이 주인공들의 활동을 제한하거나 가능하게 해 주는 식으로 그 배경을 이룬다.[64]

시간적 배경에는 연대기적인chronological 것과 유형론적인typological 것의 두 가지 유형이 있다. 연대기적 시간 배경은 정지된 것과 지속적인 것

59) 안석모, **이야기 목회 이미지 영성** (서울: 목회상담, 2001), 173.
60) David M. Rhoacs, Joanna Dewey and Donald M, Michie, *Mark As Story: An Introduction to the Narrative of a Gospel* (Minneapolis: Augsburg Fortress Pub, 1999), 63.
61) Ibid., 63.
62) Allan P. Mark, op. cit., 123.
63) Ibid.
64) 고미영, "이야기의 속성과 치유," **교수논총**, 11, 2000, 12.

으로 세분화된다.[65] 유형론적인 시간 배경은 어떤 행동이 일어나는 시간의 상징적인 의미를 말한다. 시간적인 배경에 대한 연구는 다른 것들에 대해서도 보다 자세하게 살펴보게 만든다.[66]

시간적 배경은 이야기를 구성하는 핵심 요소 중 하나이며 시간의 중심축은 과거, 현재, 미래로 이루어져 있다. 이야기에서는 인간 경험의 시간적 특성을 다룬다. 이야기적 서술의 가장 중요한 역할은 지나간 경험을 재현하는 것이다. 따라서 시간의 개념은 필연적으로 이야기의 조성에 관여하게 된다. 이야기에 있어서 시간은 양면적으로 힘을 발휘한다. 하나는 표현의 수단이 되는 언어에 영향을 미치고 또 다른 하나는 표현되고 있는 대상, 즉 이야기의 사건들 모두를 구성하는 힘을 가진다는 것이다. 이야기에서 나타나는 시간의 세 가지 다른 양상은 순서, 지속성, 빈도가 있는데, 이들은 언제, 얼마나 오래, 얼마나 자주라는 질문에 대한 답을 주는 것으로서 줄거리가 유연하게 진행되도록 돕는다.[67]

사회적 배경은 이야기에 영향을 미치는 것으로 보이는 정치 제도, 계층 구조, 경제 체제, 사회 관습 그리고 일반적인 문화적 상황을 포함한다.[68] 사회적인 배경은 그 사람이 태어나서 살아가고 있는 사회적인 환경, 특성, 제도, 위기 등 사회 전반적인 것을 의미한다.

4) 플롯

플롯은 여러 복잡한 종류의 사건들이 함께 잘 짜맞추어져 하나의 단일 이야기로 만들어 가는 주체적 발상을 말한다. 플롯은 단순히 강제

65) 정지된 시간 유형은 어떤 행동이 일어난 특정한 시각을 밝히는 것이다. 이러한 시각은 길 수도 있고 짧을 수도 있다. 지속적인 유형은 기간을 의미한다.
66) Allan P. Mark, op. cit., 126-128.
67) 고미영, "이야기의 속성과 치유," 12-14.
68) Allan P. Mark, op. cit., 129.

로 부여되는 것이 아니라 사건들이 함께 맞추어지고 앞뒤로 조정되면서 생산되는 것이다. 즉, 플롯은 이야기의 방향을 이끌어 가는 합리적인 조정관이라고 볼 수 있다.[69] 따라서 플롯은 이야기를 완성해 나가는 틀이라고 할 수 있다.

플롯은 마치 실로 어떤 옷감을 짜는 베틀의 작업에 비유할 수 있다. 하나의 옷감이 만들어지기 전에 옷감을 짜는 사람은 어떤 모양의 무늬를 짤지 마음속에 그리고 있다. 실제로 옷감을 짜는 작업은 베틀 위에서 실이 얽히고설켜 원하는 무늬를 만들어 가며 완성된다.

이야기를 만드는 사람도 날실과 씨실의 이야기 실로 플롯이라는 틀을 이용하여 어떤 무늬를 가진 이야기를 완성해 가는 것이다. 플롯에 의해 사건들은 선택되거나 빠지게 되고, 일련의 질서를 따라 묶여서 하나의 전체 이야기를 만들어 내거나 아니면 이야기의 변형이 이루어진다.

다시 말하면, 말하는 사람이 이야기의 목적을 달성하기 위해 어떤 사건이 그 이야기에 기여할지를 결정하는 것이며, 각 사건의 중요도를 가려내어 그 사건을 돋보이게 하거나 배경에 넣거나 하는 작업이다. 이 플롯의 작용에 의해 단순한 연대기나 사건들의 목록을 넘어선 하나의 도식화된 전체 이야기가 만들어진다.[70]

플롯의 작용으로 인해 이야기에서 경험이 종합되는 과정을 거친다. 플롯은 앞의 이야기 요소들을 총체적으로 종합하여 요소들 간의 내적인 질서를 잡아 주고 이야기의 흐름에서 전체적인 통일을 이루어 주는 요소이다. 이 플롯에 의해 사건들은 어떤 질서에 따라 정리되고 배열되어 작품에 나타난다. 플롯은 독자들이 그 행위를 어떻게 알게 되는가에 관

69) 고미영, "이야기 치료와 이야기의 세계," 38.
70) Donald E. *Polkinghorne, Narrative Knowing and The Human Sciences* (New York: State University of New York Press, 1988), 18.

여한다. 따라서 플롯은 사건과 이야기를 연결하는 방식이다.[71] P. 브룩스Brooks는 플롯을 '연극이 끝났을 때 남겨지는 기억'이라고 설명한다.

> 그 사건은 하나의 개요, 취향, 흔적, 냄새가 있는 한 편의 그림으로 기억 속에 각인되었다. 여전히 남아 있는 것은 그 연극의 중심 이미지, 곧 실루엣이다. 이것은 연극의 의미가 될 것이고, 말해야 하는 핵심 요소가 될 것이다. 수년이 지난 후 한 가지 뚜렷한 연극적 경험을 회고해 볼 때, 나는 나의 기억 속에 한 가지 핵심이 되는 것이 새겨져 있는 것을 발견한다. 바로 나무 아래 서 있던 두 명의 방랑자와 짐수레를 끌고 가던 한 늙은 여인, 춤추고 있던 한 사람의 하사관, 지옥의 소파에 앉아 있던 세 사람이나 때때로 형상보다 더 깊은 흔적이다. 나는 그 의미를 정확히 기억할 수 있으리라는 희망을 갖지는 않는다. 그러나 그 요점으로부터 일련의 의미들을 재구성할 수는 있다.[72]

C. V. 거킨Gerkin은 자기의 이야기, 즉 영혼의 신화는 시작과 진행, 그리고 결말을 가진 플롯으로 이루어진다고 말한다. 그에 의하면, 결국 삶의 이야기의 플롯은 경험에 대하여 자기가 내린 해석들이 누적되어 형성된 것이라는 사실을 알게 될 것이다.[73]

플롯은 삶의 이야기를 일관된 방향이나 의미를 지닌 사건으로 구성함으로써 그 이야기를 인간적인 것으로 만들어 준다. 곧 플롯은 경험에 대한 자기 해석의 누적이다. 특정 이야기나 이미지를 과거의 사건과 연결시킴으로써 단순한 사실이 일련의 방향이나 의미를 지닌 사건으로 구성된다. 한 사람의 인생 속에서 플롯 감각을 상실하는 것은 자기 존재의 상실을 의미한다.[74] 그러므로 자기로서의 존재감을 갖는다는 것은 이러

71) Ibid.
72) Peter Brooks, *The Empty Space* (New York: Avon, 1968), 124.
73) Charles V. Gerkin, op. cit., 145–146.
74) 정희성, op. cit., 272.

한 이야기식 플롯의 감각을 지니고 있다는 것이다.

이처럼 플롯은 곧 이야기의 생명이다. 소설을 읽을 때나 영화를 볼 때 플롯이 없으면 재미가 없을 뿐만 아니라 영화에서 주려고 하는 의미를 오래도록 기억할 수 없다. 소설을 읽거나 영화를 보는 이유는 바로 그 플롯이 주는 재미 때문이라고 할 수 있다.

앞에서 살펴본 바와 같이, 플롯은 이야기의 형태나 내용을 좌우하는 중요한 요소이며, 전개하려고 하는 이야기의 시작과 결말을 결정짓는 요소이다. 플롯은 이야기가 전개되는 중심축으로, 이야기를 재미있고 감동적으로 만들어 주는 핵심적인 역할을 한다. 따라서 말하는 사람이 전달하고자 하는 것 중심에 플롯이 있기 때문에 플롯은 이야기의 핵심이다.

사람은 자신에 대해 이야기하고, 다른 사람의 이야기를 들으면서 자신뿐 아니라 다른 사람의 삶의 의미를 이해하게 되며, 생산적이고 의미 있는 관계를 가지게 된다. 사람은 이야기를 통해 자신의 삶과 자아를 구성해 나갈 뿐 아니라 다른 사람의 행동과 경험을 이해할 수 있게 된다. 이렇게 보면, 이야기는 단순한 사건과 경험의 목록 이상으로, 이야기에는 사람이 의미 있다고 생각하는 것들이 포함되어 있다.

3. 이야기의 기능

이야기는 사람들이 자신의 삶을 이해하고 설명하는데 가장 쉽게 이용하는 매개체이다. 그러나 최근에 와서는 이야기가 단순한 의사전달의 도구만이 아니라 세계와 인간의 삶에 적극적으로 관여하여 그 영향력을 발휘하고 있다는 사실에 주목한다. 이야기는 삶을 구성해 주고 그 삶을 원하는 대로 변형시켜 갈 수 있는 힘을 가지고 있음이 점점 더

뚜렷하게 드러나기 시작했다.[75)]

D. 리츨Ritschl에 의하면 "이야기는 어떤 특정한 단어나 문장에 메이지 않는 하나의 내적 계속성을 가진다."[76)] 이야기가 지니는 움직임은 과거로부터 앞으로 전개되어야 할 방향으로 움직이도록 강력한 힘을 행사한다. 이야기의 힘에 대해 이연길은 다음과 같이 설명하고 있다.

> 우리나라 속담에 "물이 들어와야 배가 떠난다."란 말이 있다. 이 속담은 간단한 이야기지만, 이 말 속에는 무언가 움직임이 있다. 그리고 어디로 가야 한다는 목표가 있다. 어떤 의미가 들어 있으면서 또 어떤 곳으로 움직이도록 해 주는 힘이 들어 있다. 그래서 이 말을 듣는 사람들은 각자의 머리에 자기 나름대로 그림을 그리게 되고, 이야기를 듣는 순간 가슴도 머리도 움직이게 된다.
> 어떤 사람은 실제로 물이 들어와야 배가 떠나는 것이라고 생각할 것이고, 좀 상상력이 뛰어난 사람은 '아, 뭔가 준비되어야 할 일이 진행될 수 있다는 말이로구나.' 하고 생각하게 될 것이다. 또 준비가 아직 안 되어 있는 상태에서 무언가를 서두르던 사람이라면 이 말을 듣는 순간, 자기가 하고 있는 일을 다시 한번 반성하게 될 것이다. '아, 아직 때가 되지 않았는데 내가 서두른 것은 아닌가?' 하고 말이다.[77)]

따라서 이야기는 어떤 사건을 이미지화함으로써 현재 자신이 처한 상황을 객관적으로 바라보게 하고, 앞으로 나아가기 위해 갖추어야 할 일을 전망해 보도록 해 준다. 지금부터 이야기의 주요 기능들 중 몇 가지를 소개한다.

75) 고미영, "이야기의 속성과 치유," 17.
76) Ibid.
77) 이연길, **이야기 설교학** (서울: 쿰란출판사, 2006), 39.

1) 이야기는 자아 정체성을 형성하게 한다

우리는 삶 속에서 의미 있는 이야기를 만나고, 이것을 토대로 나 자신의 이야기를 만들어 간다. 포스트모더니즘 사상에 의하면 자아는 전적으로 이야기로 형성되며 이야기의 산출물이다.[78] 포스트모더니즘 사상가들은[79] 자아를 이야기적 구성물로 이해하였다. 이들의 견해에 의하면 자아가 형성되는 데에는 개인적인 차원과 사회적인 차원이 있다. 개인적인 차원의 자아형성은 순수하게 개인의 내면에서 발생되고 구성된 이야기를 의미하며, 사회적인 차원의 자아형성은 다양한 통로를 통해 우리 안에 들어온 다른 사람들의 소리에 의해 만들어진 이야기를 의미한다.[80] 즉, 자아 정체성은 내가 나 자신에 대해서 이야기하는 것과 다른 사람이 나에 대해서 이야기하는 것을 통해 형성된다.

나에 관한 이야기는 과거에 대한 통찰과 현재의 모습과 미래의 전망을 보여줌으로써 우리에게 정체성의 질문을 던진다.[81] 우리는 이야기를 통해 '나는 누구였으며? 나는 누구이며? 어떤 사람이 될 것인가?' 하는 질문들에 대한 답을 찾는다. 우리는 이야기를 통해 과거, 현재, 미래의 자아 정체성을 형성해 간다.[82]

이처럼 이야기는 자신과 다른 사람의 삶을 이해하게 함으로써, 타자와의 관계를 깊이 있게 해 줄 뿐만 아니라 자기 자신에게는 더 나은 자아를 찾도록 해 준다. 타자의 실생활 경험을 진솔하게 들음으로써 평소에는 '왜 저런 행동을 할까?' 하고 생각했던 일들을 이해할 수 있게

---

78) D. E. Polkinghorne, "Narrative and Self-Concept," *Journal of Narrative and Life History* 1 (2 and 3), 1991: 135.
79) 폴킹혼(Polkinghorne), 카(Carr), 맥애덤스(McAdams), 거젠(Gergen) 등이 있다.
80) 고미영, 이야기 치료와 이야기 세계 (서울: 청목출판사, 2004), 56.
81) Ibid., 51.
82) 양유성, op. cit., 22.

된다. 이처럼 이야기의 공유는 타자를 일반적인 타자로 남겨 놓는 것이 아니라 특정한 타자로 만들어 준다. 이야기는 특정한 타자의 필요에 의해 내가 응답하도록 동기를 유발한다. 또한 내 삶의 이야기를 경청하는 타자들의 반응과 내 삶의 이야기에 대한 자기반성이 더 나은 자아를 구성하게 해 준다.[83)]

그러므로 우리는 자신에 대해 다른 사람들이 지각하는 상호 작용의 과정 속에서 자신이 누구인지를 정의해 간다. 다시 말하면, 우리는 자신과 타인과의 관계 맥락에서 자신의 '현실'을 창조하게 된다. 결국 우리는 다른 사람과 이야기를 나누면서 상호 작용하는 순간마다 우리 스스로가 누구인지를 알아가는 것이다.[84)]

2) 이야기는 삶을 새롭게 구성한다

이야기는 우리 삶의 문제를 해결하는 도구로 사용될 수 있다. 우리는 자신의 삶에 대한 부정적인 이야기를 긍정적인 것으로 바꿈으로써 자신의 삶을 새롭게 살아갈 수 있다. 또한 우리는 자신의 삶이 가지고 있는 문제의 원인을 이야기에게서 발견하고 자신에게 영향을 미치는 이야기를 다시 형성할 수도 있다. 더 나아가 자기 삶의 구성원들을 재구성하고 그들의 새로운 증언을 통해 자신의 문제를 해결할 수도 있다.

이야기는 우리 자신이 외부 세계와의 상호 관련 속에서 만들어 내는 해석의 틀이다. 우리는 이야기를 통해 그 사람의 이야기 세계를 파악하고,[85)] 그가 말한 이야기 세계와 현실 세계가 어떠한 관계를 맺고 있는지를 탐색할 수 있다. 따라서 이야기를 잘 들어 보면 그 사람의 관

83) 고미숙, "우리의 삶을 이야기하는 서사적 접근의 도덕교육," **교육철학**, 24, 2000, 17.
84) W. D. Lax, **심리치료와 사회구성주의**, 김유숙 역 (서울: 학지사, 2004), 115-116.
85) Rollo May, *The Cry for Myth* (New York: W. W. Norton and Company, 1991), 20.

계 패턴을 알 수 있다.

이야기는 단지 삶을 반영하는 것이 아니라 삶을 새롭게 만든다. 그렇게 함으로 사람들은 자신의 이야기에 상응할 만한 흥미로운 습관을 가지게 된다. 이는 이야기 상담자들이 사람들의 이야기를 탐색함으로써 그들의 행동을 이해하고 영향을 줄 수 있는 이유이기도 하다.[86]

3) 이야기는 치료하는 힘이 있다

정신분석의 근저에 있는 것은 무의식과 성욕과 같은 개념이 아니다. 물론 그것들은 정신분석에서 중요한 개념임에는 틀림이 없다. 그럼에도 불구하고 우리가 간과해서는 안 되는 것은 정신분석을 독립된 학문이면서 독자적인 치료 방법으로 만든 것은 바로 '이야기 치료법talking cure'이라는 사실이다. 사실 '이야기 치료법'이라는 평범한 표현에는 정신분석의 모든 비밀이 숨어 있다. S. 프로이트Frued의 정신분석은 '말'과 함께 시작되었다. 프로이트는 히스테리 연구에서 카타르시스catharsis에 대해 다음과 같이 말하고 있다.

> 환자가 히스테리의 원인이 되는 사건을 완전하게 기억해 내고 동시에 그 기억에 얽혀 있는 감정을 불러일으키는 데 성공하면, 그리고 환자가 그 사건에 대하여 가능한 한 자세히 진술하고 감정들을 말로 표현하게 되면, 개개의 히스테리 증상은 곧 소멸되고 두 번 다시 일어나지 않는다는 것이다.[87]

프로이트는 안나Anna O.의 사례에서 그녀의 기분을 상하게 하는 것에 대해 강제로 말하게끔 했더니, 그 어떤 말도 할 수 없게끔 만들었

86) Michael P. Nichols and Richard C. Schwartz, *The Essentials of Family Therapy*, 264.
87) S. Freud, **히스테리 연구**, 김미리혜 역 (서울: 열린책들, 1997), 18.

던 억압이 사라졌다고 하였다. 이와 같이 언어가 행동을 대신할 수 있다. 즉, 언어의 도움만으로도 감정을 효과적으로 해소할 수 있다. 따라서 카타르시스의 핵심은 외상trauma을 이야기하는 것이다. 그때 얽혀있던 감정을 다시 재현하여 말로 표현하는 것이다. 카타르시스는 쌓였던 감정을 말로 표현하고, 그 감정을 폭발시키는 것이다. 감정을 폭발시킨다는 것은 '울고 나니 시원하다.', '화내고 나니 후련하다.'라는 표현과 같으며, 감정을 말로 표현한다는 것은 '말하고 나니 후련하다.'라는 말과 같다.

이야기는 참만남을 갖게 하며, 이야기하는 것은 우리가 다른 사람과 결합하는 과정이기도 하다.[88] G. W. 스트룹Stroup은 "우리를 다른 사람들과 동일시하기 위해서, 우리가 어떤 사람이고 왜 그런 사람으로 존재하는가를 설명하기 위해서는 개인의 역사를 해석하거나 열거하는 이야기가 필요하다."[89] 고 하였다. 즉, 우리가 우리 이야기를 할 때 듣는 사람은 자기의 이야기로 듣게 된다는 것이다. 그래서 이야기를 듣는 사람은 우리의 이야기를 듣고 기뻐하기도 하고, 슬퍼하기도 하며, 눈물을 흘리기도 하는 것이다.

4. 성경 이야기 이해

성경 이야기는 성경의 다른 부분보다 쉽고 재미있게 읽어 나갈 수 있으며, 그 이야기는 오랫동안 기억에 남기도 한다. 물론 성경 이야기는 단순하게 읽어도 그 내용을 이해하고 즐길 수 있지만, 좀 더 체계적으로 연구하면 보다 깊은 의미와 재미를 발견할 수 있다.

88) William D. Lax, op. cit., 115에서 재인용.
89) George W, Stroup, *The Promise of Narrative Theology* (Westminster: John Knox Press, 1981), 90에서 재인용.

그런데 성경 이야기와 상담이 무슨 관계가 있을까? 이 질문에 답하기 위해 먼저 성경 이야기를 서사적으로 읽는다는 것이 무엇인지를 이해할 필요가 있다. 간단하게 말하면, 그것은 성경 이야기에서 어떤 신학적 메시지나 교훈 또는 교리를 찾기 이전에 먼저 독자가 그 성경 이야기 세계로 들어가서 그 세계에서 새로운 삶을 경험하도록 하는 것을 뜻한다. 즉, 성경을 명제신학의 텍스트로 읽기 이전에 삶의 역동적 세계를 성경 속에서 찾고자 하는 것이다. 지·정·의와 영성으로 구성된 삶의 총체적 세계는 어떤 신학적 메시지나 교훈 또는 교리에 앞선다는 것이다. 성경 이야기를 서사적으로 읽기 위해서 다음 세 가지 사항을 유의해야 한다.

첫째, 독자는 성경 이야기 본문을 한 편씩 끊어서 읽지 말고, 이야기로 연결해서 전체적인 흐름을 파악하고 그 흐름 속에 개별적 이야기를 읽어야 한다.

둘째, 성경 이야기의 요소인 등장인물, 사건, 배경, 플롯을 분석함으로써 독자는 이야기의 역동성을 체험할 수 있어야 한다.

셋째, 독자는 본문에서 신학적 주제나 메시지를 이끌어 내기 이전에 상상력을 최대로 발휘하여 본문의 이야기 세계에 들어가서 공감하거나 감정이입의 경험을 해야 한다.

상담상황에서 내담자는 자신을 성경의 어떤 인물로 가상하여 본문을 읽음으로써 이 경험을 쉽게 할 수 있다. 즉, 내담자는 자신을 제자 중의 한 사람이나 다른 등장인물과 동일시함으로써 성경 이야기를 현실감 있게 읽을 수 있다. 성경 이야기 세계에서의 이 공감 경험이 내담자의 문제를 새롭게 바라보게 하는 결정적 동기를 제공한다. 왜냐하면 성경 이야기 세계는 내담자의 현실 세계와는 전혀 다른 새로운 세계이고, 눈이 새롭게 뜨이는 경이의 세계이며 변화의 세계이기 때문이다.

성경 이야기 세계에서 만난 인물은 곧 하나님을 체험한 사람이고, 성경 이야기 세계의 사건은 경이로운 존재를 경험한 순간이다. 또한 성경 이야기의 배경은 하나님이 함께하신 새로운 세계이고, 성경 이야기 세계의 관점은 문제를 해결하는 열쇠가 된다.

성경 서사론은 성경 이야기에서 주제나 메시지를 찾기 전에 그 이야기 세계를 어떻게 직접 체험하게 하느냐를 다룬다. 성경 서사론은 성경 이야기에 대한 문학적 접근의 한 형태로, 성경 해석학 분야에서는 성경에 대한 서사비평이란 주제로 다루어지고 있다. 성경 이야기 세계를 체험하기 위해서는 먼저 성경 이야기를 자세하게 살펴보는 것이 중요하다.

1) 서사비평

성경 이야기는 20세기 말부터 서사비평narrative criticism이란 분야가 발전하면서 새로운 관심을 끌기 시작했다. 성경 이야기는 교리적 진술이나 역사적 사실보다 신앙의 진수를 더 효과적으로 전달할 수 있다. 서사비평의 도움을 받아 성경 이야기를 좀 더 체계적으로 분석하면 개별적으로 읽고 해석하는 것보다 훨씬 더 풍부한 의미와 깊이를 느낄 수 있다. 이러한 효과를 내게 하는 이유 중의 하나는 서사비평이 성경 이야기를 전체적으로 일관성 있게 읽게 하기 때문이다.

성경의 개별적 사건, 등장인물이나 배경은 성경의 전체적인 흐름과 유기적인 관계를 가질 때 보다 다양한 의미를 창출해 낸다. 예를 들어, 마태복음이라는 예수의 전체적 이야기를 먼저 일관성 있게 읽고 난 후 그 이야기 안에 들어 있는 변화산의 이야기를 전체 이야기와 연결시켜 읽으면, 변화산 이야기에서 훨씬 더 깊은 의미를 찾아낼 수 있다.

즉, 변화산 사건은 가이샤라 빌립보 사건과 불가분의 관계에 있으며, 이 사건은 예수의 사역 방향이 무리들로부터 제자들에게 옮겨 가는 중요한 전환점이 된다는 것을 알 수 있다.

(1) 성경 해석과 성령 사역

성경 해석에는 여러 종류의 오류가 따르는데, 그중 하나가 성경의 흐름과 문맥을 무시하고 편파적으로 해석하는 단편적 해석이다. 서사비평은 이런 오류를 극복할 수 있다. 다른 오류에는 성경 본문의 시공간과 배경을 무시하고 해석하는 평면적 해석 오류가 있는데, 서사비평은 이 문제도 피할 수 있는 길을 열어 준다.[90]

문학비평이 문학세계에서 일어나는 모든 일을 수용하는 것처럼, 서사비평은 성경에서 일어나고 있는 모든 초자연적 사건들과 영적 현상을 수용한다. 이 점이 종전의 역사비평적 해석 방식과 크게 다른 점이다. M. A. 포웰은 서사비평이 본문의 초역사적 · 계시적 기능을 중요시하기 때문에 영적 현상이나 성령의 사역을 이해하는 데 큰 도움을 준다고 본다.

> 서사비평은 기독교의 성령론을 강조한다. 계시는 독자와 텍스트의 상호작용을 통하여 지금 일어나는 사건으로 생각되기 때문에 성령의 능동적인 역할은 해석의 과정에 핵심적이다.[91]

성경 이야기에서 성령의 사역이 강조되는 것은 성경 해석에서 성령의 도움이 있어야 되는 것과 같다. 포웰은 이렇게 말한다.

---

90) 그 외 성경의 역동적 · 유기적 본질을 깨닫지 못한 정적 해석의 오류도 극복할 수 있는 방법이 서사적 읽기방법에 포함되어 있다. 이런 해석 오류는 복음과 율법, 구약과 신약의 변증법적 관계를 무시한 결과이다. 그 외에 카이로스와 크로노스의 시간 개념의 혼돈에서 오는 해석 오류, 산문을 시로, 시를 산문으로 잘못 해석하는 장르 오류, 영적 조명이 없는 문자적·역사주의적 해석의 오류들도 서사적 읽기를 통해 극복할 수 있다.

91) M. A. Powell, op. cit., 150.

> 비평적으로 밝혀진 '그때의 의미'에서 '지금의 의미'를 도출해 내기 위해서는 해석자가 성령의 선물들과 다른 영역, 즉 조직신학과 목회상담 같은 영역에서 도출된 연구결과들에 근거해야만 한다.[92]

이런 점에서 성경 이야기 해석과 성령은 불가분의 관계에 있고 성경 이야기 상담에서 성령이 주도적인 역할을 담당하게 되는 것이다.

(2) 성경 이야기와 수사학적 기법

서사 이야기는 일정한 수사학적인 기법을 통해 전개된다. 이러한 수사학적인 기법은 담론에 포함되며, 담론은 해설자, 메시지, 수사학적 기법, 관점 등의 요소로 이루어져 있다. 복음서의 이야기를 예로 들면, 그 이야기 안에는 해설자와 수화자가 등장하고, 상징이나 아이러니, 반복, 대조, 비교와 같은 다양한 기법들이 사용되며, 일관된 관점이 들어 있다. 복음서에는 곳곳에 해설자가 등장하여 난해하거나 생소한 부분을 설명해 준다.

예를 들어, 요한복음에서 표적을 요구하는 유대인들에게 예수는 "너희가 이 성전을 헐라, 내가 사흘 동안에 일으키라."라고 말씀하신다(2:19). 이 말씀의 뜻을 몰라 오해한 유대인들은 46년 동안 지은 성전을 어떻게 사흘 만에 세울 수 있느냐고 반문한다. 이에 해설자가 등장하여 그 뜻을 풀이해 준다.

> 그러나 예수는 성전된 자기 육체를 가리켜 말씀하신 것이다(요 2:21).

해설자는 간단한 본문을 해석하는 것 이상의 역할도 한다.

마가복음 1장 1절은 "하나님의 아들 예수 그리스도의 복음의 시작"이라는 말로 시작된다. 이 구절로 인해서 독자는 처음부터 예수는 하나

92) Ibid., 168.

님의 아들이며 그리스도라는 사실을 알 수 있다. 다시 말하면, 독자는 예수의 정체성을 알고 이야기 속으로 들어 간다. 그러나 마가복음 속에 등장하는 중요한 인물들은 이 사실을 모르고 있다. 수제자 베드로조차도 이 사실을 모르고 있다. 사실 이야기 세계 안에 있는 인간 등장인물들은 귀신들린 자를 제외하고는 그 어느 누구도 예수가 누구인지 모르고 있다. 반면, 이야기 밖에 있는 독자들은 해설자의 해설로 예수의 정체성을 처음부터 알고 시작한다.

결국, 이야기 세계 안에 있는 사람들과 밖에 있는 사람들은 상호 대조적인 관계를 이루게 된다. 이것이 이야기와 담론의 차이이다. 해설자를 통하여 예수의 정체를 알고 있는 독자들은 예수의 정체성을 모르는 등장인물들을 볼 때 어떤 느낌이 들까? 독자들은 예수의 정체를 알고 있기 때문에 혼란을 경험하고 있는 등장인물을 볼 때, 한편으로는 우월감을 느끼기도 하고, 다른 한편으로는 그들에게 공감하기도 한다. 또한 예수의 정체성에 관해서 혼란을 경험하는 독자들은 제자들을 통해 자신의 문제를 발견해 내고, 그 해결책을 찾을 수 있게 된다.

해설자는 독자에게 등장인물들의 실패를 알게 하고 담론을 통해 복음서를 읽는 방법을 배우게 함으로써, 독자가 제자들보다 더 나은 사람이 되고자 하는 동기를 가지도록 해 준다. 독자는 제자들이 예수의 말씀을 이해하지 못하고 실패하는 부분에 대해서 공감할 수 있다.

예를 들어, 제자들은 오병이어와 칠병이어의 기적을 체험하고 난 후에도 예수의 능력을 이해하지 못했다. 제자들은 오병이어 기적을 체험하고 난 후 오천 명의 군중이 빵과 생선을 먹고 그 남은 조각이 열두 바구니였다는 사실과 사천 명의 군중이 먹고 남은 조각이 일곱 바구니였다는 사실은 잘 기억하고 있지만, 예수께서 그런 능력을 행하시는 분이라는 사실은 잘 기억하지 못했다. 독자들도 같은 경험을 한다. 신학적·성경적 지식은 있지만 예수께서 기적을 행하시는 분이라는 사실은 종종 잊어버린다.

이렇게 보면, 제자들과 우리는 같은 문제를 가지고 있다. 우리도 제자들과 같다는 생각을 하면, 제자들이 겪는 문제는 결국 우리의 문제이기도 하다. 우리도 오늘날 예수를 따르면서 그분의 참된 정체성을 알지 못한다. 예수의 능력을 보고 감동은 하지만 그 능력의 외형적인 면만 이해하고 본질을 알지 못한다. 복음서는 제자들의 부족한 모습을 보여 줌으로써 오늘날의 독자들이 제자들과 같이 예수의 정체성에 대해 혼란을 경험하지만 궁극적으로 예수를 그리스도라 고백하게 해준다.

독자와 등장인물 사이의 감정이입은 평가 관점과 성격에서 서로 공통점이 있을 때 이루어지는 문학적 효과라고 할 수 있다. 서사 이론은 상담자가 내담자의 이야기 세계에 들어가기 쉽도록 공감 내지는 감정이입을 유도하는 데 도움을 준다. 서사 이론이 내담자로 하여금 이야기 세계에 들어가도록 도움을 준다면, 상담 이론은 이야기를 내담자의 문제에 적용할 수 있도록 한다. 내담자가 성경 이야기 세계에 쉽게 친숙해 지기 위해서는 상담자가 내담자의 문제에 상응하는 이야기를 선택해야 한다. 예를 들어, 신약성경의 각 복음서는 그 복음서별로 문학적·신학적 특징을 가지고 있다. 상담자는 성경 이야기의 적용성을 높이기 위해 이러한 특징을 알아 둘 필요가 있다.

이 문학적·신학적 특징은 복음서의 일관된 관점을 형성한다. 네 개의 복음서는 서로 다른 관점에서 예수를 묘사하고 있다. 각 복음서의 관점은 그 복음서를 바로 해석해 나가는 데 관건이 된다. 마태복음은 행함과 더 큰 의를 중시하고 지식과 부를 균형적으로 소유한 중산층을 독자로 전제하고 있다. 마가복음은 예수의 고난과 제자들의 무지를 부각시키며 기적에 매료되고 저항과 충돌, 그리고 격정적 삶에 익숙한 젊은 독자를 예상하고 있다. 누가복음은 성령의 역사를 통한 세계적 선교 비전을 제시하고 소외된 계층에 많은 관심을 가지고 있다. 공관복음서와 다른 관점에서 예수를 조명한 요한복음은 관조적 성격이 강하고 우주적이며 영원한 삶을 강조하고 있다.

(3) 상징적 언어와 상담

성경 이야기는 내담자에게 직접적이고 문자적인 영향을 미치지만, 그 이야기가 상담에서 간접적, 우회적, 은유적으로 사용될 때 더 효과를 거둘 수 있다. 은유나 비유는 내담자의 심리적 부담감을 덜어 주며 새로운 전망에서 삶과 문제를 바라보게 한다. 이것이 비유의 유익함이다. 나단의 비유(삼하 12:1－7)를 예로 들 수 있다. 이 비유는 다윗이 밧세바를 범하고 그녀의 남편 우리아를 죽인 사건 이후에 나온 이야기로, 다윗은 자신이 저지른 죄를 깨닫게 되는 중요한 전환점을 제공한다.

> 여호와께서 나단을 다윗에게 보내시니 그가 다윗에게 가서 그에게 이르되 한 성읍에 두 사람이 있는데 한 사람은 부하고 한 사람은 가난하니 그 부한 사람은 양과 소가 심히 많으나 가난한 사람은 아무것도 없고 자기가 사서 기르는 작은 암양 새끼 한 마리뿐이라. 그 암양 새끼는 그와 그 자식과 함께 자라며 그가 먹는 것을 먹으며 그의 잔으로 마시며 그의 품에 누우므로 그에게는 딸처럼 되었거늘 어떤 행인이 그 부자에게 오매 부자가 자기에게 온 행인을 위하여 자기의 양과 소를 아껴 잡지 아니하고 가난한 사람의 양 새끼를 빼앗아다가 자기에게 온 사람을 위하여 잡았나이다 하니 다윗이 그 사람으로 말미암아 노하여 나단에게 이르되 여호와의 살아 계심을 두고 맹세하노니 이 일을 행한 그 사람은 마땅히 죽을지라 그가 불쌍히 여기지 아니하고 이런 일을 행하였으니 그 양 새끼를 네 배나 갚아 주어야 하리라 한지라 나단이 다윗에게 이르되 당신이 그 사람이라.

다윗의 예와 같이 비유는 듣는 이로 하여금 심리적 방어기제를 사용할 기회를 허용하지 않으므로 쉽게 자기 문제를 노출하는 데 도움을 준다. 그리고 비유는 새로운 세계를 향한 기대와 신비스러움을 가지게 하거나 추상적인 것을 구체적인 것으로 쉽게 해석하게 한다. 만약 나단이 처음에 비유를 사용하지 않고 다윗의 죄를 직접 고소했다면 이 사건이 어떻게 전개되었을까? 아마 신약성경에서 헤롯왕의 죄를 직접 고소했던 세례 요한과 같은 운명이 되지 않았을까? 물론 다윗과 헤롯은 큰 차이가 있다 할지라도 말이다.

상담에서 영적 · 상징적 차원의 중요성에 대해서 양유성은 이렇게 말한다.

> 대개 상담에서는 문자보다는 영과 정신이 더 중요한 치료적 수단으로 효과적인 힘을 발휘하는 경우가 많다.[93] 상담자는 성경의 한두 구절을 사용하기보다는 내담자가 문제를 지닌 핵심 주제에 관한 성경의 전체적인 흐름 속에서 일관성 있게 나타나고 있는 하나님의 진리나 우리에게 들려주는 메시지가 무엇인지를 잘 파악해야 한다.[94]

(4) 성경 이야기의 서사적 읽기

성경을 서사적으로 읽기 위해서는 다음의 다섯 가지 방식이 유효하다. 먼저 성경을 장절의 구분 없이 읽는다. 성경의 원본은 장절의 구분 없이 기록되었다. 현재의 장절은 12세기에 만들어졌다. 이 장절의 구분은 때로 도움이 될 수도 있으나, 원저자가 저작했을 때의 의도를 왜곡하는 경우도 많다. 특히 서사형식인 복음서와 사도행전은 더욱 그러하다.

93) 양유성, "성경 이야기의 치료적 이해와 적용," **복음과 상담** 40, 기독상담연구소, 2007, 38.
94) Ibid., 39.

원저자는 현재의 복음서를 한 권의 계속되는 이야기로 기록했기 때문에, 독자는 전체적인 흐름을 기억하면서 읽어 나가야 한다. 예를 들어, 벳세다 소경 이야기, 가이사랴 빌립보 사건과 변화산 사건은 서로 연결하여 읽어야 하며, 수로보니게 여인의 사건과 예수의 이방사역도 연결해서 이해해야 한다.

둘째, 성경 원본은 읽히기 위해서 쓰인 것이 아니라 들려주기 위해서 기록되었기 때문에 우리는 듣는 문화에 익숙해져야 한다. 성경이 기록될 당시에는 90~95%의 사람들이 문맹이고 성경의 복사본을 구하기 어려웠기 때문에, 주로 구술로 전달되었으며 청중들이 듣는 것을 전제로 기록되었다. 그러므로 성경을 읽을 때도 그 당시의 문화를 고려하여 듣는 방식으로 접근하는 것이 중요하다.

셋째, 서사는 일정한 구조를 가지고 있고 그 구조에 따라 읽을 때 역동성을 나타낸다. T. 롱멘Longman 3세는 서사 구조를 [그림 2-2]와 같이 그리고 있다.[95]

[그림 2-2] 서사의 구조

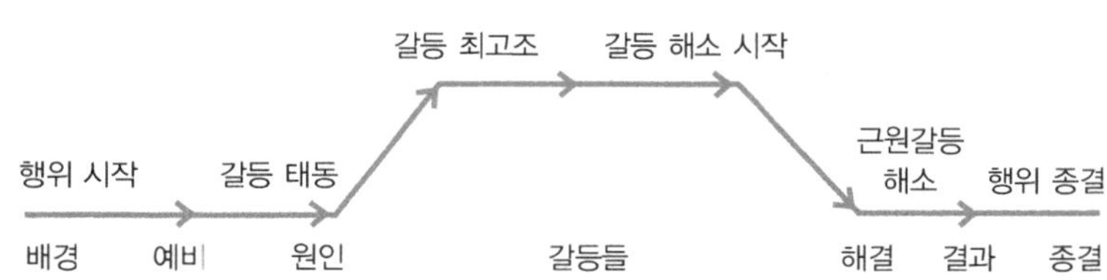

95) Tremper Longman Ⅲ, 문학적 성경 해석, 유은식 역 (서울: 솔로몬, 2002), 132

넷째, 성경 이야기는 일반 이야기와 마찬가지로 그 이야기를 통해서 독자들에게 의미와 재미를 주기 위한 것이다. 그래서 성경 이야기는 이야기의 흐름에 따라 읽어 나가면서 충분한 상상력을 발휘해서 저자가 그 이야기를 통해서 전달하고자 하는 그 현실을 통전적으로 느낄 필요가 있다. 하나의 이야기는 전달하고자 하는 메시지가 있지만, 그 메시지 이전에 독자로 하여금 지성과 감성, 그리고 영성을 통해서 경험하는 새로운 세계를 전하고자 하는 것이다.[96]

다섯째, W. 이저Iser에 의하면, 본문 읽기에서 중요한 것은 틈 메우기filling gap이다. 이것은 본문에서 모호한 부분을 독자가 어떻게 읽느냐 하는 것이다. 이 틈은 독자가 본문에서 얻은 내부 지식과 본문 밖에서 얻은 외부 지식에 의해서 메워질 수 있다.

(5) 서사적 읽기 사례

성경 이야기의 서사적 읽기의 좋은 사례가 있어 소개한다. 이 글은 한성태가 복음과 상담에 게재한 것이다. 전체는 분량이 많기 때문에 여기서는 생략할 부분은 생략하고 필요한 부분만 선택했다.[97]

한성태는 먼저 마가복음의 전체 이야기 흐름을 간략하게 살폈다. 이 부분은 선택된 본문을 마가복음의 전체 이야기의 구조와 흐름 속에서 이해하는 데 필수적인 것이다. 이렇게 함으로써 마가복음서가 한 편의 긴 이야기로서 읽힐 수 있다. 그다음에 선택된 본문인 6:45~52절을 서사 이야기로서 읽어 나간다. 그런데 여기서 저자는 생략했지만 6:45~52의 이야기에 들어가기 전에 이 단락의 직전과 직후의 내용을 간단히 소개해 주었다면 이 단락의 이야기가 더 생동감을 가질 수 있었을 것이다.

96) 예수 이야기의 좋은 예로서, 예수의 생애 (김순신 역, 서울: 종로서적, 1983)를 참조하라.
97) 한성태, "힘겹게 노를 저을 때," 복음과 상담 42, 기독상담연구소, 2008, 116-134.

그래서 필자는 선택된 본문의 직전과 직후의 이야기를 간단히 소개하고자 한다.

> 6장에서 처음 나오는 이야기는 예수께서 고향인 나사렛을 방문한 사건이다. 예수께서 오랜만에 정든 고향인 나사렛을 방문했는데 그 고향 사람들은 이상하게도 "이 사람이 마리아의 아들 목수가 아니냐?" 하고 배척했다. 그래서 예수께서는 그 사람들이 믿지 않음을 이상히 여기고 그곳에서는 아무 이적이나 놀라운 일들을 행할 수 없었다.
> 그 후에 예수께서 열두 제자들을 전도차 파송하셨다. 그들이 놀라운 일들을 많이 했기 때문에 예수의 이름이 사방에 널리 알려졌다. 그러나 헤롯 왕은 자신이 죽인 세례 요한이 살아났다고 하면서 두려워했다. 전에 헤롯 왕이 그의 현재 부인인 헤로디아의 일로 세례 요한을 살해한 일이 상세하게 회상되어 있다. 제자들이 전도 사역을 한 후 그 결과로 수많은 사람들이 예수와 제자들을 따르게 되었다. 그 많은 무리로 인해서 예수님은 도시나 마을에 들어갈 수 없어 들판에서 그들을 가르치고 치료해 주셨다. 시간이 흘러 식사 때가 되었다. 제자들은 이 많은 무리들로 인해서 걱정하기 시작했다. 그런데 놀랍게도 너무나 신기하게도 예수께서 그 많은 무리를 다섯 개의 떡 덩어리와 물고기 두 마리로 배부르게 하셨다. 이 엄청난 기적에 놀라고 감동을 받은 무리들은 남자들만 무려 오천 명이나 되었다.

이 뒤에 본문의 이야기가 전개된다. 여기서 한성태의 마가복음 이야기를 들어 본다.

> 45 예수께서 즉시 제자들을 재촉하사 자기가 무리를 보내는 동안에 배 타고 앞서 건너편 벳새다로 가게 하시고 46 무리를 작별하신 후에 기도하러 산으로 가시니라

> 예수님은 오병이어의 기적을 행하신 후, 즉시 제자들을 재촉하셨다. 배를 타고 갈릴리 바다 건너편 벳새다로 가라고 하신 것이다. 오병이어의

기적을 체험하면서 제자들은 예수님이 범상하지 않은 분이라는 것을 알게 되었다. 그들은 소문처럼 예수님이 정말 메시아일지도 모른다고 여겼다. 오병이어의 기적에 놀란 그들은 예수님에게 압도당했고 순종하지 않을 수 없었을 것이다. 그래서 그들은 말없이 배의 노를 젓기 시작했다. 제자들을 보낸 예수님은 들판에 남아 있는 셀 수 없이 많은 무리들을 집으로 돌려보내셨다. 그들은 자신들의 주린 배를 채워 주는 참 목자를 보았기에 떠날 생각을 하지 않고 있었다. 그러나 그들을 더 이상 잡아맬 수 없었다. 예수님은 즉시 그들을 돌려보내기로 하였다. 그리고 기도하러 산으로 가셨다.

47 저물매 배는 바다 가운데 있고 예수께서는 홀로 뭍에 계시다가 48 바람이 거스르 므로 제자들이 힘겹게 노 젓는 것을 보시고 밤 사경쯤에 바다 위로 걸어서 그들에게 오사 지나가려고 하시매

오병이어의 기적이 있은 후, 군중들은 예수님을 그들의 임금으로 원했다. 그러나 예수님은 이러한 세속적인 영광이 아닌 십자가가 자신의 길임을 알고 계신다. 예수님은 제자들과 무리들을 떠나 혼자 기도할 시간이 필요하다는 것을 아시고 산에 오르신 것이다. 예수님의 기도는 언제나 한적한 곳에서 홀로 있는 가운데 실천하는 경건이었다(1:35, 6:46, 14:32-42).
시간이 많이 흘렀다. 어느덧 '밤 사경쯤' 되었다. 온 세상이 깊이 잠에 취한 새벽녘이 된 것이다. 바람이 세찼다. 아마 마파람이었던 모양이다. 노를 아무리 저어도 배는 나가지 않았다. '밤 사경'은 새벽 3시에서 6시 사이라고 하니, 초저녁부터 그때까지 힘겹게 노를 저은 시간은 대략 여섯 시간이 넘는다. 손에 기운이 빠지고 기진할 만큼 지친 상태였다. 그도 그럴 것이 저녁 무렵, 수많은 인파들에게 떡과 고기를 나눠 주느라 정신없이 바빴을 터인데, 숨 돌릴 사이도 없이 배를 타고 차례대로 노를 젓기 시작했으나 새벽녘에 겨우 바다 가운데 머문 상태이니 말이다. 제자들 중에는 어부 출신들이 많아 어쩌면 항해하면 어느 누구보다도 자신이 있을 것이다. 그들은 바다의 물길을 잘 알았고 바람의 성질도 잘 알았을 것이다. 그러나 이날 밤만큼은 그들이 가진 경험이나 기술은 도무

지 먹혀들지 않았다. 속수무책이었다.

그런데 재미있는 것은, 성경 기자 마가는 마파람을 맞고서 허우적거리며 표류하는 제자들의 모습을 예수님은 보고 계셨다고 기록하고 있다(48절). 무엇 때문이었을까? 칠흑 같은 한밤중에 죽을 힘을 다해도 별 진전이 없으니, 제자들은 마침내 모든 것을 포기했을지도 모른다. 그 시각에 주님이 그들에게 오신 것이다. 그런데 또 이상한 것은 예수님은 그들을 '지나가려고' 하였다(48절). 무엇 때문이었을까? 제자들이 믿음이 없음을 미리 알았을까? 아니면 그들을 시험하기 위함이었을까?

49 제자들이 그가 바다 위로 걸어오심을 보고 유령인가 하여 소리 지르니
50 그들이다 예수를 보고 놀람이라 이에 예수께서 곧 그들에게 말씀하여
이르시되 안심하라 내니 두려워하지 말라 하시고

제자들이 바다 위로 어떤 물체가 오고 있는 것을 보았다. 사람이면 저럴 수 없다는 생각에 겁을 먹기 시작했다. 극도로 긴장이 몰려왔다. 등에는 식은땀이` 흐르고 머리카락은 남김없이 섰다. "유령이다아아!!!" 고막을 찢을 듯 소리를 질렀다. 서로가 지른 고함에 저마다 더욱 놀랐다. 우왕좌왕하니 배는 뒤집힐 듯 기우뚱거렸다.

제자들을 지나치던 '유령'이 그만 그들의 비명에 놀랐다. 그러고는 돌이켜 그들을 보았다. 가까이 오면서 그들에게 말을 걸었다. "안심하라"고 하시며 놀란 가슴을 진정시킨 다음 "내"라고 하신다. 이 말은 아주 중요하고 독특한 표현이다. "나"란 하나님께서 모세에게 "나는 스스로 있는 자로라" (출 3:14)라고 하시며, 독특하게 자신의 존재를 계시할 때 쓰신 표현과도 같다. 제자들에게 이어 "두려워하지 말라"고 하셨다. 이는 오직 하나님만이 하실 수 있는 말씀이었다. 하나님으로서의 정체를 밝히신 이가 하나님의 '소리'로서 제자들에게 임하였다.

51 배에 올라 그들에게 가시니 바람이 그치는지라 제자들이 마음에 심히
놀라니 52 이는 그들이 그 떡 떼시던 일을 깨닫지 못하고 도리어 그 마음
이 둔하여졌음 이러라

> 예수님이 배에 올라 제자들에게로 갔다. 드디어 바람이 그쳤다. 그가 또 다시 바다를 제압한 것이다. 바다는 고요해졌으나 제자들의 마음은 그렇지 않았다. 심히 놀랐다. 제자들의 놀람은 다른 각도에서 관찰한 것이다. 앞선 떡 먹이신 이적을 바로 깨닫고 그리스도가 초자연적인 하나님이시라는 것을 알았다면, 바다 위로 걸어오셨다 해도 당연한 일이지 그렇게 놀랄 것은 없을 것이다.[98]

본문의 이야기 다음으로 연결되는 이야기는 다음과 같다.

> 예수님의 놀라운 이적 후에 많은 사람들이 예수님을 따르자 예수님에게 향한 바리새인들과 서기관들의 비판이 거세지기 시작했다. 예수님이 그들과 논쟁을 벌이신 후 사역과 논쟁으로 피곤하셨는지 이방지역인 두로 지경에 아무도 모르게 한 집에 들어가시려 했으나 그것도 여의치 않았다. 한 수로보니게 여인이 예수님께 다가와 간청함으로 그녀의 딸이 나음을 입었는데 이 이방 여인의 간청을 들으신 후 예수님께서 이방지역에서 사역을 하시기 시작했다. 그것이 데가볼리와 같은 이방지역에서 행하신 칠병이어의 기적이며 가아샤랴 빌립보 사건이었다.

한성태는 이 단락을 서사적으로 읽음으로써 느끼게 된 소감을 다음과 같이 적었다.

> 이번 학기에 서사비평을 배우게 된 것은 학문의 크나큰 수확이었다. 기말 리포트를 작성하며 얻은 즐거움도 매우 컸다. 몇 가지 깨달음을 적어보면, 먼저, 마가복음 전체의 흐름을 이야기로 꾸며 본다는 것 자체가 매우 흥미 있는 일이었다. 성경에서 일어나는 사건들을 이야기로 꾸며가는 중에, 각 사건의 전후 문맥을 마치 연결고리처럼 이어가므로 성경 전체 내용을 머릿속에 쉽게 요약 정리할 수 있어 좋았다.
>
> 다음으로는, 서사비평을 하기 위해 한 사건을 잡아 그 사건의 전후 문맥

98) 이상근, 신약주해 마가복음 (서울: 대한예수교장로회총회교육부, 1985), 120.

을 살펴보므로 그 사건의 발단과 그 사건이 우리에게 전하려는 메시지의 핵심을 정확히 파악할 수 있어 참 좋았다. 뿐만 아니라 이야기를 이해하기 쉽도록 꾸미는 과정에 나도 모르게 감정이입이 되어 이야기 속에 등장하는 배역들의 마음을 어렴풋이 가져 보므로 그 이야기가 우리에게 전하고자 하는 메시지를 쉽게 이해할 수 있어 정말 좋았다.

끝으로, 이번 기회에 나는 마가복음 6:45 - 52를 택하여 실제 서사비평해 보았는데, 마치 새로운 지평을 여는 것 같았다. 본문에 나타난 사건은 그동안 너무나 많이 들었던 내용인, "예수가 물 위를 걸으심"이다. 그런데 내게 직접 서사비평을 해보니 지금까지는 느껴 보지 못한 깨달음과 은혜가 있었다. 따라서 앞으로는 성경을 읽거나 설교를 할 때, 그리고 들을 때에도 - 물론 서사적인 내용에 한하여 - 되도록 많이 적용해야겠다는 생각을 가지게 되었다.

이상에서 본 것처럼 서사적 읽기는 본문을 보다 생동감 있게 이해할 수 있게 한다. 이러한 성경 읽기는 본문을 내담자의 삶에 적용할 수 있는 가능성을 넓혀 준다.

앞에서 본 단편적 이야기는 그 자체로도 의미를 가지지만 마가복음 전체 이야기와 연관시켜 읽을 때 더욱 분명한 의미를 파악할 수 있다. 한 걸음 더 나아가서 마가복음의 이야기를 신약성경 전체의 이야기와, 더 넓게는 성경 전체의 이야기와 연결시켜 읽으면 단편적으로 읽을 때 느낄 수 없는 새로운 의미와 세계를 느낄 수 있다. 이 점을 좀 더 분명히 살펴보자.

2) 이야기로 본 전체 성경

우리는 성경을 서사적으로 읽는다고 할 때 위의 예에서 본 것처럼 먼저 작은 이야기를 떠올릴 것이다. 성경 안에는 이런 작은 이야기들이 수없이 많이 들어 있다. 그와 동시에 성경 안에는 길이가 상당히 긴 이야기도 많이 있다. 예를 들면, 아브라함의 이야기, 다윗의 이야기, 예수 그리스도의 이야기가 있다.

이런 이야기들은 다윗의 이야기처럼 몇 권의 책에 기록되어 있기도 하고, 예수 그리스도의 이야기처럼 단권에 기록되어 있기도 하지만 다양한 관점에서 기록되어 있는 경우도 있다. 짧은 이야기를 단편 이야기라 한다면 이런 이야기는 중편 이야기에 속한다.

그런데 성경에는 이런 단편 혹은 중편 이야기보다 더 긴 이야기가 있다. 그 긴 이야기는 성경 전체를 하나의 이야기로 볼 수 있다는 점에서 의미가 있다. 이 이야기를 편의상 장편 이야기라 부를 수 있다. 즉, 창세기에서 요한계시록까지의 성경 전체 흐름을 하나의 긴 이야기라 말할 수 있다.

과연 성경 66권이 하나의 이야기가 될 수 있을까? 우리가 성경 전체를 하나의 이야기로 읽을 수 있을까?

(1) 성경의 전체 흐름

성경은 구약성경 39권과 신약성경 27권, 총 66권으로 되어 있다. 66권이 성경을 이루고 있지만 각 권은 저마다 독특한 배경과 내용을 가지고 있다. 각 책은 저작 시대, 저자, 메시지, 문학 장르, 내용 등이 다 다르다. 그래서 이 책들을 하나로 묶어 성경으로 받아들이지만 이 책들을 전체적으로 상호 관련성 있게 설명하기는 어렵다. 왜냐하면 서로 다른 점들이 너무 많고, 때로는 상호 갈등과 긴장을 불러일으키는 요소들이 들어 있기 때문이다.

그러나 이런 다양성과 상이성에도 불구하고 성경은 전체적으로 통일성 있게 읽어 갈 수 있도록 구성되어 있다. 다시 말하면 성경의 다양한 내용은 하나의 큰 틀 속에서 이해할 수 있다. 이 하나의 큰 틀이 가능한지 여부는 학자들의 논쟁거리가 되어 왔고, 이 큰 틀이 무엇을 의미하느냐에 대해서도 다양한 대답이 주어졌다.

때로는 구원사, 약속과 성취, 삼위일체의 도식 등으로 설명하지만, 필자는 전체 성경을 중심 메시지를 가진 하나의 큰 이야기로서 설명할 수 있다고 본다. 성경의 수많은 책들은 다양한 시대, 종족, 장소, 상황을 배경으로 하여 이루어져 있지만, 성경 66권을 전체적으로 볼 때 신학적 메시지를 가진 하나의 긴 이야기로 이해할 수 있다.

물론 66권의 책들 중에는 이야기 흐름과 전혀 직접적 상관이 없는 책들이 있다. 그러나 이 책들은 성경의 전체 이야기 흐름과 간접적인 관련을 가지고 있다. 성경의 많은 이야기들은 크든 작든 성경 전체 이야기의 구조와 흐름을 반영하고 있다. 때로는 그 이야기들이 완성된 형태로 혹은 미완성된 형태로 나타나지만, 그 틀은 성경 전체 이야기의 구조와 흐름을 모방하고 있다.

그것이 창세기나 출애굽기 혹은 예수 그리스도의 이야기든, 초대교회의 이야기든, 아니면 작은 수로보니게 여인의 이야기든, 탕자의 이야기든, 성경의 모든 이야기는 성경 전체의 이야기와 깊은 관련을 가지고 있다. 그래서 우리는 성경의 작은 이야기들을 바로 이해하기 위해서 성경 전체의 구조와 흐름을 알아야 한다.

(2) 성경 전체 이야기의 구성 요소

신구약 성경은 메시지를 담고 있는 하나의 큰 이야기이다. 이 이야기에는 이야기의 구성 요소인 등장인물, 사건, 배경이 들어 있다. 또한 그 이야기에는 분명한 관점이 나타난다. 하나님의 존재와 사역은 성경 이야기의 전제이며, 하나님의 사역은 분명 시작과 끝이 있으며, 일정한 방향과 목적성을 가지고 있다. 성경은 그 모든 사건과 인물들이 하나님의 계획 속에서 이루어지고 있다는 점에서 하나의 거대한 이야기로 연결된다.

전체 성경 이야기에는 시원적 사건으로 창조 사건이 있고, 이 창조의 질서가 깨어지는 결정적 사건으로 불순종과 타락의 사건이 있다. 타락의 사건은 그것으로 종지부를 찍는 것이 아니고 먼 미래에 있을 구원의 사건을 암시하며, 그 사건이 예수 그리스도를 통하여 성취되며 궁극적 완성을 약속하고 있다.

성경 이야기의 등장인물에는 천상의 등장인물인 하나님, 사탄, 천사, 악한 영과 지상의 등장인물로서 아담과 하와, 아브라함, 모세, 예수 그리스도, 제자들이 있다. 이 이야기의 등장인물들 중 천상의 등장인물은 이야기의 시작부터 끝까지 일관되게 등장한다. 이 등장인물들은 창세기부터 구약의 전반적인 이야기, 그리고 신약성경의 예수 그리스도의 이야기부터 계시록에 이르기까지 성경 전체에 걸쳐 등장한다. 반면, 지상의 등장인물들은 시대와 장소에 따라 달라진다. 이런 관점에서 보면, 성경의 전체 이야기는 천상의 등장인물들이 주요한 역할을 하고, 지상인물들은 천상의 품성을 지닌 예수 그리스도 외에는 다 보조적 역할을 한다.

성경 이야기의 배경은 천상과 지상으로 나뉘고, 지상은 특히 이스라엘의 역사와 관련이 있다.

(3) 성경 전체 이야기

이상의 이야기 구성 요소들을 가지고 창세기에서 요한계시록에 이르는 성경을 하나의 이야기로 이야기해 보자.

하나님은 무의 세계에서 말씀으로 이 피조 세계의 본질적이며 핵심적인 존재들을 창조하신다. 빛, 물, 식물, 해와 달, 동물을 그 종류대로 차례로 만드셨다. 이 배경을 창조하신 후에 최종적으로 아담과 하와를 만드시고 만물을 관리하게 하시면서 창조의 질서를 세우셨다. 이 거대한 창조의 질서는 아담과 하와를 포함한 만물들이 평온함을 누리면서 살게 해 주었다. 이 아름다운 에덴에서의 삶이 계속되었다. 얼마의 시간이 지났을까?

간교한 뱀이 등장하여 하와를 유혹하여 그녀와 아담은 하나님의 금지 명령을 어기고 선악과를 따먹게 된다. 이 순간부터 그렇게 평온하던 만물의 질서가 흔들리면서 하나님의 진노가 임하게 된다. 아담, 하와, 뱀은 각기 그들의 범죄에 합당한 벌을 받게 되고 그 행복하던 동산에서 추방당하게 된다. 만물은 이 사건으로 인해서 황폐하고 어두움에 사로 잡히며 인간의 고통과 슬픔이 시작된다. 아담과 하와를 포함한 피조 세계의 고통을 보신 하나님은 그 마음에 연민을 느끼시고 그 피조 세계를 본래의 모습으로 바꾸고자 하시는 계획을 하신다. 타락한 만물 가운데 있는 인간들은 점점 그 모습이 흉악하게 변해 가는데 그러한 가운데 하나님은 피조 세계의 회복을 위한 구체적 행위를 하신다. 아브라함이란 한 인물을 부르신 것이다. 하나님은 아브라함을 통해서 두 가지를 행하셨다. 그 하나는 구원의 비전을 보여 주신 것이고 다른 하나는 그 비전에 따라 살아갈 자손들을 허락하신 것이다.

아브라함의 자손들 가운데서 그 구원의 비전을 실현시켜 나갈 인물들을 하나님은 계속 보내신다. 모세, 다윗, 엘리야, 이사야 등등. 그러나 황폐하고 어두운 타락의 세상에 사는 이스라엘 자손들은 이들의 말을 듣는 것 같았지만 그들의 속마음은 변화가 없었다. 선지자 예레미야는 하나님이 새로운 마음을 주시고 새로운 계약을 하시리라 예언하는데 그 예언은 예수 그리스도의 오심으로 실현되었다.

하나님은 그 아들 예수를 보내시면서 "이는 내 사랑하는 아들이라", "그의 말을 들으라"고 말씀을 하셨지만 이스라엘 사람들은 그를 죽였다. 죽임을 당한 많은 종들과 달리 하나님은 그 아들을 살리셨다. 그 아들을 살리실 뿐 아니라 하나님은 성령을 보내셔서 그 아들의 일을 계속하게 하시면서 그 일을 방해하는 사탄의 무리들을 쫓아내시고 피조 세계의 온전한 회복을 예수의 제자들을 통해서 추구하신다. 요한계시록의 환상으로 보여주신 그 세계에서는 하나님이 사탄을 멸하시고 "보라 내가 만물을 새롭게 하노라… 이루었다"고 말씀하시면서 처음의 창조 세계가 다시 나타난다.

이상은 전체 성경을 이야기로 간략하게 꾸며 본 것이다. 물론 성경의 내용 중 이 이야기와 직접적으로 관련되는 부분도 있고 간접적으로 연관이 되는 부분도 있다. 그러나 성경의 전체 내용은 이 이야기로 요약될 수 있다. 사실 예수께서도 비유의 형식을 통하여 이스라엘의 역사와 예수 자신의 운명을 이야기로 말씀하신 적이 있다.

한 사람이 포도원을 만들어 산울타리로 두르고 즙 짜는 틀을 만들고 망대를 지어서 농부들에게 세로 주고 타국에 갔더니 때가 이르매 농부들에게 포도원 소출 얼마를 받으려고 한 종을 보내니 그들이 종을 잡아 심히 때리고 거저 보내었거늘 다시 다른 종을 보내니 그의 머리에 상처를 내고 능욕하였거늘 또 다른 종을 보내니 그들이 그를 죽이고 또 그 외 많은 종들도 더러는 때리고 더러는 죽인지라 이제 한 사람이 남았으니 곧 그가 사랑하는 아들이라 최후로 이를 보내며 이르되 내 아들은 존대하리라 하였더니 그 농부들이 서로 말하되 이는 상속자니 자 죽이자 그러면 그 유산이 우리 것이 되리라 하고 이에 잡아 죽여 포도원 밖에 내던졌느니라 포도원 주인이 어떻게 하겠느냐 와서 그 농부들을 진멸하고 포도원을 다른 사람들에게 주리라(막 12:1 - 9).

예수의 이 비유는 이야기를 통해 하나님의 아들이 오기까지의 이스라엘 역사와 예수 자신의 죽음과 그 이후 일어날 이방선교를 요약해서 보여 주고 있다.

비유 형식의 이 이야기는 간단하지만 이스라엘로부터 예수 그리스도를 통해 이방인들의 교회로 옮아가는 구원사를 잘 설명해 주고 있다. 따라서 이 이야기는 초대교회로 하여금 구원사에서 이스라엘, 예수 그리스도 그리고 교회의 역사적 의미를 분명하게 깨닫게 해주는 해석의 틀이 된다.

이와 마찬가지로 성경의 전체 이야기는 성경 속에 있는 다른 길고 짧은 이야기를 해석하는 마스터키의 역할을 한다. 성경의 전체 이야기는 성경의 다른 이야기들과 직간접적으로 연결되면서 다른 이야기들의 객관적인 해석의 기준으로 작용한다. 이렇게 볼 때 성경은 서로 관련성을 가지는 다양한 이야기 층으로 구성되어 있다고 생각해 볼 수 있다.

(4) 성경 전체 이야기의 구조

성경 이야기의 구조는 여러 층으로 나누어 볼 수 있다. 이야기의 상층에는 거대서사에 해당하는 전체 이야기가 있고, 그 중간층에는 이 전체 이야기와 관련을 가지는 대서사적인 긴 이야기들이 있다. 긴 이야기의

[그림 2-3] 성경 전체 이야기의 구조

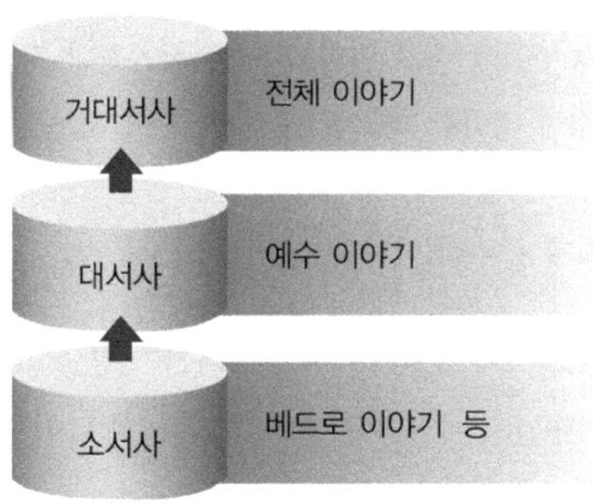

대표적인 예가 구원의 완성자인 예수의 이야기이다. 예수의 이야기는 성경 내에서 중요한 중간층의 이야기로 구약과 신약을 아우르는 구원의 계획을 중심으로 전개된다. 이 중간층의 이야기 속에는 하층에 속하는 짧은 이야기들이 포함된다. 예를 들어 베드로 이야기, 마리아 이야기 등이 들어 있다. 이렇게 볼 때 서로 다른 층에 속하는 이야기들이 상호 수직적인 관련성을 가지고 연관되어 있다.

이상에서 보듯이 성경의 이야기들은 수직적으로 서로 연결되어 있다. 이 이야기들은 수직적으로만 연결된 것이 아니라 이야기의 구성 요소가 동일하기 때문에 상호 연관성을 가지고 있다. 예를 들어, 전체 이야기는 그 속에 사건, 등장인물, 배경을 가지고 있으며 이 요소들의 구성으로 이야기가 진행된다. 예수 이야기도 그 안에 사건, 등장인물, 배경을 가지고 플롯에 따라 이야기가 흘러간다. 이렇게 보면 성경 속 하나의 이야기는 수직적인 관계와 형식적 연관성을 가지도록 되어 있다.

성경 이야기 해석에서 객관성을 최대한 확보하는 길은 이 수직적 관계와 형식적 연관성을 밝혀내는 것이다. 서사비평에서 종종 문제점으로 지적받는 것 중의 하나는 해석의 객관적 기준이 결여되었다는 점이다. 이러한 비판은 문학 텍스트가 다양한 의미를 가질 수 있고, 저자의 의도는 본문의 의미를 밝히는 데 결정적이지 않다는 전제와 관련된다.[99] 따라서 해석의 객관성을 확보하는 길은 바로 이야기의 수직적 관계성과 형식적 관련성을 밝혀내어 그 안에서 개별적 이야기를 해석하는 것이다.

99) M. Powell, op. cit., 160.

3) 성경 전체 이야기의 구성 요소별 분석

성경 전체 이야기와 다른 이야기들과의 연관성을 찾아내기 위해서는 전체 이야기를 구성 요소인 인물, 사건, 배경 및 플롯별로 좀 더 자세히 분석해 보는 것이 필요하다. 이렇게 각 요소를 살펴보면 각 이야기들이 어떻게 상호 연결되고, 성경 전체 이야기 속에서 어떤 역할을 하는지 더 잘 이해할 수 있다. 이 과정을 통해 성경의 다양한 이야기들이 하나의 거대한 서사 속에서 유기적으로 연결되는 방식을 파악할 수 있다.

(1) 성경 전체 이야기의 등장인물

성경에는 수많은 인물들이 등장하지만, 전체 이야기의 주요 등장인물은 하나님, 사탄, 예수 그리스도이다. 하나님은 이야기의 시작부터 등장한다. 하나님은 원형 인물로서 사랑하시기도 하고 미워하시기도 하며, 심판하시기도 하고 구원하시기도 하는 다양한 측면을 나타내 보이신다. 그분은 말씀으로 천지 만물을 만드시고 나중에 자신의 형상을 닮은 사람을 만드신다. 이 사람에게 창조질서의 기본이 되는 말씀을 주시고 지킬 것을 명하신다.

> 동산 각종 나무의 열매는 네가 임의로 먹되 선악을 알게 하는 나무의 열매는 먹지 말라. 네가 먹는 날에는 반드시 죽으리라(창 2:16 - 17).

그러나 인간은 사탄의 유혹에 빠져서 하나님의 명령을 어기게 된다. 이에 하나님은 분노하셔서 그를 에덴동산에서 내쫓으시지만 동시에 그 마음에 연민의 정을 가지고 계셔서 그 사람을 돌보시고 회복시키실 것을 계획하신다.

하나님은 자신의 계획에 따라 타락한 인간 역사에 개입하시면서 궁극적으로 그 아들을 보내셔서 회복의 결정적 계기를 만드신다. 하나님의 구원 역사는 계속되면서 마지막에는 구원의 방해자인 사탄을 멸하시면서 처음 창조하신 것을 완전하게 회복하신다.

사탄은 평면적 인물로서 그의 목적은 고정되어 있다. 바로 죽이고 파괴하는 것이다. 그는 처음에 뱀의 모습으로 나타나고 후에는 옛 뱀, 즉 용의 모습으로 나타난다. 그는 창조질서의 파괴자로서 사람을 유혹하여 하나님에게 순종하지 않게 하며 결국 그 고통을 자신과 사람이 오랫동안 겪도록 만든다. 그는 유혹하는 자이며 속이는 자이다.

> 하나님이 참으로 너희에게 동산 모든 나무의 열매를 먹지 말라 하시더 냐… 너희가 결코 죽지 아니하리라 너희가 그것을 먹는 날에는 너희 눈이 밝아져 하나님과 같이 되어 선악을 알 줄 하나님이 아심이니라(창 3:1, 4-5).

사탄은 사람을 유혹하여 그 주인이 되어 그를 종처럼 부리지만 하나님의 개입으로 인간세계는 갈등과 투쟁이 계속된다. 사탄은 타락한 창조질서 안에 있는 사람의 무지, 고통, 슬픔을 가중시키면서 사람을 더욱 더 그의 장중에 장악하게 된다. 그러나 이 사탄이 결정적 타격을 받게 되는 것은 하나님이 오래전에 약속하신 대로 메시아가 오시기 때문이다.

사탄은 예수 그리스도의 죽음과 부활로 결정적인 패배를 당하면서도 끝까지 자신을 따르는 자들과 함께 예수 그리스도와 그를 따르는 자들과 투쟁을 하지만 결국 하나님의 심판을 받아 지옥에 영원히 갇히게 된다. 그가 갇히게 되면서 세상에는 사망도, 애통함도, 아픔도 없는 새로운 세계가 열리게 된다.

예수 그리스도는 이야기의 후반부에 등장하나 그의 출현은 이야기의 전반부부터 예고되어 있었다. 그는 원형적 인물로서 하나님의 속성을 닮고 있다. 그는 고통당하는 사람들에게 깊은 동정을 보이시지만 위선자들에게 가혹한 심판의 말씀을 하신다. 그는 세례를 받고 사탄을 물리치는 시험을 극복한 후부터 더러운 영을 쫓아내고 병든 자를 고치며 죽음조차 물리치는 기적의 사역을 계속하였다. 그의 이 모든 사역 중 가장 큰 사역은 십자가의 죽음에 이르기까지 하나님께 순종함으로써 죄사함의 은총을 믿는 자들에게 베풀어서 마귀의 세력으로부터 구원하는 것이었다. 그는 부활하여 하나님의 우편에 승천하고 마지막 날에 마귀와의 투쟁에서 승리함으로써 하나님의 피조 세계를 회복한다.

(2) 성경 전체 이야기의 사건

등장인물들은 이상에서 열거한 하나님, 사탄, 예수 그리스도 외에도 많이 있지만, 성경 전체 이야기의 주된 사건은 이 세 등장인물들에 의해서 이루어진다. 이 전체 이야기의 중요한 사건은 두 가지의 우주적 대사건으로 요약될 수 있다. 그것은 아담의 불순종의 사건이고 또 하나는 십자가에 이르는 예수의 순종 사건이다.

하나님은 우주만물을 아름답게 창조하시고, 그 가운데 자신의 형상을 닮은 사람을 만드셨다. 유혹에 넘어간 하와와 아담은 선악과를 따먹고 하나님같이 될 줄 알았는데 오히려 하나님으로부터 멀어지는 결과를 낳았다. 하나님으로부터의 도피는 궁극적으로 그의 동산에서 내쫓기는 계기가 되었다. 그들로 인해서 아름다운 환경은 황폐하고 저주를 받아 엉겅퀴와 가시가 있는 땅으로 변하고 말았다. 불순종의 원인으로 발생한 갈등은 점차 그 도를 더해 갔다. 그들에게는 이 척박한 땅에서 먹이를 구하고 안전을 지키며 살아가야 하는 힘겨운 삶이 시작되었다. 이 사건으로 말미암아 그들과 그들의 후손들은 악한 영의 지배를 받아 죄와 죽음의 고통 속에서 살지 않으면 안 되었다.

이 타락한 세상을 불쌍히 여긴 하나님은 구원의 계획을 세우시고 그것을 긴 역사를 통해 실현해 나가신다. 아브라함을 부르신 사건으로 시작해서 모세, 엘리야, 이사야 및 다른 선지자들을 거쳐 결국 예수 그리스도에까지 이르게 된다. 예수 그리스도의 사역은 세례를 받고 악한 영의 시험을 당하는데, 그는 세 가지 시험을 하나님의 말씀으로 극복하심으로써 순종의 역사를 시작한다. 그의 순종의 역사는 십자가에 이르기까지 그의 모든 삶에서 나타난다.

> 인자가 온 것은 섬김을 받으려 함이 아니라 도리어 섬기려 하고 자기 목숨을 많은 사람의 대속물로 주려 함이니라(마 10:45).

그는 십자가의 극심한 고통 가운데서도 자신을 죽음에 몰아넣었던 많은 사람들의 죄를 용서하였다.

> 아버지여 저희를 사하여 주옵소서 자기들이 하는 것을 알지 못함이니이다(눅 23:34).

이 사건은 불순종 역사의 종결로서 새로운 시대를 여는 획기적 사건이 되었다. 사탄과의 갈등이 절정에 이르게 되는 것은 십자가 사건인데 이 사건 이후로 그 갈등은 점차 해소되기 시작한다. 이 사건 이후로 하나님의 피조 세계에 대한 회복은 급격하게 진행되며 최종적인 완성을 향해서 나아간다. 그러나 그 갈등의 궁극적 해소는 종말론적인 전망 속에서 이루어진다.

성경의 전체 이야기에 수많은 사건들이 있지만 이 이야기의 중심을 꿰뚫는 결정적 사건은 이상에서 밝힌 두 사건이다. 이러한 통찰은 성경 속의 다른 많은 사건들의 해석에 확고한 방향과 지침을 제공해 준다.

(3) 성경 전체 이야기의 배경

성경 이야기의 배경은 크게 두 가지로 설명될 수 있는데 하나는 창조질서가 온전히 지켜지는 원초의 배경이며, 다른 하나는 이 질서가 깨어져 버린 혼돈과 고통의 배경이다. 처음 배경은 이야기의 첫 부분과 끝 부분에 나오고 그 중간 부분은 두 번째 배경을 중심으로 일어난다.

인간이 사는 환경은 원래 생명체가 갖는 경이와 아름다움으로 충만했으며 거대한 우주로부터 미세한 생물에 이르기까지 오묘한 질서가 지배하고 있는 곳이었다. 하나님의 말씀으로 창조된 이 놀라운 배경은 그 가운데 있는 존재들이 풍요로움과 평안함, 기쁨과 아름다움을 느끼며 살 수 있도록 되어 있는 곳이었다.

그러나 불순종 사건 이후의 배경은 크게 변화하였다. 비록 하나님의 은총이 그 만드신 자연 속에 나타나고 사람들은 삶의 기쁨과 의미를 느낄 수 있지만, 동시에 많은 전쟁과 학살, 불치의 병으로 고통받고 있다. 그 외에도 대재난으로 인한 무참한 죽음과 상처들이 만연하며, 이렇게 크고 두려운 고통이 아니더라도 개개인의 삶은 스며드는 허무감, 무의미함, 시기, 질투, 음욕, 분노, 사악한 마음 등이 지배하는 환경 속에서 살아가고 있다.

성경의 전체 이야기는 이 두 배경을 중심으로 전개된다. 두 배경은 하나님의 은혜와 인간의 고통이다. 오늘 우리가 살아가는 현실이 바로 이 배경이며 그곳에서 일어나는 갖가지 이해할 수 없는 사건들은 이 배경과 연결이 되어 있다. 인간의 문명과 문화는 이러한 배경 가운데서 생존해 가고자 하는 노력이다. 최근 들어서 환경보호에 대한 인식이 강화되고 있는데, 이 현상은 우리의 삶이 배경과 분리될 수 없음을 말해 주고 있는 것이다.

(4) 성경 전체 이야기의 플롯

이상에서 우리는 전체 성경 이야기의 구성 요소들과 흐름을 살펴보았다. 성경 이야기는 다양하고 복잡한 플롯으로 되어 있지만, 이야기의 궁극적 관점은 선한 기원에서 시작하여 악하고 혼란스러운 과정을 거쳐 결과적으로 악은 패하고 선한 회복이 이루어진다는 것이다. 이것은 이야기의 관점과 형식적 틀인 '시작 → 갈등 절정 → 갈등 해소 → 종결'을 잘 나타내 주고 있다.

성경 전체 이야기의 이 관점 자체가 내담자 삶의 문제를 해결하는데 도움을 주도록 되어 있다. 그래서 내담자에게 있어서 결정적 문제는 어떻게 하면 성경 이야기의 관점에 공감할 수 있느냐 하는 것이다. 내담자가 성경 이야기 관점에 공감하게 되면 성경 이야기는 내담자의 이야기를 분석하는 틀로 사용될 수 있다.

제3장

성령론

상담 과정에서 상담자는 내담자의 고통으로 인한 탄식을 느낄 수 있어야 한다. 사실 예수께서도 자신을 고통당하는 자와 동일시하였다. 상담자는 성령의 이 사역에 동참함으로써 성령의 사역을 돕고 촉진하는 것이다. 상담자는 내담자 안에 성령께서 계신다는 사실을 느낄 수 있어야 한다.

1. 성경 이야기와 성령의 조명

성경 서사론은 성령론과 불가분의 관계에 있다. 일반 서사론에서는 저자와 독자 간의 관계를 다음과 같이 표시할 수 있다.

저자 → 내포저자 → 해설자 → 텍스트 → 수화자 → 내포독자 → 독자

그러나 성경 서사론에서는 저자가 저자 단독으로 텍스트를 저작한 것으로 보지 않고 성령의 감동이 텍스트 저작에 필수적인 것으로 본다. 이 관점은 디모데후서 3장 16절과 베드로후서 1장 20-21절에 잘 드러나 있다.

> 모든 성경은 하나님의 감동으로 된 것으로 교훈과 책망과 바르게 함과 의로 교육하기에 유익하니(딤후 3:16).
> 먼저 알 것은 경의 모든 예언은 사사로이 풀 것이 아니니, 예언은 언제

> 든지 사람의 뜻으로 낸 것이 아니요 오직 성령의 감동하심을 입은 사람들이 하나님께 받아 말한 것임이니라(벧전 1:20 - 21).

동일한 논리로 독자도 독자 단독으로 텍스트를 이해할 수 없고 반드시 성령의 감동이 있어야 본문을 올바르게 이해할 수 있다. 칼뱅J. Calvin에 의하면, 저자를 감동시킨 성령이나 독자를 감동시키는 성령은 동일한 성령이기 때문에 독자에게 성령의 내적 조명이 있어야 성경을 저자가 의도한 대로 이해할 수 있다. 칼뱅의 내적 조명론에 의하면, 독자는 성령에 의해서 그 내면 세계가 밝아지면, 즉 마음의 눈이나 영적인 눈이 밝아지면 성경의 진정한 의미와 그 속에 담긴 세계를 명확히 볼 수 있다.

> 하나님 한 분만이 그분의 말씀에 대한 합당한 증인이시기 때문에 성령의 내적인 증언에 의해서 인치심을 받기 이전에는 말씀이 사람들의 마음속에 수용되지 못한다. 우리 신앙의 확신의 근거는 이성, 판단, 추측 이상의 곳에서, 즉 성령의 은밀한 증언에서 찾아야 한다(Institutes, I, IV, 4).

이 말은 베드로후서에서 경고하고 있는 것처럼 성경은 "사사로이 풀 것이 아니라"는 의미이다. 이상을 도식으로 그려 보면 [그림 3-1]과 같다.

[그림 3-1] 동일한 성령

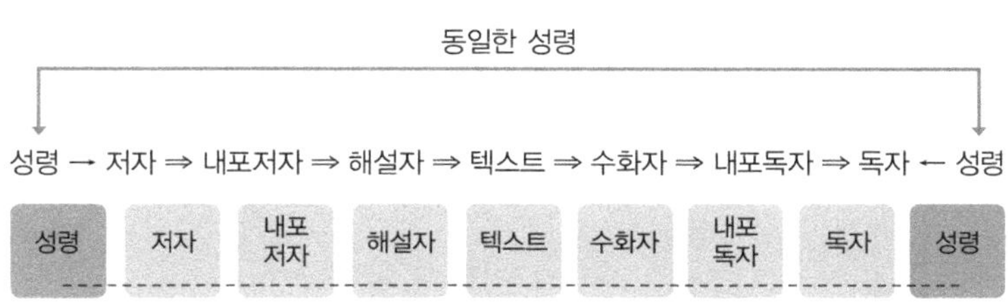

이 도식에서 보듯이 저자와 독자는 동일한 성령과 관련을 가질 때 텍스트를 올바르게 이해할 수 있다. 이 도식을 상담상황에 적용해 볼 수 있다. 성경 이야기 상담에서 내담자의 문제와 성경 이야기가 바로 이해되기 위해서는 내담자와 상담자 모두 성령의 주관하에 있어야 한다.

상담자가 내담자의 문제에 적합한 성경 이야기를 선정하여 제시할 때, 이 두 이야기가 의미 있는 관계를 형성하면 내담자의 삶에 변화가 일어날 수 있다. 이러한 변화를 일으키는 계기는 무엇이며 이 변화를 주도하는 자는 누구인가? 상담자의 성경 이야기가 내담자와 관련을 맺기 위해서는 상담자의 경험과 상담 기술도 중요하지만 무엇보다 중요한 것은 상담 현장에서 상담자에게 성령의 감화가 있어야 한다. 그렇다면 성령의 감화란 무엇을 의미하는가?

기독교인이라면 누구나 성령의 존재와 사역을 인정한다. 그러나 오늘날 많은 기독교인들에게 성령의 감화라는 용어는 추상적이거나 이질적으로 들린다. 물론 이 용어는 교단에 따라 그 의미에 있어서 다소 차이가 있지만, 성령의 감화가 구체적인 현실에서 어떻게 일어나는지에 대해서 불분명한 것은 틀림없다.

이렇게 된 데에는 역사적인 이유가 있다. 초대교회에서는 일반 교인들의 성령체험이 전제되어 있었다. 바울은 갈라디아교인들에게 이렇게 말한다.

> 내가 너희에게 다만 이것을 알려 하노니, 너희가 성령을 받은 것은 율법의 행위로냐, 듣고 믿음으로냐?(갈 3:2)

그는 또한 고린도교인들에게 이렇게 말한다.

> 너희가 하나님의 성전인 것과 하나님의 성령이 너희 안에 거하시는 것은 알지 못하느냐?(고전 3:16)

초대교회에서는 성령의 감동으로 말미암아 그 위험한 상황에서도 예수께서 주님이라 고백하고 세례를 받았다. 초대교회의 이러한 현실은 2세기 중반부터 격화된 이단들과의 투쟁, 특히 성령의 인격성과 사역에 대한 오해와 편견에 근거한 영지주의와 몬타니즘과의 투쟁으로 그 양상이 바뀌게 되었다. 초대교회는 이단들과의 투쟁에서 바른 교리를 중요시하게 됨에 따라 교리와 신조들, 그리고 감독직이 상대적으로 중요한 위치를 점하게 되었다.

그 이후의 교회들은 이러한 전통을 이어나감으로써 성령의 인격성과 사역에 대한 인식은 상대적으로 위축되게 되었다. 이 상태가 오늘날 교회의 현실로 자리 잡음으로써 교인들은 교리적·지적·신학적 측면을 중시하고 체험적·영적 측면은 무지하거나 소홀하게 되었다.

2. 상담과 성령의 사역

이 상황은 기독교 상담의 현실에서도 동일하게 나타난다. 기독교 상담이라고 하더라도 상담자는 상담 과정에서 상담 지식이나 기술을 중시하는 경우가 많지만, 성령의 본질과 역할에 대해서는 대체로 무지한 경우가 많다. 진정한 기독교 상담을 하기 위해서는 기독교 상담자가 성령의 본질과 사역에 관한 성경의 가르침을 숙지하고 그 이해를 바탕으로 상담을 할 필요가 있다.

성령론에 관한 논의는 너무 광범위하여 여기서 모두 다룰 수 없다. 그러나 상담 현장에서 성령의 사역과 관련이 깊은 것은 바울이 이해한 성령이다. 바울은 초대 기독교인들과 그 이후의 기독교인들이 예수 그리스도를 믿게 되면 그들의 삶에서 어떤 변화가 일어난다고 말한다. 이 변화를 일으키고 지속하는 분이 바로 성령이시다.[100]

그러므로 내가 너희에게 알리노니 하나님의 영으로 말하는 자는 누구든지 예수를 저주할 자라 하니 아니하고 또 성령으로 아니하고는 누구든지 예수를 주시라 할 수 없느니라(고전 12:3).

바울은 성령의 외적 능력보다는 내면의 변화를 유도하고 치유하시는 성령의 사역에 더 관심을 가지고 있다. 성령의 다양한 내적 사역 중에서도 바울은 특히 성령의 공감 사역을 예리하게 묘사하고 있다.

성령도 우리의 연약함을 도우시나니 우리는 마땅히 기도할 바를 알지 못하나 오직 성령이 말할 수 없는 탄식으로 우리를 위하여 친히 간구하시느니라(롬 8:26).

공감과 동일시는 상담자가 내담자의 이야기를 자신의 이야기로 받아들이고 느낄 수 있는 능력이다. 상담 과정에서 상담자는 내담자의 고통으로 인한 탄식을 느낄 수 있어야 한다.

사람의 심령은 그의 병을 능히 이기려니와 심령이 상하면 그것을 누가 일으키겠느냐(잠 18:14).

그러므로 육신의 질병은 심령이 고치고, 마음의 병은 성령께서 치유하신다.

사실 예수께서도 자신과 고통 당하는 자를 동일시하였다. 그는 가장 작은 자에게 한 것이 곧 나에게 한 것이라고 말씀한다(마 25:40). 이것은 예수께서 갇힌 자, 병든 자와 여러 가지 고통을 당하는 자들과 자신을 동일시하여 그들을 돕고자 하는 사역이다. 상담자는 성령의 이 사역에 동참함으로써 성령의 사역을 돕고 촉진하는 자이다. 상담자는 성령께서 내담자와 동일시하고자 하는 것을 깨달을 수 있어야 한다. 즉, 상담자

100) G. D. Fee, 바울, 성령, 그리고 하나님의 백성, 길성남 역 (서울: 좋은씨앗, 2000), 128.

는 내담자 안에 성령께서 계신다는 사실을 느낄 수 있어야 한다.

상담을 할 때, 상담자가 정신적으로나 영적으로 힘들면 상담을 진행해 나갈 수도 없고 내담자에게 도움을 줄 수도 없다. 상담자는 종종 인간으로서 한계를 느낄 때가 있다. 특히 기독교 상담에서는 우리가 가지고 있는 지식이나 능력에 한계가 있음을 전제로 한다. 이 한계를 극복하기 위해서, 상담자는 자신이 성령의 인도하심을 받아야 함을 깊이 인식해야 한다.

성령론을 연구하는 이유는 바로 상담을 전체적으로 주관하시는 분은 성령이시라는 대전제 때문이다. 즉, 성령께서 상담을 전체적으로 주관하시므로 내담자의 문제를 해결해 주시는 분은 궁극적으로 성령이시라는 것이다.

상담이 성령의 인도하에 있다는 의미는 여러 가지로 해석될 수 있지만 여기서는 네 가지 핵심적인 의미를 살펴본다.

첫째, 상담이 성령의 인도하에 있다는 의미는 상담자가 자신의 역할과 능력이 상대적이며 그 주된 사역은 성령께서 하신다는 것을 깊이 인식하는 것을 뜻한다. 상담자는 상담의 지식과 기술을 활용하는 동시에 성경의 도움을 간구하는 자세를 견지해야 한다. 물론 상담자는 성령의 본질과 그 인격적 관계성에 대해 충분한 지식과 경험을 갖추어야 한다.

둘째, 성령의 주관성을 인정한다는 것은 상담 과정과 순서에 있어서 유동성이 있어야 한다는 것이다. 그러나 이 말은 상담이 임의적으로 이루어진다는 것을 의미하지 않는다. 단지 상담자는 상담자와 내담자 간에 일어나는 성령의 사역에 민감하게 반응하고 성령의 인도에 따르도록 해야 한다.

셋째, 상담자는 상담이 성령의 사역 중 일부라는 사실을 인식하고, 자기중심적 · 단기적 결과와 업적을 기대해서는 안 된다. 성령께서는 자신의 계획에 따라 상담의 결실을 맺으시며, 그 결과는 상담자가 아닌 하나님께서 주관하신다. 따라서 상담자는 자신의 계획과 기대에 집착하기 보다는 오히려 성령께서 하시는 일을 신뢰하고 맡기는 자세가 필요하다.

넷째, 내담자는 자신의 죄를 상담자에게 자세히 이야기할 필요가 없다. 왜냐하면 죄의 문제는 상담자가 해결할 수 있는 문제가 아니기 때문이다. 성경에 의하면 죄 문제는 내담자와 하나님과의 문제로, 상담자는 이를 해결할 수 없으며, 내담자가 하나님과의 관계 속에서 회개하고 죄를 고백해야 한다. 상담자는 내담자가 하나님과의 관계를 회복할 수 있도록 도울 수는 있지만, 죄의 용서는 성령의 사역에 의해 이루어진다. 그러므로 상담자는 그 과정에서 단지 돕는자의 역할을 할 뿐이다.

> 내가 이르기를 '내 허물을 여호와께 자복하리라' 하고 주께 내 죄를 아뢰고 내 죄악을 숨기지 아니하였더니, 곧 주께서 내 죄의 악을 사하셨나이다 (시 32:5).

> 허물의 사함을 얻고 그 죄의 가리움을 받은 자는 복이 있도다(시 32:1).

그러나 이 말은 내담자가 반드시 죄나 수치스러운 일을 상담자에게 감추어야 한다는 것은 아니다. 서로 죄를 고하라는 말씀처럼 성령의 인도하심에 따라 내담자는 상담자에게 죄를 고할 수도 있다.

> 이러므로 너희 죄를 서로 고하며……(약 5:16).

상담자가 성령의 도우심을 받기 위해서 상담자는 성령에 대한 깊은 이해가 필요하다. 우리가 성령을 논할 때면 쉽게 연상하는 사건이 있다. 그것은 사도행전 2장에 나타난 성령강림절의 사건이다. 이 사건은 예수 승천 후 초대교회의 태동에 결정적인 동기를 부여하는 사건이다. 누가는 이 사건을 상세하게 보도하고 있다.

예수의 제자들이 마가의 다락방에 모여 있을 때, 성령은 "홀연히 하늘로부터 급하고 강한 바람 같은 소리"로 임하고 "불의 혀같이 갈라지는 것같이" 보이고 사람들은 "다른 방언으로 말하기 시작했다"(2:2-4). 이 사건에서 우리가 가지게 되는 성령에 관한 이미지는 다분히 과격하며 물질적이며 비인격적이다.

이런 측면으로 묘사된 성령은 인격성과는 상당히 동떨어진 힘과 능력, 초자연적인 사건의 원동력으로 이해될 수 있다. 물론 성령께서는 사도들이 지극히 어려운 조건을 극복하게 하기 위해서 초자연적인 기적의 능력을 주셨다. 성령의 이러한 사역으로 인해 초대교회가 갖가지 난관을 극복하고 믿음을 전파하게 되었다. 그러나 성령의 사역은 이러한 측면에 국한되어서는 안 된다. 이러한 편파적인 성령의 이해는 상담자에게 오히려 해로울 수 있다.

성령은 이와 대조적인 측면에서 묘사될 수 있는데, 그것은 예수께서 세례를 받으실 때 나타난 비둘기같이 온유하고 평화로운 이미지이다.

이런 이미지는 열왕기상 19:11-13에서 엘리야에게 나타나신 하나님의 세미한 음성을 연상시킨다. "……크고 강한 바람이 산을 가르고 바위를 부수나 바람 가운데에 여호와께서 계시지 아니하며 바람 후에 지진이 있으나 지진 가운데에도 여호와께서 계시지 아니하며 또 지진 후에 불이 있으나 불 가운데에도 여호와께서 계시지 아니하며 불후에 세미한 소리가 있는지라……. 소리가 그에게 임하여 이르시되 엘리야야 네가 어찌하여 여기 있느냐." 바람이나 지진이나 불처럼 비인격적인 힘으로 존재하지 아니하시고 세미한 음성으로 말씀하시는 성령의 이미지는 상담의 주관자로서의 성령과 잘 어울린다.

성령의 사역은 외적 사역과 내적 사역으로 구분해 볼 수 있다. 성령 외적 사역은 사도행전에서 나타난 것과 같은 말씀의 선포, 치유, 기적, 축귀 등의 사역이다. 그런데 우리는 성령이라고 말하면 흔히 방언, 치유, 축사 등의 지극히 제한적인 은사들에 초점을 맞춘다. 이런 성령의 이러한 외적 체험만을 강조한다면 인격적인 성령으로부터 멀어지는 결과가 된다. 그래서 성령의 체험은 건전한 성령의 신학과 조화를 이루어야 한다.[101)]

성령의 사역은 단지 외적인 현상뿐만 아니라 다른 광범위한 영역에서도 일어난다. 성령의 내적 사역은 주로 믿는 사람들의 심령 속에 거하면서 내면의 변화를 주도하는 사역이다. 바울이 말하는 성령의 열매를 맺게 하시는 사역이다.

성령은 신자들의 심령 속에 거하며, 그들의 삶 속에서 하나님의 뜻을 이루도록 돕는다. 이러한 성령의 내적 사역은 신자의 성품 변화와 성숙한 그리스도인이 되게 하며, 성경적인 삶의 변화를 이끌어낸다. 성령은 신자의 너면에서 일하시며, 하나님과의 깊은 교제를 이루고, 신앙생활을 통해 하나님의 형상을 구현하도록 인도하신다.

3. 신약성경의 성령 이해

여기서는 상담과 관련해서 신약성경의 성령관을 중심으로 성령에 대한 이해를 간략하게 살펴본다. 구약성경에서는 성령이 주로 창조와 예언 사역을 주관하고 있다. 이 사역들은 상담과 관련이 있으나 이 책에서는 성령과 성경 및 성령과 예수 그리스도의 관계를 많이 다루는 신약성경의 성령관과 상담과의 관계를 중심으로 살펴본다. 그래서 여기서 다루는 신약성경의 성령론은 성령론 그 자체를 위한 것이라기보다

101) G. D. Fee, op. cit., 21.

는 상담과의 관계에서 살펴본 성령론이다.102) 신약성경에서 누가, 바울과 요한의 성령 이해가 중요하지만 여기서는 상담과 관련이 되는 바울과 요한의 성령 이해를 중점적으로 살펴본다.103) 왜냐하면 상담에서의 성령 사역은 내담자의 내면을 변화시키고, 그들이 삶에서 새로운 의미와 방향을 찾도록 돕는 역할을 하기 때문이다.

1) 누가의 성령 이해

누가는 성령의 외적인 사역과 능력에 초점을 맞추었다. 신약성경의 저자에 따라서 성령을 체험한 관점이 서로 다른데, 누가가 본 성령의 사역은 성령의 역동적인 힘에 초점이 맞추어져 있다. 부활하신 예수는 제자들에게 이렇게 약속한다.

> 오직 성령이 너희에게 임하시면 너희가 권능을 받고 예루살렘과 온 유대와 사마리아와 땅끝까지 이르러 내 증인이 되리라(행 1:8).

이 말씀을 보면, 성령이 임할 때 제자들은 먼저 권능, 즉 강력한 힘과 권세를 받는다. 여기서 성령의 임재가 권능을 수여하는 것으로 약속되어 있고 성령 강림절에 실제 성령이 임했을 때 제자들은 놀라운 변화를 체험한다. 성령을 받기 이전에 그들은 유대인들이 두려워서 다락방에 숨어 있었지만 성령 임재 이후 그들은 핍박과 죽음을 두려워하지 않고 담대하게 예수 그리스도의 증인이 되었다.

누가가 성령의 권능에 초점을 맞춘 것은 초대교회가 시작될 때 그 운동을 방해하는 강력한 반대 세력들을 극복하는 역사를 묘사할 필요

102) 오우성, 박민수, **상담으로 풀어 본 신학** (대구: 계명대출판부, 2005), 190－218 참조.
103) 신약성경의 성령론에 대한 좋은 책은 이한수, **신약은 성령을 어떻게 말하는가?** (서울: 이레서원, 2002)를 참고하라.

가 있었기 때문이다. 사도들이 성령을 받고 난 후부터 유대교와 헬라 세계의 다신교, 그리고 후에는 로마제국의 핍박을 이겨 내고 복음이 로마제국을 변화시키게까지 이르게 된다. 이러한 초대교회의 역사를 묘사하면서 누가는 선포되는 메시지의 권능뿐 아니라 기적을 일으키고, 귀신을 쫓아내고, 방언을 말하고, 치유하는 성령의 외적 사역에 초점을 맞추고 있다.

불행히도 많은 교인들은 성령을 이야기할 때 성령의 초자연적인 사역만을 연상하는 경향이 있다. 이러한 영향으로 기독교인들은 성령의 메시지의 권능보다는 성령의 외적 사역의 권능에 더 관심을 가지게 되었다. 여기서 조심해야 하는 것은 상담의 주관자는 성령이라고 말할 때 성령을 누가의 성령으로만 이해해서는 안 된다는 것이다.

2) 바울의 성령 이해

성령의 내적 사역은 바울 서신과 요한 문헌에 주로 묘사되어 있는데 기독교인의 내면적인 변화와 관련이 있다. 바울 서신을 보면 성령은 하나님께서 "자기를 사랑하는 자들을 위하여 예비하신 모든 것"을 우리에게 나타내 보이시는 분이다(고전 2:9f). 그리고 성령은 "모든 것 곧 하나님의 깊은 것이라도 통달하신다"(고전 2:10). 성령은 우리의 내면에 있는 깊은 것을 살피고 아실 수 있는 분이다. 심지어 그는 하나님의 깊은 것까지도 살피시는 분이다. 그래서 성령은 어느 누구도 알 수 없는 사람의 깊은 곳까지도 살피고 알 수 있는 분이시다. 그래서 상담자는 성령의 인도하심과 도우심이 필요한 것이다.

한 상담자가 상담을 마친 후 다소 혼란스러운 경험을 말한 적이 있다. 이 상담자는 기독교인 내담자를 상담할 때, 자신이 그 내담자에게 정성과 사랑을 다 쏟아 상담을 했는데도 불구하고 그 내담자가 상담자 자신에게 감사하기보다는 먼저 성령께 감사한다는 것이었다. 이러한 내담자의 반응이 인간적으로 볼 때 실망스러운 적이 많았다는 것이다. 그런데 상담자는 상담의 진정한 주관자가 성령이시라는 믿음을 갖게 된 이후 이러한 내담자의 반응을 이해할 수 있었다고 말했다. 상담의 실제에서 보면, 상담자는 상담의 이론과 기술을 이해해야 하는 부담도 크기 때문에 성령의 인도하심을 간구할 마음과 시간적 여유가 없기도 하다.

오늘날 교인들에게 많이 나타나는 현상이지만, 성령에 대한 이해가 부분적이거나 왜곡되어서 성령과의 교통이 이루어지지 않는다. 또한 성령에 대한 이해 부족으로 성령의 사역이 있지만 그것을 인식하지 못하는 경우도 많다. 많은 기독교인들이 믿음 안에서 살아가지만 성령께서 자신들의 삶 속에 함께하신다는 것을 경험하지 못한다.

그들은 이런 질문을 한다. "내 안에 성령께서 임재하시고 사역하신다는 것을 어떻게 알 수 있습니까?" 다시 말하면 많은 기독교인들에게 성령의 인식 지표가 없다는 것이다.

바울은 예수 그리스도를 주님으로 고백하는 것 자체가 성령의 사역이라고 말한다.

> 그러므로 내가 너희에게 알리노니, 하나님의 영으로 말하는 자는 누구든지 예수를 저주할 자라 하지 아니하고 또 성령으로 하지 아니하고는 누구든지 예수를 주시라 할 수 없느니라(고전 12:3).

사도 바울은 한때 우상들을 섬기던 고린도 교인들이 이제 예수를 주님이라 고백하고 기도하는 것 자체가 성령의 사역임을 알려 주었다. 오늘날 우리 교회의 문제점은 성령의 사역을 교인들에게 정확하게 알려 주지 않는다는 것이다. 교인들은 성령의 선물, 즉 은사를 가지고 있으면서도 그것이 성령의 선물인지 알지 못한다. 안다면 그저 방언, 치유 은사 등 몇 가지 독특한 현상을 불러오는 것들만을 은사로 알고 있다.

성령은 그리스도 안에서의 지혜의 말씀, 지식의 말씀, 섬기는 일, 가르치는 일, 위로하는 일, 구제하는 일, 지도하는 일 등에서 나타난다(고전 2:8, 롬 12:7-8). 이러한 은사들은 성령께서 우리 가운데 사역하시는 증표이다. 성령은 또한 우리의 인격을 변화시킨다. 우리 안에 성령이 계시고 일하시는 증표로서 열매가 맺히게 되는데 그것들이 성령의 열매이다.

> 오직 성령의 열매는 사랑과 희락과 화평과 오래 참음과 자비와 양선과 충성과 온유와 절제니 이 같은 것을 금지할 법이 없느니라(갈 5:22).

오늘날 교회에서, 특히 보수적인 교단에서 성령의 직접적인 사역을 기피하는 데는 그만한 이유가 있다. 교회사적으로 보면 초대교회에 나타난 몬타니즘의 경우와 그 후의 많은 성령운동의 경우가 이에 해당되는데, 성령이라고 하면 은사, 특히 방언, 신유 또는 축귀 등 선풍적이고 기적적인 것과 관련시키거나 물질적인 힘이나 에너지로 오인하는 것이다.

성령은 예수 그리스도의 몸을 세우시고 공동체의 질서를 유지시키시는 분이고, 성령께서 은사를 주시는 이유는 은사를 받은 사람들의 영광을 위해서가 아니라 교회 공동체의 유익을 위한 것이다. 그리고 성령은 가시적이고 선풍적인 인기를 끄는 은사들만을 주는 것이 아니라 보이지 않는 섬김의 은사들도 주셨다(롬 12장, 고전 12장 참조). 또한 성령은 물질이나 에너지와 같은 비인격적인 존재가 아니라 친히 우리의 마음을 아시고, 공감하시고, 개개인을 인도하시고, 임재하시는 인격적인 분이다. 성령께서 우리 가운데 임하시면 우리의 왜곡된 심성이 변화

되어 회복이 일어나기 시작한다.104)

성령은 사람의 내면 세계를 깊이 통찰하기 때문에 그 사람이 느끼는 고통을 같이 느끼시는 분이다. 아니, 성령은 그 사람이 느끼지 못하고 있는 것조차도 느낄 수 있다. 우리는 이 세상이 타락하고 왜곡되어 괴로워하고 탄식하지만 그것을 깊이 느끼지 못한다. 성령의 감동을 입은 바울은 이 내면의 고통을 이렇게 표현한다.

> 오호라 나는 곤고한 사람이로다. 이 사망의 몸에서 누가 나를 건져 내랴?(롬 7:24)

이러한 절망감과 깊은 고뇌는 기독교인이나 비기독교인이나 하나님의 영이 내재하지 않을 때 겪는 공통된 경험이다. E. 케제만Kaesemann에 의하면, 로마서 7장의 '나'는 온전히 악마적인 세력에 사로잡힌 상태에 있기 때문에 그는 "그 자신의 삶의 터에서 공연되고 있는 비극을 속수무책으로 바라보고만 있는 방관자"에 불과하다.105)

상담의 상황에서 상담자는 내담자 속에 깊이 숨어 있는 탄식과 고통을 함께 느낄 수 있어야 하는데, 이것은 성령의 인도함을 받는 상담자가 공감하기 쉽다. 그래서 상담이 성령의 주관하에 있을 때 보다 효율적인 상담이 되는 것은 성령의 공감적 사역에 대한 인식과 그 통찰력이 상담자로 하여금 내담자 문제 분석과 해결에 도움이 되기 때문이다.

바울은 성령의 내면적 사역을 많이 체험한 사람으로서 그 사역을 예민하게 관찰하고 글로 묘사할 수 있는 능력을 지닌 사도였다. 고린도전서 2장 10절에서는 성령이 우리 내면에 계시면서 내면의 모든 것을 아시는 분으로, 심지어는 하나님의 깊은 것도 아시는 분으로 묘사했다.

---

104) G. D. Fee, op. cit., 19.

105) E. Kaesemann, *Commentary on Romans* (Grand Rapids: Eerdmans, 1989), 205.

> 오직 하나님이 성령으로 이것을 우리에게 보이셨으니, 성령은 모든 것 곧 하나님의 깊은 것이라도 통달하시느니라(고전 2:10).

로마서 8장 26절에서 성령은 우리 내면의 문제를 알 뿐만 아니라 우리가 느끼는 것을 그대로 느끼는 분이시다.

> 이와 같이 성령도 우리 연약함을 도우시나니, 우리가 마땅히 빌 바를 알지 못하나 오직 성령이 말할 수 없는 탄식으로 우리를 위하여 간구하시느니 라(롬 8:20).

성령은 우리가 말로 표현할 수 없는 것까지 같이 느끼시고 우리로 하여금 무언의 기도나 방언의 형식으로 하나님께 간구하도록 하신다. 성령의 도우심으로 상담자는 내담자의 이야기를 들으면서 보다 효과적으로 공감을 할 수 있다. 아는 것과 느끼는 것은 다르기 때문에 상담현장에서 상담자의 공감 능력은 매우 중요하다.

결국, 성령은 우리의 문제를 알 뿐만 아니라 우리를 위해서 말할 수 없는 탄식으로 하나님께 간구하시는 분이시다. 우리가 기도할 수 없는 고통, 마음의 외로움, 환멸을 성령이 느끼시고 우리를 대신해서 기도해 주신다. 이런 성령이 상담을 주관하면 상담의 효과가 있을 것은 분명하다.

3) 요한의 성령 이해

요한복음의 고별담화(요 13-16장)에는 다른 곳에는 나타나지 않는 보혜사保惠師, parakletos라는 단어가 나온다. 예수가 떠난다고 하셨을 때 제자들의 마음은 슬픔, 불안, 두려움에 사로잡히기 시작했다. 이럴 때 제자들의 문제를 어떻게 해결할 수 있는가? 제자들의 고통을 다 감당할 수 있는 분이 그들과 함께 있어 주어야 한다. 예수는 떠나가시지만 제자들과 함께 있어 줄 분이 필요하다. 그분이 바로 성령이며 보혜사이다. 요한복음에서는 성령의 내주하심이 강조되어 있다. 그분은 신자 개개인의 심령에 거주하기도 하고, 신자들의 모임 가운데도 함께하신다. 바울도 여러 곳에서 우리 안에 거하시는 성령을 말하고 있다(살전 4:8, 고전 6:19, 14-24-25 등). 그러나 요한이 강조하는 성령은 처음 보혜사인 예수처럼 제자들을 떠나는 분이 아니고 그 제자들과 영원토록 함께하시는 분이다.

> 내가 아버지께 구하겠으니 그가 또 다른 보혜사를 너희에게 주사 영원토록 너희와 함께 있게 하시리니… 그러나 너희는 저를 아나니 저는 너희와 함께 거하심이요 또 너희 속에 계시겠음이라(요 14:16 - 17).

요한의 성령 이해가 바울의 성령 이해와 다른 점은 성령을 우리와 영원히 함께하시는 분으로 인식하고 있다는 것이다. 다음에서는 '함께 있음'의 중요성을 잘 보여 주는 역사적인 이야기를 소개한다.

> 보스턴의 한 보호소에 앤이란 소녀가 있었다. 앤의 엄마는 죽었고, 아빠는 알코올 중독자였다. 아빠로 인한 마음의 상처에다 보호소에 함께 온 동생마저 죽자 앤은 충격으로 미쳤고 실명까지 했다. 수시로 자살을 시도하고 괴성을 질렀다. 결국 앤은 회복 불능 판정을 받고 정신병동 지하 독방에 수용되었다. 모두 치료를 포기했을 때 노老 간호사인 로라가 앤을 돌보겠다고 자청했다.
>
> 로라는 정신과 치료보다는 그냥 친구가 되어 주었다. 그래서 날마다 과자를 들고 가서 책을 읽어 주고 기도해 주었다. 그렇게 한결같이 사랑을 쏟았지만 앤은 담벼락처럼 아무 말도 없었고 앤을 위해 가져다준 특별한 음식도 먹지 않았다. 어느 날, 로라는 앤 앞에 놓아둔 초콜릿 접시에서 초콜릿이 하나 없어진 것을 발견했다. 용기를 얻고 로라는 계속 책을 읽

어 주고 기도해 주었다.

앤은 독방 창살을 통해 조금씩 반응을 보이며 가끔 정신이 돌아온 사람처럼 이야기했고, 그 이야기의 빈도수도 많아졌다. 마침내 2년이 지난 후 앤은 정상인 판정을 받아 파킨스 시각장애아 학교에 입학했고, 밝은 웃음을 찾았다.

그 후, 로라가 죽는 시련도 겪었지만 앤은 로라가 남겨 준 희망을 볼 수 있는 마음의 눈으로 시련을 이겨 내고 학교를 최우등생으로 졸업했으며 한 신문사의 도움으로 개안 수술에도 성공했다.

수술 후 어느 날, 앤은 신문기사를 봤다.

"보지 못하고, 듣지 못하고, 말하지 못하는 아이를 돌볼 사람 구함!"

앤은 그 아이에게 자신이 받은 사랑을 돌려주기로 결심했다. 사람들은 불가능하다고 했지만 앤은 말했다.

"저는 하나님의 사랑을 확신해요."

결국 사랑으로 그 아이를 20세기 대 기적의 주인공으로 키워 냈다. 그 아이가 헬렌 켈러이고, 그 선생님이 앤 설리번Ann Sullivan이다. 로라는 앤과 함께 있어 주고, 앤의 고통을 공감하면서 앤을 정상인으로 만들어 냈고, 앤도 헬렌과 사십팔 년 동안 함께 있어 주었다.

마음의 상처를 치유하는 것은 상처에 대한 적절한 분석과 충고가 아니라 그냥 함께 있어 주는 것이다.

이 이야기 속의 여인들은 함께 있음으로 기적을 이루어 내었다. 이처럼 누군가와 같이 있고 함께 있다는 것이 얼마나 중요한가! 오늘날 많은 내담자의 문제는 함께 있어 줄 사람이 없는 것이다. 상담자는 내담자와 늘 함께 있어 줄 수 없다. 예수도 제자들과 늘 함께 있어 줄 수 없었다. 그래서 예수는 제자들과 함께 있어 줄 분으로 성령을 보내 주셨다. 보혜사의 정확한 뜻은 '함께 있어 주는 분'이다.

상담자들이 흔히 경험하는 일 중 하나는 상담을 통해 내담자의 문제가 잠시 해결되었다고 하더라도 일상생활 속에 나가서 전과 똑같아지거나 더 심하게 되는 경우를 만나는 것이다. 내담자가 치료 받고 난 후 계속해서 정신적·영적 건강을 유지하고 성장하기 위해서는 생활에 잘 적응할 수 있도록 도와주는 것이 필요하다. 이것을 우리는 지지적 신앙 소그룹이라 부르고자 한다. 우리에게는 지지적 신앙 소그룹이 필요하다.

이 세상은 너무나 혼란스럽고 간교하기 때문에 혼자 있으면 넘어지고 당하기 마련이다. 일반적인 상담은 상담을 하고 난 후 돌려보내면 되었지만 사실 이것만으로는 부족하다. 내담자들에게는 지속적으로 치료 받을 수 있는 지지적 공동체가 필요한데, 이 공동체가 곧 교회이다. 그런데 적지 않은 내담자가 교회생활에 쉽게 적응하지 못하는 문제를 안고 있다. 어떻게 보면 내담자에게 문제가 생긴 것도 궁극적으로는 교회생활에 적응하지 못하고 소외된 데에서 그 원인을 찾을 수 있다.

성경 이야기 상담에서는 내담자의 이런 문제를 해결하기 위해서 성령께서 사역하시는 교회와 내담자를 연결시켜 주는 역할 담당자가 있어야 한다고 본다. 이는 내담자와 교회 간의 중간 교량 역할로서 교회에 선뜻 적응 못하는 내담자로 하여금 교회생활에 점진적으로 적응할 수 있도록 도와주는 것으로 상담 후 꼭 필요한 사역이다.

4. 성경 말씀과 성령

성령의 사역은 예수의 말씀과 불가분의 관계에 있다. 고별담화에 나타난 보혜사 성령의 사역 중 중요한 사역은 예수의 말씀에 대한 회상이며 가르침이다.

> 보혜사 곧 아버지께서 내 이름으로 보내실 성령 그가 너희에게 모든 것을 가르치시고 내가 너희에게 말한 모든 것을 생각나게 하시리라(요 14:26).

여기서 성령의 역할은 예수의 말씀에 대한 바른 해석자의 역할이다. 상담 현장에서 성경 말씀이 곡해되는 경우가 많다는 점에서 성령의 이 역할은 매우 중요하다.

성경 이야기 상담자는 성령의 인도하심과 도우심을 받기 위해서 성경 말씀을 바로 이해해야 한다. 성경 말씀은 종이 위에 기록되어 있지만, 예레미야 선지자가 일찍 예언한 바대로 말씀의 진정한 의미는 우리 마음에 성령으로 기록될 때에 알 수 있는 것이다.

> 나 여호와가 말하노라. 그러나 그날 후에 내가 이스라엘 집에 세울 언약은 이러하니 곧 내가 나의 법을 그들의 속에 두며 그 마음에 기록하여 나는 그들의 하나님이 되고 그들은 내 백성이 될 것이라(렘 31:33).

성경의 객관적 말씀은 성령의 사역이 있을 때 우리 자신을 변화시키는 영감된 말씀이 된다. 지금까지 1세기 이상 성경 해석을 주도해 온 역사 비평적 해석은 성경을 과거의 책으로 읽도록 해 왔다. 그렇게 될 때에 성경 말씀은 오늘날 우리의 삶과는 관계가 약해지고, 풍성하고 자유로운 삶과 신앙의 장애물로 작용하기가 쉽다.

이러한 문제를 해결하려는 시도가 바로 성경 이야기 상담이다. 성경 이야기 상담은 기독교 상담에서 중요한 과제인 성경의 바른 해석 문제를 제기하고, 성경을 오늘날 상담에 어떻게 적용할 건가에 대한 새로운 방식과 접근을 제시하는 시도이다.

성령은 성경의 말씀을 통해 자신을 나타내 보이시고 사역하신다는 사실에 근거해 볼 때, 성령의 인도하심을 받기 위해서는 성경 말씀을 잘 알아야 한다. 상담자는 성경과 성령과의 관계를 올바르게 이해함으로써 바른 성경 해석을 하게 되고, 성경의 진리를 상담상황에 적절하게 이용할 수 있는 것이다.

성경은 성령 사역의 도구이다. 그런데 성경이 상담에서 등한시되는 중요한 이유는 지배적인 성경 해석 방법이 성경을 교리적, 문자적 혹은 역사적으로만 해석하여 구체적인 현실에 적용할 수 없도록 만들기 때문이다. 이것은 성서해석학 자체의 문제이기도 하다. 특히 역사비평학이 성서해석학을 주도하던 시대에는 성경을 단지 역사적인 과거의 책으로만 이해하여 이 분야에 치중하다 보니, 성경이 오늘 상황에서 어떻게 적용되어야 하는지에 대해서는 연구가 부족했던 것이 사실이다.

성경을 성경으로 바로 읽고 적용하기 위해서는 성령의 사역을 바로 이해하는 것이 필요하다. 성경은 상담상황에 필요한 많은 정보와 지식을 제공해 주지만, 이것을 바로 해석하고 적용하지 못할 경우 오히려 성경이 장애물로 간주되는 경우도 흔하다. 성경은 성령이 없으면 죽은 책이며 죽은 글이다. 바울의 유명한 말씀처럼, 문자는 죽이는 것이며 살리는 것은 영이다(고후 3:6).

성경 이야기를 바로 이해하기 위해서는 성령의 감동이 있어야 한다. 흔히 율법과 복음을 대조시키는데, 성경을 성령의 감동 없이 읽으면 율법이 되고 공로주의에 빠지게 된다. 바울이 고린도후서 3장 12-18절에서 잘 설명하고 있듯이, 유대인들이 하나님의 사역을 깨닫지 못한 것은 성령의 도우심을 받지 못했기 때문이다. 바울은 로마서 10장 2절 이하에서 유대인들이 하나님에 대한 열심은 있으나 하나님의 진리를 깨닫지 못했음을 지적하고 있는데 이것은 그들이 성경을 성령의 도움 없이 읽음으로써 하나님의 의보다 자기의 의를 세우려 하였기 때문이다.

내가 증거하노니 저희가 하나님께 열심이 있으나 지식을 좇은 것이 아니라. 하나님의 의를 모르고 자기 의를 세우려고 힘써 하나님의 의를 복종치 아니하였느니라(롬 10:2-3).

성경 이야기는 성경 안에 있는 이야기이기 때문에 기본적으로 성령의 도우심으로 읽어야 한다. 이 점이 일반적인 이야기와 다른 점이다. 물론 성경의 이야기도 이야기 요소의 역동성을 가지고 있지만, 기본적으로 이 역동성도 성령의 도우심으로 일어난다고 본다.

바울은 사람의 지혜가 신앙의 주체임을 부인하며 신앙이 가능한 것은 성령의 힘이라고 말한다(고전 2:4-5). 칼뱅에 의하면, 우리는 "우리 신앙의 확신의 근거를 이성, 판단, 추측 이상의 곳에서, 즉 성령의 은밀한 증언에서 찾아야 한다."[106] 예언자들에게 그의 진리를 나타내신 하나님의 영은 동일한 영에 의해서 감동을 입은, 믿는 자들의 마음속에 그의 진리를 증거한다. 칼뱅은 그의 디모데후서 3장 16절에 대한 주석에서 동일한 영에 대한 확신을 적절하게 묘사하고 있다.

그래서 동일한 영은 모세와 선지자들에게 그들의 소명을 확신하게 했는데 이제 지금 우리를 지도하기 위하여 그들을 그의 종들로 삼았다는 사실을 우리의 마음속에 증거해 주고 있다.[107]

그래서 성령을 모르는 자들이 기록된 것을 이해하지 못하는 것은 당연한 일이다

왜냐하면 하나님 한 분만이 그분의 말씀에 대한 합당한 증인이시기 때문에 성령의 내적인 증언에 의해서 인치심을 받기 이전에는 말씀이 사람들의 마음속에 수용되지 못한다.[108]

106) J. Calvin, op. cit., I. VII. 4.
107) Ibid.

하나님이 말씀하신 신적인 구술은 성령의 내적 조명과 유기적인 관계성 속에서 설명된다.

웨스트민스터 신앙 고백에서도 진리에 대한 확신과 설득력은 우리의 마음속에 말씀을 증언하는 성령의 내적 사역에서부터 온다고 말하고 있다. 성경의 권위와 통일성이 계속해서 유지되는 것을 볼 때 성령이 저자와 독자를 동일하게 감동시키고 있음을 알 수 있다. 성경의 권위가 유지되는 것은 전통이나 공회의 권위도 있지만, 그것보다도 성령의 끊임없는 사역이 더 중요한 요소이다.

E. A. 다우이Dowey가 잘 지적했듯이 "교회는 부름을 받은 개인들로 구성되어 있지만 변함없는 성격을 가지고 있는 것과 마찬가지로 동일한 성령의 내적 증언은 세월의 흐름에 관계없이 일정한 정경을 존속케 한다."[109] 말씀과 성령의 유기적인 관계성은 양자 간의 불가분리성을 설명해 준다. 요한복음은 보혜사 성령이 주님께서 말씀하신 것을 생각나게 한다고 증언한다(요 14:26). 곧 성령과 예수의 말씀 간에는 서로 뗄 수 없는 관계가 있다. 칼뱅은 그것을 이렇게 설명한다.

> 일종의 상호 간 결합으로 주님께서는 그의 말씀과 그의 영의 확실성을 묶어 놓았기 때문에 그 말씀에 대한 완전한 믿음이 우리의 마음속에 거하게 된다.[110]

B. A. 게리쉬Gerrish는 말씀과 성령은 사실상 불가분리의 관계inviolabili nexu에 있기 때문에 궁극적인 권위는 성령으로 조명된 성경 Scripture-plus-Spirit에 있다고 보았다. 그는 성령과 말씀의 결합을 다음과 같이 이해한다.

---

108) Ibid.

109) E. A. Dowey, Jr., *The Knowledge of God in Calvin's Theology* (New York: Columbia University. Press, 1952), 121.

110) J. Calvin, op. cit., I. XV, 3.

> 성령은 기록된 말씀과 역사적 사건을 구체적인 현재의 순간에 개개인에게 하나님의 개인적 계시로 변화시킨다.[111]

게리쉬는 여기서 성령의 사역을 잘 설명한다. 성령은 객관적이며 역사적인 말씀을 개개인의 삶에서 주관적이며 현실적인 계시로 변화시키되 그것을 일회적인 것으로 끝내지 아니하고 계속적인 관계성을 가지도록 유도하는 것이다. 여기서 중요한 것은 성령이 말씀을 통하여 독자와 계속적인 관계성을 가지도록 돕는다는 것이다. 성령의 이 사역은 상담자와 내담자의 관계에서 상담자로 하여금 내담자의 문제를 분석하는 단계에서 그 상담의 종결 상황까지 필요한 능력과 지혜를 갖게 해준다.

그러면 말씀과 성령의 상호 관련성을 보다 구체적으로 어떻게 묘사할 수 있을까? 이 두 관계를 설정하는 데는 초대교회의 몬타니스트와 영지주의 이후의 성령 운동이 중요한 계기를 제공해 왔다. 성령주의자들은 성령이 성경 이외의 말씀과 계시를 현재에도 나타내 보인다고 주장했다. 이러한 견해는 정경으로서 성경의 권위를 위태롭게 하고 성령의 사역에 많은 의문을 제기하게 되었다.

이 현상이 칼뱅과 같은 종교 개혁자들이 성경과 성령의 불가분리성을 주장하게 된 직접적인 원인을 제공했다. 칼뱅은 이 두 관계를 성령의 도구로서의 말씀, 성령의 목적으로서의 말씀이라고 설명했다.

칼뱅에 의하면, 성령은 말씀을 그 사역의 도구로 삼는다. 성령은 성경과 관련 없이 개개인에게 직접적으로 말씀하시지 않는다. 이 말은 성령은 예수 그리스도와 예언자들에게 주어진 말씀을 통해서만 말씀하신다는 의미이다. 성령은 성경 밖에서 그 어떤 것도 말씀하시지 않는다.

111) B. A. Gerrish, “Biblical Authority and the Continental Reformation,” *Scottish Journal of Theology* 10, 1957, 360.

F. 웬델Wendel이 말한 대로, 성령은 성서에 포함된 말씀을 '확증'할 뿐이다.[112] 여기서 확증한다는 것은 성령이 말씀을 도구로 사용하며 사역할 때 확실한 결과가 나타나고, 이를 통해 성령의 사역임이 드러난다는 의미이다.

그래서 말씀은 성령의 사역을 위한 도구요 수단이다. 성령은 들어보지 못한, 완전히 새로운 계시를 주시지도 않을뿐더러 새로운 종류의 교리를 만드시지도 않는다.

성령과 성경의 관계에서의 또 다른 차원은 성령이 말씀을 그 목적으로 삼는다는 것이다. 사역의 도구로서의 말씀과 목적으로서의 말씀 간에는 차이가 있다. 성령의 목적이 말씀이라는 것은 성령이 말씀의 권위를 자의대로 초월하지 않는다는 것이다. 이렇게 함으로써 성령과 말씀은 상호보완적 관계를 유지하는 것이다. 성령이 말씀을 목적으로 삼는 방식은 영감을 줌으로써이다. 말씀 없이는 성령의 사역이 왜곡되고, 성령의 조명이 없는 말씀은 그 자체로 죽은 것이나 다름없다. 이것이 디모데후서 3장 16절의 의미이다.

> 성경은 하나님의 감동으로 된 것으로…….

W. 니젤Niesel은 양자 간의 역동적이며 보완적인 관계를 잘 요약해준다. 성령은 한때 옛 사람들을 통해서 말씀하신 것과 다른 그 어떤 것을 오늘날 나타내지 않으신다. 그는 예수 그리스도를 증거하기 때문에 우리는 다른 근거가 아니라 성경적인 증거에서 오는 성령의 행위를 기다려야만 한다.[113]

---

112) F. Wendel, *Calvin: The Origins and Development of His Religious Thought* (Philadelphia: Westminster Press, 1963), 157.

113) W. Niesel, *The Theology of Calvin, tr. H. Knight* (Philadelphia: Westminster Press, 1956), 39.

우리는 이상에서 성령과 성경 간의 관계를 살펴보았다. 이상의 논의를 보면, 상담자는 성령의 인도함을 받기 위해서 무엇보다도 성경을 잘 이해해야 한다. 성경을 통해서 성령과 교통하는 상담자는 상담상황에서 결코 혼자가 아니라 항시 성령께서 함께하신다는 것을 알 수 있다. 이러한 이유로 상담자에게는 성령의 임재를 경험하기 위해 성경 해석에 대한 교육이 필요하다. 그중에서도 서사적 성경 해석은 그 어떤 방법보다도 유효한 방법이라 할 수 있다.

제4장

교회론

성경 이야기 상담에서는 내담자가 상담으로 변화되었다고 하더라도 그를 지속적으로 지지해 줄 공동체가 필요하다. 왜냐하면 삶에서 유혹은 계속되기 때문이다. 서로 삶을 나누고 위로하며 응원을 보내는 공동체는 성령의 인도하심으로 형성된다.

성경은 신자가 단지 예수 그리스도를 믿고 구원받는데서 모든 것이 끝나는 것이 아니라고 말한다. 구원의 과정을 시작한 사람은 그 구원을 이루어 가야 하는데(빌 2:12), 이 구원을 이루어 나가는 방식은 혼자서 세상에서 투쟁하는 것이 아니라 예수 그리스도의 몸을 이루어 그리스도의 영을 모시고 살아가는 것이다. 따라서 기독교인의 삶에서 공동체는 필수적이다. 이 공동체의 본질, 형성과정, 구성원의 본분 등이 성경 속에 잘 나타나 있는데, 특히 요한 문헌과 바울 서신 속에 상세하게 기술되어 있다.

성경 이야기 상담에서도 내담자가 빈약한 서술을 벗어나 새로운 이야기를 재저작하는 것만으로 그의 문제를 해결할 수 없다. 재저작 이후에 내담자에게는 지지 집단이 필요한데, 이 공동체는 신약성경의 교회론에서 그 이론적 근거를 발견할 수 있다.

교회는 물론 말씀 선포와 성례전, 선교와 전도, 교육 및 구제 등 다양한 활동을 한다. 그런데 여기서 내담자가 성경 이야기를 통해서 새로운 삶을 발견한 후 그 삶을 유지하고 강화하기 위한 지지적 신앙 공동체는 교회의 여러 가지 활동 중 하나에 해당된다.

성경 이야기 상담에서는 상담으로 변화된 내담자를 상담 이후에도 계속 지지해 줄 공동체가 필요하다고 본다. 일반적으로 교회 내의 소그룹이 이 기능을 담당할 수 있다. 그러나 이러한 소그룹이 지지적 공동체의 기능을 감당하기에도 부족한 것이 현실이다. 따라서 상담에서는 상담 및 치유 목적을 가진 지지 공동체가 필요하다.

1. 공동체와 성령

이 지지적 공동체의 형성을 위해 성경에서 그 지도 원리를 찾을 수 있는데, 이 지도 원리에서 빼놓을 수 없는 것은 성령의 역할이다. 사도행전에서 보듯이 예수의 열두 제자들과 소수의 무리들이 성령의 체험을 한 후에야 진정한 공동체를 만들 수 있었다. 따라서 성경 이야기 상담에서도 공동체가 그 고유한 기능을 하기 위해서는 무엇보다도 성령의 사역이 선행되어야 한다.

사도행전의 기록을 보면 제자들과 소수의 무리들은 성령 강림 이후 원시 교회를 만들었다. 그들은 서로 공동 식사를 하며, 병든 자들과 가난한 자들을 보살피고, 모든 문제를 내어놓고 서로 나누는 성령 중심의 공동체를 경험하게 되었다.

이 공동체는 예수께서 그들의 제자들과 이별하기 이전에 그 제자들에게 말씀하신 예언이 실현된 것이다. 이 예언은 소위 고별담화라고 하는 요한복음 13장~17장에 잘 나타나 있는데, 이 담화는 제자들이 예수의 고별 이후에 당할 위기를 극복할 수 있는 말씀들을 포함하고 있다.

고별담화의 상황은 예수께서 단순히 제자들을 육신적으로 떠날 뿐 아니라 그 자신이 겪게 될 십자가와 죽음이 제자들에게 미칠 극한적인 고통과 절망이 예견되는 상황이었다. 이런 고통과 좌절의 위기에서 이 상황을 극복하기 위해서 예수는 보혜사 성령의 오심을 말씀했다. 예수의 예언대로, 베드로를 위시한 열두 제자들은 십자가 앞에서 좌절하고 실패했지만, 그들이 예수를 끝까지 따를 수 있었던 것은 결국 성령의 인도하심이 있었기 때문이었다.

이렇게 볼 때 새로운 공동체의 시원은 성령의 사역이며, 성령의 임재가 그 공동체를 유지·발전시킨다고 할 수 있다. 그러나 성령 중심의, 혹은 성령이 인도하는 공동체라고 해서 하루 아침에 완전한 공동체가 되는 것은 아니다. 사도행전과 사도들의 서신을 보면 이 공동체에도 많은 문제와 갈등이 있었음을 알 수 있다. 여러 종류의 문제들이 공동체 내에서 발생했고, 그 문제들로 인해 고통을 겪는 공동체의 현실이 서신에 잘 묘사되어 있다. 이렇게 보면 성령이 임재한 공동체라고 해서 모든 문제로부터 온전히 자유로운 공동체가 아님을 알 수 있다. 오히려 성령의 인도하심 때문에 인간적인 공동체에서는 나타나지 않은 더 많은 문제와 더 큰 갈등이 드러날 수 있다.

이것은 오늘날의 교회에서도 쉽게 찾아볼 수 있는 현상이다. 그러나 중요한 것은 이러한 문제들이 노출되고, 갈등과 고통을 유발하지만 그것으로 그 공동체가 소멸되는 것이 아니라 그 문제들을 극복하고 그 갈등들이 해소되면서 존속해 왔다는 점이다. 이렇게 된 데에는 성령의 인도하심이 결정적 원인이 된다. 성령의 공동체 내에서의 사역은 바울 서신이나 공동서신에서도 찾아볼 수 있지만, 예수께서 고별담화에서 예언한 보혜사의 미래사역에서 더 분명하게 나타난다.

보혜사는 요한복음의 고별담화에서 네 번(14:16, 26, 15:26, 16:7),

그리고 요한 1서(요일 2:1, 대언자)에서 한 번 나타난다. 보혜사는 여러 가지 의미로 번역이 되고 있지만 일반적으로 세 가지 의미가 있다. 바로 증언하는 목격자, 도우며 지지하는 사람, 상담자이자 교사이다.

한글성경 개역한글판(1998)은 '보혜사' 또는 '대언자'로, 공동번역 성서개정판(1999)은 '협조자', '변호해 주시는 분'으로 번역하고 있으나, 어느 하나의 용어가 모든 의미를 다 포괄한다고 보기는 어렵다.

영국의 위클리프 이후부터 흠정역 성서 KJV에서는 '위로자'라 번역하고 있는데, 이 의미는 예수의 죽음 후 슬퍼하는 제자들을 위로하실 분이 필요하다는 사실을 감안하여 번역한 용어이다. 이 의미는 그 공동체의 상황을 염두에 두었다는 점에서 의의가 있으나 이 용어의 의미를 전체적으로 총칭하기에는 미흡한 점이 있다.

2. 지지 공동체의 특징

지지 공동체는 보혜사의 세 가지 기능을 감당할 수 있는 공동체가 되어야 한다. 이 공동체는 예수의 사역을 증언하고 말씀에 따라 지지하고 도우며, 내담자의 문제에 대한 상담자이자 교사의 역할을 할 수 있어야 한다.

1) 지지 공동체의 본질

지지 공동체의 본질은 예수의 가르침 중 핵심적인 내용이 되는 하나님 나라에서 찾아볼 수 있다. 내담자의 이야기를 재구성하여 확대하고 강화하기 위해서는 대안적 공동체인 지지 집단이 필요한데, 이 지지 공동체의 독특한 측면은 하나님 나라에 대한 신학적 통찰을 통해 드러난다.

예수는 단지 인식의 변화 수준에서 그치는 것이 아니라 그 변화된 인식에 근거한 새로운 공동체의 형성을 기대했다. 이 공동체는 전통적인 종교관과 윤리관을 초월하는 새로운 비전이 실현되는 공동체이다. 사도 바울은 이 공동체의 본질을 1세기 사회 상황에서는 가히 혁명적인 말로 표현했다.

> 너희는 유대인이나 헬라인이나 종이나 자유인이나 남자나 여자나 다 그리스도 예수 안에서 하나이니라(갈 3:28).

R. 홀슬리Horseley는 예수 운동은 소외당한 자들의 운동이기 때문에 급진적 윤리가 그 공동체에서 가능하다고 보았다.[114] M. 보그Borg에 의하면, 예수는 그 누구보다도 새로운 공동체 형성에 관심이 많았다.

> 역사적으로 말하자면 예수는 자비를 근간으로 삼아 포괄성과 수용과 사랑과 평화를 지향하는 규범들로 구성된 대안적 공동체를 창조함으로써 자기가 속해 있던 사회적 세계를 변혁시키려 했다. 현자로서 예수가 가르친 대안 의식은 성령에 근거한 '대조사회contrast society', 즉 '대안적 의식을 가진 대안적 공동체'를 만들어 냈다.[115]

보그가 말하는 대안적 공동체란 기존의 하나님 나라라는 개념을 새롭게 이해한 개념이다. 마태복음 23장 8~10절의 말씀은 예수가 추구한 혁신적인 대안 공동체의 본질을 제시하고 있다.

> 그러나 너희는 랍비라 칭함을 받지 말라. 너희 선생은 하나요 너희는 다 형제니라. 땅에 있는 자를 아버지라 하지 말라. 너희의 아버지는 한 분이 시니 곧 하늘에 계신 이시니라. 또한 지도자라 칭함을 받지 말라. 너

114) R. Horseley, **예수 운동**, 이준모 역 (서울: 한국신학연구소, 1993), 32f.
115) M. J. Borg, **예수 새로 보기: 영, 문화, 제자 됨**, 김기석 역 (서울: 한국신학연구소, 1988), 203.

희의 지도자는 한 분이시니 곧 그리스도시니라.

여기에서 등장하는 세 부류의 지위는 고대 유대 세계에서 중요한 권위를 대표한다. 랍비는 종교적 권위를, 아버지는 가부장적 권위를, 지도자는 정치 사회적 권위를 나타낸다.

2) 지배적 담론의 해체

대안적 공동체를 형성하고자 할 때에는 항상 그 시도를 가로막는 기존의 사회 권위와 그것에 기초한 가치 체계, 질서와의 충돌이 있다. 마태복음 23장 8~10절의 말씀은 유대 사회—아니 어느 사회라고 해도 무방하지만—의 질서를 버티는 세 종류의 권위에 대한 새로운 관점을 제시했다. 대안적 사회 세계는 전통적 권위의 수정을 통해서 새로운 질서에 대한 비전을 제시한다. 이 비전은 기존의 관념, 가치, 제도와 질서의 해체를 불러온다.

내담자의 이야기에서 상담자는 내담자를 억누르고 있는 지배적 이야기의 힘과 권위를 느낄 수 있다. 지배적 담론이 내담자의 이야기에서 해체되지 않으면 그 권위와 힘은 내담자의 치유를 방해한다. 그런 의미에서 내담자의 이야기가 안고 있는 지배적 권위와 힘에 대한 분석과 그 해체가 있어야 한다. 우리는 예수의 사역에서 그 당시 대부분의 유대인들의 이야기에서 지배적 세력으로 등장하는 세 부류의 권위와 힘을 부인하고 새로운 이야기를 재구성해 나가는 사역을 목격할 수 있다.

여기서는 지지 공동체의 형성을 위해서 해체되어야 하는 지배적 권위의 본질과 그 새로운 인식을 예수 사역을 중심으로 알아보고, 내담자들의 지배적 담론이 가지고 있는 파괴적 권위와 힘의 본질과 그 해체 원리를 찾아본다.

예수는 율법에 근거해서 의인과 죄인, 부정과 정결, 선택과 유기, 유대인과 이방인, 자유자와 종, 남자와 여자의 차별을 구조화한 유대교와 그 사회에 도전했다. 이 차별에 대한 그의 도전의 근본 원리는 공의와 연민의 정신이었다.

이 공동체는 기존의 사회를 유지시키는 전통적이며 억압적 권위가 폐기되는 곳에서만 존속 가능하다. 이 공동체의 가치관은 기존의 체계를 상대화시킬 뿐 아니라 상호 봉사라는 새로운 질서에 근거한 공동체를 형성할 수 있다.

예수는 근엄한 하나님을 친숙한 아버지로 수정하고, 메시아를 군림하는 왕이 아닌 섬기는 종으로 이해함으로써 사람과 하나님 간의 새로운 관계를 비전으로 제시했다. 이러한 급진적인 비전은 인간 간의 기존 관계에 대한 사상도 새롭게 정립되어야 한다고 보았다. 예수는 당시 유대사회에서 인간 간의 관계를 결정하는 권위 있는 계층을 랍비, 아버지, 지도자로 보았다. 그는 이 세 가지 권위를 그의 비전에 근거해서 새롭게 해석하고 있다.

복음서에는 종교적 지도자들에 대한 비판이 많이 기록되어 있다(마 15:14, 22:1-10, 23:23, 23:29-31 등). 그러면 그들의 문제는 무엇이었을까? 1세기 유대교의 랍비들은 이스라엘 민족의 오랜 정치적 시련으로 인해서 유대교의 정체성이 위기에 이르렀을 때 율법을 철저하게 가르침으로써 그것을 극복하고자 하였다. 이 과정에서 그들은 대중적 권위를 획득하게 되었다. 그러나 율법의 강화는 그릇된 동기로 말미암아 그 순수한 본질이 왜곡됨으로써 유대 민족의 위기를 초래했다.[116]

그들의 핵심적인 문제는 고통당하는 사람들에 대한 연민이 없다는

116) 이 주제에 관한 상세한 토론은 G. Theissen, *Sociology of Palestinian Christianity* (Philadelphia: Fortress Press, 1978), 77-86 참조.

것이다. 무거운 짐을 사람들에게 지우고 자신들은 손가락도 움직이지 않는다(마 23:4). 그들은 예전적 율법 준수 의무만을 강조할 뿐 사람의 고통에는 무관심하다.

복음서에 자주 등장하는 세리, 양치기 등은 가장 경멸당하던 자들로, 유대인으로서의 시민권과 종교권을 스스로 포기한 자들이었다.[117] 이들에 대한 예수와 랍비들의 태도는 놀랍도록 대조적이었다. 랍비들은 그들을 경멸했지만 예수는 그들의 고통에 공감했다.

따라서 고통당하고 문제 있는 자들에 대해 공감적인 태도와 용서의 정신을 가지는 것이 지지적 신앙 소그룹의 기본 정신이다. 이 정신은 정죄하고 차별하는 사회와 교회에서 상처받은 사람들을이 신앙 공동체로 이끌어 들이는 힘이다. 이 공동체가 어떤 이론이나 프로그램 또는 기법을 사용하기 전에 무엇보다도 예수의 이 정신을 깊이 받아들여야 한다. 예수의 정신은 단지 말과 글로서 끝나는 것이 아니고 삶으로 구현되어야 한다. 특히 지배적이고 군림하는 종교 지도자들로 인해서 발생하는 심리적 문제들도 있다. 권위는 질서와 교육을 위해서 필요하지만 그 남용은 문제가 된다.

3) 예수의 새로운 가족 개념

W. L. 레인Lane은 예수의 경우 하나님에 대한 온전한 순종이 새로운 가족 개념의 기초라고 보았다. 예수의 이 가족 개념은 새로운 공동체의 초석이자 비전이다. 예수는 또한 지상의 아버지 권위가 강한 가족 안에서 발생하는 많은 문제들을 알고 있었다. 특히 역기능 가정에서 자란 많은 사람들은 사회적으로 적응하기 어렵다. 예수의 "땅에 있는 자를 아

117) J. Jeremias, *Jerusalem in the Time of Jesus* (Philadelphia: Fortress Press, 1969), 303f.

버지라 하지 말라. 너희의 아버지는 한 분이시니 곧 하늘에 계신 이니라."(마 23:9)라는 말씀은 육신의 아버지보다는 하나님의 권위를 우선시한다는 가정을 염두에 둔 것이다. 이 말씀은 특히 하나님의 권위를 부인하는 육신의 아버지들이 행사하는 그릇된 권위에 대한 경고이기도 하다.

V. 테일러Taylor는 예수께서 가족의 의미를 새로운 차원에서 정의했다고 말하며, 그것이 바로 하나님의 뜻을 행하는 공동체라고 보았다. 하나님에 대한 순종을 공통분모로 가진 공동체는 혈연을 기초로 한 공동체보다 우월한 것이다.[118] B. H. 브랜스콤Branscomb은 이 구절이 예수께서 가진 하나님의 통치 개념의 한 단면을 밝히고 있다고 보았다. 하나님의 나라는 상호 봉사와 교제에 근거한 사람들의 사회적 조직이다. 그는 새 가족이라는 윤리적 성격과 가치를 지닌 초대교회가 이 개념에서 자연적으로 성장해 왔다고 주장한다.[119]

현대 사회에서 많은 문제들은 역기능 가정에서 그릇된 권위 개념으로 인해서 발생한다. 지지적 신앙 소그룹은 새로운 권위 즉, 공의, 진리와 사랑에 근거한 권위하에서 형성되고 유지됨으로써 치유적 효과를 가질 수 있다.

R. R. 류터Ruether에 의하면, 새로운 공동체는 새로운 인성, 낮은 자를 위하고 위계적인 계급 제도를 타파함으로써 창조된다고 보았다. 그녀는 이 개념을 '가부장제의 비움kenosis of patriarchy'이라 부른다.[120] 따라서 새로운 공동체는 상호 존중과 평등을 바탕으로 형성되어야 한다. M. 보그도 이 견해에 동의한다.

118) V. Taylor, *The Gospel According to St. Mark* (Michigan: Baker Book House), 1981, 247.

119) B. H. Branscomb, *The Gospel of Mark* (London: Moffat New Testament Commentary), 1937, 75.

120) R. R. Ruether, *Sexism and God-Talk: Toward a Feminist Theology: With a New Introduction* (Boston: Beacon Press, 1993), 137.

> 사실 여성에 대한 예수 운동의 급진적 태도는 신약성경이 다 성립되기도 전에 이미 교회 내에서 수정되었다.[121] 우리는 예수와 그의 초기 추종자들이 가부장제를 거절했다는 것을 알고 있으며 가부장제가 후에 그 전통에 다시 편입되면서 초기 운동의 급진성을 '타락'시켰다는 명백한 역사적 증거를 가지고 있다.[122]

그래서 류터는 오늘날 예수 말씀의 진의를 이해하기 위해서는 지배적인 사회 관습에 동화되지 않는 새로운 언어가 필요하다고 주장한다.[123]

지도자kathegete라는 용어는 광범위하게 사용될 수 있었기에 당시의 정치적 지도자인 황제, 왕, 귀족들을 가리킬 수 있다. 본문에서 그들을 직접 지칭하지 않은 것은 그들의 권위를 부인할 때 핍박을 불러오기 때문이었다.[124] 마태복음 23장 10절 말씀의 초점은 누가 지도자인가라는 데 있지 않고, 지도자가 없는 형제자매의 공동체에 맞추어져 있다.

예수는 새로운 공동체의 질서에 대한 지침을 분명하게 제시하였다.

> 이방인들의 소위 집권자들이 저희를 임의로 주관하고 그 대인들이 저희에게 권세를 부리는 줄을 너희가 알거니와 너희 중에는 그렇지 아니하니(막 10:42f) 너희 중에 큰 자는 너희를 섬기는 자가 되어야 하리라. 누구든지 자기를 높이는 자는 낮아지고 누구든지 자기를 낮추는 자는 높아지리라(마 23:11f).

우리 사회는 갖가지 기준으로 사람을 평가하고 권세, 부, 학식을 가진 사람들은 그렇지 못한 사람들 위에 군림하고자 한다. 이러한 사회에서 차별과 상처를 받은 사람들이 지지적 신앙 소그룹에서 상호 섬김

---

121) M. J. Borg, op. cit., 190.
122) Ibid., 191.
123) R. R. Ruether, op. cit., 64-66, 137.
124) 강병도 편, 호크마 종합주석-마태복음 (서울: 기독지혜사, 1992), 772.

과 평등의 교제를 경험함으로써 치유 받을 수 있다. 그래서 상호 간에 섬김과 교제는 지지적 신앙 소그룹의 특징이 되어야 한다.

3. 지지 공동체의 역할

사도행전 2장과 4장에 나오는 오순절 이후의 예루살렘 공동체는 사도들의 가르침, 공동식사, 기도와 사귐을 함께 했다. 이 공동체의 구성원이 되기 위해서는 말씀에 근거한 회개가 있고 그것의 증표인 세례를 받아야 했다. 구성원들 간의 사귐은 공통된 믿음의 기초 위에서 이루어졌다. 교제는 교육, 공동식사, 기도와 같은 공동체 전체의 활동 중 하나이며 항상 다른 활동과 연결되어 있다.

사도행전 2장 42절에 나오는 '프로스카르트레 룬테스*προσκαρτερουντες*'는 "전혀 힘쓰다"(개역), "…에만 힘쓰다"(새번역), "전적으로 힘썼다"(현대인의 성경), "…에 전념하였다"(공동번역)로 번역되어 있는데 이 표현을 보면 예루살렘 공동체는 교육, 공동식사, 기도와 교제로 대부분의 시간을 같이 보낸 셈이다.

지지 공동체의 주요 사역은 성경 이야기를 통해서 새로운 삶을 발견한 내담자가 그 삶을 계속해 나가고 더욱 나은 삶을 살아가도록 지지하고 격려하는 일이다. 이 사역은 일회적인 활동이나 소수의 사람들로는 이루기 어렵기 때문에 공동체가 필요하다. 이 사역은 여러 가지가 있을 수 있으나 공동체 구성원 간에 진정한 교제가 이루어져야 하는 것이 여러 가지 사역의 기본적인 요건이다. 내담자가 속해 있는 공동체 구성원들이 상호 간에 긴밀한 관계를 가지고 도움을 주고 나눔을 가질 때, 내담자는 그의 문제를 속히 치유 받을 수 있다.

신약성경에서 이와 같은 친밀한 관계를 나타내는 대표적인 용어가

'코이노니아koinonia'이다. 이 명사의 동사형인 '코이노네오'는 '공동으로 가지다, 같은 피와 살을 나누다, 연합하다, 참여하다'라는 뜻을 가지고 있는데 이 용어가 진정한 공동체의 본질을 잘 드러내 준다. 이 단어가 의미하는 공동체의 본질은 단순히 서로 교제하고 친교한다는 의미보다는 서로 고통과 어려움을 분담하고 그것에 참여한다는 의미가 더 강하다.

그렇다면 이 지지적 신앙 소그룹은 교회와 어떤 관계를 가지는가? 이 질문에 대해서 J. E. 로더Loder는 적절한 답변을 하고 있다.

코이노니아의 능력은 일정한 기능 구조를 통해서 비인간화시키고 있는 제도의 능력을 제한하고 있다. 친교 공동체가 제도화된 교회와 동일시 되어서는 안 된다는 점은 분명하다. 마찬가지로 친교 공동체가 제도화된 교회와 분리되어서도 안 된다.[125]

지지적 신앙 소그룹은 제도화된 교회에 속하면서 신앙 체험을 확장 시키고 해석하며 치유와 회복을 가능하게 해주는 삶의 장이라고 할 수 있다. 지지적 신앙 소그룹은 교회 내 친교 공동체 중 하나로, 특히 회복과 문제해결을 위해서 지지, 격려, 위로 기능을 강화시킨 소그룹의 공동체이다. 치유 공동체는 일반적인 사교클럽이나 취미 중심 모임과 다르게 삶의 구체적인 고난을 함께 함으로써 가능한 것이다.

이런 의미에서 이 공동체는 초대 공동체가 가지는 특색을 가지고 있다. 치유와 회복의 과정은 오랜 기간이 필요하므로 같은 신념을 가지고 내담자의 고통을 분담하고, 그의 어려운 상황에 참여하고자 하는 상담자의 자세가 필요하다. 이 공동체는 어떤 프로그램이나 기법을 회복과 치유의 중심 수단으로 삼을 수 없다. 무엇보다도 고통의 현장에 동참하려는 깊은 헌신 없이는 치유와 회복의 긴 과정을 감당하기가 어렵

---

125) J. E. Loder, **종교체험과 삶의 변환**, 김성민 역 (서울: 한국신학연구소, 2003), 324.

다. 고통의 분담은 조직의 힘이나 외적인 강요로 되는 것이 아니고 믿음에 근거한 헌신이 있어야 한다.

고린도 교인들이 고난당하는 것을 보고 바울은 그들에게 자신과 그의 동역자들이 당한 고난을 상기시키며, 고난은 궁극적으로 그리스도의 고난과 연결된다고 말한다(고후 1:4-7). 이것은 믿음 안에서만 가능한 회복과 위로의 수단이다. 내담자와 공동체 구성원들은 동일하게 예수 그리스도와 그의 제자들이 당한 고난을 기억함으로써 현재 자신 들이 겪는 수치와 고통의 의미를 깨닫고 그것을 이겨 낼 수 있는 힘을 얻을 수 있다.

결국 프로그램이나 기법도 중요하지만 공동체의 삶의 방식이 회복과 치유의 원동력이 된다. 이런 의미에서 지지 공동체가 그 공동체 특유의 성격을 유지하고, 상담 및 치유 기능을 수행하기 위해서는 그 공동체의 본질과 형성에 대한 성경적·신학적 성찰이 있어야 한다.

제5장

성경적 심리학

성경적 심리학은 종교 체험의 진정성 여부를 검증하는 기준으로 성경의 진리를 제시한다. 성경적 심리학은 확신 체험의 계기, 내용 및 타당성을 설명하는 동시에 이 체험의 성경적 근거와 의미를 점검한다.

성경은 인간의 영혼과 심리에 관한 많은 진술을 포함하고, 인간의 영적 세계와 심리 현상의 상호 관련성에 대해서도 분명하게 언급하고 있다. 성경 이야기에 자주 나타나는 사건으로서, 인간이 하나님을 만나는 장면이나 영적인 세계를 체험하는 현상은 인간 총체적인 경험이기 때문에 인간의 모든 구성 요소는 이 경험에 의해서 영향을 받기 마련이다. 하나님을 만난 선지자들이 겪는 심리적 신체적 경험은 영적인 경험과 불가분리의 관계에 있다.

1. 성경적 심리학의 발달사

초대 교부시대부터 교회는 영적인 경험과 이에 동반되는 심리적 현상을 성경적으로 해석해 보고자 많은 노력을 하였다. 성경 이야기 상담에서는 교회의 이런 연구 결과를 충분히 검토하고 상담에 적용시키는 것이 필요하다고 여긴다.

성경 이야기에 등장하는 인물들에 대한 일반 심리학적 해석은 많은 문제점을 안고 있다. 무엇보다도 인간의 영적 차원에 대한 이해가 부족하거나 그것을 인정하지 않는 일반 심리학적 견해로는 성경 인물들을 바로 이해할 수가 없다. 이런 의미에서 성경 인물들에 대한 심리학적 이해는 인간의 영적 차원을 중요시하는 성경적 심리학의 지식에 의존할 수 밖에 없다.

성경과 심리학의 대화를 시도한 성경적 심리학은 교회의 가장 오래된 과학 중 하나이다. 2세기의 사르디스의 멜리토Melito, 3세기의 터툴리안Tertullian, 4세기 니사의 그레고리Gregory, 어거스틴Augustine과 5세기의 에데사의 감독인 니메시우스Nemesius 등은 이 과학을 발전시킨 인물들이다. 중세에는 아리스토텔레스의 영향이 강했고, 종교 개혁 때는 멜란히톤Melancthon과 스콜라 학자들의 업적이 있었다.

성경적 심리학을 학문적으로 확립한 사람은 F. 델리치Delitzsch였다. 델리치는 그의 저서 *A System of Biblical Psychology*(1855)에서 인간 영혼이 어떻게 영과 물질의 현상과 관련을 가지는지를 알고자 하였다. 그는 성경에는 인간의 혼과 영에 관해서 무수한 진술이 있다고 보았다.

그에 의하면, 성경적 심리학은 "창조된 인간의 심리적 구조를 묘사하는 성경 교리에 대한 과학적 진술이며 그 실체가 죄와 구원에 의해서 영향을 받는 방법에 관한 학문이다."[126] 그는 성경적 심리학을 인간 구성의 필연적 요소에 관한 지식을 제공하는 심리학이라고 보았다. 그는 성경적 심리학의 목적은 기술과 분석뿐 아니라 진단과 치료까지 포함한다고 주장했는데, 이 입장은 현대 정신분석과 정신치료적 접근과 일치한다.[127]

---

126) W. G. Rollins, *Soul and Psyche: The Bible in Psychological Perspective* (Minneaplis: Fortress Press), 1999, 26.
127) Ibid., 27f.

델리치 다음으로 성경적 심리학을 학문적으로 깊이 연구한 사람은 M. S. 플레처Fletcher이다. 플레처는 그의 저서 *The Psychology of the New Testament*에서 신약성경의 심리학적 언어들과 영적 경험들을 현대 사고로 이해하고자 한다. 이 책에서 그는 성경적 저자들이 생각하는 인간의 정신적·영적 구성을 묘사하고 설명한다.

또한 그는 신약성경이 반영하는 이상적인 인간상의 개념을 파악하고자 한다. 그의 관점에 의하면, 이전의 성경적 심리학자들의 과오는 성경 용어들에 현대 철학과 과학의 사상을 주입시키는 것이었다. 그는 신약 저자들의 심리학적 개념들을 귀납적인 연구를 통하여 밝혀내고 현대 심리학적 해석을 덧붙였다.[128]

2. 종교 현상에 대한 성경적 이해

플레처에 의하면, 성경적 심리학은 처음이자 가장 오래된 심리학적인 성경적 비평으로서 네 가지 목표를 가지고 있다.

첫째, 인간의 심리 및 영혼의 본성, 기원 그리고 능력과 운명에 대한 성경적 이해를 명확히 한다(기술적 목표).

둘째, 성경적 인물들과 성경적 종교 현상들에서 작용하는 심리 역동적 요인을 명확히 한다(분석적 목표).

셋째, 성경의 관점에서 인간 조건의 잘못된 점을 규정하고 평가한다(진단적 목표).

넷째, 성경이 영혼의 돌봄과 치유에 관해서 가르치는 것을 배운다(처방적 목표).[129]

128) M. S. Fletcher, *The Psychology of the New Testament* (London: Hodder & Stoughton, 1912), 6.

성경 원리를 통해 상담하기 위해서는 종교적 현상들에 대한 성경적 이해가 필수적이다. 플레처가 제시한 성경적 심리학의 네 가지 목표는 현실적인 상담 차원에서 반드시 이루어야 할 목표이다. 그가 정확하게 묘사한 것처럼 상담 분야에서는 이론적 차원인 기술적인 것과 분석적 분야가 있어야 하며, 실천적 차원으로서 진단 및 처방 분야가 있어야 한다.

이렇게 볼 때 성경 이야기 상담과 성경적 심리학은 불가분의 관계를 가져야 한다. 이상적인 관계로서 성경적 심리학은 상담의 이론적 근거를 제시하고, 성경 이야기 상담은 실천적 모델을 개발하는 방식을 생각해 볼 수 있다.

델리치와 플레처 이후 성경적 심리학이 관심을 가진 분야는 다양한 종교 체험에 대한 심리학적 연구였다. 성경적 심리학에서의 두 연구지인 *The Journal of Psychology and Theology*(1973)와 *Journal of Psychology and Christianity*(1982)는 성경적 심리학에 대한 다양한 접근법을 소개하고 있다.

여기에서 주로 다루어지는 것은 성경적 심리학의 정의와 역할, 성경적 관점에서 본 개인적이며 집단적인 인간 심리의 본질, 기원, 힘, 건강, 운명에 관한 것이다. 성경에 잠재해 있는 심리적 체계에 대한 연구도 여기에 포함되는데, 현대 심리학이 그 발전에 공헌할 수 있다. 이 연구는 묘사적 · 처방적 · 비교적 방법으로 이루어진다.[130]

129) Ibid., 32. 심리학적 성경 비평의 개념은 롤린스의 책 *Soul and Psyche*, 77－78에서 잘 정리하고 있다. 심리학적 비평방법의 목적은 본문의 기원, 저자, 표현 양태, 구조, 전승, 번역, 독해, 해석, 개인적·문화적 영향의 역사를 과거와 현재의 개인과 집단에서 나타나는 인간 심리의 구조, 과정으로서 조사하는 것이다. 이 비평은 성경적 심리의 역사, 심리학적 비평모델의 발전, 석의, 해석학, 성경적 종교 현상의 심리학적 묘사, 성경이 독자에게 미친 영향의 역사적 고찰의 여섯 분야에서 연구를 진행한다. 이 비평은 이 모든 차원에서 본문과 인간 간의 상호 작용을 연구하는 것이다.

130) W. Rollins, op. cit., 141.

3. 영적 체험과 성경적 심리학

성경의 종교적 현상에 대한 심리학적 연구는 주로 세 분야에서 이루어져 왔다.

첫째, 관습적인 종교 체험 분야이다. 관습적인 종교 체험으로서 예언적 영감, 열광, 환희, 예언적·묵시적 비전, 환시, 환상, 방언, 꿈, 꿈해석, 회심, 종교적 삶의 분야이다. 그리고 죄, 용서, 은혜, 회개의 과정과 경험, 신앙, 유혹, 분노, 죄의식, 슬픔, 종교적 병리학, 악의 경험, 메시아적·천년왕국적 사고 등이 여기에 포함된다.

둘째, 종교 관습의 심리학 분야이다. 종교 관습의 심리학 분야로서 세례, 할례, 성찬, 세족, 희생제사, 속죄, 종교적 대상과 절기들을 다룬다.

셋째, 초자연적인 종교 체험 분야이다. 그 외의 종교적 특이 경험으로서 기적적 경험, 마귀에 사로잡힘, 축귀, 천사 만남, 신앙적 치유, 초심리적 체험(텔레파시 등)을 연구한다.

이상의 관찰을 근거로 롤린스는 이렇게 결론을 짓는다.

> 성경적 심리학은 성경학 내에서 합법적이고 중요한 분야로 인정되어야 한다. 성경 심리학은 성경의 독자들에게는 인간 이해의 새로운 빛을 비춰 주고, 전문적인 심리학자들에게는 인간 영혼의 본성, 기원, 습관, 능력, 가능성과 목적에 대해 보다 깊고 넓은 이해를 제공해 준다.[131]

성경 이야기 상담에서는 성경 이야기를 통해서 일어나는 다양한 종교적·영적 체험에 관해서 이론적 기초를 가지고 있어야 한다. 로더는 그가 수집한 사례들을 분석하여 종교 체험 혹은 확신 체험을 이렇게

131) Ibid., 144.

정의한다. "2차원적인 실존 구조 속에서 위기에 봉착해 있는 인간이 하나님의 도우심으로 자신의 영성, 즉 4차원성을 회복하게 되는 확신을 갖게 됨으로써 변형"[132] 되는 것이다.

그는 종교 체험이 프로이트나 융의 정신역동심리학에서 말하고 있듯이 무의식의 체험이 아니라 "그리스도에 의해 주도되고 있는 성령의 체험이라고 하는 사실"을 강조하고 있다. 그 증거로서 확신 체험에는 성령의 역사에 의한 계속성과 인격성이 있으며, 무엇보다도 사랑을 가능하게 하는 체험이라는 사실을 내세우고 있다.

김성민에 의하면, 로더는 그의 책에서 "프로이트, 융, 피아제J. Piaget 등과 칼 포퍼K. Popper 및 끌로드 레비-스트로스C. Levi-Strauss 등의 이론을 소개하면서도 그 자신의 신학적, 더욱 구체적으로 말하면, 성령 중심적인 입장을 잃지 않으면서 이론을 전개시켜 나가고 있다. 따라서 종교 체험에 관한 상당히 새로운 이해를 시도하고 있다."[133]

우리는 상담 현장에서 다양한 종교 현상들을 만나게 되는데, 이 현상들에 대한 성경적 해석이 부진하여 일반 심리학적 진단에 의존하고 있는 것이 기독교 상담의 정체성 문제를 불러일으키는 주요인이다. 크랩은 심리학의 이런 상대적이며 실용적인 기준에 근거한 기독교 상담의 많은 모델들이 사람들을 예수 그리스도에게서 멀어지게 한다고 주장한다.[134]

성경적 심리학은 종교 체험의 진정성 여부를 검증하는 기준으로 성경의 진리를 제시한다. 성경적 심리학은 확신 체험의 계기, 내용 및 타당성을 설명하는 동시에 이 체험의 성경적 근거와 의미를 점검한다.

132) J. E. Loder, op. cit., 356.
133) Ibid., 356f.
134) L. Crabb, 인간 이해와 상담, 55.

심리 현상의 해석에서 성경과의 관련성을 부인하게 되면 기독교인의 심리를 바로 이해하기 어렵다. 다수의 학자들은 크랩과 같이 현대 심리학과 그것에 근거한 기독교 상담 이론에 대해 비판적 입장을 취하고 있다. P. 비츠Vitz는 현대 심리학에 근거한 상담 이론은 자아숭배 이론이며 자아실현, 성취, 자기만족을 궁극적 목표로 한다고 비판한다. 이 이론은 자아 부정이나 희생과 같은 덕목을 부정적인 것으로 간주한다.

콜린스도 '자아'라는 존재는 문제를 내포하고 있는 존재로서 '무한한 잠재력의 창고'는 아니라고 주장한다. 현대 상담심리 이론은 인간을 지나치게 이상적으로 보고 부정적인 것은 다 피해야 할 것으로 생각한다.[135] 또한 콜린스는 현대적 영성은 범신론적이며 신인합일의 일체감 추구를 중시하고 신으로 되어 간다는 영적 과정을 치료에 도입하고 있다고 비판한다.[136]

J. 애덤스 역시 최근의 심리학 저서들과 상담 서적들이 보수적인 배경을 가진 것도 프로이트식의 무책임한 윤리를 제창하고 있는 것으로 보았다. 그에 의하면 심리학의 주장을 받아들여 환경과 조건에 책임을 돌린다면 신앙의 효과는 줄어든다. 이렇게 되면 인간은 무책임한 존재가 되는데 이것은 행동주의나 정신분석학의 공통된 관점이다. 인간의 모든 책임은 환경에, 그리고 부모에게 돌아간다. 이 전제는 결정론의 위험을 내포하고 있다.

인간이 자신의 의사에 따라 출생한 것이 아니고 던져진 존재인 것은 사실이다. 그러나 인간은 그 어떤 조건의 출생이라 하더라도 그 영혼에 하나님의 형상이 각인되어 있으므로 선택을 할 수 있는 자유뿐 아니라 조건과 환경을 극복할 수 있는 능력도 주어져 있다.[137]

135) G. Collins, 카운셀링 가이드, 정석환 역 (서울: 기독지혜사, 1992), 58.
136) G. Collins, *The Biblical Basis of Christian Counseling for People Helper*, 234.
137) J. E. Adams, 상담학 개론, 정정숙 역 (서울: 베다니, 1992), 134.

심리학적인 성경 해석은 성경에서 말하는 인간관이 심리학의 이론과 전적으로 배치되는 것이 아니라는 것을 잘 설명해 준다. 이러한 사실은 우리에게 많은 것을 시사해 준다. 특히 상담은 인간 이해가 필수적임을 감안할 때 성경의 인간관을 심리학 이론을 통해 읽어 낼 수 있다는 것은 상담을 효율적으로 하는 데 큰 도움을 준다.

상담에서의 성경 사용이 부분적이며 피상적인 원인은 여러 가지가 있겠지만, 그중에서도 상담의 이론적 근거가 되는 심리학과 성경 간의 학문적 연계가 부진한 것이 중요한 원인이다. 상담의 지도 원리가 성경의 진리에 기초하기 위해서는 성경과 심리학 간의 연계적인 학문 활동이 있어야 한다.

성경은 문학적 · 역사적 · 신학적 · 사회학적 측면을 가지고 있을 뿐 아니라 심리학적인 측면도 가지고 있다. 상담에서의 성경 적용상 제기되는 방법론의 문제는, 상담이 성경적 심리학이나 심리학적 성경 해석과 연계되지 않고서는 만족할 만한 답을 찾기 어렵다고 생각된다.

제6장

이야기 상담

포스트모더니즘 사상에서는 상담자가 고정된 상담 이론과 방법에서 자유로워야 한다고 말한다. 이에 따라 상담 과정에서 상담자는 내담자와 함께 새로운 이야기를 만들어 가는 방법이 중요시 된다. 이런 심리학적 성향을 반영한 것이 이야기 상담이다.

최근 상담 영역에서 포스트모더니즘postmodernism, 탈근대주의의 사상을 토대로 상담 이론과 기법들이 형성되고 있는데, 그중에서 주목을 받고 있는 것은 해결 중심 상담과 이야기 상담이다.

이야기 상담은 포스트모더니즘의 철학적 영향하에 나타난 상담 이론의 한 분야로서, 사회구성주의자들의 영향을 받은 화이트와 엡스톤에 의해 1990년 초반에 형성된 가족상담의 한 분야이다. M. P. 니콜스Nichols와 R. C. 슈워츠Schwartz는 이야기 상담을 포스트모더니즘의 완벽한 표현이라고 하였다.[138] 이야기 상담의 배경이 되는 사상이 다양하지만 그 중에서 중요한 것은 포스트모더니즘, 사회구성주의와 해석학이다.

138) Michael P. Nichols and Schwartz, R. C, *The Essentials of Family Therapy*, 3rd ed., (Boston: Allyn and Bacon, 2007), 234.

1. 이야기 상담의 사상적 배경

1) 포스트모더니즘

포스트모더니즘 시대는 근대주의 시대와는 다른 사회적·역사적 맥락을 갖고 있다. 시민혁명과 산업화로 인한 물질적 발전과 정치적 진보는 미래에 대한 희망을 불러일으켰으나, 제1, 2차 세계대전과 사회경제적 변화로 인한 사회적·환경적 혼란은 근대주의에 대한 회의론을 불러 일으켰다. 이러한 회의론에 의해 더 이상 이성의 힘을 믿을 수 없게 된 서구인들은 세계를 설명할 수 있는 새로운 방법을 찾게 되었다. 절대적 가치보다는 다양한 가치의 공존을 중시하는 다원주의적 방향과 다문화주의로 나아감에 따라 동일성보다는 차이점이 더욱 보편적 요소가 되었다. 따라서 포스트모더니즘은 근대주의의 자기 과신에서 오는 오만에 대한 반항이라고 해석해 볼 수 있다.

사람들은 근대주의에서 중요시했던 과학적·정치적·종교적 진리의 타당성에 대한 믿음을 잃어버렸을 뿐 아니라 절대적인 진리에 대한 의구심도 갖기 시작하였다. 이러한 회의적 경향은 1980년대의 주류가 되었고, 사람들이 이룬 성과의 모든 부분을 흔들기에 이르렀다. 즉, 문학, 교육, 종교, 정치, 과학, 심리학, 법 등의 분야에서 기존에 받아들여졌던 관습이나 지식들은 해체되어 갔다.

특히 포스트모더니즘은 지식을 상대적이고 맥락에 의존하는 것으로 보는 현대의 반실증주의로서, 현대 과학의 객관성이라는 가설에 회의적이다. 왜냐하면 포스트모더니즘의 사상가들은 지식이란 사회화 과정을 거치면서 사회 구성원 간에 서로 합일해 가면서 구성된 것이라고 믿기 때문이다. 그러므로 유한한 인간의 지식 중 영구불변한 것은 없으며, 시대적이고 역사적이며 상황적이고 특수적일 수밖에 없는 것이다. 그렇기 때문에 포스트모더니즘에서 지식은 특수성, 지역성, 구체적인 상황과 시공간적인 한계 안에서만 논의될 수 있다고 믿는다.

포스트모더니즘의 특징은 다음과 같이 요약할 수 있다.

첫째, 전통과의 단절이다. 전통의 목소리가 더 이상 일상생활에서 영향력을 발휘하지 못한다는 것이다.

둘째, 불확정성이다. 다양한 목소리를 지닌 사회에서는 아무도 보편적 해답을 제시할 수 없다. 특정한 지배층의 목소리도 다양한 삶에 대한 해답으로서 역할은 하지 못한다는 것이다.[139]

셋째, 파편화된 현상과 주변성에 대한 새로운 인식이다. 주변의 가치에 대한 새로운 인식으로 말미암아 무시되었던 이야기가 새롭게 들리고, 그로 인해 사회의 모습이 불안정하고 파편화된 듯이 보인다는 점이다.

넷째, 자아의 주관성에 대한 새로운 입장이다. 사람은 자신의 삶 안에서 자신만의 해석 틀을 가지고 진리 체계를 구축해 나간다는 것이다.

다섯째, 행위와 참여에 대한 강조이다. 객관적 관찰자로서의 인간이 아니라 자신이 텍스트를 쓰고 구성하는 적극적 행위자이며 참여자로서의 인간이 강조된다.

여섯째, 자기 반영성이다. 스스로 자신을 해방시키려는 의지를 가지고 자신을 규정해 놓은 낡은 구습의 껍데기를 깨고 새로운 정보와 선택으로 자신을 만들어 간다는 것이다.

이러한 사상은 상담에도 영향을 주어 내담자의 문제에 대해 분석하고 해석할 때 과학적 확실성의 기초에서 시작하였던 종전의 상담방법에

139) 정석환, 목회상담학 연구 (서울: 한국학술정보, 2002), 305-306.

도전하였다. 기존의 상담심리는 사람들에게 문제가 있을 때 그 문제에 대한 '본질'적인 원인이 있을 것이며, 그 '본질'을 발견하기만 하면 치료될 수 있다고 생각하였다. 따라서 상담자가 그 문제를 치료하기 위해서는 그 문제의 '본질'이 무엇인지에 대한 지식을 가지고 있어야 한다.

그러나 포스트모더니즘 사상을 기초로 한 상담은 기존의 상담방법들에 도전하면서, 문제해결은 사회적 담론에 의해 만들어 가는 것임을 강조하였다. 이러한 포스트모더니즘의 영향은 상담자의 자세까지 변화시키게 되었다. 상담자의 자세는 문제의 '본질'에 대한 지식을 안다는 자세가 아니라 "나는 모른다not knowing. 그래서 나는 알고 싶다."는 자세가 필요한 것이다.

따라서 포스트모더니즘 사상에서는 상담자가 고정된 상담 이론과 방법에서 자유로워야 한다는 것이다. 상담자 자신이 지식의 본질이나 틀을 가지고 상담에 임하는 것이 아니라 내담자와 함께 새로운 이야기를 만들어 가고 형성해 간다는 생각을 가지는 것이다.

2) 사회구성주의

사회구성주의는 1960년대에 프랑스 사상계에서 중요한 역할을 하며 등장한다. 데카르트의 사유cogito에서 출발하는 전통적 철학과 결별하고 사회를 객관적으로 탐구하는 인식 방법이었다. 이것의 가장 큰 함의는 바로 주체가 구성의 결과일 뿐이라는 주장이다. 결국 그들에게 인간적 주체란 재구성 작용의 총체를 일컫는 것이다. 따라서 인간을 이해한다는 것은 주체의 총체를 파악하는 것이 아니라 구조 내지는 관계의 총체를 안다는 것을 의미한다.[140]

140) 김혁기, "포스터모던 법리론 연구: 데리다의 해체론을 중심으로," (서울대학교 대학원 박사학위논문, 2000), 35.

이 사회구성주의는 매우 포괄적인 개념이다. F. 소쉬르Saussure, J. 라캉 Lacan, M. 푸코 Foucault, J. F. 리오타르 Lyotard, J. 데리다 Derrida[141] 등과 같은 이들의 사상이나 사유 역시 상호 이질적인 측면이 많지만 근대주의의 기획에 반대한다는 점에서 하나의 지적 흐름으로 묶을 수 있다. 사회구성주의자들의 저술이 직접적으로 심리상담을 다루는 경우는 드물지만, 심리상담학에서는 전통적 심리상담학의 근대주의적인 특성을 비판하기 위해 이들의 사상적 내용과 방법을 차용하고 있다.

사회구성주의자들은 인간의 자율성을 의심하고 이성의 한계를 인정한다. 그들에 의하면, 사람은 사회적 의미의 구조에 의해 구성된다. 또한 그들은 보편적이고 고정된 의미의 구조가 존재하지 않으며 사회적 의미란 비결정적이고 불안정한 것이라고 주장한다.

객관적인 실재란 없으며 단지 관점이 존재할 뿐이라는 포스트모더니즘적인 가정이 만들어지면서, "인간의 삶을 조직하고 있는 이야기는 어떻게 만들어지는가?"라는 측면이 관심을 갖게 되었다. 포스트모더니즘 심리학은 "사람은 어떻게 자신의 삶에서 의미를 만들어 가며, 사실을 구성하는가?"라는 부분에 관심을 갖고 있다. 이러한 심리학적 성향을 반영한 것이 사회구성 주의를 기초로 한 이야기 상담이다. 이것은 1980년대 초반부터에 가족 상담 분야에 큰 영향을 끼치고 있다.

사회구성주의는 가족 내에서 우리가 인식하는 것은 사실에 입각해서라기보다 우리의 관점에 영향을 많이 받는다는 사실을 시사한다. 사회구성주의는 또한 개인이 어떻게 자신의 현실을 만들어 가느냐에 관심을 가졌다. 사회심리학자인 G. 거겐Gergen은 사람들이 의미를 만들어 내는

141) 이들은 여러 학문을 넘나들며 이론을 전개하였기 때문에 이들을 고전적인 학문의 체계에 따라 분류하기란 어렵다. 굳이 구분하여 본다면 라캉은 정신분석학에, 푸코는 역사학에, 리오타르는 사회학에, 데리다는 철학이나 문학에 가깝다고 할 수 있다.

데 사회적 상호 작용이 강력한 영향을 끼친다는 점을 강조하였다.[142)]

즉, 사람들의 인식이 세계에 대한 인식을 토대로 만들어졌다고 생각한다. 왜냐하면 경험된 현실은 사회가 이미 가지고 있는 담론이나 이해의 사전 구조와 분리될 수 없기 때문이다. 이러한 사회화 과정을 통해 사실로 명명된 실체는 의미를 부여 받게 되고, 그 의미에 의해 실체의 존재 가치가 의미 있는 실체가 된다. 사회구성주의에서는 사실 그 자체보다는 그 사실에 주어진 의미에 강조점을 두고 있다.[143)] 따라서 사회구성주의자들은 진리나 사실이란 존재가 어떤 곳에서 존재하는 것이 아니라 사회화 과정을 통해 사회적으로 구성되는 것이라고 본다.

사회구성주의 사상을 기초로 한 상담에서는 의미 변화가 일차적인 목표가 된다. 의미 변화는 상담에서 중요한 도구가 될 뿐 아니라 상담의 일차적 목표가 되었다. 특히 사회구성주의의 영향을 받은 이야기 상담은 행동 변화에서 의미 변화로 상담의 목표가 전환되었다. 사회구성 주의 사상을 바탕으로 한 상담자는 개인과 문제에 대한 사회적 구성과 이야기를 통한 창조를 강조하기 때문에 내담자와 상담자 간에 존재하는 언어체계를 중시한다. 이들은 개인이 언어를 통해 자신의 세계를 알아가는 동시에 그것이 앎의 과정에서 세계를 구성하는 수단이라고 이해한다.[144)]

3) 해석학

상담자와 내담자와의 관계가 협동적 접근이라는 새로운 관점을 가지게 된 배경에는 성서연구의 한 분야인 해석학의 접근방법에서 받은

142) Michael P. Nichols and Schwartz, R. C, *The Essentials of Family Therapy*, 293에서 재인용.
143) 김번영, op. cit., 280.
144) Sheila McNamee and Kenneth J. Gergen, *Therapy as Social Construction*, 53.

영향이 있다. 해석학에서는 상담자가 내담자의 정신 상태를 객관적으로 분석할 수 있는 사람이라는 기존의 생각은 잘못되었을 뿐 아니라, 무지한 사람을 잘못 인도하거나 혼란에 빠지게 한다는 것이다. 이러한 입장은 상담자 자신이 가지고 있는 가설이 임상적 결과를 임의로 해석하는 결과를 불러온다.

따라서 이야기 상담에서는 내담자를 해석학적 입장에서 이해해야 함을 강조한다. B. R. 바크터하우저Wachterhauser는 이러한 견해를 다음과 같이 설명한다. "그것은 본래 하나의 철학적 입장으로, 이해란 항상 해석이며, 이해를 위한 특권적 관점이라는 것은 존재하지 않는다."[145)]

이야기 상담이 해석학적 관점을 따른다 함은 내담자 자신이 삶의 주인공이 되어 자신의 이야기를 다시 쓰게 하는 것이다. 이야기 상담에서는 상담의 텍스트가 내담자 삶의 이야기가 되며, 해석학적 관점에서 과거의 이야기들을 새롭게 해석하는 작업이 필요하다는 것이다. 즉, 이제 내담자는 지금-여기에서 자기 삶의 이야기를 자신이 새롭게 해석하고, 그 이야기에 새로운 의미를 부여하면서 새로운 이야기를 만들어 가는 것이다. 내담자가 새로운 이야기를 구성할 때 새로운 자아정체성이 확립되는 것이다.

2. 이야기 상담의 과정과 기술[146)]

성경 이야기 상담은 이야기 상담과 이론적 배경을 달리한다. 그러나 성경 이야기 상담은 이야기 상담에서 몇 가지 통찰을 얻었기 때문에

145) B. R. Wachterhauser, *Hermeneutics and Modern Philosophy* (New York: State University of New York Press, 1986), 339.

146) 이야기 상담에 대해 보다 더 자세히 알기를 원하면, 이야기 상담의 이론과 실제(박민수· 오우성, 일산: 피앤씨에듀, 2025)를 참고하라.

여기에서 그것을 간단하게 소개한다.

이야기 상담은 복잡하면서도 계속해서 발전하고 있지만 다음과 같이 간략하게 설명할 수 있다. 이야기 상담에서는 내담자의 이야기를 분석함으로써 내담자의 문제를 발견한다. 상담자는 내담자의 이야기를 외재화하여 그 이야기의 지배적 플롯을 파악한다. 여기서 외재화externalization라는 것은 내담자가 안고 있는 문제를 밖으로 드러내면서 궁극적으로 문제와 내담자를 분리시키는 것을 말한다. 이렇게 할 때 내담자는 문제와 자신이 분리되는 것을 느끼면서 문제를 객관적으로 바라볼 수 있는 능력이 생기고 그 문제의 해결점에 나아갈 수 있다는 것이다.

현실적으로 보면, 내담자는 문제와 자신을 분리시키지 못할 때 그 문제를 자신의 일부로 생각함으로써 고통을 느낀다.

그러나 화이트는 외재화 대화를 모든 상담 과정에 다 도입하지는 않는다고 말한다. 왜냐하면 사람들의 정체성이 그들이 해결하고자 하는 문제들에 의해서 구성되지 않은 사람들도 많고 외재화 질문 없이도 풍부한 이야기로 들어갈 수 있는 경우도 많기 때문이다.

성경 이야기 상담에서도 성경 이야기가 내담자로 하여금 직접 풍부한 이야기로 들어가게 하기 때문에 이 과정이 반드시 필요한 것이 아니다. 단지 내담자가 성경 이야기에 익숙하지 않은 경우 그 문제를 파악하는 데 외재화를 사용하면 도움을 받을 수 있을 것이다.

이 단계가 지나면 상담자는 내담자의 이야기에서 지배적 플롯의 상대적 영향력을 탐색하고 해체적 경청에 들어간다. 여기서 지배적 플롯dominant plot은 내담자의 삶의 중심에 위치해 있는 이야기를 의미한다. 내담자가 어떤 지배적 플롯을 가지고 있느냐에 따라 내담자가 자신의 삶을 바라보는 관점이 달라진다. 지배적 플롯이 부정적 요소로 구성되어 있으면 내담자는 자신의 경험이나 사건들을 부정적으로 해석하게 될 것이며, 긍정적 요소로 구성되어 있으면 그 반대가 될 것이다. 흔히 지배적 플롯은 자석이나 블랙홀과 같다고 하는데, 그 이유는 이것이 삶의 크고 작은 많은 경험과 정서를 그 속으로 끌어들이기 때문이다.

성경 이야기 상담에서 부정적인 지배적 플롯은 하나님이 없거나 하나님과의 관계가 형성되지 않은 내담자의 이야기로서 이 플롯은 모든 것을 자기중심적으로 해석하게 하는 요인이 된다. 이 지배적 플롯이 하나님과의 관계를 가지게 될 때 하나님을 중심으로 삶을 바라보는 새로운 경험을 하게 될 것이다.

해체적 경청이란 개인의 이야기가 구조화되어 있다는 기존의 사고를 거부하고, 개인의 이야기는 끝없이 새롭게 창출될 수 있다는 입장에서 듣는 것을 말한다. 구조화되어 있는 기존의 사고는 내담자의 삶에 관해서 빈약한 서술을 만들어 낸다. 빈약한 서술thin description은 내담자가 상담을 할 때 자신의 삶에 있어서 문제적 경험을 중심으로 삶을 바라보고 해석한 이야기이다. 내담자의 빈약한 서술은 자신이 부족하고 결함이 많다고 느끼게 함으로써 자신의 잠재적 지식, 기술과 자질을 사용하기 어렵게 한다. 풍부한 서술thick description은 빈약한 서술의 반대어로서 내담자의 지배적 이야기가 긍정적이며 개방적인 이야기를 말한다.

성경 이야기 상담에서 빈약한 이야기는 하나님이 없거나 왜곡된 이야기이며, 풍부한 이야기는 하나님 안에서 새로운 삶을 찾게 된 이야기가 될 것이다.

이 해체적 경청을 통하여 내담자의 문제를 전체적으로 바라보게 하는 행위 조망landscape of action과 정체성 조망landscape of identity을 그려야 하는데, 이것은 문제에 대한 조감도라고 할 수 있고 전문 용어로는 위치도position map라고 한다. 조망은 경치를 전체적으로 바라보듯이 내담자의 삶에서 일어나는 각각의 사건들을 한눈에 들어오도록 나열해 주는 것이다. 즉, 내담자 삶의 사건들이 한눈에 들어오도록 연결함으로써 내담자의 빈약한 이야기가 풍부한 이야기로 전환되는 계기를 찾는 것이다.

이 전환점은 과거의 사건들에 대한 새로운 관점을 제공해 준다. 예전에는 내담자가 자신의 과거 문제를 부정적인 관점에서 보았다면 이제는 긍정적인 관점에서 바라보는 것이다. 이 과정은 과거 재방문하기를 통해서 이루어지는데, 마치 새로운 안경을 쓰고 과거를 되돌아보는 것과 같다.

성경 이야기 상담에서는 하나님의 관점에서 과거의 삶을 새롭게 조망해 보는 것이다.

이 지도는 내담자의 삶에서 무엇이 중요한가를 알게 해준다. 다른 사람들이 내담자에게 부과한 입장 때문에 고통받는 내담자에게 이 지도는 문제를 인식하게 하고 대처해 나가는 데 도움을 준다. 이 지도는 또한 상담자의 입장도 분명하게 해준다. 이 입장은 결정적인 것은 아니지만 영향력은 있는데, 상담자가 이 입장을 소개함으로써 내담자가 문제를 해결할 수 있는 기회를 제공해 준다.

행위 조망은 이야기의 소재이고 플롯과 주제로 이루어진 일련의 사건들로 구성되어 있다. 정체성 조망은 사건들에 대한 그의 사고와 반응으로 구성되어 있다. 이것은 사건에 대한 의미부여, 사건의 의도와 목적에 대한 추론, 다른 주인공들의 성격과 정체성에 대한 결론들로 구성된다.

행위와 정체성의 조망 개념들은 서사 구조의 맥락 안에서 의미를 생산해 내는 활동에 초점을 맞춘다. 이 개념들은 치유적 대화의 발전에 기초를 제공한다. 내담자의 이야기는 서사 구조 속에서 의미를 발견하게 되는데 그 이야기에서 전환점이 되는 중요한 소재는 내담자나 주위 사람들의 눈에 감추어져 있다. 이 소재를 독특한 자료unique outcome라 한다.

우리가 삶의 어떤 경험을 사회적 관계 속에서 이해할 때, 사회구성원들에게 보편적인 경험들이 선호되는 까닭에 독특한 경험들은 등한시된다. 만약 등한시되는 이 경험들이 적당하게 인정받아서 이 경험들이 반영하는 어떤 가치나 의도를 찾아내고자 할 때 그곳에는 메워야 할 큰 간격이 있음을 알게 된다. 왜냐하면 우리는 항시 지배적 이야기가 반영하는 가치나 의도에 익숙해져 있기 때문이다. 상담자의 역할은 내담자로 하여금 이 독특한 자료의 가치와 의미를 발견하게 해주는 것이다.147)

상담자는 이 독특한 자료를 가지고 내담자의 빈약한 이야기를 풍부한 이야기로 발전시키도록 돕는다. 내담자의 빈약한 이야기를 풍부한 이야기로 바꾸어 쓰는 것을 재저작이라고 한다. 재저작한 삶을 실현하고 강화하기 위해서 인정의식과 반영팀의 기법으로 지지 그룹을 형성하고 내담자의 재저작된 이야기를 지지한다. 위에서 살펴본 것이 이야기 상담의 중요 과정이자 기법이다.

이야기 상담에서 상담자와 내담자의 관계는 쌍방적이다. 이 말은 상담을 통해서 내담자뿐 아니라 상담자도 도움을 받는다는 것이다. 고미영은 이것을 다음과 같이 설명한다.

> 여기에서는 내담자의 성취만이 아니라 치료자의 성취도 강조된다. 즉, 상담의 윤리성은 치료자가 얼마나 투명하게 권력관계에서 개방적 자세를 취할 수 있느냐에 따라 좌우된다. 다른 사람들을 소외시킬 수 있는 치료자 자신의 성별, 인종, 문화, 계층, 성격, 정체성, 나이 등의 사회적 세계를 전문성 뒤에 숨기지 않고 그 영향을 충분히 인식하면서 치료자도 변화할수 있는 실천이 요구된다.148)

이것을 상담자의 관점에서 보면 '알지 못한다not-knowing'는 자세로 설명할 수 있고 내담자의 관점에서 보면 '내담자가 전문가이다'라는 전

147) M. White, *Maps of narrative practice* (New York: Norton and Co, 2007), 232.
148) 고미영, 이야기치료와 이야기의 세계 (서울: 청목출판사, 2004), 353.

제로 볼 수 있다. 이와 같이 이야기 상담은 내담자가 전문가이니 이 상담은 내담자 스스로 주체가 되어야 한다. 다시 말하면 이 상담은 내담자의 의지가 없으면 효과를 거두기 어렵다는 것이다. "말을 물가로 끌고 갈 수는 있으나 물을 먹일 수는 없다."라는 말이 있다.

이야기 상담에서는 그만큼 내담자의 적극적인 참여가 중요하다. 이것은 우리가 "기도는 다른 사람의 죄를 용서한 후에 하라.", "기도는 회개하는 마음으로 하라.", "기도는 믿음으로 하라." 등 기도에 관해 많은 이야기를 들어도 우리가 실제로 기도하지 않고서는 기도의 능력을 체험하기 어려운 것과 같다.

3. 이야기 상담과 성경 이야기 상담

이야기 상담과 성경 이야기 상담은 이론적 배경을 달리하지만 세 가지 점에서 연관성을 가지고 있다.

첫째는, 기존의 상담학이 주로 심리학에 근거하고 있는 데 반하여 이야기 상담은 포스트모더니즘, 사회구성주의, 언어학, 인류학 등에 근거하고 있다. 성경 이야기 상담은 기존의 심리학적 접근과는 다른 성서학과 해석학에 두고 있다.

둘째는, 기존의 상담에서는 상담자가 전문가이고 내담자는 환자인데 반하여 이야기 상담이나 성경 이야기 상담에서는 상담자와 내담자가 상호 협력적인 관계에 있다는 점이다. 성경 이야기 상담에서 상담자의 역할은 내담자의 이야기를 성경 이야기와 연결시켜서 교감이 일어나게 하는 것이다. 그래서 성경 이야기 상담자는 내담자의 이야기를 잘 듣고 문제를 파악할 뿐 아니라 성경 이야기도 잘 들을 수 있어야 한다. 곧 성경 이야기 상담자는 이야기 상담으로부터 내담자의 이야기를 효과적으로 경청하고 이해하는 기술과 구체적인 질문 기법을 배울 수 있다. 따라서 성경 이야기 상담자는 내담자의 이야기를 효과적으로 듣는 기술은 이야기 상담에서 배우고, 성경 이야기를 잘 듣는 기술은 성서학에서 배워야 한다.

셋째는, 이야기 상담의 재저작 기법과 회원 재구성 및 인정의식 기법들은 성경 이야기 상담에서 재저작과 지지적 신앙 소그룹 형성 과정에서 원용할 수 있다는 것이다.

제2부

성경 이야기 상담의 과정과 기술

제7장

성경 이야기 상담의 원리와 과정

우리는 성경 이야기 상담의 이론적 배경에 대해서 알아보았다. 이제는 성경 이야기 상담의 원리와 구체적 상담 방법에 대해서 알아보자.

1. 성경 이야기 상담의 원리

4세기의 교부인 S. A. 어거스틴Augustinus이 이런 말을 한 적이 있다.

> 사람들이 나에게 시간에 대해서 묻지 않았을 때 나는 시간에 대해서 안다고 생각했다. 그런데 사람들이 나에게 시간에 대해서 묻기 시작하면서 나는 시간이 무엇인지를 정말 알 수 없게 되었다.

우리는 아마 우리의 삶에 대해서도 어거스틴과 같은 말을 하지 않을까? 누가 우리에게 우리의 삶에 대해서 묻지 않았을 때는 자신의 삶이 무엇인지 안다고 생각할 것이다. 그런데 우리의 삶이 무엇인지를 질문받는 순간부터 자기 삶의 본질을 알 수 없다고 생각할지 모른다. 삶이란 이렇게 정의하기가 어려운 것이기에 예로부터 많은 사람들이 삶에 대해서 이야기해 왔다.

우리 중에 몇 사람은 인생이란 속고 사는 것이라는 생각에 동의할 것이다. 러시아의 시인 A. S. 푸쉬킨Pushkin은 유명한 시를 남겼다. "인생이 너를 속일지라도 결코 서러워하거나 노하지 말라⋯.” 그는 이렇게 결론을 내린다. 왜냐하면 세월이 지나면 지나간 것은 아름답게 느껴지며 아쉬워지기 때문이다.

아니면, 우리의 삶은 어차피 알 수 없는 것이기에 이 질문은 접어두고 그냥 하루하루 살아가는 방법도 있다. 프로이트는 “삶의 본질이 무엇인가?”, “어떻게 살아야 하는가?” 하는 질문을 하는 순간부터 우리의 마음은 병든다고 한다. 그도 그럴 것이, 알 수 없는 질문을 붙들고 사는 것 자체가 우리 마음을 혼란스럽게 하고 대답도 모른 채 허무한 죽음을 맞이해야 하기 때문이다.

1) 큰 이야기와 나의 이야기

이야기 심리학자인 D. 맥애덤스McAdams는 이 시대의 많은 사람들이 자신의 이야기를 잃어 가면서 자신의 삶을 잃어 가고 있다고 한다. 우리는 하루하루를 지엽적이며 파편적인 작은 이야기들 속에 파묻혀 살아가고 있다. 그런데 이 이야기들 속에 나의 이야기가 없다는 것이 문제다. 즉, 나의 이야기는 아무도 관심을 가져 주지 않는 이야기로 묻혀 버린다.

사람은 나만의 역사를 의식하는 능력이 있다. 이 나만의 역사가 의미를 가지는 것은 나의 작은 이야기들이 우리 문화가 만들어 내는 큰 이야기들과 상호 관계를 가질 때이다. 말하자면, 그 큰 이야기 안에 나의 작은 이야기가 들어갈 공간이 있고, 나의 작은 이야기와 큰 이야기가 조화될 수 있어야 하는 것이다. 만일 이러한 상호 유기적 관계가 없을 때 나의 작은 이야기는 보잘것없고 수치스러운 이야기로 변해 가는 것이다. 그러면서 나의 삶도 위축되고 소외된 삶으로 변해 가는 것이다.

우리 문화 안에서는 연일 큰 이야기들이 대량으로 생산된다. 연예계와 스포츠계의 스타들, 정치 · 경제 분야의 거물들, 그리고 문화나 종교의 엘리트들이 그 이야기의 주인공이다. 많은 사람들은 이 영웅들을 우상으로 삼아 숭배하고 찬양하면서 자신은 그 숭배하는 무리들 속에 함몰되어 이름도 없는 집단원으로 전락해 버린다. 자신의 가치를 잊어버리고 오직 이들의 배경으로 살고자 한다.

이때 문제는 소위 말하는 영웅들도 화려한 이야기의 주인공으로 살아남기 위해서 얼마나 많은 수고를 하는지 모른다는 것이다. 이들 중 몇은 이 세계에서 이탈되는 것이 두려워 스스로 목숨을 끊기도 한다. 그런데 문제는 그들의 이야기가 화려하고 감동적인 만큼, 나의 이야기는 더욱 위축되고 소외된다는 것이다. 아니면, 이런 느낌이 싫어서 우리는 그들과 어떤 관계가 있다는 생각을 무의식적으로 하고 살아가는지도 모른다. 다시 말하면, 내가 그 사람들을 잘 아는 것처럼 그 사람들도 나를 알 것이라고 느끼는 것이다.

적절한 예가 될지 모르겠지만, 한 친구의 일화가 떠오른다. 필자의 친구는 어떤 드라마를 찍는 스튜디오에 방문할 기회가 있었다. 그는 그 드라마를 무척 좋아했기에 그곳에서 우연히 그 드라마의 주인공을 만났을 때 매우 반가워서 순간적으로 좀 과잉 표현을 했었다. 그러나 그다음 순간에 상대방의 얼굴에서 너무나 당황하고 의아해하는 모습을 보고 언뜻 제정신이 들었다. 그는 너무나 미안하고 당황해서 아주 혼이 났다고 했다.

생각해 보면, 그 친구나 탤런트에게 어떤 잘못이 있는 것은 아니다. 단지 우리는 텔레비전과 영상 매체에 길들여져 있고 그 틀 속에서 살아가고 있다는 사실을 잠시 잊은 것이다. 이런 틀 속에서 하루하루를 살다보니 나의 존재 의미는 증발해 버리고 그 빈 공간을 나 아닌 다른 이야기들로 채워서 결국 내가 살되 내가 없는 삶이 되어 가는 것은 아닐까? 삶의 무의미와 공허는 이런 곳에서 둥지를 트는 것이다.

사실 오늘날의 젊은이들은 이런 종류의 일방적인 미디어를 싫어한다. 그것이 나의 의사나 감정을 교환할 수 있는 인터넷을 선호하는 이유이다. 그런데 여기에도 문제가 있다. 인터넷 중독에 빠져 개인에게 시간적 손해가 있는 것은 차치하고서라도, 대체적으로 원만한 인간관계를 가지기가 어렵게 되어 간다는 것이다. 인터넷의 특성상 불특정 다수에 대한 자기표현은 익숙하지만 개인적 인간관계에서는 자폐증적인 현상까지 나타난다.

2) 하나님의 이야기와 나의 이야기

현실을 직시해 보면, 우리는 이 강제된 틀 속에서 살아야 하고 이것이 우리가 소외되는 원인이기도 하다. 오늘날 많은 사람들이 이 강제된 틀을 초월해서 참된 삶을 회복해 보고자 신앙을 추구한다. 하나님에 대한 큰 이야기 안에서는 나의 작은 이야기가 새롭게 들릴 수 있다. 하나님은 이 시대의 지배적인 이야기를 해체시키고 나의 작은 이야기를 의미 있게 만드시는 분이다.

요한복음에는 대조적인 두 사람의 이야기가 나온다. 한 사람은 니고데모이고 또 한 사람은 사마리아 여인이다. 니고데모는 유대인의 관원으로서 사회적 신분과 명성을 가진 사람이었다. 그는 예수의 말씀처럼 '이스라엘의 선생'이었다. 그는 이스라엘에서 큰 이야기를 만들어 가는 사람들 중 하나였다. 그런 그가 밤에 아무도 모르게 예수를 찾아간 것은 자신의 삶의 문제 때문이었다. 이에 반해서 사마리아 여인은 이름조차 없고 그 여인의 이야기는 아무도 귀담아듣고 싶어 하지 않았다. 이 대조적인 두 사람이 주님을 만나면서 그들의 운명은 뒤바뀌었다.

니고데모는 그의 무지로 인해서 수치스럽게 주님으로부터 책망을 듣는 사람이 되었고, 그의 이야기는 사람들의 웃음거리가 되었다. 반면에 사마리아 여인은 비록 그 배경이 천하고 보잘것 없었지만 그녀의 믿음으로 인해서 많은 사람들을 예수께 인도하고 주님을 증거하는 아름다운 이야기의 주인공이 되었다. 그녀의 작은 이야기는 주님과의 만남을 통해서 후에 수많은 사람들이 듣고 감동을 받은 이야기로 바뀌었다.

그녀가 경험한 것은 영적 체험, 회심 또는 종교 체험이라 부른다. 이 체험은 주관성이 강하며 신비적이라 객관적인 연구의 대상이 되기 어렵다. 이 체험에는 진정한 회심이라고 할 수 있는 절대 타자와의 만남이 있지만 또 유사한 체험도 많다. 약물에 의한 일시적인 환상과 신비적 체험도 있고 소종파나 사교집단에서의 집단 최면상태에서 경험하는 신비 체험도 있다.

3) 성경 이야기 상담의 영적 체험 과정

종교 체험의 객관적 증거로서 연구 대상이 되는 것은 이 체험 후 삶의 변화이다. 이 체험이 많은 관심을 끄는 이유는 그 체험이 가지고 있는 강렬한 변화의 힘 때문이다. 그래서 영적 체험은 신학, 종교학, 인류학, 심리학, 철학 등의 분야에서 연구되었다.

김성민에 의하면, 이러한 영적 또는 종교적 체험은 "실존적 위기에 봉착해 있는 한 개인이 그가 생각하고 있는 절대적인 순간에 직면하여 하나의 의미를 체험하여 변형transformation을 일으키게 되는 것"이다.[149] 이러한 체험은 말로 표현할 수 없을 정도로 심오하고, 때로는 두려운 또는 낯선 성질의 체험이며, 이는 하나님의 임재를 강하게 느끼는 순간들이

149) J. E. Loder, op. cit., 355, 역자후기에서.

다. 이러한 체험은 하나님의 특성이 체험되는 시간이고 현실 상황이든 정신 문제이든 분열된 것이 통합된다. 이러한 체험은 [그림 7-1]과 같은 일정한 도식을 가지고 있다.

[그림 7-1] 종교 체험 도식

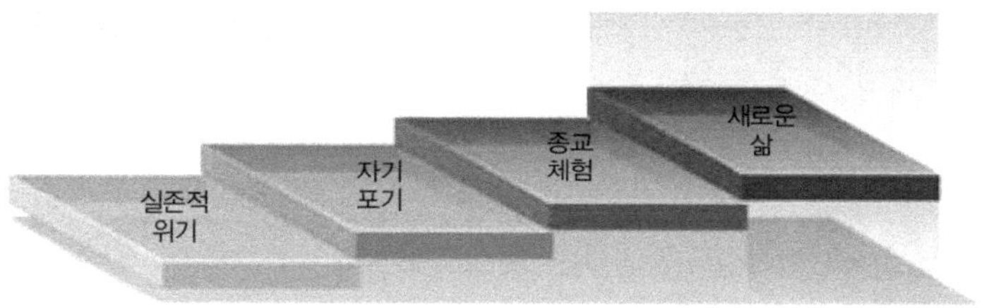

실존적 위기 → 자기포기 → 종교 체험 → 새로운 삶[150)]

종교 체험 도식에서 자기포기란 이 세상의 경험과 지식으로 구축된 자기 세계를 포기하는 것이다. 그런데 이 자기포기만으로는 불충분하기 때문에 새로운 세계를 추구하게 되는데, 이 새로운 세계는 성경의 세계가 될 수 있다. 내담자는 성경의 세계에서 영적 체험을 하게 되기 때문에, 이 종교 체험 도식은 성경 이야기 상담에서 다음과 같이 변경된다.

실존적 위기 → 자기포기 → 성경 세계 추구 → 영적 체험 → 새로운 삶 → 새로운 공동체

그런데 이 도식에서 성경 세계에 들어가는 것은 이 세상에서의 도피가 아니다. 불건전한 종교 체험은 이 세상에서의 도피만을 추구하지만

150) Ibid., 356.

건전한 신앙 체험은 성경 세계에서의 경험이 이 세상에서의 삶을 변화시키는 계기가 된다.

종교심리학에서는 영적인 체험 과정을 문제해결의 과정이라 보는데, 이는 영적인 체험이자 구원의 체험이며, 성령께서 조명하시는 것을 체험하는 과정이라 할 수 있다. 이 체험은 P. 리쾨르가 말하는 성경 텍스트의 현시 능력을 경험한 것이다. 이 도식은 여러 가지 예외 상황들을 다 설명할 수는 없지만 일반적인 설명이 가능한 것으로 보고 성경 이야기 상담에서 단계별로 적용해 본다.

[그림 7-2] 성경 이야기 상담의 영적 체험 도식

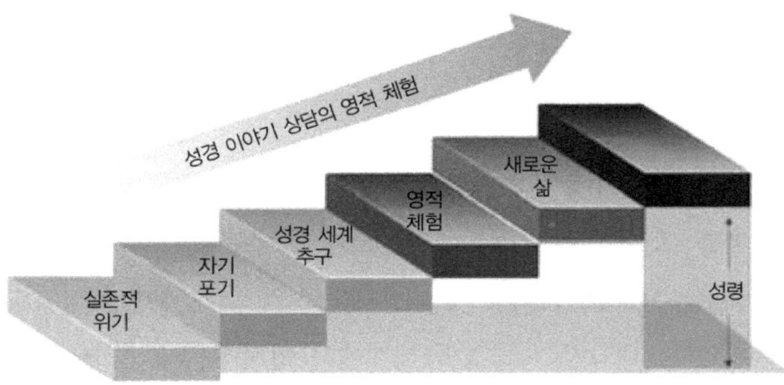

(1) 실존적 위기와 자기포기

내담자는 실존적 위기 상황을 경험하고 문제를 느끼게 된다. 그래서 상담자가 내담자의 문제를 파악하는 단계가 우선되어야 한다. 내담자가 위기 상황을 만나면 내면적으로 절망감을 느끼고 상담자나 다른 권력에 의존하고 싶어 한다.

(2) 영적 체험의 시작 : 성경 세계 추구

일반 상담에서는 이 단계를 상담 이론과 기술을 가진 상담자가 감당하지만, 성경 이야기 상담에서는 상담자가 내담자를 성경 이야기로 인도하는 단계이다. 내담자가 성경 이야기를 선정하고 나면 상담자는 성경 이야기 세계로 내담자를 인도하는데, 이 과정이 서사적 읽기에 해당된다. 서사적 읽기란 상담자와 내담자가 성경 이야기 세계로 들어가는 것을 말한다. 이 내담자는 성경 이야기 세계에서 성경에 등장하는 인물들을 만나게 되고, 그 사건에 휘말리면서 어떤 새로운 관점을 배우게 되는데, 이것이 바로 영적인 체험의 시작이 된다.

(3) 영적 체험의 과정 : 조명자료 발견

성경 이야기 상담에서 내담자가 끌리는 성경 이야기를 통해서 내담자의 삶을 새롭게 비춰 주는 조명자료를 찾게 되는 이 과정이 확신 체험 또는 영적 체험의 과정이다. 이 과정은 성령의 인도함이란 전제 위에서 설명할 수 있다.

이런 점에서 성경 이야기 상담의 원리는 로더의 견해와 일치한다. J. E. 로더Loder가 말하는 이 체험은 영적인 체험, 회심, 하나님 또는 예수 그리스도와의 만남, 종교 체험, 확신 체험 등 여러 가지 용어로 표현될 수 있다. 이 체험은 그 깊이와 영향력으로 보아 거대하고, 이질적이며 말로 표현할 수 없고, 저항할 수 없는 일회적인 신비적 체험도 있고, 일상적인 신앙생활 속에서 기도, 말씀공부, 예배, 성례전 또는 봉사활동에서 계속적으로 체험하는 것도 있다. 이것은 또한 M. 루터의 경험처럼 천둥소리 같은 하나님의 말씀처럼 들릴 수도 있고, 엘리야의 경험처럼 세미한 소리로 들릴 수도 있다.

성경 이야기 상담에서 조명자료가 중요한 이유는 여기에 있다. 성경의 계시적 능력은 그 자체로 내담자를 변화시킬 수 있기 때문에 상담자는 상대적으로 심리치료와 기술에 덜 의존하게 된다. 그 영향력은 C. S. 루이스처럼 무신론자였다가 기독교인이 되게 하는 경우도 있고, 바울이나 루터처럼 하나님을 새롭게 체험하는 계기가 되기도 한다. 또한 일상적인 기독교인들이 체험하듯이 위기와 문제를 해결하게 되는 그런 다양한 체험일 수도 있다.

성경 이야기 상담은 이 다양한 체험을 모두 포함한다. 이 세상의 본질, 조건, 환경과 구조 속에서 위기를 경험한 사람들은 새로운 세계인 성경 이야기 세계 속에서 그 위기를 극복하든 아니면 최소한 그 위기에서 멀리 떨어지는 체험을 할 수 있다.

예를 들어, 이 세상에서는 죽음이 모든 것을 허무하게 만들지만 성경 이야기 세계 속에서는 그 죽음도 빼앗을 수 없는 영생이 있다. 이 세상 속에서는 죽음과 무지에 사로잡힌 사람들의 갖은 죄와 악행, 허무하고 일시적인 삶이 난무한다. 그리고 그 사람들을 만나고 사랑하고 산다는 것이 또한 언제든지 위기와 환멸을 불러올 수 있지만, 성경 이야기 세계 속의 인물들은 이러한 인간 본성을 초월한 새로운 환경에서 살아가면서 변함없는 사랑의 대상이 될 수 있다.

이야기 상담에서는 내담자의 이야기 속에서 독특한 자료를 찾아서 문제해결을 시도한다. 그러나 성경 이야기 상담은 영적 체험의 도식에서 자기포기가 나타내듯이 내담자 이야기에서는 해결책이 없다고 본다. 대신에 내담자의 실존적 위기는 영적 체험에서 그 해결책을 찾을 수 있다고 전제한다. 이것이 성경 이야기에서 삶의 새로운 차원을 조명하는 조명자료를 추구하는 근거가 된다.

이런 맥락에서 내담자의 경험을 들어 보자. 그는 현실에서 문제에 부딪힐 때마다 그 문제를 두고 기도를 하게 되는데, 그럴 때마다 마치 현실 세계에서 눈을 돌리라는 의미인 듯이 현재 고민하고 있는 문제와는 상관없는 성경 이야기들이 기다리고 있었다. 그런데 현실문제의 해결에 얽매이지 않고 주어진 성경 이야기를 읽고, 그 이야기 세계에 집중하다 보면 어느새 문제에서 멀어져 있는 자신을 발견하게 된다는 것이다.

이것은 문제에 대한 관점이 달라지면 그것이 더 이상 문제가 되지 않는다는 것이다. 이 경험은 새로운 관점이 생기고, 시야가 넓어지면 새로운 해결책이 대두되는 경우이다. 내담자는 문제 상황과 문제 인물들이 바뀌기를 기대하지만 결국 자신의 관점이 변화될 때 문제가 해소되는 경험을 하게 된다.

(4) 영적 체험의 결실 : 새로운 이야기

성경 이야기 상담은 성경 속에 있는 새로운 세계를 경험함으로써 문제의 해결을 시도하고자 하는 것이다. 실제 세상과는 다른 성경 속 조건과 상황을 봄으로써 그 문제가 문제로서의 근거가 해소되는 것이다. 간단히 말하면, 인간세계 속에서의 문제는 하나님의 세계 속에서 더 이상 문제가 되지 않는다. 내 이야기 속에서는, 그것이 과거의 것이든, 현재의 것이든, 미래의 것이든 궁극적인 해결책이란 없는 것이다. 나 자신의 과거, 현재, 미래가 새로운 빛으로 조명될 때 그곳에 진정한 해결책이 보이게 된다.

나의 작은 이야기는 주님을 만나면서부터 주님의 큰 이야기에 동화되어 간다. 나의 의미 없는 이야기는 주님을 만나면서 새로운 의미가 된다. 나의 작은 이야기는 주님 안에서 큰 이야기를 만날 때 축복의 이야기가 된다. 우리의 작은 이야기가 주님의 큰 구원의 역사와 연결될 때, 우리의 작은 이야기는 큰 이야기 속에서 의미와 위치를 찾게 된다. 이것을 신화의 발견이라고 할 수도 있고 회심의 순간이라고도 할 수 있다.

(5) 새로운 이야기 구현 : 새로운 공동체

새로운 이야기는 기존 공동체로부터 계속 도전과 위협을 받을 수 있기 때문에 이 이야기가 수용되고 강화되는 새로운 공동체가 필요하다. 지지적 신앙 소그룹은 나의 새로운 이야기가 자랄 수 있는 텃밭이다. 현대의 많은 문제들은 개인주의적 사고와 삶 때문에 건강한 공동체를 상실한 데 그 원인이 있다. 물질적 풍요와 편리함을 추구하는 가족이 이상적인 삶처럼 세뇌하는 상업주의적 발상과 환경이 건강한 공동체의 중요성을 잠식하고 있다. 그래서 성경 이야기 상담은 내담자에게 건전한 공동체를 형성해 주거나 그곳으로 인도하는 것을 상담의 최종 단계로 삼는다.

성경 이야기 상담은 궁극적으로 볼 때, 하나님이 없는 세상의 지배적 이야기를 해체시키고 나의 작은 이야기가 주님의 큰 이야기와 만나서 그 이야기가 삶의 지배적 이야기가 되게 하는 도구이자 채널이다. 성경 이야기 상담은 성령께서 성경을 조명자료로 사용하여 새로운 삶과 세계를 알게 하고 살아가게 하는 힘을 주시며 공동체를 통하여 그 삶을 유지·발전시켜 나가게 한다. 내담자의 삶은 상담자나 내담자는 잘 모르고 깊은 심층을 통찰하시는 성령께서만 모든 것을 아신다.

영적 체험 도식을 성령과의 관계에서 다음과 같이 설명할 수 있다. 내담자가 실존적 위기를 만나서 자기포기를 한다는 것은 명시적으로나 묵시적으로 성령을 믿으며 성령의 인도를 받기 원한다는 것을 의미한다. 이후에 내담자가 영적 체험을 하는 것은 성령께서 말씀, 곧 성경 이야기를 사용함으로 일으키시는 체험을 한다는 것이다. 이 체험 후에 내담자가 새로운 삶을 살아갈 수 있는 것은 신앙 공동체를 통한 성령의 동행으로 가능하다.

[그림 7-3] 성령과 영적 체험 관계 도식

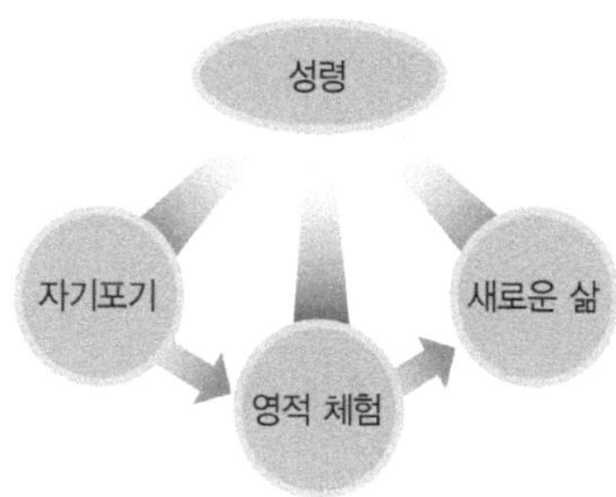

2. 성경 이야기 상담의 배경

1) 성경 이야기 상담과 서사비평

성경 이야기에 대한 새로운 이해는 성경 해석학의 변화에 힘입은 바가 크다. 서구에서는 20세기 말부터 역사비평 주도의 성경 해석학에 변화가 일기 시작했다. 새로운 해석방법으로 등장한 것이 문학비평인데, 이 문학비평 중에서도 서사비평과 수사비평이 성경 해석의 새로운 방법으로 연구 대상이 되고 있다.

이 변화의 중요한 이유는 역사비평이 성경의 신학적 메시지나 교리체계 등 객관적인 지식을 중시하는 데 비해, 문학비평은 현대 후기사회가 요구하는 다양한 감성과 구체적인 삶 속에서 감동을 창출하기 때문이다. 다시 말해 역사비평이 머릿속에 지식을 심어 주고자 하는 데 반해, 서사비평은 가슴속에 감동을 주고자 하는 것이다. 독자들은 자신이 직접 느끼고 체험하고자 한다.

예를 들면, 성경의 핵심은 예수 이야기인데, 이 이야기를 통해서 독자는 단지 객관적 지식을 얻기보다는 예수께서 내 속에 들어와 숨을 쉬고 활동하는 것을 체험하고자 하는 것이다. 이것은 내가 성경 이야기에 몰입하면서, 즉 내가 성경의 등장인물과 동일시 내지는 감정이입을 하면서 가능하게 되는 것이다. 이렇게 함으로써 독자는 성경의 등장인물과 하나가 되어 그 인물이 체험하는 것을 함께할 수 있는 것이다. 이것을 공감이나 감정이입의 효과라고 하는데, 성경 이야기에는 이 효과가 성령의 사역과 불가분의 관계에 있다.

우리는 지금까지 성경에서 교리와 메시지를 찾았지만 이제 서사비평을 통해서 본문을 내 삶에 적용시키는 방법을 찾았다. 성경의 이야기가 이야기로서 기능하기 위해서는 처음부터 끝까지 연결해서 읽혀야 한다. 이는 셰익스피어의 햄릿을 한 부분만 읽는다든지 부분부분 나눠서 읽는다면 그 작품을 바로 감상할 수가 없는 것과 같다.

마찬가지로 마가의 예수 이야기를 바로 읽기 위해서는 마가복음을 처음부터 끝까지 연결해서 읽어야 한다. 마가의 예수 이야기는 시작에서 끝까지 크고 작은 혈관과 근육으로 유기적인 통일체를 이루고 있다. 여기서 크고 작은 혈관과 근육이란 마가의 예수 이야기 안에 들어 있는 수많은 작은 이야기들이 상호 긴밀하게 연결되어 있음을 말한다.

2) 성경 이야기 상담과 성령론

성경 이야기는 이야기로서의 속성과 성경 본문으로서의 권위를 가지고 있다. 또한 성경 이야기는 이야기가 가지고 있는 상담적 기능을 한다. 그래서 성경 이야기 상담은 이야기의 상담적 원리와 기법을 사용한다.

이야기 상담의 원리는 무엇인가? 우리는 이야기를 함으로써 자신

속의 엉킨 정서를 정화시키고, 새로운 이야기를 찾음으로써 삶의 의미를 재발견하고 자신의 정체성을 찾을 수 있다. 우리는 이야기를 함으로써 다른 사람과 공감대를 이루며 삶의 기쁨과 재미를 느낄 수 있게 된다. 또한 자신만의 독특한 세계를 형성하고 자신이 살아 있다고 느끼게 된다. 우리는 상상력을 동원해서 이야기를 함으로써 자신의 한계라는 굴레를 벗어나 해방감과 자유를 맛볼 수 있다. 결국 우리의 건전한 이야기가 회복될 때 우리의 삶도 건전해지는 것이다.

그러나 성경 이야기가 단지 이야기로 끝나는 것은 아니다. 성경 이야기도 성경 본문이기 때문에 성경 말씀으로서 권위를 가지게 된다. 그래서 성경 이야기를 정확하게 해석하기 위해서는 성경 이야기를 분석할 수 있는 능력을 가져야 한다. 상담자가 서사비평을 공부하는 이유가 여기 있다.

성경 이야기는 단순히 선한 이야기로 감동을 주는 것을 넘어서서 하나님과의 긴밀한 관계를 맺을 수 있도록 도움을 주어야 한다. 그 관계에 구원을 받고 그 구원을 유지하는 것은 일반 이야기로서 할 수 없다. 이것은 오직 성경 이야기를 통해 가능한 것이다.

그래서 성경 이야기는 단순히 윤리적·도덕적 차원에 머무르는 것이 아니고 영적 차원을 여는 것이다. 이것은 성령께서 성경 이야기를 수단으로 해서 사역하신 결과라고 생각된다. 특히 성경 이야기는 경험한 자만이 알 수 있는 구원의 의미와 기쁨, 그리고 영생의 소망을 다룬다. 이 차원에서는 성령론의 도움 없이 정확하게 이해할 수 없다.

이야기 상담은 이야기 자체의 상담 및 치료 기능을 주장하는데, 이 주장에도 분명 일리가 있다. 그러나 성경 이야기 상담은 성경 이야기와 성령의 사역이 불가분의 관계에 있음을 밝히고자 한다.

칼뱅의 성령과 성경 말씀의 상호 관련성을 살펴보면 다음의 두 요소가 두드러지게 나타난다.

(1) 성령의 성경 말씀 사용

성령은 허공에서 혹은 개개인에게 직접적으로 말씀하시지 않는다. 성령은 예수 그리스도와 예언자들에게 주어진 성경을 통해서만 말씀하신다. 종교개혁자들은 그들이 죽은 문자들에 집착한다고 경멸하는 광신자들, 열심분자들 혹은 성령주의자들을 의식하여 반복적으로 이 사상을 강조하고 있다. 성령은 성경 밖에서 그 어떤 것도 말씀하시지 않는다. 성령은 성경에 포함된 말씀을 확실하게 증거하며 그 증거된 말씀을 구원 사역에 사용한다.

성령은 복음에 내포된 교리에서 우리를 이끌어 내시는 것이 아니라 확증된 그 교리로 우리의 마음에 인을 치는 것이다(기독교강요 I, XI, 1). 그래서 우리는 "말씀은 주님께서 믿는 자들에게 성령의 조명을 비추시는 수단"임을 잊지 말아야 한다(I, XI, 3). 성령께서는 말씀, 즉 성경 이야기를 조명하여 구원을 이루시는 것이다.

그러나 우리는 성령을 성경 말씀과 동일시해서는 안 된다. 이 관계를 설명하기 위해서 칼뱅은 거울과 물체의 비유를 사용한다. 그에 의하면 거울은 분명히 물체를 반영하나 그 물체와 이미지는 동일한 것이 아니라는 것이다. W. 니첼Niesel이 요약한 대로, 이 말은 성령이 성경 말씀을 사용하기는 하지만 "그 말씀 속에 깊이 침투함으로써 그 말씀과 동일하다." 고 말할 수는 없는 것이다.[151] 이 구분은 분명히 해야 한다. 수단과 본질은 서로 분리되는 것은 아니지만 그렇다고 동일시되어서도 안 된다.

성령은 성경 말씀에 영감을 준다. 성령의 조명이 없는 성경 말씀은 그 자체로 죽은 것이나 다름없다. 오직 하나님께서 우리에게 말씀하시고

151) W. Niesel, *The Theology of Calvin*, trams. H. Knight (Philadelphia: Westminster Press, 1956), 32.

그의 뜻을 나타내신다는 것을 깨닫게 될 때 말씀은 효력을 가진다. 이것이 디모데후서 3장 16절의 의미이다. "성경은 하나님의 감동으로 된 것으로…."

(2) 성령과 성경 말씀의 목적

종교 개혁자들에게 있어서 예수 그리스도의 사건과 말씀은 성경의 궁극적 목표가 되어야 한다는 원리는 조금도 의심의 여지가 없다. 그들에게 있어서 모든 성경은 기독론 중심적인 원리에 의해서 조명되고 평가 되어야 한다. 그래서 그들에게 있어서 분명한 사실은 성경은 예수 그리스도를 위하여 이해되어야지 그 반대가 되어서는 안 된다는 것이다. 그리고 반드시 그를 가르쳐야지 그렇지 않으면 진정한 성경이라 간주되어서는 안 된다는 것이다. 이 확신을 토대로 하여 그들은 중세의 성경관에서 해방되었던 것이다.

칼뱅은 구약의 많은 곳에서 예수 그리스도가 이스라엘 사람들에게 계시되었다고 가르쳤다. 그에게 있어서 성령과 말씀의 연합은 예수 그리스도를 사람들에게 계시하기 위한 것이다. 다른 말로 하면, 성령의 내적 조명을 받은 말씀은 그것의 궁극적인 목적은 예수 그리스도와 그를 통한 하나님 자신을 계시하는 것이다.

성령께서 성경 이야기를 통해 이루고자 하는 목적은 내담자의 심령에 예수 그리스도의 형상을 심고 그것을 즐거워하게 하는 것이다. 이것은 단순히 윤리적·도덕적 성숙 이상의 것을 의미한다. 이 목적은 내담자가 예수 그리스도를 사랑하고, 믿고, 그의 오심을 소망하고 살게 하는 것이다.

이상의 성령과 성경 말씀의 상호 관련성에 대한 설명을 도식으로 나타내면 [그림 7-4]와 같다.

[그림 7-4] 성령과 성경 말씀의 상호 관련성 도식

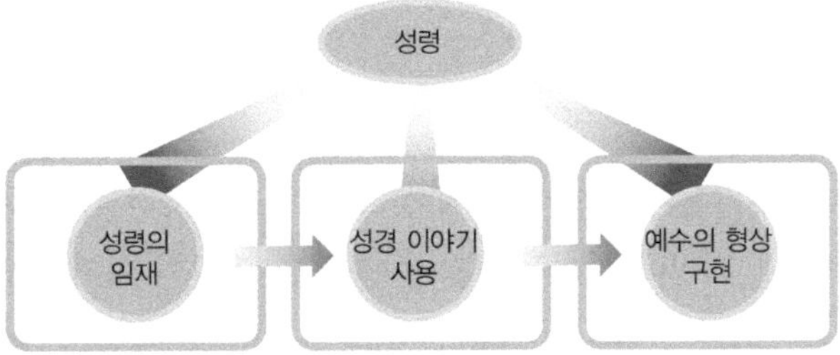

이 단계에서의 성령론은 특히 바울과 요한의 성령론에 초점을 맞추고자 한다. 성경 이야기 상담에서 성령론을 언급할 때, 학문적으로 다소 추상적이고 애매한 부분도 없지 않다. 그러나 필자는 상담의 주관자가 성령이시라는 전제를 두고 성경 이야기 상담을 전개하고자 하는데, 이 전제는 여러 가지 면에서 시사하는 바가 크다.

먼저, 성경 이야기 상담에서는 상담자와 내담자의 관계, 상담 과정 및 상담 기술의 적용에도 상담자의 영성이 깊이 있게 관련되어 있다고 본다. 성경 이야기 상담에서는 일반 이야기의 주제가 될 수 없는 구원의 이야기, 하나님의 체험, 성화 과정의 긴 이야기, 성령의 감동을 통한 일상적 변화의 체험 등을 다루는 성경 이야기에 주목한다.

이 상담은 성경 이야기가 가지고 있는 변혁적 힘을 상담 과정에 최대한 수용하도록 노력하는데, 이 변화를 유도하는 힘은 성령과의 교통에서 나온다고 본다. 성령과의 교통을 통해 체험하는 영적·초월적 세계에서의 신비스러운 힘은 성경 이야기를 매개로 하여 내담자와 상담자가 모두 체험할 수 있다. 그래서 이 상담은 성경 이야기가 수단이 되어 궁극적인 상담의 효과가 성령의 주관하에서 이루어지는 상담이다. 상담자와 내담자 모두 허물이 있는 인간이기 때문에 그들이 가지고 있는 지식과 경험은 정도의 차이에 불과하다. 그래서 상담자와 내담자 모두 성령의 도움이 필요하다.

둘째, 상담자와 내담자 간의 벽을 뛰어넘는 공감대 형성은 성령의 사역에서 큰 도움을 받을 수 있다. 상담상황에서 상담자나 내담자가 모두 경험하는 상담의 각종 장애는 성령의 도우심으로 관계 형성이 제대로 이루어질 때 제거될 수 있다. 그래서 상담자에게는 성령의 본질과 사역에 대한 이해가 필수적이다. 또한 성경 이야기와 성령과의 관계에 대한 지식이 요구되며, 상담의 전 과정을 구조화할 때 성령의 도우심으로 자율성과 유연성을 가지는 것이 필요하다.

예를 들면, 내담자가 성경 이야기에 익숙한 경우와 성경에 저항을 느끼는 경우를 분별하여, 전자의 경우는 성경 이야기를 직접 적용하고 후자의 경우는 내담자의 문제를 먼저 심리학적으로 분석한 후에 성경 이야기와 접목시키는 것이 현명하다. 따라서 성경 이야기 상담은 고정된 상담 과정과 단계를 설정하기보다는 상담자의 자율성에 많은 것을 의탁하는 상담이다. 상담자는 내담자의 정황에 따라서 특정한 성경 이야기를 선택하고 그것을 적용하는 시기도 결정한다.

이렇게 상담자의 자율성과 상담 과정의 유연성을 강조하지만, 대체로 성경 이야기에 익숙한 내담자의 경우는 성경 이야기를 적용하는 데 무게가 실리고 그렇지 못한 경우는 일반 이야기 상담 기법을 병용할 수 있다.

이렇게 볼 때 성경 이야기 상담은 성경 이야기에 익숙한 내담자에게 효과가 있다. 그러나 성경 이야기에 익숙하지 않다고 해서 성경 이야기 상담이 적용되지 못한다고 할 수는 없다. 단지 성경 이야기에 익숙한 경우보다 효과가 떨어지는 것은 분명하다.

이상을 전제로 할 때, 성경 이야기 상담은 무엇보다도 성경 이야기의 본질, 특성, 기능을 연구해야 한다. 서사는 이야기보다 더 복잡한 개념으로, 이야기 그 자체와 그 이야기를 전개해 나가는 방식까지 포함하는 용어이다.

서사비평은 특별히 이야기체로 쓰인 성경의 연구에 큰 도움을 주고 있다. 성경에는 크고 작은 이야기들이 많기 때문에 이 이야기들을 제대로 읽고 이해하기 위해서는 서사비평의 도움이 필요하다. 서사적 성경 읽기는 독자의 상상력과 본문의 전체적 흐름을 강조하며 독자와 본문 사이에 영감과 계시가 일어날 수 있다고 본다.

따라서 이것은 현실적으로 많은 기독교인들이 성경을 읽고 감동을 받아 삶이 변화되는 과정을 학문적으로 설명하기에 적절한 해석 방법이다. 이런 관점에서 독자의 독서 행위에서 성령의 역할과 기능도 중요한 것이다. 서사적 성경 읽기는 내담자가 성경 이야기를 통해서 삶의 문제를 새롭게 조명하고 해결할 수 있는 길을 열어 준다.

성경 이야기 상담에서 상담의 자료가 되는 성경 이야기에 대한 연구는 성경 서사론을 통해 행하고, 성경 이야기를 적용시키는 상담자의 역할과 자질에 대해서는 성령론의 연구가 도움이 된다.

이상의 성경 이야기 상담의 8단계가 성령의 주관하에 있다는 것을 다음과 같이 설명할 수 있다. 성경 이야기 상담 1단계에서는 무엇보다도 상담자가 내담자의 문제 파악을 시작할 때 성령의 임재를 간구해야 한다. 이 말은 상담자가 꼭 내담자와 같이 기도해야 한다는 뜻이 아니며, 상담자의 내적 자세가 그래야 한다는 것이다.

성경 이야기 상담의 2단계에서 6단계까지는 성령께서 성경 이야기를 사용함으로써 사역한다. 그리고 성경 이야기 상담의 7단계에서 8단계는 성령께서 성경 이야기를 통해서 내담자의 심령 속에 예수 그리스도의 형상을 구체적으로 이루어 가는 과정이다.

[그림 7-5] 성령과 성경 이야기 상담 간의 상호 관련성 도식

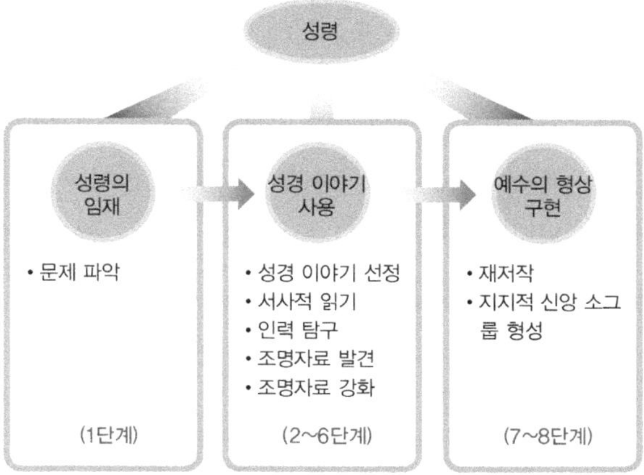

3. 성경 이야기 상담의 과정

성경 이야기 상담은 앞에서 제시한 영적 체험 도식에 따라 다음과 같이 8단계로 나누어 진행된다.

문제 파악	성경 이야기 선정	서사적 읽기	인력 탐구	조명 자료 발견	조명 자료 강화	재저작	지지적 신앙 소그룹 형성

1) 1단계 : 문제 파악

상담자는 내담자의 이야기를 통해서 내담자의 주 호소 문제를 파악한다. 이때 관심, 경청과 공감, 내용 확인과 지각 확인 등 상담 기술

이 내담자의 문제 파악에 도움이 된다.

2) 2단계 : 성경 이야기 선정

내담자의 주 호소 문제에 적합한 성경 이야기를 선택한다. 이때 성경 이야기에 익숙한 내담자와 익숙하지 못한 내담자로 구분해야 한다. 전자의 경우 내담자가 성경 이야기를 스스로 선정하고, 후자의 경우는 상담자가 내담자에게 적절하다고 생각되는 성경 이야기를 선정해 주어야 한다. 내담자가 성경 이야기를 직접 선정할 경우 정서적 표출이나 문제해결이 쉬워진다.

3) 3단계 : 서사적 읽기

내담자는 선정된 성경 이야기를 서사적으로 읽는다. 이 단계에서 성경 이야기 본문의 역동성과 진단적 가치를 찾아야 한다. 서사적 읽기란 쉽게 말하면 성경 이야기 세계로 들어가는 것이다. 이 말은 성경 이야기 본문이 현시하는 새로운 세계에 내담자가 몰입하는 것이다.

이렇게 하기 위해서는 내담자가 성경 본문을 반복해서 읽음으로써 이야기의 흐름을 알 수 있어야 하고, 성경 이야기 세계 속의 사건, 등장인물, 배경에 익숙해져야 한다. 성경 이야기 속의 어떤 인물과 자신을 동일시함으로써 성경 이야기 세계 속으로 들어갈 수 있다.

4) 4단계 : 인력 탐구

내담자는 성경을 서사적으로 읽으면서 끌리는 부분을 찾는다. 이를 인력drawing power 탐구라고 한다. 이는 성경 이야기 세계에서 경험한 것들을 말하는데, 영적 체험, 확신 체험, 종교 체험 등으로 표현할 수 있다.

인력 탐구는 내담자가 어떻게 이 새로운 세계에 끌리게 되는지 혹은 이 본문이 내담자에게 어떤 역동적 힘을 발휘하는지를 확인하는 것이다.

5) 5단계 : 조명자료 발견

내담자는 인력 탐구 단계에서 새로운 자료를 찾는다. 이것을 조명자료illuminating resource 발견이라 한다. 이 조명자료는 인력 탐구를 통해 발견한 자료인데, 이 자료를 통해 자신의 삶을 조명해 보면 새로운 삶을 구성할 수 있게 된다. 조명자료는 자신의 삶을 새롭게 볼 수 있는 자료이다. 이 자료는 내담자 영혼의 이야기soul story이다.

6) 6단계 : 조명자료 강화

내담자가 발견한 조명자료는 강화할 필요가 있다. 조명자료를 강화할수록 부정적으로 보았던 삶을 긍정적이며 성경적인 삶으로 바라볼 수 있게 된다. 이 단계에서 조명자료는 신학적으로 해석해야 한다. 이렇게 함으로써 내담자는 영혼의 이야기를 해석하고 확장해 나갈 수 있다.

7) 7단계 : 재저작

재저작은 내담자가 자기 삶의 이야기를 새롭게 만드는 것이다. 이 단계를 재저작이라 한다. 이 단계에서는 성경 세계에서 찾은 새로운 관점을 가지고 내담자의 삶을 재진술한다. 이것은 내담자 영혼의 이야기를 회상하고 미래로 투영하는 작업이다.

8) 8단계 : 지지적 신앙 소그룹 형성

이 단계는 재저작한 삶으로 계속 살아갈 수 있도록 지지적 신앙 소그룹을 만드는 것이다. 새로운 삶은 공동체의 지지가 없이는 지탱하기가 어렵다.

앞에서 말한 대로, 성경 이야기 상담의 대전제는 성령이 상담의 주관자라는 것이다. 이 전제에 맞추어 볼 때, 성경 이야기 상담의 과정에서 각 단계별로 성령의 임재와 기능이 다르지만, 이 모든 단계에서 성령이 관련되어 있음은 분명하다. 성경 이야기 상담의 과정 중에서 특히 인력 탐구, 조명자료 발견, 조명자료 강화 단계에서 성령의 역할이 강조된다.

성령이 상담의 주관자라는 전제는 성령이 상담에서 자의적으로 활동하는 것을 의미하지 않는다. 이것은 요한복음에서 예수의 말씀이 증언한다.

> 진리의 성령이 오시면 그가 너희를 모든 진리 가운데로 인도하시리니, 그가 자의로 말하지 않고 오직 듣는 것을 말하시며 장래 일을 너희에게 알리 시리라(요 16:13).

성령은 예수의 말씀과 불가분리의 관계에 있다. 그래서 성령은 예수의 말씀과 동역하시는 분이다.

> 내가 아버지께로서 너희에게 보낼 보혜사 곧 아버지께로서 나오시는 진리의 성령이 오실 때에 그가 나를 증거하실 것이요(요 15:26).

성경 이야기 상담은 쓰기와 대화로 진행할 수 있다. 이 두 가지 방법 중, 내담자가 성경 이야기 상담에 익숙하지 않은 경우는 먼저 쓰기와 대화를 병행하여 시작하는 것이 좋다. 내담자가 이 상담에 익숙해지면 대화로 상담하는 것이 바람직하다. 쓰기는 상담을 단계별로 적용하기가 쉬운 반면, 대화는 자칫 상담의 단계적 적용에 혼란을 초래할 수 있기 때문이다.

제8장

문제 파악

상담자는 내담자가 사용하는 용어나 개념들을 관심 있게 듣고 그것이 다른 의미로 사용될 수 있다는 사실을 염두에 두어야 한다. 이 자세는 내담자의 현실과 세계관을 가능한 한 정확하게 이해하고 느껴 보려는 상담자의 노력이다.

문제 파악	성경 이야기 선정	서사적 읽기	인력 탐구	조명 자료 발견	조명 자료 강화	재저작	지지적 신앙 소그룹 형성

성경 이야기 상담에서는 상담자와 내담자 간의 관계가 쌍방적이다. 이 상담에서는 상담자와 내담자가 서로 영향을 주고받는다는 것을 전제로 한다. 그래서 문제 파악 단계에서 내담자의 문제뿐만 아니라 상담자 자신의 영성도 파악되어야 한다. 내담자의 문제는 상담자가 파악한다면, 상담자의 영성은 상담의 주관자이신 성령과의 관계에서 파악되어야 한다. 이 단계에서는 먼저 내담자의 문제를 파악하고 그 뒤 상담자 자신의 영성을 성령과의 관계에서 간단히 살펴본다.

1. 상호 협력적인 관계 형성

문제 파악 단계에서 내담자의 문제가 다양하게 나타날 때에는 내담자로 하여금 그중에서 가장 중요한 문제를 선택하도록 해야 한다. 그렇게 함으로써 상담의 목표가 보다 분명해진다. 상담의 목표는 내담자의 주 호소 문제의 해결 혹은 해소가 된다.

1) 상담자의 '알지 못한다'는 자세

이야기 상담에서 상담자의 '알지 못한다'는 자세가 내담자에게 주의를 집중하게 하지만, 성경 이야기 상담에서는 내담자에게 관심을 집중하는 것에서 한 걸음 더 나아가 성령께 간구하고 의존하는 자세를 갖게 한다.

H. 앤더슨Anderson과 H. 굴리시안Goolishian은 이야기 상담에서의 상담자의 '알지 못한다'는 자세에 관해서 다음과 같은 설명을 한다.

> 상담자의 '알지 못한다'는 자세는 내담자의 이야기에 대하여 상담자가 알고 싶어 하는 마음을 전달하는 태도와 자세를 의미한다. 상담자의 이러한 태도와 행동은 내담자와 내담자의 문제 그리고 내담자의 변화에 대한 상담자의 선입관과 의견을 반영하기보다는 내담자가 이야기하는 것에 대해 더 알고자 하는 마음을 표현하는 것이다. 따라서 상담자는 항상 내담자로부터 '설명을 듣고자 하는 자세'를 취해야 한다.[152]

'알지 못한다'는 자세는 상담자와 내담자 쌍방이 서로 협력적인 관계를 맺게 한다. '나는 알지 못한다. 그래서 나는 알고 싶다'라는 상담

152) H. Anderson and H. Goolishian, "The Client is the Expert: A Not Knowing Approach to Therapy," in *Therapy as Social Construction*, ed. S. McName and K. J. Gergen ed (Londom: Sage Press, 2002), 64f.

자의 자세는 상담자와 내담자가 서로 협력하는 가운데 대화를 이끌어 가게 한다. 이러한 상담자의 자세는 상담자가 자신의 지식과 이해의 범주에 한계가 있음을 인정하는 것이다. J. 클리포드Clifford와 G. 마르커스Marcus의 이야기를 들어 보자.

> 포스트모더니즘을 기초로 한 사회 문화 연구에서는 '주제'보다는 '담론'을 중시한다. 포스트모더니즘의 시대는 한 사람의 독백이 아니라 대화를 중시하며 협력적인 관계를 강조한다. 따라서 포스트모더니즘 시대는 '관찰하는 사람-관찰되는 사람'이라는 도식이 거부되므로 실제로 관찰하는 사람과 관찰되는 사람이라는 것은 존재하지 않는다. 거기에는 서로에게 영향을 주고받는 대화에 의해 만들어진 담론, 즉 이야기나 서사가 있다.[153)]

이 관점은 성경 이야기 상담의 관점과 동일하다. 성경 이야기 상담에서는 상담자나 내담자 모두 성령의 주관하에 있다고 본다. 이것은 상담자가 전문가로서의 권위를 내려놓는 것이다. 내담자의 어떠한 경험도 이해되고 존중된다는 것을 의미한다. 이것은 또한 상담자가 내담자를 알고 싶어 하는 적극적인 자세이다.

상담자의 알지 못한다는 자세는 무관심과 포기의 자세가 아니다. 상담자는 미지의 세계를 탐구하는 탐험가와 같은 자세로 내담자의 문제와 경험을 알아가는 것이다. 좀 더 구체적으로 말하면, 이 정신은 상담자의 준거 틀과 관점을 버리고 내담자의 준거 틀과 관점을 습득하는 것이다.

이렇게 하기 위해서는 상담자는 내담자가 사용하는 용어나 개념들을 관심 있게 듣고 그것이 다른 의미로 사용될 수 있다는 사실도 염두에 두어야 한다. 상담자는 내담자가 사용하는 단어를 자신의 관점에서

153) J. Clifford and G. Marcus, *Writing Culture* (Berkeley, CA: Univ. Calif. Press, 1986), 126.

이해하기 쉽다. 만약 내담자가 어떤 특정한 단어나 개념을 반복 사용하거나 중요하게 여길 때는, 그 단어나 개념의 의미에 대해서 질문하여 내담자의 관점에서 이해해야 한다. 이러한 상담자의 태도는 내담자의 현실과 세계관을 가능한 한 정확하게 이해하고 느껴 보려는 상담자의 노력이다. 이러한 노력을 통해서 상담자는 내담자가 지금까지 말하지 않았던, 또는 생각지 못했던 새로운 자료를 찾아낼 수 있다.

2) '알지 못한다'는 상담 기술

성경 이야기 상담에서 상담자와 내담자 간의 협력적인 관계를 유지하기 위해서는 다음과 같은 자세가 필요하다.

첫째, 상담자는 자신의 비언어적 커뮤니케이션, 특히 자신의 표정에 유의해야 한다. 내담자는 상담자의 비언어적 커뮤니케이션을 통해 자신이 존중받고 있는지 여부를 느끼게 된다.

둘째, 상담자는 내담자가 상담에 적극적으로 참여하도록 도와주어야 한다. 내담자가 상담에 적극적으로 참여하기 위해서는 상담 과정에 책임이 주어져야 한다. 상담의 시작 단계에서부터 진행 과정과 상담 방법에 이르기까지 내담자가 책임 있게 임하도록 상호 조정이 필요하다. 질문 방식에 있어서도 개방형 질문을 함으로써 내담자가 책임감을 가지고 대화를 이끌어 가도록 해야 한다. 상담자가 폐쇄형 질문을 해서 내담자가 '예' 또는 '아니요'라는 대답으로 끝내면 상담을 계속하기가 어렵다.

내담자와의 대화를 유지하기 위해서는 내담자의 성향도 잘 알아두어야 한다. 내담자가 말이 적은 경우 일상적인 삶에서 자신의 말이 가치가 없다든지 이해 받지 못한다든지 혹은 상대방에게 부담이나 해를 끼친다는 생각을 하는 경우가 많다. 반대로 내담자가 말이 많아서 통제하기 어려울 때도 있다. 이런 경우 내담자는 침묵에 대한 두려움을 가지고 있거나 자기중심적인 삶에 익숙하기 때문에 상대방을 배려하는 차원에서 말할 수 있는 시간을 미리 정하는 것이 좋다.

셋째, 상담자는 내담자의 문제를 내담자의 입장에서 이해하도록 해야 한다. 상담자가 자신의 관점에서 문제를 보는 것을 피하기 위해서 수시로 내담자의 말을 듣고 이해한 것을 내담자에게 확인할 필요가 있다. 이렇게 함으로써 내담자의 문제에 대해 그릇된 해결책을 섣불리 제시하는 잘못을 피할 수 있다.

상담자는 이상의 자세를 가지고 상담 현장에서 협력적인 상담을 진행하기 위한 구체적인 기술을 습득해야 한다. 이것은 상담자의 상담 기술에 해당되는데, 이 기술은 내담자로 하여금 편안한 마음으로 자신의 이야기를 할 수 있게 하는 기본적인 대화 기술이다. 지금부터 상담을 효과적으로 하기 위한 기본적인 상담 기술에 대해 살펴보자.[154]

(1) 관심

상담자는 내담자가 편안하게 자신의 이야기를 할 수 있도록 하기 위해서 의식적으로 내담자의 이야기에 적극적인 관심을 보여야 한다. 관심의 첫 단계는 내담자의 이야기를 주의 깊게 듣고 적극적으로 반응을 보이는 것이다. 이러한 반응은 대부분 비언어적인 동작으로 이루어진다.[155] 내담자에게 관심을 갖는 비언어적 방법은 여러 가지가 있지만 쉽고 효과적으로 사용할 수 있는 것들은 다음과 같다.

154) 박민수·오우성, **이야기 상담의 이론과 실제** (일산: 피앤씨에듀, 2025). 상담 기술에 대해 알기 원하는 사람은 박민수, **마음을 움직이는 대화의 기술** (서울: 시그마북스, 2024)을 참조하라.

155) 박민수, **마음을 움직이는 대화의 기술** (서울: 시그마북스, 2024), 96.

시선 접촉 : 부드러운 눈 맞춤

얼굴 표정 : 온화한 미소

즉각적인 비언어적 반응 : 고개 끄덕임

즉각적인 언어적 반응 : 간단한 대답(응, 그래, 그렇군요, 잘됐군요 등)

편안한 자세 : 내담자 쪽으로 몸을 약간 기울이되 부담을 주지 않는 자세

적절한 거리 : 1미터 내외의 거리를 유지함

적절한 위치 : 내담자를 똑바로 마주 보기보다는 90도 방향으로 앉음

(2) 경청과 공감

대화를 할 때 대부분의 사람들은 상대방의 말을 자신의 판단기준이나 준거 틀에 근거해서 평가한다. 이러한 태도는 상대방의 말을 객관적으로 듣거나 상대방의 관점에서 듣는 것을 더욱 어렵게 한다. 경청은 이러한 태도와 방식을 버리고 진정으로 상대방이 무엇을 원하며 무엇을 말하고 있는지를 통찰하는 것이다. 솔로몬은 잠언 18장 13절에서 "사연을 듣기 전에 대답하는 자는 미련하여 욕을 당하느니라"고 하였다.

상담자와 내담자 간에 협력적인 관계를 갖기 위해서는 무엇보다도 상담자가 내담자의 감정을 깊이 이해하고 받아들여야 한다. C. 로저스 Rogers에 의하면, "공감이란 다른 사람의 내적인 준거 틀의 감정적인 요소와 거기에 관련된 의미를 자신이 그 사람인 것처럼 정확하게 지각하는 것이다."[156] 공감적 이해란 상담자가 내담자의 입장이 되어서 내담자의 세계를 내담자의 느낌으로 읽어 내는 것이다.

공감에는 내담자의 표면적 감정을 알아 주는 표면적 공감과 심층적 감정을 찾아 수용하는 심층적 공감이 있다. 표면적 공감은 내담자의 이야기에서 표면적으로 드러나는 감정에 공감하는 것이며, 심층적 공감은 내

156) C. Rogers, "The Necessary and Sufficient Conditions for Therapeutics Personality Change," *Journal of Counseling Psychology*, 21, 1957, 99.

담자가 표현하지 않았거나 깨닫지 못하는 심층적인 감정을 파악하는 것이다. 상담자의 심층적 공감 능력은 많은 경험과 훈련을 통해서 가능하지만, 성령의 통찰케 하시는 능력을 덧입거나 성령의 공감 은사를 받을 때 가능하다.

(3) 내용확인과 지각확인

상담에서 내담자의 말뜻을 정확하게 이해하기가 쉽지 않다. 내용확인은 내담자의 말뜻을 상담자가 내담자의 의도대로 이해하고 있는지를 확인해 보는 것을 의미한다. 즉, 내담자의 말에 대해 어느 정도 정확하게 이해하고 있는지를 알아보는 커뮤니케이션 기법이 내용확인이다.[157)]

상담자는 내담자의 진술에서 핵심적인 용어나 내용 또는 그 의미가 다양하여 정확하게 규정하기 어려운 내용을 다시 물어서 확인해야 한다. 이러한 노력은 내담자로 하여금 상담자가 내담자 자신의 말을 이해하려고 하고 있다는 것을 알려 줄 뿐 아니라 내담자의 진술을 명료화하는 데도 도움을 준다. 우리는 흔히 자신의 방식대로 상대방의 말을 이해함으로써 상대방이 의미하는 것과는 다른 의미로 이해하여 문제를 야기한다.

커뮤니케이션에는 언어적 커뮤니케이션과 비언어적 커뮤니케이션이 있다. 지각확인은 비언어적 커뮤니케이션을 확인하는 것이다. 상담자는 내담자의 비언어적 커뮤니케이션을 그것이 일어나는 순간에 정확히 이해하고 있는지를 확인해야 한다. 내담자와 효과적인 상담을 위해서는 상담자가 내담자의 신체적인 동작과 생리적인 변화를 주의 깊게 관찰한 후 자신의 관찰이 정확한지 여부를 확인해 보는 것이 좋다. 이런 과정을 거쳐서 상담자는 내담자가 진술하는 것을 보다 정확하게 이해하게 된다.

157) 박민수, op. cit., 213.

상담에서 침묵의 시간이 흐를 때 이를 어떻게 받아들여야 할까? 침묵은 부담스럽거나 당황스러운 요소이지만 이해하기에 따라서는 서로 간에 편안한 시간이 되기도 한다. 문화적인 차이가 있지만 침묵은 그 나름대로 함축된 의미가 있기 때문에 상담자는 내담자의 침묵을 바로 이해해야 한다. 상담자는 내담자가 침묵하는 이유를 그의 진술의 전체적 맥락에서 발견해 낼 수 있다.

(4) 상담자의 자기개방

상담자의 자기개방은 상담에서 부담스러운 요소이지만 촉진제 역할을 할 수 있다. 만약 상담자가 자신의 성공이나 우월한 점을 자랑한다면 그것은 효과적인 상담의 저해 요인이 될 것이다. 대신에 상담자의 자기개방이 자신의 개인적인 관찰이나 경험 그리고 생각을 내담자와 함께 나눌 때 그것은 효과적인 상담을 이끌어낸다.[158]

(5) 질문 기술

상담에서는 적절한 질문이 필요하다. 질문은 상담에서 쉽게 끊어지기 쉬운 대화를 이어 가는 방법이다. 그러나 상담자가 내담자의 말에 해석이나 자신의 주장을 말하게 되면, 내담자는 대화에 흥미를 잃어버리거나 상담자의 말에 대항하는 힘이 생겨서 자신의 생각이나 느낌에 더 집착하게 된다. "못은 두들기면 더 깊이 들어간다."는 속담도 이런 의미를 가지고 있다. T. 안데르센Andersen에 의하면, 상담에서 가장 적절한 질문은 내담자가 지금-여기에서 말하고 있는 것과 직접 관련된 것이다. 안데르센은 질문 시 유의해야 할 것으로 다음을 제시한다.

첫째, 내담자가 이야기를 마친 후에 질문을 한다.

158) A. E. Ivey, *Intentional Interviewing and Counseling: Facilitating Client Development in a Multicultural Society* (Pacific Grove, CA: Brooks/Cole, 1994), 280.

둘째, 상담자의 질문은 내담자가 이야기를 계속해 나갈 수 있도록 도와주는 것이어야 한다.

셋째, 내담자의 이야기를 어떻게 들을 것인가도 상담자의 직관에 달려 있다.[159]

2. 상담자의 영성

안데르센은 상담자의 직관을 중요시하는데, 성경 이야기 상담에서는 성령의 통찰력에 해당된다. 따라서 상담자는 성령께 의존하여 그분이 주시는 통찰과 공감의 능력을 덧입는 것이 필요하다.

상담에서 상담자나 내담자가 가장 어려워하는 점은 무엇인가? 실제로 모든 상담 현장에서 그러하듯이 성경 이야기 상담 과정에서도 제한된 성경 지식, 성경에 대한 불신과 회의, 풀리지 않는 신앙 문제, 교회에서의 상처 등이 어려운 문제로 존재한다. 그 외에도 내담자의 저항, 은닉, 무지, 상담자 불신, 질문 기법의 한계 등으로 상담자가 겪는 어려움도 많다.

1) 기독교 영성

영성이라는 개념은 기독교뿐만이 아니라 다른 종교에도 있다. 영성에 접근하는 방식 자체는 포괄적이어서 오해의 소지가 많다. 일반적으로 말하는 영성과 성경에 근거한 영성은 차이가 있다. 그래서 기독교 상담자는 성경에서 말하는 영성과 다른 영성을 구분할 수 있어야 한다. 기독교적 영성은 자신과 세계를 초월하고자 하는 수련을 통해서 오는

159) T. Andersen, "The Reflecting Team: Dialogues and Dialogues About the Dialogues," In S. McName and K. J. Gerken, eds., *Therapy as Social Construction*, 1992, 101.

것이 아니고 관계적인 차원에서 하나님과 이웃과 자연과의 조화를 이룰 때 이루어지는 것이다. 이 관계성이 이루어질 때 모든 사람이 느낄 수 있는 평화가 이루어진다.

이와 같이 기독교적 영성은 성령께서 내재하실 때 인간이 가질 수 있는 자질과 성품이라고 할 수 있다. 결국 그것은 성령과의 관계성을 유지하고 있을 때 내 속에서 개발될 수 있는 성품, 능력, 자질 등을 말한다고 할 수 있다. 은사는 성령께서 내 안에 계실 때 나에게 주시는 선물이다. 이 은사를 활용할 때 영성이 개발된다. 다시 말해서 영성은 기도와 금식과 같은 내적 훈련, 순종과 봉사 등의 외적 훈련, 그리고 고백과 찬양 등의 공동체적 훈련을 통하여 자라나는 것이다.

L. 리처드Richard는 "기독교적 영성은 이 세상에서 하나님과 연합된 삶을 영위하는 것이다."라고 하였다.[160] 다시 말해 기독교 영성은 성령이 임재하시는 공동체 안에서 서로가 함께 살며, 공동체를 통하여 주변 세계를 이해하고 반응하는 삶의 총체를 말한다. 이러한 의미에서 기독교인의 삶과 봉사는 그의 영성과 분리할 수 없는 관계에 있다.[161] 바울은 고린도전서 2장에서 성령의 능력 중에서 특히 영적인 통찰력에 대해서 말하고 있다.

> 오직 하나님이 성령으로 이것을 우리에게 보이셨으니, 성령은 모든 것 곧 하나님의 깊은 것이라도 통달하시느니라(고전 2:10).

성령은 모든 것, 심지어는 불가해한 하나님의 깊은 것까지 통찰하신다. 그러므로 상담자가 성령을 소유하게 되면 내담자의 깊은 문제를 영적으로 이해할 수 있다는 것이다. 성령은 하나님의 영이므로 탁월한

160) L. O. Richard, *A Practical Theology of Spirituality* (Grand Rapids: Zondervan, 1987), 50.
161) J. M. Houston, "Spirituality," in *The Evangelical Dictionary of Theology* (Grand Rapids, MI: Baker Books House, 1984), 1047.

상담자는 내담자가 처해 있는 상황을 영적으로 통찰할 수 있다.[162)]

성령은 새로운 공동체를 이루시는데, 이 공동체는 서로에 대한 관심과 예민함, 나눔과 하나 됨을 특성으로 한다. 기독교 상담자는 교회에 속해 있음으로써 그의 영성을 유지하고 개발시켜 나갈 수 있다. 물론 이 세상에 존재하는 교회들은 여러 가지 문제를 가지고 있다. 기독교 상담자를 포함한 많은 교인들은 교회 안에서 고통과 시험을 당할 때도 있다. 일부 내담자들은 교회에 다니면서 받은 상처나 조작적이며 죄책감을 불러일으키는 사람들에 의해서 받은 상처를 가지고 있다. 이러한 경험들이 사람들로 하여금 교회나 하나님으로부터 멀어지게 하는 것은 놀라운 일이 아니다.

그러나 성령의 인도하심을 받는 상담자들은 그들이나 그들의 내담자들을 교회로부터 분리시키지 않는다. 왜냐하면 성령의 사역으로서 상담은 교회 공동체의 협력으로 이루어지는 것이며, 그것과 분리되어서는 올바른 상담이 이루어지지 않기 때문이다.

성령은 우리에게 영적인 선물을 주시는데 이것은 하나님을 더욱 더 잘 섬기게 하기 위함이다. 성령께서 인도하시는 상담자들은 그가 하고 있는 일을 위해서 하나님으로부터 특별한 재능을 받는다. 우리가 결코 잊어서는 안 될 사실은 내담자들의 삶에 참된 도움을 지속적으로 줄 수 있는 우리의 강건함과 특별한 은사는 바로 성령께서 주시는 것이라는 점이다.

2) 영성을 소유한 상담자

L. 맥버니McBurney는 상담자들이 겪는 개인적인 문제를 세 가지로

---

162) 고전 2 : 10-15.

요약한다. 바로 부부관계 부적응, 우울이나 탈진 또는 우울 신경증, 역기능 성격이다. 그리고 그는 상담자들이 상담 현장에서 일반적으로 겪는 문제를 여덟 가지로 설명한다. 바로 사역자의 무오성 부담감, 실패에 대한 두려움, 거부에 대한 두려움, 심리학에 대한 불신, 상담 비용의 부족, 자존감 문제, 감정의 통제, 역전이다.[163]

이상에서 보면 성경 이야기 상담자는 일반 상담자들의 문제점과 성경 이야기 상담자로서의 독특한 문제점을 동시에 가지고 있음을 알 수 있다. 따라서 성경 이야기 상담자에게 일반 상담자보다 더 많은 교육과 훈련이 필요한 것이 사실이다. 특히 성경과 그 해석에 대한 지식이 필요하다. 그러나 이러한 사실이 성경 이야기 상담자들을 좌절시키거나 큰 부담으로만 느껴져서는 안 된다.

무엇보다도 중요한 것은 상담자는 상담의 주권을 성령께 이양하고 상담자 자신도 성령의 인도하심에 따른다는 결단이 있어야 한다. 성경 이야기 상담에서는 내담자와 성경 이야기 간에 교감이 일어나서 내담자가 성경 이야기 속으로 공감 또는 감정 이입하게 함으로써 조명자료를 발견한다. 따라서 성경 이야기 상담에서는 상담자가 내담자로 하여금 성경 이야기에 높은 교감을 가지도록 도우는 것이 필요하다.

내담자에게는 자신의 고통을 공감할 수 있는 상담자가 필요하다. 그런데 상담자가 내담자의 고통에 공감할 수 있는 능력에는 한계가 있다. 성경 이야기 상담은 상담의 주관자가 성령이시라는 대전제를 가지고 있다. 바울의 성령론에 의하면, 성령께서 할 수 있는 일 중 하나가 우리의 고통의 깊이를 알고 그 고통을 '말할 수 없는 탄식'으로 함께 느끼는 것이다.

163) L. McBurney, 사역자 상담, 윤종석 역 (서울: 두란노, 1995), 113-150.

> 이와 같이 성령도 우리 연약함을 도우시나니, 우리가 마땅히 빌 바를 알지 못하나 오직 성령이 말할 수 없는 탄식으로 우리를 위하여 친히 간구하시느니라(롬 8:26).

따라서 상담자에게는 내담자의 고통에 공감하기 위해 성령의 도우심이 필요하다.

성경 이야기 상담 과정에서 발생하는 일 중 하나는 내담자의 주호소 문제가 상담이 진행함에 따라 변화하는 것이다. 이 현상은 일반상담에서는 드문 일이지만, 성경 이야기 상담에서는 내담자가 성령의 조명을 받아서 문제의 심층적인 원인들에 대해서 새로운 인식을 가지게 될 때 일어날 수 있다. 내담자의 문제가 처음에는 세속적이었다가 영적인 문제로 바뀔 수 있고, 처음에는 다른 사람의 문제라고 생각했다가 나중에는 자신의 문제임을 깨닫게 되는 경우가 이에 해당한다.

상담자는 내담자 속에서 일어나는 이러한 변화를 감지하고 대응할 수 있는 영적 능력을 가지고 있어야 한다. 또한 상담 현장에서 종종 발생하는 상담자와 내담자 간의 전이와 역전이 현상도 영적으로 경계해야할 것이다. 사도 바울은 이런 문제에 대해 적절한 조언을 주고 있다.

> 형제들아 사람이 만일 무슨 죄를 범한 일이 드러나거든 신령한 너희는 온유한 심령으로 그러한 자를 바로잡고 너 자신을 살펴보아 너도 시험을 받을까 두려워하라(갈 6:1).

그래서 성경 이야기 상담에서는 상담자가 겪는 상담의 외적 · 내적인 어려움을 성령의 인도하심이라는 조망에서 바라보도록 해야 한다. 구체적으로 말하면, 상담자 자신과 내담자를 위한 기도와 상담 시간에 성령의 인도하심을 바라는 기도가 있어야 한다는 것이다. 결국 내담자의 문제를 파악해야 하는 것과 같이 상담자 자신의 신앙 상태도 점검해 보아야 한다.

기독교 상담에서 상담자의 영성이 중요하다는 사실은 여러 학자들에 의해서 지적되었다. S. 힐트너Hiltner는 목회상담을 "참된 목자인 목회상담자가 신학을 배경으로 신앙과 은혜를 간직하면서 상처받은 사람들을 치료하는 것인데, 특히 성령의 인도하심을 따라 내담자로 하여금 스스로 자아를 통찰할 수 있도록 이끌어 주는 것"164) 이라고 정의하였다. 성경 이야기 상담은 내담자로 하여금 성령의 도우심을 통해 자기 자신을 더욱 자각하고 내적인 성장을 하도록 하는 것이다. 그러므로 성경 이야기 상담자는 일반 상담자와는 달리 영성을 소유한 사람이어야 한다.

3) 상담자의 영성 점검

다음의 점검표는 상담자가 스스로를 진단해 볼 수 있도록 고안되었다. 영성 점검이란 말 자체에 어폐가 있을 수 있다. 영성을 검증할 수 있는 객관적 · 일반적 기준이란 찾기 어렵다. 여기서 열거된 것은 영성의 중요한 요소들 중에서 선별된 것으로 모든 사항을 다 제시한 것은 아니다. 단지 상담자가 참고로 자신의 신앙생활을 돌아볼 수 있는 기준이란 점만 밝혀 둔다. 상담자가 자신의 영성을 점검해 볼 수 있는 기준을 만드는 것도 좋다.

(1) 신앙생활 점검

이 점검표는 절대화할 수 없지만 상담자 자신의 균형 있는 영성을 점검하는 기준으로 적절하다(롬 12:1-2, 살전 5:15-22).

164) S. Hiltner, 목회상담론, 마경일 역 (서울: 대한기독교서회, 1976), 63.

[표 8-1] 신앙생활 점검표

	하지 않음	가끔	자주
예배			
기도			
말씀 읽기			
헌금			
성례전 참여			
봉사			
교제			
전도			

(2) 은사활용 점검

다음의 은사들은 모든 것을 다 체크할 필요는 없고 자신에게 해당하는 것만 체크하면 된다(롬 12:7-8, 고전 12:8-10).

[표 8-2] 은사활용 점검표

	하지 않음	가끔	자주
섬김			
구제			
권면			
긍휼 베풀기			
지도			
지혜의 말씀			
지식의 말씀			
예언			
병 치유			
영적 분열			
방언			
방언 통역			

(3) 성령의 열매 점검

성령의 열매들은 자신의 삶을 성찰하면서 다 체크해 볼 필요가 있다(갈 5:22).

[표 8-3] 성령의 열매 점검표

	하지 않음	가끔	자주
사랑			
희락			
화평			
오래 참음			
자비			
양선			
충성			
온유			
절제			

일반적으로 처음 두 점검표(신앙생활과 성령의 은사)는 신앙의 외적 측면을 점검하는 것이고, 성령의 열매 점검표는 신앙의 내적 측면을 점검해 보는 것이다. 신앙의 외적 · 내적 측면은 상호 밀접한 관계를 가지고 있기 때문에 조화를 이루어야 한다. 우리 교회는 그동안 신앙의 외적 측면을 강조하다 보니 지금은 내측 측면이 상대적으로 빈약한 실정이다. 오늘날 영성에 대한 관심이 점차 증가하고 있는 것을 이러한 배경에서 설명해 볼 수 있다.

3. 문제 파악 질문법

이 질문들은 문제 파악 단계에서 상담자가 내담자의 상황을 정확히 이해하고, 그에 맞는 상담 방향을 설정하는 데 중요한 역할을 한다. 이를 통해 상담자는 내담자와 신뢰관계를 형성하며, 성경 이야기 상담의 기초를 마련할 수 있다.

문제 파악 단계에서 상담자는 내담자와의 상호 협력적인 관계를 형성하고, 내담자가 겪고 있는 문제를 구체적으로 이해하는 데 중요한 질문들을 사용한다. 이러한 질문들은 상담자가 상담의 진행 방향을 자연스럽게 결정하고, 내담자의 주 호소 문제를 명확히 파악할 수 있도록 돕는다.

상담자 : 상담 중에 당신을 어떻게 부르면 편할까요?
상담자 : 그 이름이나 호칭이 당신에게 어떤 의미가 있나요?
상담자 : 오늘 상담에서 어떤 이야기를 하면 좋을까요?
상담자 : 현재 당신이 겪고 있는 문제가 있다면 그것은 무엇입니까?
상담자 : 이 문제를 겪으면서 가장 많이 떠오르는 생각이나 느낌은 무엇인가요?
상담자 : 이 문제로 겪고 있는 어려움이 .....인 것 같은데, 제가 이해한 것이 맞습니까?
상담자 : 오늘 상담을 하면서 떠오르는 생각이나 느낌은 무엇입니까?
상담자 : 오늘 상담을 하면서 도움이 되었던 것은 무엇입니까?

성경 이야기 상담에서는 이 질문들이 단순히 주 호소 문제를 파악하는 데 그치지 않는다. 내담자가 자신의 문제를 성경 이야기와 연결시켜 보다 깊이 있는 이해를 할 수 있도록 하는 중요한 역할을 한다.

제9장

성경 이야기 선정

문제 파악	성경 이야기 선정	서사적 읽기	인력 탐구	조명 자료 발견	조명 자료 강화	재저작	지지적 신앙 소그룹 형성

1. 성경 이야기 선정의 개념

문제 파악 단계가 끝나면, 그 문제에 적합한 성경 이야기를 선정해야 한다. 성경 이야기 선정은 내담자를 성경 세계 속으로 안내하는 중요한 관문 역할을 한다. 성경 이야기 상담의 두 번째 단계는 상담자와 내담자가 함께 협력하여 내담자의 주 호소 문제에 가장 적절하거나 관련된 성경 이야기를 선정하는 과정이다. 이때 성경 이야기는 내담자의 주 호소 문제와 직접적으로 연관된 이야기가 선택되어야 한다.

만약 해당 성경 이야기가 주 호소 문제와 직접적인 관련이 없다면, 간접적으로라도 관련된 이야기를 선택해야 한다. 성경에는 수많은 이야기들이 있지만, 그중 내담자의 문제와 가장 관련 있는 적절한 이야기를 선정하는 것이 중요하다. 이때, 상담자는 성경 이야기에 대한 충분한 지식과 참고할 수 있는 매뉴얼을 갖추고 있다면 더욱 효과적이다.

상담자는 내담자에게 성경 이야기를 선정해 줄 수 있지만, 내담자가 직접 자신의 주 호소 문제와 관련된 성경 이야기를 선택하는 것이 더 효과적이다. 이는 내담자가 자신의 문제를 가장 잘 알고 있기 때문이다. 내담자가 성경 이야기를 직접 선정하게 되면, 상담 효과가 더욱 커질 수 있다.

이 과정에서 내담자가 자기 문제와 관련 있는 성경 이야기를 선정하는 일이 다소 신비스러운 것처럼 느껴질 수 있지만, 예수께서 말씀하신 대로 성령께서 우리에게 주님의 말씀을 기억하도록 돕는다. 예수님은 이렇게 말씀하셨다: "보혜사 곧 아버지께서 내 이름으로 보내실 성령 그가 너희에게 모든 것을 가르치고 내가 너희에게 말한 모든 것을 생각나게 하리라." (요 14:26)

2. 성경 이야기 선정 방법

성경 이야기를 선정할 때, 상담자는 먼저 내담자의 성경에 대한 친밀감을 파악해야 한다. 내담자가 성경 이야기와 얼마나 친숙한지에 따라 상담은 두 가지 방향으로 진행될 수 있다. 내담자가 성경에 익숙하다면, 스스로 자신의 문제와 유사한 성경 이야기를 찾아낼 수 있다. 그러나 내담자가 성경에 익숙하지 않다면, 상담자가 내담자와 합의하여 파악된 '주 호소 문제'와 관련된 성경 이야기를 선정해 준다.

성경에 익숙한 내담자와 그렇지 않은 내담자에게 성경 이야기 상담은 다르게 적용될 수 있다. 그러나 성경에 익숙하지 않은 내담자라도 성경 이야기 상담이 효과가 없다고 할 수는 없다. 다만, 성경에 익숙한 내담자에 비해 상담 효과가 다소 낮을 수 있다.

내담자가 비기독교인이고 성경에 익숙하지 않다면, 창세기의 이야기가 적절한 선택이 될 수 있다. 창세기의 이야기는 율법과 교회가 존재하기 전, 보편적인 인류의 이야기이기 때문이다. 상담자가 성경에 대한 지식이 부족하다면, 뒤에 나오는 주제별 성경 이야기 자료집을 참고하면 도움이 될 것이다.

내담자가 성경 이야기를 직접 선택할 경우, 정서적 표출이나 문제해결이 더 용이해진다. 그러나 내담자가 성경에 대한 저항을 느낄 경우, 먼저 감정의 정화와 심리학적인 분석을 통해 신뢰 관계를 형성하고, 그 후에 성경 이야기를 접목시키는 것이 바람직하다. 따라서 성경 이야기 상담은 고정된 상담 과정과 단계보다는 상담자의 자율성에 많은 의존을 하며, 상담자는 내담자의 상황에 맞춰 특정 성경 이야기를 선택하고 이를 적용하는 시기도 자신의 판단에 맡겨야 한다.

내담자의 성경 이야기에 대한 친숙도에 따라 상담을 두 가지 방향으로 진행할 수 있다. 이 두 가지 모델은 다음과 같다.

1	2
성경 이야기에 익숙한 내담자	성경 이야기에 익숙하지 않은 내담자
자신이 선정한 성경 이야기를 통해 상담 진행	상담자가 선정한 성경 이야기를 통해 상담 진행

1) 성경 이야기에 익숙한 내담자

내담자가 자신의 문제에 적합하다고 생각되는 성경 이야기를 스스로 선택하는 경우이다. 이는 내담자의 정서적 표출이나 신학적 사고 및 현실적 도움을 유도하는 데 효과적이다. 내담자는 자신이 선택한 성경 이야기에 친숙하기 때문에 상담의 전全 단계에서 보다 자율적으로 임할 수 있다는 장점이 있다.

성경 이야기에 익숙한 내담자에게 성경 이야기를 직접 활용한 학자로 윔벌리가 있다. 그는 내담자가 가지고 있는 신념과 확신들(개인신화)을 찾아낸 후, 이 신화와 당면 문제와의 관계를 분별하고 신화의 영향력을 도표화하였다.

그다음에는 내담자의 이야기와 선정된 성경 이야기를 비교한다. 이렇게 하는 이유는 "어떻게 성경 이야기가 내담자의 마음 가운데서 자신이 선호하는 이야기로 발전시키는지 살펴보기 위함"이다.[165] 윔벌리는 내담자의 이야기 재구성 단계에서 성경 이야기가 중요하다는 사실을 강조하면서 이 단계에서의 성경 이야기를 사용하는 방법을 소개한다.

> 성경 사용의 첫 단계는 상담 과정에 그 이야기를 다시 소개하는 것이다. 목회상담의 초기 단계 동안 특별한 성경 이야기가 규정된다. 상담에서 그 이야기들의 잠재적 역할이 다시 환기된다. 이 순간에 개인신화를 재구성하기 위해 성경 이야기가 가지는 실제적인 역할이 그 모양을 갖추기 시작한다. 재구성 단계에서 성경 이야기가 소개된 후에 목회상담자는 유사성과 동일시의 방법, 이야기 인력 탐구의 방법, 기대감과 변화의 분별 방법을 사용한다. 이 모든 방법은 내가 목회상담 과정에서 성경을 활용하는 방법론에 도움이 되었던 상담의 이야기 방법론이다.[166]

165) E. Wimberly, op. cit., 27.
166) Ibid.

2) 성경 이야기에 익숙하지 않은 내담자

만약 내담자가 성경 이야기에 무지하거나 선호하는 이야기가 없는 경우, 윔벌리는 내담자가 선호하는 일반 이야기와 유사한 성경 이야기를 상담자가 선정하여 비교하도록 시도한다. 비교하는 목적은 일반 이야기와 성경 이야기 간의 유사성과 동일시를 찾고자 함이다. "유사성과 동일시는 내담자가 성경 이야기 가운데 주요 인물의 역할을 취득할 수 있는 역량을 뜻한다. 성경 이야기와 성경 인물과의 동일시는 내담자의 삶의 상황과 성경 이야기 상황의 유사성을 근거로 하고 있다."[167]

그는 "특정한 성경 이야기나 인물과의 동일시는 성경 이야기와 인물 자체가 끌어당기는 힘과 관계가 있다."고 본다. 또한 "동일시는 가능한 것들에 대한 기대감을 불러일으킨다. 현실 해석과 문제해결을 위한 현재의 방식에 대하여 희망적인 대안들을 갖게 한다. 그런 대안들은 성경의 독자들에게 당면한 문제를 해결할 수 있는 것으로 간주하게 해 준다."[168]

윔벌리의 신학적 입장은 이성이 계시에 포함되어 있다는 보수적 입장으로서, 그의 내담자들은 신앙적으로는 보수적인 사람들이 주 대상이라는 점과 조화를 이룬다. 또한 심리학과 신학과의 관계에서 신학이 중심이라는 견해와 내담자와 상담자가 자신들의 사역이 교회사역의 일부라고 생각하는 점도 우리나라 보수 교회 입장과 유사하다.[169]

윔벌리의 내담자들은 주로 성경에 대해서 잘 알고 있는 아프리카계 미국인인데 이 또한 우리나라 교인들과 유사한 점이다. 또한 흑인들이 정서가 풍부하고 가난과 억압을 견뎌 온 영성을 소유하고 있다는 점도 우리 민족과 유사한 점일 것이다. 이런 측면에서 볼 때, 그의 접근

167) Ibid.
168) Ibid., 103.
169) Ibid., 134f.

방식은 오늘날 한국교인들에게 상당한 도움을 줄 수 있다.

그의 방법론에서 결여되어 있는 부분은 내담자가 새로운 이야기를 작성할 수 있도록 하기 위한 구체적 방법이다. 내담자에게 동일시, 인력, 기대감을 불러일으키기 위해서는 구체적인 질문 기법이 있어야 한다.

또한 그가 열거한 문제점은 대부분의 내담자가 성경을 삶에 적용하지 못한다는 것, 그의 내담자들의 대부분이 아프리카계 미국인이라는 것, 내담자들이 성경 이야기를 왜곡되게 사용하고 부정적 성경 이야기와 부정적 인물들과 동일시한다는 것 등이다.[170]

3. 성경 이야기 선정 질문법

성경 이야기 선정 질문들은 내담자가 자신의 문제를 성경 이야기와 연결할 수 있는 기회를 제공하며, 이를 통해 내담자가 자신의 문제와 관련된 성경 이야기를 떠올리도록 돕는다. 또한, 이 과정은 상담자가 내담자의 경험을 성경 이야기로 풀어낼 수 있는 기초를 마련하며, 내담자가 성경 이야기를 통해 자신의 문제를 바라볼 새로운 관점을 갖게 한다.

[성경에 익숙한 내담자]

상담자 : 당신의 문제를 성경 이야기로 풀어보고자 합니다. 당신은 성경을 읽은 적이 있나요?

상담자 : 당신의 문제와 관련하여 생각나는 성경 이야기가 있습니까? 있다면 어떤 이야기가 떠오르나요?

상담자 : 그 이야기는 어떤 부분에서 당신의 상황과 연결될 수 있을까요?

170) Ibid., 136.

이 질문들은 내담자가 자신의 문제를 성경 이야기와 연결하는 과정에서 중요한 역할을 한다. 상담자는 내담자가 선택한 성경 이야기를 바탕으로 그 이야기가 내담자의 상황에 어떻게 적용될 수 있을지 함께 탐구하며 상담을 한다. 이 단계는 성경 이야기를 통해 내담자가 문제해결을 위한 새로운 관점을 얻을 수 있는 중요한 기회를 제공한다.

[성경에 익숙하지 않은 내담자]

상담자 : 당신의 문제를 성경 이야기로 풀어보고자 합니다. 혹시 성경에 대한 이야기를 들어 본 적이 있나요? 성경에 대한 이야기를 들은 적이 있다면, 그중 기억에 남는 이야기가 있나요?

상담자 : 당신이 겪고 있는 문제와 관련하여, 성경 이야기나 교훈이 도움이 될 수 있을 것이라고 느끼나요? 성경에서 이와 관련된 이야기를 나누어 드려도 괜찮을까요?

상담자 : 성경 이야기는 많은 사람들이 삶의 지혜를 얻는 데 중요한 역할을 합니다. 당신이 겪고 있는 문제에 대해 성경의 이야기나 인물, 사건이 어떻게 도움이 될 수 있을지 생각해 본 적이 있나요?

이 질문들은 성경에 익숙하지 않은 내담자가 성경 이야기의 가치를 인식하고, 자신과 연결할 수 있는 가능성을 열어주는 중요한 역할을 한다. 성경 이야기를 통해 내담자가 문제해결의 실마리를 찾을 수 있을지 탐구하는 방향으로 자연스럽게 이끈다. 이 과정에서 상담자는 내담자가 성경의 메시지와 관련된 통찰을 얻고, 문제를 새롭게 바라볼 수 있도록 지원한다.

4. 성경 이야기 선정의 사례

1) 내담자가 선호하는 성경 이야기가 있는 경우

필자가 참여하고 있는 기독영성상담연구소에서 한 학기 동안 실시한 성경 이야기 상담에서 성경 이야기를 내담자 스스로 선정하도록 함으로써 훨씬 더 높은 정서적 표출을 유도할 수 있었다. 이 상담에서는 성경 이야기를 큰 틀로 구분해서 창세기, 출애굽기, 왕들의 이야기, 선지자들의 이야기, 예수 그리스도의 이야기, 제자들의 이야기로 구분했다. 연구소에서 실시한 성경 이야기 상담의 한 예를 소개한다.

김인숙(가명)은 자신이 선호하는 이야기로 구약성경의 다윗 이야기를 선택했다. 그녀는 사무엘상 16장의 다윗의 등장부터 사무엘하 그리고 열왕기상 2장의 유언 장면에 이르기까지 다윗의 개략적인 전체 이야기를 섭렵했다. 이 중 그녀가 가장 관심을 가진 것은 사무엘하 12:7－25절에 나오는 다윗의 아이 죽음에 관한 이야기이다. 아래에서 그 본문을 소개한다. 이 본문은 이야기 형식을 잘 살리고 있는 개역개정판을 사용하되 독자의 편의를 위하여 구두점은 필자가 붙였다.

> 나단이 다윗에게 이르되 당신이 그 사람이라. 이스라엘의 하나님 여호와께서 이와 같이 이르시기를 내가 너를 이스라엘 왕으로 기름붓기 위하여 너를 사울의 손에서 구원하고 네 주인의 집을 네게 주고 네 주인의 아내들을 네 품에 두고 이스라엘과 유다 족속을 네게 맡겼느니라. 만일 그것이 부족하였을 것 같으면 내가 네게 이것저것을 더 주었으리라.
> 그러한데 어찌하여 네가 여호와의 말씀을 업신여기고 나 보기에 악을 행하였느냐? 네가 칼로 헷 사람 우리아를 치되 암몬 자손의 칼로 죽이고 그의 아내를 빼앗아 네 아내로 삼았도다. 이제 네가 나를 업신여기고 헷 사람 우리아의 아내를 빼앗아 네 아내로 삼았은 즉 칼이 네 집에서 영원

토록 떠나지 아니하리라 하셨고 여호와께서 또 이와 같이 이르시기를 보라 내가 너와 네 집에 재앙을 일으키고 내가 네 눈앞에서 네 아내를 빼앗아 네 이웃들에게 주리니 그 사람이 네 아내들과 더불어 백주에 동침하리라. 너는 은밀히 행하였으나 나는 온 이스라엘 앞에서 백주에 이 일을 행하리라 하셨나이다 하니 다윗이 나단에게 이르되 내가 여호와께 죄를 범하였노라 하매 나단이 다윗에게 말하되 여호와께서도 당신의 죄를 사하셨나니 당신이 죽지 아니하려니와 이 일로 말미암아 여호와의 원수가 크게 비방할 거리를 얻게 하였으니 당신이 낳은 아이가 반드시 죽으리이다 하고 나단이 자기 집으로 돌아가니라.

우리아의 아내가 다윗에게 낳은 아이를 여호와께서 치시매 심히 앓는지라. 다윗이 그 아이를 위하여 하나님께 간구하되 다윗이 금식하고 안에 들어가서 밤새도록 땅에 엎드렸으니 그 집의 늙은 자들이 그 곁에 서서 다윗을 땅에서 일으키려 하되 왕이 듣지 아니하고 그들과 더불어 먹지도 아니하더라. 이레 만에 그 아이가 죽으니라. 그러나 다윗의 신하들이 아이가 죽은 것을 왕에게 아뢰기를 두려워하니 이는 그들이 말하기를 아이가 살았을 때에 우리가 그에게 말하여도 왕이 그 말을 듣지 아니하셨나니 어떻게 그 아이가 죽은 것을 그에게 아뢸 수 있으랴. 왕이 상심하시리로다 함이라.

다윗이 그의 신하들이 서로 수군거리는 것을 보고 그 아이가 죽은 줄을 다윗이 깨닫고 그의 신하들에게 묻되 아이가 죽었느냐 하니 대답하되 죽었나이다 하는지라. 다윗이 땅에서 일어나 몸을 씻고 기름을 바르고 의복을 갈아입고 여호와의 전에 들어가서 경배하고 왕궁으로 돌아와 명령하여 음식을 그 앞에 차리게 하고 먹은지라. 그의 신하들이 그에게 이르되 아이가 살았을 때에는 그를 위하여 금식하고 우시더니 죽은 후에는 일어나서 잡수시니 이 일이 어찌 됨이니이까 하니 이르되 아이가 살았을 때에 내가 금식하고 운 것은 혹시 여호와께서 나를 불쌍히 여기사 아이를 살려 주실는지 누가 알까 생각함이거니와 지금은 죽었으니 어찌 금식

> 하라 내가 다시 돌아오게 할 수 있느냐 나는 그에게로 가려니와 그는 내게로 돌아오지 아니하리라 하니라.
> 다윗이 그의 아내 밧세바를 위로하고 그에게 들어가 동침하였더니 그가 아들을 낳으매 그의 이름을 솔로몬이라 하니라. 여호와께서 그를 사랑하사 선지자 나단을 보내 그의 이름을 여디디야라 하시니 이는 여호와께서 사랑하셨기 때문이더라.

그녀가 다윗의 아이 죽음에 끌리게 된 것은 자신의 과거 경험 때문이었다. 그녀는 한 번 유산했고 또 한 번은 심장기형아를 낳았는데 며칠 살지 못하고 죽은 적이 있었다. 그때 그녀가 받은 상처와 죄책감은 오랫동안 그녀를 괴롭혔다. 그 후에 그녀는 건강하고 예쁜 딸을 얻었지만 그녀는 여전히 아이를 잃어버린 밧세바에 집착하고 있었다. 그녀는 비록 건강하고 예쁜 아이를 얻었지만 그 아이를 키우는 일에 쉽게 지치고 기쁨을 잃곤 했다. 그녀가 다윗과 밧세바의 이야기에서 인력 탐구지를 통해 조명자료를 발견하게 되는데, 그것은 다윗과 밧세바의 이야기를 계속하여 읽어 내려가다가 새로 태어난 솔로몬이 하나님의 축복을 받는 아이라는 사실을 발견하면서부터이다.

그녀는 그 아이가 죽고 난 후에 자신에게 주어진 말씀들을 읽던 중 사무엘하 12:24절 후반부와 25절에 있는 말씀과 만나게 되었다.

> 여호와께서 그(솔로몬)를 사랑하사 선지자 나단을 보내 그의 이름을 여디디야라 하시니 이는 여호와께서 사랑하셨기 때문이더라.

여기서 '여디디야'란 여호와께 사랑을 받는다는 뜻이다. 그녀는 건강하게 태어난 아이가 하나님의 축복이란 사실을 처음으로 마음 깊이 받아들이면서 새로 태어난 아이를 키우는 것이 진정 행복이란 느낌을 가지게 되었다. 그녀는 이 이야기에서 솔로몬의 탄생이 조명자료로 작용하면서 죽은 아이 때문에 그녀의 슬프고 고통스러운 이야기를 새롭게 쓸 수 있는 계기를 찾은 것이다.

여기서 그녀가 가진 문제는 다윗과 밧세바의 이야기를 전체적으로 읽지 않고 이야기의 한 부분, 즉 아이의 죽음에만 붙잡혀 있었다는 것이다. 그 아이의 죽음 이후에 다윗의 회개로 하나님은 새로운 아이 솔로몬을 주셨고 그를 진정 사랑하시어서 선지자 나단을 보내어 새로운 이름을 주셨던 것이다. 하나님이 솔로몬에게 주신 축복은 그 후 솔로몬이 다윗의 보좌를 물려받는 데까지 이르게 된다.

내담자는 아이의 죽음 이후의 다윗과 밧세바 이야기를 계속 읽어가다가 자신의 문제가 무엇인지를 깨닫게 되고 자신에게 주어진 새 아이를 새로운 관점에서 바라볼 수 있게 된 것이다. 여기서 우리는 성경 이야기 선정에서 주의해야 할 점을 발견하게 된다. 즉, 성경 이야기를 선정할 때는 단편적인 이야기에 국한되지 말고, 그 이야기의 전후 관계를 살피고 전체 맥락을 고려해야 한다는 점이다.

그녀에게 있어서 두 번째 문제는 성경에서 자세한 기록이 없는 밧세바의 심정이나 처지를 몹시 궁금해하고 끊임없이 밧세바와 자신을 동일시하는 것이다. 그녀는 성경에 아이에 대한 다윗의 고통스러움은 표현이 되어 있지만 어떻게 보면 다윗보다도 훨씬 더 고통스러웠을 밧세바에 대해서는 언급이 적은 사실이 불만스러웠다. 그래서 그녀는 상상의 날개를 펴서 다윗 왕을 만난 때부터 시작하여 아이를 잃게 되는 그날들의 마음 아픈 기억들과 솔로몬을 얻은 이야기를 소상하게 기록했다.

물론 아이를 잃었던 경험이 있는 어머니로서 밧세바의 심경에 대해 정서적으로 감정이입이 되는 것은 자연스러운 일이다. 그런데 성경의 저자는 왜 아이를 잃은 어머니의 애통한 정서에 대해서는 침묵을 지키는 것일까? 남성으로서의 다윗처럼 아이가 죽자 모든 것을 훌훌 털어 버리고 다시 일상적인 삶으로 쉽게 돌아갈 수 없는 것이 어머니의 마음이었을 것이다. 다윗은 자신이 저지른 죄의 대가로 아이가 죽었다면 그 어미인 밧세바보다 더 고통스럽고 슬퍼했어야 하며 그렇게 쉽게 죽은 아이를 잊고 밥을 찾아 먹고 쉽게 정상적인 삶으로 돌아가서는 안 되는 것이었다.

사실 이 모든 것이 인간적으로 보면 너무나 당연한 질문이고 이해할 수 없는 부분이기도 하다. 이 시점에서 우리는 다윗과 밧세바의 이야기를 보다 충실하게 이해하기 위하여 이 이야기를 둘러싼 큰 이야기를 읽을 수 있어야 한다. 다시 말하면, 성경 서사론에서 지적한 것처럼, 단편 이야기는 중편 이야기와 관련을 찾아야 하고 중편 이야기는 장편 이야기인 성경 전체와의 맥을 찾아야 하는 것이다.

다윗과 밧세바의 이야기에서 다윗을 중심으로 기록하고 있는 것은 다윗 한 개인이 단순히 왕이라는 사실 때문이 아니다. 성경의 저자는 보다 큰 틀로서 다윗을 통한 이스라엘 왕조의 성립과 그 권세의 계승을 구원사적 관점에서 묘사한 것이다. 다윗은 다윗 한 개인의 존재가 아니라 하나님께서 이스라엘 민족을 통해서 구원의 역사를 베풀어 나가는 그 큰 흐름 속에서의 중요한 왕으로서 역할을 하는 것이다.

따라서 단편 이야기를 정확하게 읽기 위해서는 수평적으로 이야기의 흐름을 따라 읽어야 할 뿐 아니라, 수직적으로 보다 큰 틀의 이야기 속에서 그 단편 이야기를 읽어야 하는 것이다.

다시 말하면 하나의 작은 이야기는 수평적 문맥의 흐름과 수직적 이야기 층의 관계성 안에서 읽힐 때 보다 정확하게 이해가 되는 것이다. 이 사실은 성경 이야기 선정이 가지고 있는 한계를 잘 보여 준다. 즉, 성경 이야기에 친숙한 내담자가 자신의 문제에 적합한 성경 이야기를 직접 선정한다 하더라도 그 성경 이야기가 내담자의 모든 문제에 대한 해답을 제시하지 못한다는 것이다. 내담자가 선정한 성경 이야기가 직접적으로 문제에 대한 해답을 제시한다 하더라도 그 효과는 단기적이기 때문에 성령께서 주관하시는 상담 과정을 거칠 때 그 해답은 온전해질 수 있다.

참고로 연구소에서 실시한 상담 실습에서 내담자들이 제시한 문제들과 선호하는 성경 이야기는 다음과 같다.

미래에 대한 두려움, 인간관계 회의, 영적인 침체－요 9:1~41
육아 고민, 폭발적인 분노감, 내면의 공허감－삼하 12:7~25
자녀 문제와 갈등－행 9:10~22, 31
분노감, 용서가 안 됨－호 1:1~3:3
생존의 두려움, 정체성 혼란, 신체적 고통－요 21:15~23
목회의 어려움, 인간관계 단절의 두려움－눅 15:11~32
참된 리더십의 부재－대하 1:1~13
이유를 모르는 긴 고통, 하나님께 대한 원망－출 2~4장
여성에 대한 불신, 결혼에 대한 두려움－막 15:33~41
나의 정체성 혼란, 출산에 대한 두려움－마 1:1~23
친척 간의 관계 단절, 가족 간의 갈등－창 16:1~16

2) 내담자가 선호하는 성경 이야기가 없을 경우

두 번째 경우는 내담자가 특별히 선호하는 성경 이야기가 없는 경우이다. 이때에는 상담자가 내담자의 문제에 적절한 성경 이야기를 선정해서 내담자에게 제시해야 한다. 이때 상담자는 관련이 되는 다수의 성경 이야기를 제시하여 내담자가 선택할 수 있도록 할 수 있고 그중에

서 하나를 선정해서 제시할 수도 있다. 이 경우 내담자가 선택한 성경 이야기에 친숙해지기 위해서 충분한 시간적 여유를 주어야 한다. 그리고 내담자의 상황이 바뀌면 다른 성경 이야기를 택할 수 있다.

도건은 신생아 중환자실에 있는 아이들의 부모를 대상으로 성경 이야기 상담을 실시하면서 여섯 개의 관련 성경 이야기를 선택해서 내담자들에게 제시했는데 상황이 긴급하게 변할 때에는 전에 제시한 성경 이야기와 다른 성경 이야기를 제시했다. 도건은 그 부모들이 겪는 심리적 문제를 자신의 목회 및 상담의 경험을 근거로 하여 다음과 같이 정리했다.

> 부모들은 아이와의 분리에 대한 염려, 장소의 변화에 의한 스트레스, 통제와 꿈의 상실에 대한 두려움, 아이의 죽음에 대한 두려움, 아이의 죽음 후에 오는 슬픔, 이 경험의 신앙적 의미와 소망을 알고 싶어 한다.[171)]

그는 내담자의 이런 심리적 문제들에 적절한 성경 이야기로 아이를 잃은 다윗의 이야기(삼하 12:13-23), 아들 이스마엘에 대한 하갈의 염려(창 21:8-21), 한나와 아들 사무엘의 분리(삼상 1:21-28, 2:18-21), 타향 베들레헴에서의 예수 출생(눅 2:1-20, 마 2:1-11), 큰 폭풍(요 6:16-21), 예수의 죽음과 부활(마 27:32-56, 28:1-10)을 제시했다.[172)] 그는 이 이야기들을 개별적으로 인쇄해서 이 이야기와 관련된 주요 문제, 이 이야기의 해설, 그리고 대처 전략을 첨부하여 내담자로 하여금 읽게 하고 2~3일 뒤에 이 주제를 가지고 상담했다. 그는 가족 32팀을 상담했는데 성경 이야기에 친숙한 가족 22팀과 친숙하지 않은 가족 9팀으로 이루어져 있었다.

171) John T. E. Dogun, *Biblical Narratives in Pastoral Care* (Southeastern Baptist Theological Seminary D. Min Dissertation, 1993), 64.
172) Ibid., 43.

그는 자신의 프로젝트를 평가하면서 내담자의 상황에 맞는 성경 이야기를 찾고 이용했다고 분석했다.[173] 그런데 필자가 볼 때 성경 이야기에 친숙한 가족과 친숙하지 않은 가족을 구분하지 않고 상담자가 자신의 경험과 판단에 근거해서 성경 이야기를 일방적으로 내담자에게 제시한 것은 문제가 있어 보인다. 성경 이야기에 친숙하지 못한 가족을 위해서 더 세밀한 배려가 있어야 했다. 그들에게는 더 폭넓은 성경 이야기를 제시하는 것이 바람직하다.

그가 분석한 결과에 의하면, 내담자에게 선정된 성경 이야기가 정서적인 표출을 유도하느냐는 질문에 대해 5팀만이 즉각적인 표출이 있었다고 답했고, 23팀은 부분적이라고 답했으며, 정서적 표출이 없었다고 답한 가족도 3팀이나 되었다. 또한 선정된 성경 이야기와 내담자의 경험 관계를 조사한 결과에 의하면, 오직 6팀만이 일치했다고 보고하고, 25팀은 부분적으로만 일치했다고 답했다.[174]

이러한 결과는 상담자가 내담자의 성경 이야기 친숙도에 따라 내담자를 구분하지 않고 상담자가 정한 여섯 가지 성경 이야기를 일방적으로 제시한 문제 때문이라고 생각된다. 따라서 만약 내담자가 성경 이야기에 친숙하다면 내담자에게 적합한 성경 이야기는 내담자 스스로가 선정하도록 하는 것이 정서적 표출과 경험 사이의 일치도를 훨씬 더 높일 수 있다고 본다. 내담자의 성경 이야기 선정은 표면적으로 볼 때, 그가 호소하는 문제와 관련이 없어 보인다. 내담자가 성경 이야기를 선정하는 데 결정적 요인으로 작용하는 것은 그의 과거 경험이다.

173) Ibid., 72.
174) Ibid., 77.

5. 성경 이야기 선정을 위한 자료

내담자가 선호하는 성경 이야기가 없을 경우 상담자는 문제에 적합한 이야기들을 선정해서 내담자로 하여금 선택하도록 할 수 있다. 이때 상담자는 성경 이야기들에 대한 사전 지식과 정보를 가지고 있어야 한다. 아래에서 열거하는 책들에서 필자는 좋은 자료를 찾을 수 있었다.

성경의 부록으로 되어 있는 심방성구모음집에 보면 유용한 성경 이야기 자료를 얻을 수 있다. 이 심방성구모음집은 목회자의 심방이나 평신도의 전도를 위해서 고안된 것이다. 그래서 대부분의 성구는 짧은 구절로 되어 있어 단시간의 심방 시 사용할 수 있도록 되어있다. 그러나 이 성구들 중에는 다소 긴 이야기도 포함되어 있다. 또 교인들의 각종 문제 상황이 상세하게 열거되어 있고 모든 문제 상황에 맞는 이야기가 있는 것은 아니지만 상당한 수의 문제 상황과 그것에 적합한 이야기들이 수록되어 있다. 이 문제들과 이야기들이 반드시 일치하는 것은 아니지만 선택된 이야기들은 상담에 유용한 자료로 사용할 수 있다. 필자는 이 심방성구집에서 유용한 이야기들을 많이 발견할 수 있었다. 여기서 사용하는 심방성구집은 성서교재 간행사에서 1992년에 발행한 만나성경에 부록으로 된 것을 참고한 것이다. 이 부록에는 내용에 맞는 찬송가까지 소개되어 있어서 유용하게 사용될 수 있다.

추부길이 편집한 작은 천국을 찾아라[175] 에서 상담을 위한 성경 이야기들을 찾을 수 있다. 그가 가정사역 상담을 하면서 큰 어려움을 겪은 것은 상담에 성경적인 뒷받침이 없다는 것이었다. 이 책은 가정상담사역을 위한 가이드북이기 때문에 성경 이야기 상담의 자료를 찾

175) 추부길, **작은 천국을 찾아라** (서울: 모스트 커뮤니케이션, 1995).

는 데 유용한 원천이 된다. 이 책은 주제별로 가나다순으로 성경 구절을 모아 놓았는데 그중에서 성경 이야기만을 선별해 보았다. 상담사역에서의 다양한 주제들을 세분해서 분류해 놓았고 또 본문을 소개해 놓았기 때문에 편리하게 사용할 수 있다. 문제가 있다면 성경 이야기를 전체적으로 소개하지 않고 단편적으로 끊어서 주제에 맞추었기 때문에 성경 이야기 전체의 메시지를 찾기 어렵다는 것이다. 또한 많은 주제들은 성경 구절 중심으로 되어 있어 이야기가 많지 않다.

M. B. 슈워츠와 K. J. 카플란이 지은 성경 속의 치유와 상담[176]에서 저자들은 성경 이야기를 심리치료의 실제와 통합하고자 한다. 이 책에는 58개의 구약성경 이야기가 현실 치료자에게 유용하도록 실려 있다. 저자들은 성경 이야기들의 심리학적 의미를 추구하며, 그 이야기들이 심리적인 문제에 어떤 해결책을 제시하는지에 대해서 초점을 맞추고 있다. 이 책에서는 먼저 성경 이야기가 소개되고 그 이야기의 치유적 의미를 임상적 경험에 근거해서 밝혀 놓았다. 여기서 다루고 있는 주제들은 크게 열한 가지로 분류되어 있고 큰 주제 아래 세부적인 소주제들이 포함되어 있다.

열한 가지 대주제는 자존감, 자신과 타인에 대한 의무와 충성, 어려운 결정 하기, 명령과 맹세 비유 그리고 유혹, 분노, 여러 가지 장애, 가족 문제 회복, 부모의 축복과 지지, 건강한 발달과 왜곡된 발달, 역경 · 쇠진 · 상실 그리고 무능력의 극복, 자살예방이다. 이 11개의 대주제들 아래에는 5~6개의 소주제들이 포함되어 있으며 주로 구약성경의 인물을 중심으로 이야기를 엮어 놓았다. 이 책은 상담자들이 구약성경의 인물들을 심리학적인 측면에서 이해할 수 있도록 하며 구약성경 인

176) M. B. Schwartz and K. J. Kaplan, 성경속의 치유와 상담, 권명수 · 전정운 역 (서울: 시그마프레스, 2007).

물들의 이야기를 상담상황에 쉽게 연결할 수 있다는 장점이 있다.

불편한 점은 성경 이야기의 범위를 뚜렷하게 밝혀 놓지 않았다는 것이다. 또한 성경 이야기가 구약성경에 국한되어 있다는 것도 약점이 될 수 있다.

마지막으로, 기독교문사에서 편집한 성경에서 골라낸 1,246가지 이야기는 짧은 이야기와 예화들을 주제별로 분류해서 사전식으로 배열해 놓고 있다.[177] 여기에 나오는 이야기는 성경 66권과 구약의 외경 가운데서 골라낸 짧은 이야기로 주로 설교자들을 위해서는 설교 예화로, 평신도들에게는 재미있는 성경 이야기로 사용될 수 있도록 편집되어 있다. 이 책의 이야기는 일차적으로 설교 예화용이기 때문에 상담에 사용하기에는 다소 부적절한 주제들이 많다는 것이 단점이다. 그러나 다양한 주제들 중에서 내담자의 문제들과 관련 있는 것들이 있기 때문에 선별해서 사용한다면 도움을 받을 수 있다.

이상의 책들 이외에도 유용한 자료들이 많이 있겠지만 상담자들이 일차적으로 이 책들로부터 도움을 받을 수 있겠다. 여기서 고려해야 할 사항은 하나의 성경 이야기는 다양한 문제나 주제와 관련되어 있고 여러 측면에서 읽힐 수 있기 때문에 다음에서 분류한 문제와 주제는 그 다양한 문제들 중 하나에 불과하다.

성경 이야기는 내담자로 하여금 신학적 메시지나 교훈에 접하기 이전에 그 이야기 세계 속에 공감하는 것이 우선하기 때문에 여기서 제시한 분류는 단지 내담자가 그 이야기에 쉽게 공감할 수 있도록 하기 위한 것이다. 제시된 성경 구절은 제시된 문제의 이야기를 담고 있는 성경 구절들이며, 제시된 문제의 해결책으로 적당한지는 앞으로 더 많은 연구가 필요하다.

177) 한동인, 성경에서 골라낸 1,246가지 이야기 (서울: 기독교문사, 1998).

(1) 가정 문제

자녀의 불효—삼상 2:12~25, 눅 15:11~32, 삼하 15:1~12

자녀의 불신앙—왕하 21:1~18, 눅 16:27~31

자녀의 죽음—삼하 12:15~25, 눅 7:11~17

자녀의 병—왕상 17:18~24, 요 4:46~54, 막 5:21~24, 35~43

자녀의 귀신들림—마 15:21~28

형제간의 갈등—창 37

아버지와의 반목—삼하 17:24~18:33

부모의 아동학대—왕하 6:28~29

부모의 편애—창 27:1~45, 창 37

(2) 질병 문제

중병—왕하 20:1~11, 요 5:1~9, 왕상 17:17~24, 막 5:25~34

중풍—막 2:1~12

불임—삼상 1:11~20, 창 18~21

귀신들림—막 5:1~20

장애—마 9:27~31, 막 10:46~52, 요 9:1~41

(3) 신앙 문제

믿음 약함—마 14:22~33, 눅 7:36~50, 눅 23:39~43, 눅 24:13~35

종교적 교만—눅 18:9~14, 단 4:1~37

헌신하다 시험에 듦—욥 1:1~22, 요 21:1~19, 왕상 19:1~18

헌금 문제—막 12:41~44

원망과 불평—출 14:1~31

지도자와의 갈등—행 15:36~41, 막 8:27~38

불신 문제–요 20:24~29

사역의 장애–행 16:16~40, 19:23~41

불신 환경 문제–창 6:5~22, 39:1~23, 단 1:8~16, 창 11:10~12:9

(4) 신앙윤리 문제

술취함–창 9:20~27

물질 문제–눅 12:13~21, 15:11~32, 창 13:1~13

성적인 유혹–삿 16:4~22, 창 39:1~23

성폭행–창 34:1~34, 삼하 13:1~39

근친상간–삼하 13:1~39

미신–행 8:17~24, 13:6~12

간음–호 3:1~5, 요 8:1~11

용서–창 45:1~28

배은망덕–삼상 23:1~14, 눅 17:11~19, 막 12:1~12

(5) 일상의 문제

갑작스러운 시험–마 4:1~11, 막 4:35~41, 행 27:1~44

재난–출 14:1~31

범죄–눅 7:36~50, 눅 18:9~14

사업 실패–창 27:1~28:22, 창 32:1~32, 눅 5:1~11, 요 21:1~14

소외–요 4:5~42

오해와 불운–창 39:1~23

군입대 문제–삼상 17:31~40

큰 장해–수 6:1~21, 단 1:1~21, 에 4:1~17

방탕–눅 15:11~32

갈등과 경쟁－창 13:1~11, 마 20:20~28

죽음－요 11:1~44

노쇠－삼하 19:31~39, 창 47:7~12

교만－왕상 12:6~20, 대하 32:24~31

재혼－룻기

(6) 성격 문제

자존감－삼상 9:1~10:27, 요 4:1~42, 삼상 17:1~58

자살예방－왕상 10:1~18

무능감－출 3~4장

분노－창 4:1~15, 요나

조급함－출 2:11~25, 삿 11:29~40, 창 16장

불안－출 16:1~30, 창 28:10~22, 삼상 7:3~14

나약함－수 1:1~11, 삿 6:1~7:25

우유부단－창 12:10~20, 창 16:1~16

갈등－창 32장

대인공포증－막 5:24~34

슬픔－눅 24:13~35, 요 19:17~30

이상에서 내담자들이 호소하는 다양한 문제와 관련되는 성경 이야기들을 간략하게 살펴보았다. 그런데 성경 이야기 선정에 있어서 내담자가 비록 성경 이야기에 친숙하다 하더라도 자신의 이야기와 완전히 일치하는 성경 이야기를 찾는 것은 거의 불가능하다. 만약 내담자가 성경 이야기에 친숙하지 못할 경우 문제는 더욱 어려워진다. 현실적으로 볼 때, 내담자가 여성인 경우가 많은데 성경 이야기에는 남성들이 압도

적으로 많이 등장한다. 이런 경우 내담자 이야기와 성경 이야기 간에는 괴리 현상이 일어난다.

앞서 소개한 내담자 김인숙(가명)의 경우 여성인 자신의 정서와 경험이 성경 이야기에서는 등한시되어 있는데 불만을 토로했다. 즉, 성경 이야기에서 다윗의 이야기가 주를 이루고 밧세바의 정서와 경험은 거의 무시되어 있다. 그래서 성경 이야기 선정 단계에서 내담자 이야기와 성경 이야기 간에 유사성이 있다 할지라도 이 단계에서의 상담 및 치료 효과는 제한적이다. 앞에서 소개한 도건의 경우를 보면 이 사실을 분명히 알 수 있다. 이 문제는 3단계인 서사적 읽기를 통해 일부 해답을 얻을 수 있다.

제10장

서사적 읽기

문제 파악	성경 이야기 선정	서사적 읽기	인력 탐구	조명 자료 발견	조명 자료 강화	재저작	지지적 신앙 소그룹 형성

서사적 읽기는 내담자로 하여금 성경 이야기를 이야기로 읽게 하는 과정이다. 내담자가 선정한 이야기가 단편적일수록 문제에 접근할 수 있는 가능성이 적어진다. 이때 상담자는 내담자에게 서사적 성경 읽기의 필요성과 유용성을 설명하는 것이 바람직하다.

1. 서사적 읽기의 개념

내담자는 서사적 성경 읽기 방식을 통하여 성경 이야기의 깊이와 다양한 의미를 발견할 수 있다. 서사적 읽기는 서사비평에서 내재적 저자의 의도를 파악하여 본문을 그 의도에 따라 충실하게 읽는 방식이다.

이 방식은 성경 이야기의 단편적이고 왜곡된 해석을 피하게 해 준다.

이제까지는 성경 이야기 본문을 이야기 자체로 읽기보다는 메시지, 교훈, 교리, 신학적 사상을 이끌어 내기 위한 자료로 읽어 왔다. 물론 이 작업도 중요한 것은 분명하다. 그러나 우선순위의 문제가 있다. 우리는 먼저 성경 이야기를 이야기로 읽는 방법을 배워야 한다. 성경 이야기 본문에서 성급하게 성경의 교리, 교훈, 신학적 사상을 도출하기에 앞서, 우선 성경 이야기 본문을 문학적 형식을 살려서 이야기로 읽는 훈련이 필요하다.

서사적 읽기는 주로 두 가지 목표를 가지고 있다. 첫째는 이야기체 본문을 정확하게 해석한다는 것과 두 번째로 인력 탐구를 위한 준비 작업을 한다는 것이다.

성경을 이야기로 읽는다는 것은 독자가 성경 이야기 세계 속으로 들어가 체험을 하는 것이다. 이것은 우리가 영화나 연속극을 볼 때에 그 세계 속으로 들어가는 것과 같다.

이와 같이 성경 이야기 본문도 그 이야기에 독특한 세계가 있다. 이야기 세계에는 사건이 일어나고 등장인물들이 활동하며, 배경이 있고 그 이야기 자체의 독특한 관점이 있다. 독자는 이야기 본문에서 어떤 메시지를 이끌어 내기 이전에 이야기 세계 속으로 들어가서 그 배경 속에서 숨 쉬고 그 인물들과 만나고 그 사건에 얽혀 들어감으로써 온몸으로 독특한 삶의 체험을 하는 것이 우선이다.

우리는 어떻게 성경 이야기 속으로 들어갈 수 있을까? 성경 이야기는 그 자체의 독특한 세계가 있기 때문에 그 세계에 관심을 가지고 흥미를 느끼고 자신의 삶과의 접촉점을 찾을 때 쉽게 그 이야기 속으로 들어갈 수 있는 것이다. 이 접촉점이란 무엇인가? 그것은 곤고한 삶의 한가운데서, 아니면 처절한 절망과 고통 가운데서, 성경 이야기 세계가 하나의 놀라운 유성과 같이 우리에게 다가오는 것으로 체험할 수 있다. 아니면 일상적인 삶의 리듬이나 침묵 가운데서, 조용하고 세미한 소리 가운데서 신비스러운 삶의 리듬과 향기를 품을 수도 있다. 또한 사람들은 쉽게 권태를 느끼며 삶의 무의미함에 시달린다. 그래서 성경 이야기 세계 속으로 들어가 새로운 것을 찾고 싶어 한다. 의미 있는 말도 계속 듣게 되면 싫증을 느낀다. 어떤 내담자는 이유를 알 수 없는 긴 고통의 삶속에서는 욥의 이야기를 많이 듣게 되는데 그 위로하는 이야기조차도 진절머리가 난다는 고백을 했다.

2. 서사적 읽기 단계

서사적 읽기에는 3단계가 있다. 1단계는 성경 이야기를 하나의 흐름으로 읽는 것이다. 2단계는 성경 이야기를 이야기의 구성 요소별로 읽는 것이다. 3단계는 독자가 자신의 실존적 상황에 맞게 읽는 것이다. 이것을 그림으로 나타내면 [그림 10-1]과 같다.

[그림 10-1] 서사적 읽기 단계

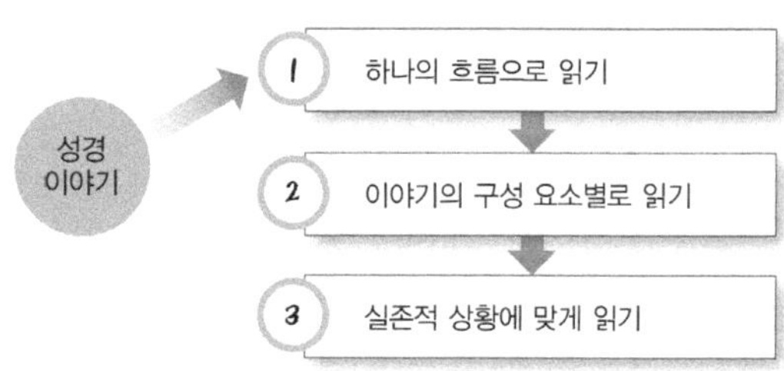

1) 1단계 : 하나의 흐름으로 읽기

성경 이야기 세계에 들어가기 위해서는 먼저 성경 이야기를 하나의 이야기 흐름으로 읽어 나갈 수 있어야 한다. 이것을 위해서 성경 본문의 전후 관계를 연결해서 읽어 나가야 한다.

2) 2단계 : 이야기의 구성 요소별로 읽기

그다음에는 이야기의 구성 요소별로, 즉 등장인물, 사건, 배경, 플롯을 구체적으로 파악하는 것이다. 이 단계에서는 내담자가 일정한 성경 본문을 지침에 따라 과제물로서 스스로 공부하는 쓰기법이 유익하다. 물론 이 단계에서도 상담자는 내담자가 서사적 읽기를 충분히 이해하고 과제물을 잘해 올 수 있도록 지도하는 것이 필요하다.

상담자는 내담자가 선정한 성경 이야기를 [그림 10-2]와 같이 이야기 구성 요소별로 구분하여 질문해 봄으로써 내담자가 이야기를 보다 생동감 있게 읽게 해 준다.

[그림 10-2] 이야기의 구성 요소별로 읽기

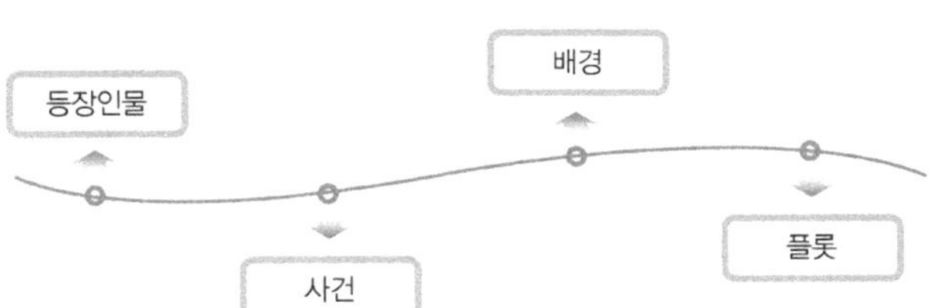

3) 3단계 : 실존적 상황에 맞게 읽기

마지막 단계는 독자가 본문을 자신의 실존적 상황에 맞게 읽는 것이다. 내담자가 본문을 통해서 감동과 힘을 얻는 것은 내담자가 자신의 위치에서 본문을 읽고 그 본문의 세계에 몰입할 수 있을 때이다. 예를 들어, 내담자가 자신이 제자 중의 한 사람이라고 생각하고 본문을 읽어보는 것이다. 이런 과정을 통해서 내담자는 그 이야기 세계 속으로 들어가는 경험을 하게 된다. 이때 그는 상상력을 최대한 발휘해야 한다.

성경 이야기에 등장하는 인물과 감정적으로 느끼는 것을 공감 혹은 감정이입이라고 한다. 이때 내담자가 이상적으로 생각하는 인물과의 감정적 경험을 이상적 감정이입이라 하고, 내담자의 처지와 유사한 상황에 처한 인물과 감정이입을 하는 경우를 현실적 감정이입이라 한다. 예를 들어, 예수와의 감정이입은 이상적 감정이입이 되고, 처지가 비슷한 제자들이나 다른 인물들과의 감정이입은 현실적 감정이입이 된다. 많은 경우 내담자는 예수 그리스도와의 감정이입을 해 왔지만, 마음에 와닿는 다른 인물과의 감정이입도 좋은 경험이 된다.

바울은 이런 경험을 연합이란 개념으로 설명하고 있다. 기독교인들은 그리스도와 연합하여 함께 죽고, 장사 지낸 바 되고, 그리고 부활하여 새로운 생명을 얻는다(롬 6:3-5). 바울은 이 경험을 '그리스도를 옷 입는다'라는 은유를 사용하여 표현하고 있다.

3. 서사적 읽기 질문법

서사적 읽기는 성경 이야기를 내담자와 함께 구체적으로 탐구하면서 이야기 속 인물, 사건, 배경, 플롯 등 다양한 요소를 이해하는 과정이다. 이 단계에서 상담자는 내담자가 성경 이야기를 보다 깊이 이해하고, 그 이야기의 내용이 내담자의 상황과 어떻게 연결될 수 있는지 탐색할 수 있도록 돕는다.

[이야기 속 등장인물에 대한 질문]

상담자 : 당신의 문제를 성경 이야기로 풀어보고자 합니다. 혹시 성경에 대한 이야기를 들어본 적이 있나요? 성경에 대한 이야기를 들은 적이 있다면, 그중 기억에 남는 이야기가 있나요?

상담자 : 선정한 이야기를 이야기의 시작부터 끝까지 어떤 일들이 일어났는지 설명할 수 있나요?

상담자 : 그 이야기를 들려줄 수 있습니까?

상담자 : 이 이야기에 등장하는 주된 인물과 보조적 인물은 누구입니까?

상담자 : 주된 인물은 어떻게 묘사되어 있나요? (예: 외모, 신장, 체중 등)

상담자 : 주된 인물의 성격은 어떻습니까?

상담자 : 주된 인물의 말투는 어떻습니까?

상담자 : 주된 인물의 행동은 어떻습니까?

상담자 : 주된 인물은 어떤 생각을 하고 있는 것 같습니까?

상담자 : 주된 인물의 정서는 어떻습니까?

상담자 : 주된 인물의 신념이나 가치관은 무엇일까요?

상담자 : 주된 인물과 다른 사람들과의 관계는 어떻습니까?

상담자 : 주된 인물과 하나님과의 관계는 어떻습니까?

이 질문들은 이야기 속 등장인물에 대한 구체적인 묘사와 분석을 통해, 내담자가 성경 이야기에 등장하는 인물들의 복잡한 내면과 그들의 관계를 이해할 수 있도록 돕는다. 인물의 행동, 생각, 성격 등을 깊이 있게 탐구함으로써 내담자는 등장인물과 자신의 상황을 연결할 수 있는 기회를 얻는다.

[이야기 속 사건에 대한 질문]

상담자 : 이 이야기에서 주된 사건과 부수적인 사건은 무엇인가요?
상담자 : 이 이야기에서 주된 사건은 무엇입니까?
상담자 : 이 사건이 발생하게 된 원인은 무엇입니까?
상담자 : 주된 갈등 상황은 무엇이며, 어떻게 진행되고 있습니까?
상담자 : 이 사건에서 갈등의 시작은 무엇입니까?
상담자 : 이 사건에서 갈등의 절정은 언제입니까?
상담자 : 이 갈등이 어떻게 해결되어 가기 시작합니까?
상담자 : 이 갈등은 어떤 사건으로 인해 궁극적으로 해결됩니까?
상담자 : 전체 이야기에서 이 주된 사건은 다른 사건들에 어떤 영향을 주고 있습니까?

이 질문들은 이야기 속에서 일어나는 사건을 상세하게 분석하게 하여, 내담자가 사건의 원인, 갈등의 흐름, 갈등 해결 과정을 명확히 이해하도록 돕는다. 또한, 내담자가 이 사건을 자신의 삶에 어떻게 적용할 수 있을지 탐구하는 데 중요한 역할을 한다.

[이야기 속 배경에 대한 질문]

상담자 : 이 이야기는 언제 일어났습니까?
상담자 : 이 이야기가 전개되고 있는 장소는 어디입니까?
상담자 : 이 이야기의 시대적 배경은 무엇입니까?
상담자 : 이러한 배경이 등장인물들과 사건들에 어떤 영향을 미칩니까?

배경에 대한 질문은 내담자가 이야기의 시간적, 공간적 맥락을 이해하게 하고, 그 배경이 등장인물이나 사건에 미친 영향을 분석하는 데 도움을 준다. 이 질문을 통해 내담자는 성경 이야기에서 중요한 배경 요소가 그 이야기의 의미와 어떻게 연결되는지 통찰할 수 있다.

[플롯에 대한 질문]

상담자 : 성경의 저자가 들려주고자 하는 메시지는 무엇입니까? 그 메시지는 어떻게 표현되어 있습니까?

플롯에 대한 질문은 이야기에서 성경 저자가 전달하려는 핵심 메시지를 파악하는 데 도움을 준다. 이 질문을 통해 내담자는 성경 이야기를 단순한 사건의 나열로 이해하는 것이 아니라, 그 이야기를 통해 하나님이 내포하고자 하는 깊은 메시지를 살펴볼 수 있게 된다.

이상의 질문들은 상담자가 성경 이야기의 등장인물, 사건, 배경, 플롯에 대해 내담자에게 주로 할 수 있는 질문이다. 이 질문들은 상담의 맥락에 따라 적절히 선택할 수 있으며, 상황에 따라 다른 질문이 필요할 수도 있다. 그러나 서사적 읽기에서의 질문이 인력 탐구에서의 질문과 중복되지 않도록 주의해야 합니다.

서사적 읽기에서의 질문들은 내담자가 성경 이야기 속 세계에 깊이 몰입할 수 있도록 돕는 보편적이고 일반적인 질문이다. 이 질문들은 성경 이야기 자체에 대한 이해를 돕고, 내담자가 그 이야기의 핵심 요소를 탐구하는 데 초점을 맞추고 있다. 반면, 인력 탐구에서의 질문은 내담자가 성경 이야기와 자신의 삶을 어떻게 연결할 수 있을지에 대한 개인적이고 구체적인 질문을 중심으로 구성된다.

따라서 서사적 읽기에서의 질문은 성경 이야기의 전반적인 흐름과 내용을 중심으로 이루어져야 하며, 인력 탐구에서의 질문은 내담자의 삶의 경험과 성경 이야기 간의 상호작용과 그 적용을 탐구하는 방향으로 설계되어야 한다. 이러한 구분을 명확히 함으로써, 각 단계에서 내담자가 성경 이야기를 보다 효과적으로 이해하고, 자신의 상황에 어떻게 적용할 수 있는지 통찰을 제공할 수 있다.

4. 서사적 읽기 사례

여기서는 성경 본문의 서사적 읽기의 한 예를 소개한다. 다음은 복음과 상담에 실린 김재현의 글에서 발췌한 것이다.[178)]

> 예수의 수난과 부활 이야기(마가복음 15:33-41)
>
> 제육시가 되매 온 땅에 어둠이 임하여 제 구시까지 계속하더니 제 구시에 예수께서 크게 소리 지르시되 엘리 엘리 라마 사박다니 하시니 이를 번역 하면 나의 하나님, 나의 하나님 어찌하여 나를 버리셨나이까 하는 뜻이라.
> 곁에 섰던 자 중 어떤 이들이 듣고 이르되 보라 엘리야를 부른다 하고 한사람이 달려가서 해면에 신 포도주를 적시어 갈대에 꿰어 마시게 하고 이르되 가만두라 엘리야가 와서 그를 내려 주나 보자 하더라. 예수께서 큰소리를 지르시고 숨지시니라. 이에 성소 휘장이 위로부터 아래까지 찢어져 둘이 되니라. 예수를 향하여 섰던 백부장이 그렇게 숨지심을 보고 이르되 이 사람은 진실로 하나님의 아들이었도다 하더라. 멀리서 바라보는 여자들도 있었는데 그중에 막달라 마리아와 또 작은 야고보와 요새의 어머니 마리아와 또 살로메가 있었으니 이들은 예수께서 갈릴리에 계실 때에 따르며 섬기던 자들이요 또 이 외에 예수와 함께 예루살렘에 올라온 여자들도 많이 있었더라.

이 이야기의 맥락은 향유 부은 여인(막 14:1-9)-유다의 배신(막 14:10-11)-유월절과 최후의 만찬, 베드로 배신 예고(막 14:12-31)-

178) 김재현, "버림받은 이야기로 부터의 탈출과 조명자료의 발견," 복음과 상담 43, 기독상담연구소, 2009, 143-159.

겟세마네 기도(막 14:32-42)-체포, 재판과 베드로의 배신(막 14:43-14:72)-수난과 죽음(막 15:1-47)-부활(막 16:1-8)이다.

김재현은 본문의 전후 맥락을 먼저 하나의 흐름으로 살펴보았기 때문에 본문의 위치와 그 의미를 보다 분명하게 파악할 수 있다. 한 가지 아쉬운 점은 큰 맥락에서 본문의 흐름을 살펴보았으나 본문의 보다 인접한 부분에 대한 전후관계를 다루지 못했다는 점이다. 다시 말하면, 본문 15:33-41이 15:1-47 수난과 죽음의 단락에 위치하는데 15:1-32와 15:42-47의 직접 관련되는 전후관계를 분석하지 못했다는 것이다. 이러한 결과로 독자는 예수의 수난과 죽음의 단락에서 보다 구체적인 전후관계를 알 수 없다는 문제가 있다.

15:1-32에는 유대인 지도자들이 공회에서 의논한 뒤 예수를 빌라도에게 넘겨주게 되고 빌라도의 재판이 시작된다. 빌라도는 예수를 놓아주고자 하여 유대 백성들로 하여금 바라바와 예수 중 한 사람을 선택하라고 하였다. 그런데 대제사장들이 충동하여 무리들은 바라바를 놓아주라고 고함을 쳤다. 결국 빌라도는 예수를 십자가에 못 박도록 판결하고 로마 군인들은 예수를 조롱하고 채찍질한 뒤 골고다로 끌고 간다. 로마 군인들이 제3시 즉 9시에 예수를 십자가에 못 박았는데 그 십자가 위에는 "유대인의 왕"이라는 팻말이 붙어 있었다. 지나가는 무리들과 대제사장들은 "저가 남은 구원하였으되 자기는 구원할 수 없도다."라고 하면서 조롱하였다.

이 일 후에 본문의 이야기가 계속된다. 본문의 이야기 직후인 15:42-47에는 다음의 이야기가 계속된다. 예수가 십자가에 못 박힌 날은 안식일 전날이었기에 아리마대 요셉이 와서 예수의 시체를 달라 하였다. 빌라도는 예수가 죽은 것을 확인한 후 요셉에게 시체를 내어주었는데 그는 이것을 세마포에 싸서 바위 속에 판 무덤에 넣어 두고 돌을

굴려 문을 막았다. 이때 막달라 마리아와 요셉의 어머니 마리아가 예수를 둔 곳을 보았다. 이후에 안식일이 지나서 그들은 살로메와 함께 무덤을 찾고 흰 옷을 입은 청년이 전해 준 예수의 부활 소식을 듣게 된다.

1) 등장인물

(1) 예수

D. 로즈Rhoads, J. 듀이Dewey, D. 미치Michie의 견해를 따르면, 예수의 성격적 특징 중 하나는 예수가 죽음을 받아들인 인물이라는 점이다.[179] 그들은 예수의 죽음이 '외로움과 절망' 속에서 이루어진 사건임을 인정한다.

그러나 그들은 예수께서 내면적 두려움, 고통, 슬픔, 그리고 육체적 아픔에도 불구하고 하나님에게 철저히 순종했다는 점을 강조한다.[180]

(2) 여성 제자들

수난 이야기에서 여인들은 긍정적으로 그려진다. 향유 부은 여인은 예수가 죽음을 겪어야 할 운명임을 알았고, 남성 제자들이 모두 예수를 버려도 여성 제자들은 끝까지 예수를 따랐다. "이 여인들은 특히 열 두명의 제자들이 실패하고 모두 사라진 시기에 나타나서 참된 제자도의 길이 무엇인지 보여 주는 좋은 본보기 역할을 하고 있다."[181]

마가복음 15:40-41은 다음과 같이 말한다. "멀리서 바라보는 여자들도 있었는데 그중에 막달라 마리아와 또 작은 야고보와 요셉의 어머니 마리아와 또살로메가 있었으니 이들은 예수께서 갈릴리에 계실

179) D. Rhoads, J. Dewey and D. Michie, 이야기 마가: 복음서 내러티브 개론, 양재훈 역 (서울: 이레서원, 2003), 294-297.

180) Ibid., 297-300.

181) Ibid., 354.

때에 따르며 섬기던 자들이요 또 이 외에 예수와 함께 예루살렘에 올라 온 여자들도 많이 있었더라." 여인들은 이야기의 처음부터 끝까지 예수를 따랐고 사랑했던 사람들이었다.

(3) 백부장

백부장은 신비로운 인물이다. 마가복음에서 부활 이전에 예수의 정체를 하나님의 아들로 알아차린 인물은 없었다. 그가 하나님의 아들이라는 것은 하나님과 귀신들과 같은 초자연적 존재라는 것이다. 인간 등장인물들 중에는 백부장만이 유일하게 그가 하나님의 아들임을 고백한다.

김재현은 본문에 등장하는 인물들을 분석하고 있는데, 아쉬운 점은 본문 안에서 독자가 느끼고 있는 점들을 이야기 형식으로 서술하는 것이 부족하다는 것이다.

본문 안에는 십자가 곁의 군중들, 신 포도주를 제공한 사람, 그리고 무명의 갈릴리 여인들이 주변 인물로 등장하는데 이 인물들을 보다 상세하게 다루었으면 십자가 사건의 현장감이 살아날 수 있었을 것이다. 그렇게 하면 적대적인 군중들에 둘러싸여 있는 예수의 고통스럽고 외로운 모습이 부각되었을 수 있다. 따르던 남성 제자들은 그 주변에 아무도 없고 오직 여자들만 멀리서 바라보고만 있는 현장이다.

가장 고통스러운 순간에 홀로 있는 예수는 고통스러운 순간에 홀로 있어야 하는 많은 사람들에게 위로를 준다. 비록 인간적으로 보면 그는 홀로 있었으나 그 순간에도 그는 하나님께 의존하고 계셨다.

2) 사건

이야기에 있는 사건의 순서는 다음과 같다. 제 육시가 되면서 온 땅에 어두움이 임함 → 예수께서 "엘리 엘리 라마 사박다니."라고 소리 지르심 → 곁에 있던 사람들은 예수가 엘리야를 부르는 줄 착각함 → 그중 한 사람이 신 포도주를 마시게 함 → 그 사람이 엘리야가 와서 구해 주는지 보자고 사람들을 선동함 → 예수께서 크게 소리 지르고 숨지심 → 성소 휘장이 위로부터 아래로 찢어짐 → 백부장이 그렇게 숨지심을 보고 "이는 진실로 하나님의 아들이었도다."라고 고백함 → 멀리서 여자들이 따라옴.

이야기에 있는 사건은 어떠한 인과관계로 연결되어 있을까? 제육시(정오, 12시)부터 제구시(오후 3시)까지 어두움이 드리워진 것은 예수의 수난 때문이다. 예수가 매 맞고 십자가에 못 박히고 모욕을 당하는 일이 원인이 되어 어두움이 온 땅에 드리워진 것이다. 예수가 고통의 절정에서 "엘리 엘리 라마 사박다니."라고 소리 지르실 때 십자가 주변에 있던 사람은 엘리야를 부르는 줄 착각했다. 그중 한 사람은 마취제라고 할 수 있는 신 포도주를 제공하면서 엘리야가 올 때까지 예수의 목숨을 연장하려고 했다. 그는 "엘리야가 와서 구해 주나 보자."라고 말하면서 예수를 조롱했다. 그러나 십자가에 달린 자에게 신 포도주는 오히려 질식사를 유발한다. 그래서 예수는 그때 크게 소리 지르시고 숨지셨다. 예수의 죽음에 대한 슬픔으로 성소의 휘장이 위로부터 아래로 찢어졌다. 백부장은 예수가 십자가에 못 박혀 죽는 것을 보고 어떻게 예수를 하나님의 아들이라고 고백하게 되었는지 그 이유를 자세히 알 수는 없다. 그러나 그는 예수의 마지막 외침과 숨지시는 모습을 보고 그러한 고백을 유발했을 것이다. 그리고 여성들이 예수의 십자가에 가까이 왔다. 그 당시 여성들은 남성 제자들에 비해 체포의 위험이 적었기 때문일 것이다. 그래서 여인들이 십자가까지 따라올 수 있었다.

이야기의 중심 사건은 예수의 죽음이다. 그리고 예수가 죽을 때 어두움이 드리워진 것, 어떤 사람이 신 포도주를 준 것, 휘장이 찢어진 것, 백부 장의 고백, 그리고 여인들이 십자가까지 따라온 것은 주변 사건에 속한다.

이야기에서 표면적으로 나타나는 갈등은 예수와 유대 지도자들, 예수를 실제로 죽였던 로마 군병들, 예수를 모욕했던 구경꾼들 사이의 갈등이다. 그들은 예수를 모욕하고, 때리고 죽였다. 또 다른 갈등은 예수와 하나님 사이의 갈등이다. 예수는 "나의 하나님 나의 하나님 어찌하여 나를 버리셨나이까?"라고 외치며 버림받은 아픔을 토하신다. 제육 시부터 임한 어두움과 특히 찢어진 성소의 휘장은 하나님의 아픈 마음을 의미한다. 그때 찢어진 것은 휘장이었지만 그것은 동시에 하나님의 마음이었다.

예수와 하나님 사이의 갈등은 전체 이야기의 갈등 가운데 절정에 해당된다. 의외의 고백을 한 백부장의 등장과 예기치 못했던 여인들의 재등장은 절정에 이른 갈등이 해소의 방향으로 나아감을 암시한다.

3) 배경

공간적 배경의 이동만 간단하게 살펴보자. 공간은 베다니 나병환자 시몬의 집(막 14:3)－예루살렘 성내 다락방(막 14:12－25)－찬미하며 감람 산으로 감(막 14:22－31)－겟세마네(막 14:32－42)－대제사장의 뜰(막 14:53－72)－빌라도가 있는 곳(막 15:1－15)－브라이도리온(막 15:16－21)－골고다(해골, 막 15:22－41)－빈 무덤(막 15:46－16:8)이다.

김재현은 공간적 배경을 상세하게 추적함으로써 이야기의 역동성을 살려 주고 있다. 짧은 시간 안에 장소가 자주 바뀌는 점을 감안하면 유대 지도자들이 예수의 처형을 서두르고 있음을 느낄 수 있다. 그런데 본문에서는 장소가 고정되는 대신에 시간이 흐르고 있음을 감지할 수 있다.

복음서 저자는 제육시와 제구시를 드러내어 보임으로써 고통의 시간이 느리게 흐르고 있음을 알 수 있다. 여기서 시간적 배경의 중요성을 지적할 수 있고 사회적 배경 또한 언급될 수 있다. 십자가형을 집행하는 로마의 장교인 백부장이 등장하는 것은 그 당시의 배경이 식민지 통치하라는 것을 나타낸다. 여인들이 십자가에 가까이 오지 못하고 멀리서 바라보는 것도 그 당시의 소외된 계층으로서 여인들의 모습을 느낄 수 있다. 지역적으로 갈릴리 출신의 여인들이라는 점에서 더욱 그러했을 것이다.[182]

4) 플롯

마가복음 15장 40－41절은 마가의 플롯을 다시 생각하게 할 수 있는 엄청난 반전의 잠재성을 내포하고 있다. 화자는 마가복음 15장 40－41절을 내러티브의 거의 마지막 부분에 배치시킴으로써, 그동안 숨겨져 있던 여인들이 이제야 전면에 부각되도록 한다. 이들은 이야기의 시작 부분부터 함께 있었으나, 그들이 함께했다는 사실이 15장 후반부에 있는 예수의 죽음 이후에서야 드러나게 되었다. 이러한 사실은 예수를 따랐던 군중들ochlos의 구체적인 모습을 새롭게 조명하게 만든다.[183] 마가의 플롯에는 향유 부은 여인에서 빈 무덤의 이야기까지 여인들의 이야기가 많이 들어 있다. 그리고 마가복음의 결말에서 이 여인들은 중요한 역할을 한다. 마가복음에는 예수, 종교 지도자들, 제자들의 이야기만 있는 것이 아니라 여인들의 이야기가 숨겨져 있는 것이다. 그리고 그것은 마지막에 극적으로 드러난다.

182) 이 시대의 역사적 배경을 알기 위해서 Willabald Bosem, 예수시대의 갈릴래아, 황현숙 역 (한국신학연구소, 1998), Jachim Jeremisa, 예수시대의 예루살렘, 번역실 역 (한국신학연구소, 1988)을 참조하라.

183) Malbon, op. cit., 50.

김재현은 이야기의 플롯에서 중요한 주제를 지적하고 있다. 그것은 가장 고통스러운 사건의 현장에서 등장하고 있는 여인들의 역할이다. 이 여인들은 비록 지역적으로나 사회적으로 소외된 사람들이지만 그들이 따르던 주님이 수치스러운 죽음을 당하는 그 장소에까지 그를 버리지 않고 함께한 사람들이었다. 이들의 이러한 역할은 그다음 장에서 사건의 중심 인물들로 부각하는 요인이 된다. 주님 안에서는 소외된 자리라도 낙심하지 않고 그 자리를 지켜 나가면, 언젠가 중요한 역할을 하게 된다는 주제를 중심으로 이야기할 수 있다. 저자는 이 부분에서 독자들에게 그 여인들을 통해서 이야기 세계에 점차 끌려들어 가는 경험을 하게 한다. 이 숨겨 둔 여인들의 이야기는 예수의 가장 고통스러운 순간에 극적으로 나타나게 되는 마가의 플롯에 끌리게 되는 것이다.

마가복음 화자의 이념 혹은 평가 기준을 "하나님의 일을 생각하느냐?" 아니면 "인간의 일을 생각하느냐?"라고 보는 것은 일반적이다.[184)]

로즈에 의하면, 마가복음에는 두 가지 길이 있다고 한다. 하나는 자신의 생명을 구하는 길이며, 다른 하나는 타인을 위해 자신의 생명을 버리는 길이다. 두 길을 도표로 정리하면 다음과 같다.[185)]

---

184) Rhoads, Dewey, Michie, op. cit., 127. 저자들은 마가복음에서 하나님의 일을 생각하는 것은 신뢰할 만한 관점인 반면에, 인간의 일을 생각하는 것은 바람직하지 못한 관점이라고 주장한다.

하나님의 일	인간의 일
믿음	믿음이 없음
담대함	두려움
복음을 위해 목숨을 잃음	자기 자신을 위해 목숨을 구함
다른 사람들보다 가장 나중이 됨	큰 자가 됨
다른 이들을 섬김	남들 위에 군림하려고 함
다른 사람들을 구원함	다른 이들에게 해를 끼침
세상을 위해 하나님께 충성함	자기 자신이나 자기 집단에 충성함

185) D. Rhoads, "Losing Life for Others in the Face of Death: Mark's Standards of Judgment," in *Reading Mark: Engaging the Gospel* (Minneapolis: Fortress Press, 2004), 44–45.

하나님이 사람들에게 원하는 것	사람들이 자신을 위해 원하는 것
타인 중심적	자기 중심적
복음을 위해서 자신의 생명을 잃음	자신의 생명을 구원함
소유를 포기함	세상을 얻음
가장 작은 자가 됨	위대하게 됨
모두의 종이 됨	다른 이들을 지배함
믿음을 가짐	염려함
다른 이들을 구원함	다른 이들에게 해를 끼침
세상을 위해 하나님께 충실함	자신에게 충실함

즉, 마가복음 해설자의 가치관은 인간의 일보다 하나님의 일이 훨씬 더 가치 있고 중요하다는 것이다. 인간의 일의 핵심은 자신의 생명을 구하는 것이고, 하나님의 일의 핵심은 죽음에 직면해서 다른 사람을 위해서 자신의 목숨을 버리는 것이다. 예수의 십자가의 죽음은 이러한 가치기준에 완전히 부합되는 사건이다.

제11장

인력 탐구

문제 파악	성경 이야기 선정	서사적 읽기	인력 탐구	조명 자료 발견	조명 자료 강화	재저작	지지적 신앙 소그룹 형성

1. 인력 탐구의 개념

성경 이야기 상담의 네 번째 단계는 성경 이야기가 내담자의 삶과 어떤 상호 작용을 하는지를 밝히는 단계이다. 윔벌리의 이론에 의하면 "성경 이야기는 독자와 청중을 그 자체의 능력으로 이야기로 끌어 들이는 힘을 지니고 있다."[186] 윔벌리의 이 통찰은 성경 이야기 상담에서 중요한 이론적 근거를 제공한다. 즉, 성경의 이야기는 단순히 과거의 사건이나 교훈을 전달하는 데 그치지 않는다. 그 이야기는 현재의 독자나 청중과의 깊은 상호 작용을 통해 삶의 변화와 성장을 촉진하는 능력

186) E. P. Wimberly, op. cit., 28.

을 가지고 있다는 것이다. 이러한 이해는 성경 이야기가 내담자의 현실적인 문제와 감정에 어떻게 영향을 미치는지를 탐구하고, 상담 과정에서 성경 이야기가 어떻게 내담자의 치료와 변화 그리고 성장시킬 수 있는지를 밝히는데 중요한 역할을 한다.

인력 탐구는 서사적 읽기에서 내담자가 경험하는 끌림현상, 즉 인력을 느끼는 현상을 보다 정확하고 구체적으로 파악하는 것이다. 이 단계는 인력 탐구지를 통해, 내담자가 이야기의 구성 요소인 인물, 사건, 배경, 플롯 중 어떤 부분에서 끌림을 느끼고, 그 인력의 구체적 내용이 무엇인지를 밝히는 단계이다. 물론 때로는 그 인력을 정확하게 묘사할 수 없는 경우도 있다. 그러나 이 단계에서 적용하는 인력 탐구지는 그 끌리는 현상을 발견하고 이를 묘사하는 데 도움을 준다.

인력 탐구는 상담자와 내담자 간의 대화를 통해 내담자의 개인적 독서 경험을 질문지를 사용하여 파악하는 과정이다. 이 과정에서 중요한 것은 질문지를 사용하여 내담자의 경험을 명확하게 파악하고 체계화하는 것이다. 비록 내담자의 이야기가 상담자의 생각이나 관점과 다르다 할지라도, 내담자가 자신의 경험을 이야기할 수 있도록 도와주는 것이 중요하다. 특히, 이 단계에서는 내담자가 성경 이야기에 인력을 느끼는 것이 무엇보다 중요하다. 그 인력이 성경 이야기 본문의 내용이나 상담자의 이해와 다를지라도, 적극적으로 내담자의 이야기와 경험을 살려주는 것이 필요하다.

따라서 이 과정에서는 상담자의 '알지 못한다'는 자세가 필수적이며, 한 걸음 더 나아가 성령의 인도를 구하는 자세가 필요하다.

성경 이야기는 독자가 자신의 삶에 영향을 미치는 방식으로 인물들의 관점, 감정, 태도 등을 채택하도록 초청하는 내용이 있다. 예를 들면, 누가복음의 해설자는 독자들의 연민을 자아내는 수사학적 기교가 뛰어나다. 이 해설자는 성경 인물들 중 병과 재난으로 고통당하는 사람들과의 동일시 기법을 사용하여, 독자로 하여금 연민을 자아내면서 이야기 세계 속으로 끌어들인다. 이러한 기법을 파토스pathos라고 부르는데, 이 용어는 에토스ethos와 대조적인 개념이다. 파토스는 독자의 정서에 호소함으로써 문제를 해결하고자 한다면, 에토스는 냉철한 판단을 중시한다.

캡스는 시편에 있는 탄식시의 양식과 비애 과정이 관련되어 있다고 보았다. 그의 견해에 의하면, "탄식시의 역할 가운데 하나는 고난당하는 사람들을 새롭게 하고 회복시키는 것이다."[187] 그는 성경이 비극에 당면하는 사람들에게 건강한 신화를 구성하는 데 중요한 역할을 한다고 주장한다.[188]

이와 같이 성경의 독자들은 성경 이야기 속 인물들의 고통을 자신의 삶에 비추어 보면서 그들의 고난과 극복을 깊이 있게 공감하게 된다. 이 같은 방법은 독자들이 이야기 속으로 더욱 몰입하게 만들고, 성경이 전하고자 하는 메시지를 개인적으로 받아들이는데 중요한 역할을 한다.

2. 성경 세계로 들어가기

1) 인력 탐구에서 상담자의 역할

인력 탐구에서 상담자의 역할은 내담자가 그 이야기와 자신을 동일시함으로써 이야기의 힘을 느끼는지 아닌지를 분별하는 것이다. 이 단계의 중요성은 내담자가 자신의 내면 깊숙한 곳에서 일어나고 있는 것에 대하여 의식하도록 일깨우는데 있다. 윔벌리는 오랜 신앙생활을

187) D. Capps, *Biblical Approaches to Pastoral Counseling*, 116.
188) Ibid., 120.

통해 동일시와 역할 취득의 경험을 가진 내담자의 경우 이 과정이 더 쉬워진다고 말한다. 그것은 현실의 인식이 성경의 관점에 기초해 있을 때 현실 문제를 성경의 관점에서 바라보기가 쉽기 때문이다.[189]

도건의 상담 사례에서 성경 이야기가 상호 작용을 유발하는지에 대한 질문에, 31명의 내담자 중 28명이 긍정적으로 대답했다. 또한 성경 이야기가 정서적 반응을 유발하는지에 대한 질문에서는 5명은 즉각적인 반응이 있었다고 응답했고, 23명은 부분적인 반응이 있었다고 대답했다.[190] 이러한 결과는 성경 이야기가 내담자들에게 강력한 정서적 영향을 미치며, 그들의 내면에 중요한 반응을 유발할 수 있음을 보여준다. 따라서 정서적 표출에 대해 지지나 위로와 같은 긍정적 피드백이 필요 점을 알 수 있다.

기독영성상담연구소에서 실시한 상담에서, 인력탐구 후 정서적 표출에 대한 긍정적 피드백 없이 곧바로 조명자료를 찾는 단계로 들어갔을 때, 내담자들은 정서적 어려움을 겪었다고 보고되었다. 이는 성경 이야기가 신학적 토론을 유발할 수 있기 때문에 신학적 문제를 바로 다루기보다는 정서적 위로와 공감이 먼저 이루어져야 함을 시사한다.

2) 성경 이야기에서 만난 세계

성경 이야기의 끌어당기는 힘과 밀접한 관련을 맺고 있는 방법론은 기대감을 조사하며 변화를 일으키는 방법이다. 여기서 기대감이란 성경 인물들과 유사한 삶의 결과를 얻게 될 것이라는 마음가짐이다. 즉, 내담자가 성경 속 인물들의 경험과 삶의 변화를 통해 자신도 같은 변화를 경험할 수 있다는 믿음을 가지는 것이다.

189) E. P. Wimberly, op. cit., 78.
190) J. T. E. Dogun, *Biblical Narrative in Pastoral Care*, 77.

> 기대의 과정이란 내담자가 자신의 삶이 성경 이야기의 인물과 비슷한 방법으로 영향 받기를 기대한다는 것이다. 목회 상담자는 내담자가 성경 이야기와 자신을 동일시하고, 그 결과로 자신이 성경의 인물과 유사한 '삶의 결과'를 얻게 될 것이라는 기대감을 가질 때까지 성장했는지 규명하는 작업이 매우 중요하다.[191)]

윔벌리는 이 기대감이 개인신화의 변화를 주도하는 동기와 힘을 제공해 준다고 본다. 윔벌리는 "개인신화를 성경 이야기와의 대화의 장으로 끌어오는 방법을 기대와 변화추구"라고 불렀다.[192)] 많은 내담자는 자신의 이야기와 성경 이야기 사이에서 머뭇거리고 방향을 잡지 못한다. 윔벌리가 그의 내담자에게서 발견하였듯이, 대부분의 내담자는 성경 이야기와 개인 이야기 사이의 관계를 잘 인식하지 못하고, 성경 이야기가 개인의 이야기를 바꿀 수 있는 힘이 있는지를 알지 못한다.

그런데 이런 상황을 탈피하도록 만드는 것은 내담자의 삶 속에서 내담자를 끊임없이 괴롭히는 삶의 조건들이다. 내담자는 이 고통으로부터 탈피하기 위해서 새로운 삶에 대한 기대를 가지고 변화를 추구하게 되는 것이다. 이렇게 보면 결국 우리가 흔히 듣는 말처럼 삶의 고통과 재난은 기회가 되기도 한다. 그런데 이 상황을 탈피하도록 유인하는 이야기들이 세상 속에는 무수히 많다.

이 많은 이야기들 중 내담자가 성경 이야기에 끌리고, 그 이야기에 기대를 가지고 변화를 추구하는 것은 인간의 사고로서는 이해하기 어려운 부분이 있을 수 있다. 이 사실은 다음과 같이 설명할 수 있다. 비기독교인에게는 이 세상이 그에게 유일한 세계로 여겨진다. 그래서 그는 자신이 살아가는 현실세계에서 문제에 대한 해답을 찾으려 하지

191) E. P. Wimberly, op. cit., 29.
192) Ibid., 50.

만, 그것은 결국 이 세상 현실의 조건 속에서 얻어진다. 그가 발견한 대안 이야기도 결국은 이 세상 이야기로 한정된다.

그러나 기독교인에게는 이 현실 세계와 차원이 다른 성경 세계가 존재한다. 기독교인은 자신의 문제에 대한 해답을 현실 세계에서 찾아보려고 하지만, 그 해답을 찾지 못할 때 결국 성경 세계로 향하게 마련이다. 성경 세계는 이 세상에서 기대할 수 없는, 상상하기조차 어려운 새로운 해답을 제시한다. 그의 삶이 성경 세계와 만나고 그 세계 속으로 들어가면, 그의 삶에서 새로운 차원의 세계가 열리게 된다. 이는 [그림 11-1] 과 같다.

[그림 11-1] 성경 세계로 들어가기

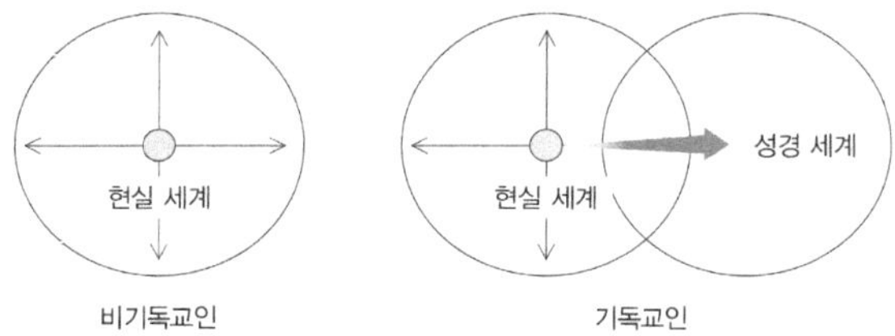

다시 말하자면, 기독교인은 현실 세계의 문제를 서사적 읽기를 통해서 성경 세계 속으로 가져갈 수 있다. 그는 자신이 성경 세계 속으로 들어감으로 자신의 문제도 그 속으로 가져가고 그 속에서 해결점을 발견할 수 있다. 성경 세계 속에서 발견한 대안적 이야기는 진정한 대안적 이야기가 될 수 있다.

이와 같이 성경 세계가 내담자의 현실과 만날 때, 그들은 더 이상 이 세상의 제한된 관점에서만 삶을 보지 않게 되고, 하나님의 구속과 사랑이 가져오는 변화의 가능성을 경험하게 된다.

3) 인력 탐구와 영적 체험

내담자의 이러한 경험은 종교적으로 볼 때 회심의 경험과 유사한 점이 있다. 무신론자였던 옥스퍼드대학의 교수 C. S. 루이스는 이렇게 고백했다. "내가 그렇게도 만나기를 원하지 않았던 절대타자가 나에게 사정없이 다가오고 있는 것을 계속해서 느꼈다." 이러한 경험은 4세기의 어거스틴이 체험한 것과 유사한데, 그는 이 현상을 '저항할 수 없는 은총irresistible grace'이라고 표현했다.

로더에 의하면, 루이스는 묘사할 수 없는 하나님 체험을 먼저하고 그 후에 그 체험이 하나님과 그리스도와 관련되어 있다는 사실을 뒤늦게 깨닫게 되었다고 한다.[193] 이와 같은 하나님 체험은 인간의 언어로 묘사하기 어려운 환상적이며 총체적인 경험으로 그것은 새로운 차원의 세계와 관련되어 있다. 그리고 이 체험은 성경 말씀과 교회를 통해서 하나님과 예수 그리스도와의 관계를 구체적으로 이해하게 되며, 이 체험이 현실적인 언어로 지각되기 시작한다.

내담자는 성경 이야기를 통해 이러한 경험을 하거나 아니면 과거에 했던 경험을 회상하게 된다. 어떤 내담자는 성경 이야기를 통해 과거에 자신에게 나타났던 환상을 되새기는 경험을 하게 되었다. 이러한 영적인 경험은 개인의 삶의 본질을 새롭게 경험하는 총체적이며 강력한 관점을 형성시켜 주는데, 이 경험에는 성경적인 관점뿐 아니라 이 관점을 구현할 수 있는 힘과 능력이 수반된다.

로더는 영적인 경험의 정체성에 관해서 그의 책에서 설득력 있게 논의하고 있다. 이 정체성의 문제는 영적인 경험이 자아와 합리성의 파괴로 인한 정신병리적 현상인지, 아니면 새로운 삶을 가능하게 하는 인식과 삶의 비약인지 하는 문제와 관련되어 있다.

193) J. E. Loder, op. cit., 249.

이러한 영적 경험과 관련이 되는 또 다른 중요한 주제는, 이것이 진정한 하나님 체험인지 아니면 자기도취인지 하는 질문이다. 그 체험이 진정한 영적 체험인지 아닌지를 구분하기 위해서는 영적 체험의 궁극적 동인drive, 動因이 무엇인지를 판별할 필요가 있다.

로더는 영적 체험의 궁극적 동인을 판별하는 기준으로 신학적인 관점과 심리학적인 관점을 제시한다. 우선 신학적인 관점으로는 다음의 다섯 가지가 있다.

첫째, 확신 체험은 예수 그리스도에 의해 주도되는 것으로 보이며, 이는 인간의 노력이나 영적인 추구에 의해 시작되는 것이 아니다.

둘째, 예수 그리스도가 주도하는 확신 체험은 자기희생적인 사랑을 낳게 하는 특성이 있다.

셋째, 이 체험은 예수 그리스도에 대한 객관적인 표현들을 추구한다. 이러한 표현들은 성경, 성례전, 예배 및 신앙 저작들로 나타난다.

넷째, 확신 체험은 미래를 향한 길을 열어 준다. 이 체험은 우리가 미래에 대한 불확실성을 극복하고, 목표를 향해 나아갈 수 있는 확고한 방향을 제시해 준다.

다섯째, 확신 체험은 예수 그리스도와의 연속성을 지탱해 주는 사회 상황을 요청한다. 즉, 개인체험은 다른 사람들에 의해서, 그리고 객관적이고 제도적인 기준에 의해서 확인받아야 한다. 그것은 마치 예수께서 나병환자를 고치시고 난 후에 그 사람에게 몸을 제사장에게 보이라고 한 것과 같은 것이다.

심리학적인 관점으로 그가 제시하는 사항들은 다음의 다섯 가지이다.

첫째, 확신 체험은 자아, 세계, 하나님을 나타내 주고 있다.

둘째, 확신 체험은 개인의 독특한 역사를 배경으로 가지고 있다.

셋째, 확신 체험은 사람의 과거에 대한 해명자[194] 역할을 한다.

넷째, 발달 과정에서 가역성[195]은 심리학적 차원에서의 자아ego를 흡수하지 않는다. 즉, 확신 체험은 과거에 영향을 미치지만, 그 영향이 자아를 흡수하거나 변형시키는 방식으로 작용하지 않는다. 확신 체험은 과거의 경험과 상관없이, 현재와 미래를 위한 확고한 방향성을 제공하는 데 초점을 맞춘다.

다섯째, 확신 체험으로 인한 변형의 과정은 그 변형을 계속해서 표현하도록 요구한다. 한 번 체험된 변형은 지속적으로 더 깊은 변형을 촉발하게 된다.[196]

신앙적 체험의 동인에 대한 분석은 건전하고 장기적인 효력을 가지는 조명자료의 필수적인 과정이다. 성경 이야기에서 강한 인력을 느끼는 부분에 대한 탐구는 신앙 체험을 인지하고 확인하며 강화하는 작업의 시작이다. 바울은 초대교인들이 경험하는 신앙적 체험들, 특히 회심, 은사 및 성령의 열매에 대해서 그 본질과 목적, 사용방식을 명확하게 규명하고 있다.

또한, 바울신학은 성령현상에 대한 견제와 조화를 위해서 필요하다. 바울은 초대교회에서 일어나는 이 현상에 대해 바른 신학적 통찰을 제시하고 있으며, 이 부분은 이제까지 등한시되었다. 바울의 성령 신학은 초대교회 이후 관심 받지 못했지만, 21세기에 들어오면서 점차 많은 관심을 끌고 있다.

3. 인력 탐구 질문법

어떤 방식이든 내담자가 성경 이야기에 인력을 느끼면, 상담자는

194) '해설하고 설명해 주는 자'를 의미한다.
195) '과거로 되돌아갈 수 있는 성질'을 의미한다.
196) Ibid., 306-351.

내담자에게 성경 이야기의 구성 요소들과 전체적인 내용에 대한 생각과 느낌에 대해 질문을 할 수 있다. 이 질문들을 통해 상담자는 내담자가 자신의 새로운 이야기를 작성할 수 있는 동기와 자료를 찾도록 도울 수 있다.

일반적으로 말하면, 인력이 강할수록 그 부분에서 조명자료를 찾기도 쉽고 재저작하기도 쉽다. 대부분의 내담자들을 보면, 인력은 현재의 문제보다는 과거의 문제와 관련이 있다. 표면적으로 보면, 현재의 문제와 과거의 경험 간에는 관련성이 없는 것처럼 보이지만 심층적으로는 상호 불가분의 관계에 있다.

어떤 내담자의 경우, 현재의 문제는 목회의 어려움과 인간관계 단절에 대한 두려움인데, 그가 끌린 본문은 누가복음 15장의 탕자의 비유이다. 그가 이 이야기에 끌린 이유는 등장인물인 둘째 아들처럼 자신이 과거에 먼 나라로 계획 없이 건너간 경험이 있었기 때문이다.

또 다른 내담자의 경우, 자신이 지체 장애를 가지고 있기 때문에 성경에 등장하는 장애인들에게 강하게 끌린다고 하였다. 이 내담자는 성경 이야기를 통해 자신의 장애와 그에 따른 어려움을 자신의 신앙 여정에 연결지으면서, 성경에 등장하는 장애인들이 겪은 고통과 회복의 이야기에 깊이 공감하게 되었다.

1) 인력 탐구 질문

인력 탐구지는 내담자가 스스로 작성할 수도 있고, 상담자가 내담자에게 질문 형식으로 사용할 수도 있다. 후자의 경우, 상담자가 내담자의 반응을 체크하고, 내담자에게 반응의 정도를 물어볼 수도 있다. 다음은 인력 탐구를 위해 내담자에게 던질 수 있는 성경 이야기에 관한 질문들이다.

먼저, 상담자는 다음의 인력 탐구지를 사용하여 내담자에게 이야기의 구성 요소 중 가장 끌리는 부분을 숫자로 표시하게 한다.

[표 11-1] 인력 탐구지

구성 요소	인력 내용	인력지수(1~10)
등장인물		
사건		
배경		
플롯		

상담자 : 이야기의 구성 요소별로 마음에 끌리는 내용은 무엇인가요?
1) 등장인물 가운데 인력을 느끼는 사람은 누구인가요?
  –등장인물의 어떤 부분에서 인력을 느끼게 되나요?
2) 사건 가운데 인력을 느끼는 부분은 무엇인가요?
  –어떤 사건에 인력을 느끼나요?
3) 배경 가운데 인력을 느끼는 부분은 무엇인가요?
  –어떤 배경에 인력을 느끼나요?
4) 플롯에서 느끼는 인력은 무엇인가요?

상담자 : 이야기의 구성 요소에서 내 마음에 끌리는 부분을 숫자로 표현해 보세요. 마음에 끌리는 인력지수는 1에서 10까지입니다. 1은 가장 약하게 끌리는 경우고, 10은 가장 강하게 끌리는 경우를 의미합니다. 당신의 인력지수는 얼마인가요?

상담자 : (내담자가 읽은 성경 본문을 말한다) ~의 이야기를 읽으면서 등장인물, 사건, 배경, 플롯 중에서 가장 마음에 끌리거나 감동적인 부분은 무엇인가요?

2) 인력 탐구 심층 질문

이야기의 구성 요소인 등장인물, 사건, 배경, 플롯 가운데 가장 끌리는 요소를 선택하여, 그 부분에 대해 집중적으로 질문하면 된다. 다시 말해, 이야기의 모든 구성 요소를 다루는 것이 아니라, 인력의 끌림이 느껴지는 요소만 선택하여 질문하면 된다.

[등장인물에 대한 심층 탐구 질문]

상담자 : 이 이야기의 등장인물 중에서 가장 끌리는 사람은 누구인가요?

상담자 : 그 사람이 끌리는 이유는 무엇인가요?

상담자 : 이 인물이 겪고 있는 문제는 무엇이며, 그 문제의 원인은 무엇이라고 생각하나요?

상담자 : 이 인물은 그 문제를 어떻게 해결했나요?

상담자 : 이 인물의 문제해결 방식이 당신의 문제에 어떻게 도움이 될 수 있을까요?

상담자 : 그 인물에게 강하게 끌리는 부분이 있다면, 그것이 당신의 삶을 어떻게 바라보게 하나요?

상담자 : 그 부분을 당신의 삶에 어떻게 적용할 수 있을까요?

[사건에 대한 심층 탐구 질문]

상담자 : 이 이야기에서 어떤 사건이 특히 끌리나요?

상담자 : 이 사건이 일어나게 된 배경은 무엇인가요?

상담자 : 이 사건이 등장인물들에게 어떤 영향을 미쳤고, 사건은 어떻게 결말을 맺었나요?

상담자 : 당신의 삶에서 이와 유사한 사건을 경험한 적이 있나요? 그 사건이 당신의 삶에 어떤 영향을 미쳤고, 결말은 어떻게 일어났나요?

상담자 : 이 사건에서 등장하는 문제해결 방법이나 교훈이 현재 당신이 겪고 있는 문제에 어떻게 적용될 수 있을까요? 이 사건에서 어떤 해결방안을 찾을 수 있을까요?

상담자 : 이 이야기에서 얻은 교훈이나 중요한 부분이 있다면, 그것이 당신의 삶을 어떻게 새롭게 바라보게 했나요? 그 교훈이 현재 당신의 삶에 어떤 영향을 미쳤나요?

[배경에 대한 심층 탐구 질문]

상담자 : 이 이야기의 배경이나 시대적, 사회적 상황 중에서 어떤 부분이 당신에게 가장 큰 인상을 주었나요?

상담자 : 이 이야기의 배경이 등장인물이나 사건에 어떤 영향을 미쳤다고 생각하나요?

상담자 : 이 배경을 이해하는 것이 당신의 문제해결에 어떤 도움이 될 수 있을까요?

상담자 : 이 이야기에서 당신이 끌린 부분이 있다면, 그 부분이 당신의 삶을 어떻게 새롭게 바라보게 했나요?

상담자 : 이 이야기에서 전달하고자 하는 주요 메시지는 무엇인가요? 그리고 그것이 어떻게 묘사되고 있나요?

상담자 : 이 이야기의 메시지가 당신의 문제해결에 어떻게 도움이 될 수 있을 것 같나요?

상담자 : 이 이야기에서 끌린 부분이 있다면, 그것이 당신의 삶을 어떻게 새롭게 보게 했나요?

[플롯에 대한 심층 탐구 질문]

상담자 : 이 이야기의 주된 관점은 어떻게 묘사될 수 있나요?

상담자 : 저자가 독자에게 전하고자 하는 메시지는 무엇인가요?

[종합적인 성찰 질문]

상담자 : 이 이야기 중 가장 감동적인 부분은 무엇인가요?

상담자 : 이 이야기를 통해 새롭게 깨달은 것이 있다면 무엇인가요?

상담자 : 이 이야기에서 내 삶을 새롭게 보게 하는 통찰을 발견할 수 있다면, 그것은 무엇인가요?

이상의 질문들은 내담자로 하여금 자신의 이야기와 성경 이야기 간의 유사성을 발견하도록 돕기 위한 것이다. 이 유사성을 바탕으로 내담자는 성경 인물들과 동일시를 할 수 있으며, 그로 인해 기대감을 가지고 자신의 삶의 이야기를 재구성할 수 있게 된다.

4. 인력 탐구 사례

다음의 예는 내담자 정숙혜(가명)가 출애굽기 2-4장의 내용을 본문으로 하여 인력 탐구지를 작성한 것이다. 이 본문의 경우 내용이 길다는 문제가 있지만, 그녀는 충실하게 인력 탐구지의 질문에 답하고 있다. 그녀는 긴 본문을 두 사건으로 나누어 응답하고 있으며, 여기서는 그중에서 출애굽기 3-4장의 사건만을 고찰해보도록 한다.

내담자는 이 본문에 나오는 사건과 등장인물에서도 큰 인력을 느끼지만, 가장 강한 인력을 경험하는 부분은 등장인물의 문제해결 방법에서이다. 내담자는 "문제 상황에서 적절하고 침착한 발문으로 하나씩 확인받는 작업을 수행한 후, 마음을 수습하고 모든 것을 결단하는 모세의 문제해결 방법을 보면서, 해결책을 찾기보다는 핑곗거리만 찾고 도망가려는 나와는 다른 모습을 발견했다."고 말한다.

[표 11-2] 사건. 하나님의 부르심 vs. 마음 내키지 않는 모세

성경 이야기 본문 : 출애굽기 3-4장

구성 요소	질문	인력을 느낀 내용	내담자 반응	반응지수 (1~10)
등장 인물	-이 이야기의 등장인물들 중 당신이 좋아하는 인물은 누구이며 왜 좋아합니까?	-모세, 하나님의 부르심에 순종한다.	-모세, 상처투성이가 되어, 낮은 자리에 처했을 때 부름 받는다. 그의 순종을 시발점으로 하여 내면의 빼곡한 상처들이 하나씩 치유되기 시작하는 듯하다.	9
	-이 이야기의 등장인물들 중 당신이 싫어하는 인물은 누구이며 왜 싫어합니까?	-모세, 순종하기로 결단하고 떠나는 길목에서 까지 어중간한 변명을 한다. 그러면서도 끝까지 거부하지 못한다.	-모세, 결단을 해야 할 때 자꾸만 핑곗거리를 찾아낸다. 결론을 내린 후에도 때로는 질질 끌려가는 듯한 느낌이 들고 좌절감과 열등감으로 확신에 차 있지 못한 모습을 보인다.	7
	-등장인물이 겪는 문제는 무엇이며 그 문제의 원인은 무엇이라 생각합니까? -등장인물은 그 문제를 어떻게 해결했습니까?	-부르신 하나님께 먼저 자신의 존재를 확인한다. 그리고 나를 부르신 당신의 신분을 확인 받은 후에도 이런저런 변명을 늘어놓다가 하나님의 적절한 위로를 얻고 결국 순종하기로 결심한다.	-스스로의 힘으로 해결하고 싶어 하고 서두르며 완벽주의적 성향이 있으며 좌절한 상태에서 소명을 받았다. 그러나 하나님과의 계속되는 대화를 통해 조금씩 그의 문제는 외재화되며 그의 이야기는 새롭게 써진다. 즉, 그의 삶은 하나님이 만드시고 주관하는 것이므로 더 이상 그의 문제가 아니다.	8
	-등장인물의 해결방안이 당신의 문제에 어떤 도움을 줄 수 있습니까?	-갖은 핑계를 대고 거부하였으나 결국 모세는 하나님이 붙여 주신 대변인 형 아론과 누이 미리암과 함께 이스라엘의 지도자가 되기 위해 그의 아내와 아들들을 이끌고 떠난다.	-문제 상황에서 적절하고 침착한 발문으로 하나씩 확인받는 작업을 수행한 후, 마음을 수습하고 모든 것을 결단하는 모세의 문제해결 방법을 보면서, 해결책을 찾기보다는 핑곗거리만 찾고 도망가려는 나와는 다른 모습을 발견했다. 환경을 뛰어넘는 하나님의 섭리를 발견하고 신뢰할 수 있게 되는 것이 핵심인 것 같다.	10

[표 11-2] 사건. 하나님의 부르심 vs. 마음 내키지 않는 모세 (계속)

구성 요소	질문	인력을 느낀 내용	내담자 반응	반응지수 (1~10)
사건	-이 이야기에서 어떤 사건이 일어났으며 그 원인은 무엇입니까?	-이스라엘 백성의 지도자로 세우기 위해 떨기나무 불꽃 가운데서 모세를 부르신다. -짓밟힌 동족의 대변자가 되려다 외면당하고 살인자가 된 후, 자포자기하는 마음으로 도피 생활을 하던 중 학대 받는 이스라엘의 지도자로 갑작스런 부르심을 받는다.	-떨기나무 불꽃 아래서 갑작스런 소명을 받은 모세	9
	-이 사건이 등장인물들에게 어떤 영향을 끼치며 어떻게 결말이 났습니까?	-모세 자신이 성급하게 민족의 지도자가 되고자 시도했던, 그리고 실패했던 과거의 상처와 수치심이 떠오르고 결국 하나님의 부르심에 갖은 핑계와 변명으로 거부하다가 엉거주춤하게 순종한다.		
	-당신은 이 사건을 읽으면서 어떤 느낌과 생각이 듭니까? -당신의 삶에서 이와 유사한 사건을 경험한 적이 있습니까? 있다면 그 사건이 당신의 삶에 어떤 영향을 미쳤으며 어떻게 결말이 났습니까? -성경 이야기가 당신의 사건에 어떤 해결방안을 제시할 수 있습니까?	-갖은 핑계를 대고 거부하였으나 결국 모세는 하나님이 붙여 주신 대변인 형 아론과 누이 미리암과 함께 이스라엘의 지도자가 되기 위해 그의 아내와 아들들을 이끌고 떠난다.	-모세의 이야기를 보면서 나를 너무나 힘들게 몰아세웠던 고달픈 삶의 무게와, 확신 없는 순종으로 나의 자존감이 끊임없이 내동댕이 쳐졌던 일들이 떠오른다. 근본적으로 하나님의 섭리하심에 관한 얕은 지식과 불신은 때때로 만나와 메추라기로 얻었던 힘보다 더 많은 좌절감을 안겨 주었던 듯하다. 소명을 받은 후 장인 이드로에게 확신에 찬 대답을 남기지 못하고 떠나는 모세의 뒷모습을 보면서 걸핏하면 달아날 궁리를 하면서도 막상 질질 끌려가는 나의 무기력한 모습과 닮았다는 생각을 한다.	

[표 11-2] 사건. 하나님의 부르심 vs. 마음 내키지 않는 모세 (계속)

구성 요소	질문	인력을 느낀 내용	내담자 반응	반응지수 (1~10)
플롯	-이 이야기의 주된 관점은 어떻게 묘사될 수 있습니까?	-우리의 타고난 소심함과 두려움, 이기심 그리고 우리가 느끼는 여러가지 부적절함에도 불구하고 하나님이 주신 일을 거부하는 것은 하나님이 어떤 분인지를 모른다고 말하는 것과 같다. 결국 우리의 삶은 하나님의 섭리하심 가운데 있는 것이다.	-우리의 삶은 하나님 앞에 놓여 있으며 그분의 섭리하심 안에 있다.	
	-저자가 독자에게 전하고자하는 메시지는 무엇입니까?		-하나님의 섭리하심을 머리로만 아는 것이 아니라 가슴으로 알게 되고 진심으로 따르며 통째로 맡기는 삶은 더 이상 외롭지도 괴롭지도 않다. 지금 내가 느끼는 열등감과 스트레스는 보지 못하고 알지 못해서 느끼는 것이다. 그 분은 나를 위한 놀라운 프로젝트를 가지고 계신다.	10
전체	-당신은 이 사건을 읽으면서 어떤 느낌과 생각이 듭니까? -당신의 삶에서 이와 유사한 사건을 경험한 적이 있습니까? 있다면 그 사건이 당신의 삶에 어떤 영향을 미쳤으며 어떻게 결말이 났습니까? -성경 이야기가 당신의 사건에 어떤 해결방안을 제시할 수 있습니까?	-이스라엘 백성의 지도자로 세우기 위해 화려한 왕자 모세를 선택한 것이 아니라, 가장 낮은 자리에서 깊은 상처를 껴안고 있는 모세를, 불붙은 그러나 타지 않는 떨기나무 불꽃 가운데서 모세를 부르셨다.	-모세의 삶 중 가장 낮은 자리로 찾아오신 분, 상처를 만져 주시고 기꺼이 소명을 주시는 모습을 보면서, 하나님의 부르심은 그 자체가 치유의 첫 걸음으로 느껴진다. 갖은 핑계로 거절하는 모세의 상처 입은 속마음을 헤아리고 끝까지 돌보시는 하나님의 특별한 역사는 정말 경이롭기까지 하다. 결국 우리의 삶은 하나님의 섭리하심 가운데 있다. 내 삶의 상처, 숱한 역경도 하나님이 세우신 귀중한 교육 과정 중 하나라는 것을 깨닫게 한다.	

내담자는 모세를 보면서 '환경을 뛰어넘는 하나님의 섭리를 발견'하게 되었다고 말한다. 그녀가 강하게 느끼게 되는 주제는 '하나님의 섭리'였다. 그녀는 인력지수 10점을 준 플롯에 대한 반응에서 '하나님의 섭리하심을 머리로만 아는 것이 아니라 가슴으로 알게 되고 진심으로 따르며 통째로 맡기는 삶'이라고 표현하고 있다. 그녀가 인력 탐구지를 통해서 발견한 조명자료는 하나님의 섭리였다. 그녀에게 자신의 삶을 다시 쓸 수 있게 하는 조명자료는 하나님의 섭리에 대한 새로운 이해와 통찰이었다. 그녀는 "결국 우리의 삶은 하나님의 섭리하심 가운데 있다. 내 삶의 상처, 숱한 역경도 하나님이 세우신 귀중한 교육 과정 중 하나라는 것을 깨닫게 한다."라고 삶을 새롭게 조명하고 있다.

그녀는 결혼한 지 1년 반 후, 원인을 알 수 없는 병으로 하반신 불구가 되어 16년 동안 자리에 누워 움직이지 못하는 시어머니를 모시면서 신앙적 위기 속에서 갈등을 느꼈다. 이러한 어려운 상황 속에서 그녀는 그 시간을 '아무도 이해할 수 없는 긴 세월', '욥기 이야기에 진절머리가 나는 삶'이라고 표현했다. 그녀는 그 힘든 시간을 돌이켜 보며, 자신의 고난이 마치 욥기와 같은 절망적이고 고통스러운 시간으로 느껴졌다고 고백했다. 하지만 그녀는 지나간 자신의 삶을 출애굽기 3-4장을 통해 자신의 삶을 새롭게 바라볼 수 있게 되어 감사하다는 말을 남겼다.

아래의 목록은 성경 이야기 속 인물과 사건들에서 내담자들이 강하게 끌린 부분을 나타낸다. 각 항목은 내담자가 성경 이야기에서 느낀 인력과 그에 대한 감정적 반응을 바탕으로 분류된 예시이다. 내담자들이 끌린 인물과 사건은 그들의 개인적 상황이나 경험과 깊은 연관이 있으며, 그들이 각 이야기 속에서 자신과 유사한 감정이나 경험을 발견하고, 이를 통해 변화나 깨달음을 얻을 수 있음을 보여준다.

1. 출교 위협 속에서도 신앙을 지킨 소경 (요 9:1-41) - 인물: 이 이야기에서는 신앙을 지키기 위한 고난과 싸움을 보여주며, 내담자들은 그 신앙의 끈을 놓지 않는 소경의 인물에 끌린다.
2. 사울의 회심과 하나님의 약속 (행 9:10-22, 31) - 사건: 이 사건은 회심과 변화를 다루고 있으며, 내담자들이 경험하는 내적 변화나 전환점을 상징한다.
3. 아기의 앓고 죽음 (삼하 12:7-25) - 사건: 고통과 슬픔 속에서 이루어지는 신앙의 회복과 용서를 다룬 사건으로, 내담자들은 이 사건을 통해 자신의 아픔을 치유하는 과정을 본다.
4. 하나님이 고멜을 용서하신 일 (호 1:1-3:3) - 사건: 용서와 구속을 이야기하는 이 사건에서 내담자들은 죄와 실수에도 불구하고 용서를 구할 수 있다는 희망을 얻는다.
5. 실패한 베드로를 회복시키시는 사건 (요 21:15-23) - 사건: 실패와 부정적 경험 이후의 회복과 용서를 다룬 사건으로, 내담자들은 자신의 실패와 재기를 다짐할 수 있다.
6. 의심과 실패 속에서도 따르는 베드로 (요 21:15-23) - 인물: 베드로는 의심과 실패 속에서도 계속해서 예수님을 따르며, 내담자들은 이를 통해 신앙의 지속성에 대한 영감을 받는다.
7. 먼 나라에서 고난당한 탕자 (눅 15:11-32) - 인물: 탕자의 이야기에서 내담자들은 고난과 실수를 겪은 후 돌아오는 회복의 길을 발견하며, 삶의 회복 가능성에 대한 희망을 느낀다.
8. 일천번제 드리는 솔로몬 (대하 1:1-13) - 인물: 솔로몬의 헌신과 하나님께 드리는 기도에서 내담자들은 자신의 헌신과 기도의 중요성을 새롭게 깨닫는다.
9. 위기에도 침착한 모세 부모 (출 2-4 장) - 인물: 모세의 부모는 위기 속에서 침착하게 하나님의 뜻을 따른 인물로, 내담자

들은 그들의 믿음과 순종에서 영감을 얻는다.

10. 철저한 탐색 후에 결단하는 모세 (출 2–4 장) – 인물: 모세는 철저히 탐색하고 결단을 내린 인물로, 내담자들은 자신들의 결정 과정에 대해 깊이 생각할 기회를 갖는다.
11. 십자가상의 예수, 끝까지 따른 여인들 (막 15:33–41) – 인물: 예수님을 끝까지 따랐던 여인들의 모습에서 내담자들은 희생과 신뢰의 강력한 예시를 보며, 신앙의 지속성과 헌신을 배우게 된다.
12. 낳기를 통한 관계성 형성 (마 1:1–23) – 사건: 이 사건은 예수님의 탄생을 다루며, 내담자들은 가족과 관계의 중요성을 재확인하고, 하나님의 계획을 받아들이는 믿음을 강화한다.
13. 하갈의 가출 (창 16:1–16) – 사건: 하갈의 가출 사건은 고통과 갈등을 경험한 인물에게 하나님의 인도와 구원을 느끼게 하며, 내담자들은 자신의 갈등을 하나님과의 관계에서 해결할 수 있는 방법을 찾게 된다.

이러한 인물과 사건들은 내담자들이 성경 이야기에서 느끼는 인력과 감정적 반응을 통해, 자신의 삶과 신앙을 재조명하고 더 깊은 통찰을 얻을 수 있는 기회를 제공한다.

제12장

조명자료 발견

문제 파악	성경 이야기 선정	서사적 읽기	인력 탐구	조명 자료 발견	조명 자료 강화	재저작	지지적 신앙 소그룹 형성

1. 조명자료의 개념

인력 탐구는 내담자가 성경 이야기의 어느 부분에 몰입하는가를 파악하는 것으로서, 공감이나 감정이입이 일어나는 곳과 그 이유를 밝히는 것이다. 조명자료는 내담자를 몰입하게 하는 것이 그의 삶에서 어떤 의미가 있는지를 찾아내는 것이다. 즉, 내담자의 삶과 성경 이야기가 연결되는 지점에서, 성경 이야기가 현재나 과거의 긍정적이며 성공한 경험들을 새롭게 해석하거나 부정적이며 실패한 경험들을 새로운 관점에서 비추어주는 자료가 된다.

인력을 체험하는 것은 일종의 영적 경험으로, 이 체험은 성경의 말씀과 연결되어야 한다. 이때 연결된 성경의 말씀이 조명자료의 소재가 된다. 즉, 성경 이야기의 내용이 내담자 삶에 새로운 의미를 발견하도록 돕는 것이 조명자료의 역할이다. 이것은 성경 이야기가 내담자 자신의 이야기로 바뀔 때 발견하는 자료이다.

성경 이야기에서 내담자에게 조명자료를 찾는 과정은 대안적 이야기 구성을 위한 기초 작업이다. 내담자는 성경 이야기의 등장인물, 사건, 배경, 플롯 혹은 메시지에서 지금까지 생각지도 못하고, 느끼지도 못했던 새로운 자료를 발견할 수 있다. 이러한 조명자료는 내담자의 삶을 새로운 관점에서 비추어 그 삶을 변화시키는 중요한 자료가 된다.

이야기 상담에서는 내담자의 이야기에서 새로운 소재를 발견하고자 하는데, 이 자료를 내담자의 지배적인 플롯에서 예외적인 요소, 즉 독특한 자료unique outcome라고 한다. 성경 이야기 상담에서는 내담자의 이야기에서가 아니라 성경 이야기에서 새로운 자료를 찾는 것이기 때문에 이를 '조명자료'라고 부른다.

1) 주 조명자료와 부수적 조명자료

조명자료에는 내담자의 문제와 직접 관련이 있는 주 조명자료와 간접적인 관련이 있는 부수적 조명자료가 있다. 주 조명자료는 내담자의 문제 전체를 조명할 수 있는 자료로서 내담자 자신, 대인관계 그리고 하나님과의 관계 차원에서 새롭게 조명할 수 있는 자료이다. 즉, 조명자료의 영향력이 내담자 삶 전체에 미치는 경우를 말한다.

성경 이야기 상담에서는 이 세 차원 중 특히 하나님과의 관계 차원이 중요하다. 부수적 조명자료는 내담자 문제의 일부분을 조명하는 자료로, 내담자 문제의 세 차원 중 하나 혹은 둘만을 조명하는 자료이다. 즉, 조명자료의 영향력이 내담자 삶의 일부분만 미치는 경우이다.

앞에서 언급한 것처럼 내담자의 주 호소 문제는 상담이 진행되면서 바뀔 수 있다. 처음에는 내담자 자신의 문제이거나 대인관계의 문제로 시작하지만, 궁극적으로는 신앙적 문제로 귀착하는 경우가 많다. 결국, 내담자 문제가 신앙적 차원에 큰 손상을 입히지 않았을 경우, 즉 내담자가 대인관계나 자신과의 관계에서 문제가 있을지라도 신앙을 잃지 않는 않는다면 회복이나 치유가 쉽게 일어나는 것을 종종 볼 수 있다.

2) 성령의 내적 조명

칼뱅의 내적 조명론에 의하면, 성령께서 독자의 내면세계를 조명하면, 독자는 내면의 눈 즉, 영적인 눈을 뜨게 되어 성경의 의미와 성경의 세계를 명확히 볼 수 있다. 이때 영적인 눈으로 발견한 자료는 인물, 사건, 배경, 플롯, 메시지 등 다양할 수 있다. 이러한 자료가 내담자의 삶을 새롭게 비출 때 그것이 조명자료가 된다.

칼뱅에 의하면, "오직 하나님 자신만이 자신의 말씀에 고유한 증거자가 되시기 때문에 이 말씀들은 성령의 내적 조명에 의해서 각인이 되기 전까지는 사람들의 마음속에 완전한 의미를 나타내지 않는다."[197] 그래서 성령을 모르는 사람들이 성경에 기록된 것을 이해하지 못하는 것은 당연한 것이고, 반대로 성령의 인도함을 받는 사람들은 성경의 의미를 읽어 낼 수 있다. 이것은 '우리 신앙에서 확신의 근거를 이성, 판단, 추측 이상의 곳에서, 즉 성령의 은밀한 증언에서 찾아야' 하기 때문이다.[198] 성령께서 조명한 이 자료는 종교심리학에서 말하는 일종의 확신 체험에서 나온다. 이 신앙 체험은 성령께서 주관하기 때문에 성령과의 만남이 전제되어 있다.[199]

197) J. Calvin, op. cit., I, VII, 4.
198) Ibid.

로더에 의하면, "확신의 체험 속에는 자아의 '죽음' 체험과의 만남이 전제되어 있다." 이 자아의 죽음은 성령과의 만남에서 새로운 차원으로 변화되는 과정을 의미한다. 즉, 개인의 고정된 자아나 자아 중심적인 삶에서 벗어나 성령의 인도 아래 새로운 삶의 방향을 찾는 경험이 이루어진다. 또한, 조명자료는 성경의 계시적 능력을 드러내는 중요한 요소이다. D. 캡스가 지적한 것처럼, "성경의 현시적 능력을 보다 더 잘 이해한다면 성경을 상담의 원리와 방법에 보다 더 직접적으로 적용할 수 있게 된다. 즉, 성경의 메시지가 상담에서 더욱 효과적으로 활용할 수 있을 때 심리치료 이론과 기술에 덜 의존하게 된다."[200]

3) 엠마오로 가는 두 제자 이야기에서의 조명자료

조명자료에 관한 좋은 예를 성경에서 찾을 수 있다. 이 이야기는 누가복음 24:13-35에 나오는 엠마오의 두 제자 이야기이다.

> 그 날에 그들 중 둘이 예루살렘에서 이십오리되는 엠마오라 하는 마을로 가면서 이 모든 된 일을 서로 이야기하더라 그들이 서로 이야기하며 문의할 때에 예수께서 가까이 이르러 그들과 동행하시나 그들의 눈이 가리어져서 그인 줄 알아보지 못하거늘 예수께서 이르시되 너희가 길 가면서 서로 주고받고 하는 이야기가 무엇이냐 하시니 두 사람이 슬픈 빛을 띠고 머물러 서더라 그 한 사람인 글로바라 하는 자가 대답하여 이르되 당신이 예루살렘에 체류하면서도 요즘 거기서 된 일을 혼자만 알지 못하느냐 이르시되 무슨 일이냐 이르되 나사렛 예수의 일이니 그는 하나님과 모든 백성 앞에서 말과 일에 능하신 선지자이거늘 우리 대제사장들과 관리들이 사형판결에 넘겨주어 십자가에 못 박았느니라

199) J. E. Loder, op. cit, 292.
200) D. Capps, "Pastoral Use and Interpretation of the Bible," 84.

우리는 이 사람이 이스라엘을 속량할 자라고 바랐노라 이뿐 아니라 이 일이 일어난지가 사흘째요 또한 우리 중에 어떤 여자들이 우리로 놀라게 하였으니 이는 그들이 새벽에 무덤에 갔다가 그의 시체는 보지 못하고 와서 그가 살아나셨다 하는 천사들의 나타남을 보았다 함이라 또 우리와 함께한 자 중에 두어 사람이 무덤에 가 과연 여자들이 말한 바와 같음을 보았으나 예수는 보지 못하였느니라 하거늘 이르시되 미련하고 선지자들이 말한 모든 것을 마음에 더디 믿는 자들이여 그리스도가 이런 고난을 받고 자기의 영광에 들어가야 할 것이 아니냐 하시고 이에 모세와 모든 선지자의 글로 시작하여 모든 성경에 쓴 바 자기에 관한 것을 자세히 설명하시니라 그들이 가는 마을에 가까이 가매 예수는 더 가려 하는 것 같이 하시니 그들이 강권하여 이르되 우리와 함께 유하사이다. 때가 저물어 가고 날이 이미 기울었나이다. 하니 이에 그들과 함께 유하러 들어가시니라 그들과 함께 음식 잡수실 때에 떡을 가지사 축사하시고 떼어 그들에게 주시니 그들의 눈이 밝아져 그인 줄 알아보더니 예수는 그들에게 보이지 아니하시는 지라

그들이 서로 말하되 길에서 우리에게 말씀하시고 우리에게 성경을 풀어 주실 때에 우리 속에서 마음이 뜨겁지 아니하더냐 하고 곧 그대로 일어나 예루살렘에 돌아가 보니 열한 제자 및 그들과 함께한 자들이 모여 있어 말하기를 주께서 과연 살아나시고 시몬에게 보이셨다 하는지라 두 사람도 길에서 된 일과 예수께서 떡을 떼심으로 자기들에게 알려지신 것을 말하더라. (밑줄은 필자의 것임)

예수의 십자가 죽음 이후 예루살렘에서 엠마오로 내려가는 두 제자의 현실은 슬프고 참담한 것이었다. 그들은 고통스러운 십자가에서 허무하게 죽어 버린 이 죄수가 이스라엘을 구원할 자라고 믿고 소망을 가지고 따랐다. 그런데 지금은 허탈하고 슬픈 심정으로 예루살렘에서 엠마오로 내려가고 있었다. 그들은 어떤 여자들이 전해 준 예수의 부활 소

식을 듣고 다소 놀라기는 했지만, 그것이 그들의 발걸음을 바꾸지는 못했다. 그런 그들에게 어느 누가 와서 말을 거는 것조차 짜증스러운 일일 것이었으리라: "당신은 예루살렘에 살면서 어찌 그 일을 모르시오?"

그런데 그 사람이 그들에게 '모세와 및 모든 선지자의 글로 시작하여 모든 성경에 쓴 바 자기에 관한 것을 자세히 설명'하였다. 이때 그들의 마음속이 뜨거워졌다. 부활 소식에도 어떤 반응이 없었다. 그러나 성경 말씀을 통해서 마음이 뜨거워졌을 때, 그들은 슬픔에서 기쁨으로, 절망에서 소망을 가지고 다시 예루살렘으로 발걸음을 옮기게 되었다.

이 이야기에서 제자들의 마음이 뜨거워지는 경험은 일종의 성령 체험인데, 이 체험은 성경의 말씀을 새롭게 깨달음을 통해서 왔다. 그들에게 성경의 말씀은 조명자료로서 그들의 관점을 바꾸어 놓았다. 즉 십자가에서 죽은 예수는 처참한 실패자가 아니라 성경의 예언을 실현한 그리스도라는 것이다. 여기서 조명자료는 예수의 수난에 대한 성경적 관점이다. 놀라운 사실은 부활하신 예수께서 그 두 제자에게 풀이하신 성경 말씀을 열두 제자들과 다른 제자들에게 똑같이 풀이하셨다는 사실이다.

> 내가 너희와 함께 있을 때에 너희에게 말한 바 곧 모세의 율법과 선지지의 글과 시편에 나를 가리켜 기록된 모든 것이 이루어져야 하리라 한 말이 이것이라. 이에 저희 마음을 열어 성경을 깨닫게 하시고(눅 24:44-45).

그리고 그들에게 예수 그리스도의 고난 후 부활과 회개의 소식에 대한 증인의 사명을 주셨다(눅 24:44-48). 성경 이야기에서 조명자료는 내담자의 이야기를 재저작하는 데 필수적인 요소이다.

2. 조명자료 발견

성경 이야기 상담에서는 조명자료를 통해 내담자가 자신의 이야기를 재구성하고, 그 과정에서 문제해결을 위한 방안이나 전략을 직접 찾는 것이다. 그러나 도건은 성경 이야기에서 내담자의 문제에 대처해 나가는 전략을 찾고자 하였다. 그는 이것을 대처 전략coping strategy이라 부르고, 이 전략을 통해서 내담자가 자신의 문제를 직접 해결하고자 하였다. 예를 들어, 그는 다윗이 아기를 잃은 이야기(삼하 12:13-23)에서 대처 전략으로 다윗이 정상적인 삶으로 돌아가는 적응력, 가족과 친지들의 지지망, 미래 아이와의 재결합에 대한 희망을 제안했다. 그의 상담에서는 이 전략들을 가지고 아이를 잃은 내담자의 슬픔과 고통 문제를 해결하고자 하는 것이다.[201)]

도건의 방식도 성경 이야기 상담의 한 방법이 될 수 있지만 그 접근 방식은 조금 다르다. 그러나 성경 이야기 상담에서는 성경 이야기에서 상담의 전략을 찾아내는 것이 아니라 내담자의 삶을 새롭게 저작할 수 있는 조명자료를 찾아내고자 한다.

도건은 성경 이야기에서 대처 전략을 찾아내어 내담자의 문제를 해결하려고 한다. 즉, 성경 이야기를 상담자의 지도 아래에서 내담자의 문제해결을 위한 구체적인 전략으로 사용하는 방식이다. 이 방식은 상담자 중심 방법이다. 그러나 성경 이야기 상담은 내담자와의 협력관계에서의 상담 방법이라고 할 수 있다.

따라서 도건은 성경 이야기에서 발견한 대처 전략을 가지고 내담자의 문제를 풀고자 하는 반면, 성경 이야기 상담은 내담자가 성경 이야기에서 스스로 의미를 발견하고 이를 통해 자신의 문제를 해결하는

201) Ibid., 73f.

방식에 중점을 둔다.

이와 같은 접근을 위해서는 내담자가 성경 이야기에서 강한 인력을 느끼는 부분을 파악하는 것이 중요하다. 인력 탐구지를 통해서 내담자는 인물, 사건, 배경, 플롯 및 메시지 등에 강한 인력을 느끼는 부분을 찾아내는 것이 첫번째 단계이다. 내담자가 특정한 부분에 인력을 느끼는 것은 그 부분이 내담자의 삶과 연관이 있거나, 내면에서 특별한 의미를 가진다는 것을 시사한다. 이때, 조명자료는 인력을 강하게 느끼는 부분에서 도출된다. 상담자는 내담자가 인력을 강하게 느끼는 부분을 상세하게 진술하게 함으로써 조명자료의 내용을 보다 명확하게 파악할 수 있다.

이 과정을 통해 상담자는 내담자가 자신의 문제를 해결할 수 있는 관점을 찾도록 돕고, 성경 이야기의 특정한 부분이 내담자의 삶을 어떻게 새롭게 조명할 수 있는지를 발견하도록 돕는 역할을 한다.

성령의 조명은 예수 그리스도의 십자가상의 수난이 우리 자신의 죄로 인한 것임을 믿게 하고, 이를 통해 구원받게 한다. 또한 성령의 조명은 성화의 과정을 통해 궁극적으로 하나님의 나라에 들어가게 하는 성령의 인도하심의 현실적 증거이다.

조명자료는 이 구원의 과정에서 성경에 기록된 것과 내담자 이야기 간의 유사성과 동일성을 찾는 데 기회를 제공한다. 개인의 이야기는 인물, 사건, 배경, 플롯이 사람마다 다르므로 성경 이야기에서 동일한 것을 찾기는 어렵다. 단지 유사한 것을 찾을 뿐인데, 이 유사성이 동일성으로 전환되는 과정이 성령의 인도하심이다. 성령께서 이끄시는 이 여정이 내담자에게 구원의 길을 여는 단초가 된다.

조명자료는 성령의 사역을 통해 내담자가 자신의 삶과 성경 이야기를 연결지을 수 있는 중요한 자료이다. 이를 통해 내담자는 자신의 신앙적, 영적 여정에서 더 깊은 통찰과 구원의 경험을 얻을 수 있다.

1) 성령과 조명자료 발견

조명자료가 다중적일 때 어느 것을 선택하느냐가 중요하다. 여러 가지 조명자료를 가지고 다수의 이야기를 만들어 낼지, 아니면 하나의 초점을 찾을지 결정해야 한다. 이 선택은 상담자의 전략과 내담자의 필요에 따라 달라질 수 있다. 그러나 이 과정에서 조명자료가 왜곡되거나 비약될 가능성도 배제할 수 없다. 예를 들어, 윔벌리의 내담자처럼 본인을 거라사의 귀신들린 자로 믿게 되는 경우 그에 따른 문제도 심각해진다. 이런 경우 성령의 인도하심이 어느 선까지인지 분별하는 것이 필요하다.

내담자의 이야기에서 지배적 플롯은 그 영향력과 지배력이 강하고 지속적이기 때문에 성경 이야기에서 조명자료를 찾는 것이 쉽지 않다.[202] 설령 조명자료를 발견한다 하더라도 이 자료가 지배적 플롯에 의해서 왜곡되어 있을 가능성도 크다.

인력을 느끼는 것과 조명자료를 발견하는 것은 분명한 차이가 있다. 왜냐하면 인력은 느끼지만 그 부분이 반드시 내담자의 삶에 대한 의미를 밝혀주는 조명자료로 이어지지 않을 수 있기 때문이다. 예를 들어, 앞에서 소개한 김인숙(가명)의 경우 다윗의 아이 죽음에 대한 슬픔을 공감하지만 다윗의 태도나 솔로몬의 출생 사건에서 조명자료를 발견하지 못했다. 이럴 때 서사적 성경 읽기가 결정적 도움을 줄 수 있다.

이재현은 이야기 상담에서 독특한 자료를 발견하기 어려운 이유를 열거하면서 이 세상의 영향력을 지적했다. 그는 '이 어둠의 세상 권세자'의 영향력은 내담자로 하여금 새로운 자료를 발견할 수 없게 한다고 주장했다.[203]

---

202) 이재현, "이야기치료의 기독교적 활용을 위한 연구," (장로회신학대학원 석사학위논문, 2006), 34.

이 문제는 성경 이야기 상담에서 성령의 사역을 필요로 하는 중요한 이유이기도 하다. 성령은 성경 이야기에서 조명자료를 발견하게 해주는 동인이다. 우리는 이 과정에서 성령과 성경과의 관계에 주목해야 한다. 성경 이야기 상담에서 조명자료는 성령께서 회상과 기억하게 하는 사역과 긴밀한 관계에 있다.

> … 그가 너희에게 모든 것을 가르치시고 내가 너희에게 말한 모든 것을 생각나게 하시리라(요 14:26).
> … 그가 자의로 말하지 않고 오직 듣는 것을 말하시며(요 16:13).

요한복음 16장 13절에서 성령은 '모든 진리 가운데로 인도'할 것이라고 약속하고 있는데, 이것은 성령의 독자적인 사역이 아니다. 성령이 말하는 것은 자기의 뜻에 따라서 말하는 것이 아니라 오직 예수께서 말씀하신 것을 말하고 예수의 진리를 알리는 것이다. 이런 점에서 성령의 사역은 예수의 말씀 사역과 깊이 연관되어 있으며, 예수의 말씀은 성령에 의하여 온전히 이해된다.

성령의 이러한 사역을 전제한다면 예수의 말씀 속에 내재한 깊은 진리는 문자적 해석에 집착하는 사람들에 의하여 가려져 있다는 사실이 암시되어 있다. 성령의 사역은 예수의 말씀을 문자적으로 해석하는 것을 지양하고 그 이면의 영적 진리를 이끌어 내는 것이다.

대부분의 내담자가 성경 이야기에서 조명자료를 발견하게 되는 과정은 일상적인 독서에서 문자적 역사적 의미에 집중하여 읽다가 점차 그 이야기의 영적 · 상징적 의미를 발견하게 되면서부터이다. 이러한 영적 · 상징적 의미를 발견하는 순간, 내담자는 자신이 겪고 있는 문제나 상황과 성경 이야기의 메시지 사이의 연결고리를 인식하게 된다.

---

203) Ibid., 50.

2) 성령과 성경 말씀의 상호 관련성

바울이 고린도후서 3장 6절에서 적절하게 표현한 대로 문자적 해석은 죽이는 것이요 오직 영적 해석만이 생명을 준다. 성령에 의한 해석은 그동안 믿는 사람들의 눈에까지도 감추어졌던 예수의 말씀과 삶의 참된 의미를 깨우치게 한다.

요한복음 14장 26절에서 성령이 예수의 말씀을 다시 생각나게 한다는 의미는 예수의 말씀을 단순히 기억나게 하는 것이 아니라, 그 말씀을 새롭게 깨닫고 새로운 이해를 가져오는 과정을 표현한 것이다. 요한복음 2장 17, 22절, 12장 16절에 기록된 해설자의 해석에서도 이것이 잘 나타나 있다.

이런 맥락에서 볼 때 요한복음 14장 26절의 '모든 것을 가르치시고'는 예수의 가르침이 미완성이었기 때문에 성령이 완성한다는 의미가 아니라, 예수의 가르침이 온전히 이해되지 못한 것이 성령의 감동에 의해 그 의미가 명확하게 이해된다는 뜻이다. 이것은 제자들이 예수의 가르침을 온전하게 이해하게 된 것은 성령강림절 이후라는 역사적 사실과도 일치한다. 예수 자신도 제자들에게 이 사실을 미리 이야기했다. 예를 들어, 고별하기 전 세족식에서 예수께서 제자들의 발을 씻기는 자신의 행위를 제자들이 지금은 이해하지 못하지만 이후에는 알게 될 것이라고 예언했다(요 13:7).

사실 가르친다는 것과 기억나게 한다는 것은 상호 불가분의 연관성이 있다. F. 무스너Mussner에 의하면 "가르친다는 것은 기억나게 하는 것의 일종이고, 기억나게 하는 것은 가르치는 것의 일종이다.…"[204] 성령의 사역은 하나님의 말씀을 현실화하는 것인데, 성령이 역사적 예

204) F. Mussner, *The Historical Jesus in the Gospel of St. John* (NY: Herder & Herder, 1967), 60.

수의 말씀과 행위를 사람들의 삶 속에서 다시 기억하게 하고 이해하게 한다. 생각나게 한다는 것은 글자 그대로 기억나게 한다기보다는 과거의 말씀이 현재의 공동체 상황에 적용되게 하는 것으로, 깊은 의미에서의 재해석이라 볼 수 있다. 과거의 예수 말씀은 현재의 공동체에서 새롭게 해석됨으로써 생명력을 가진다. 이런 의미에서 성령은 말씀에 생명력을 불어넣어 주는 사역을 하는 것이다.

요한 기자는 반복해서 성령이 말하는 것은 그 자신의 것이 아니고 예수의 것이라는 점을 상기시킨다. 이렇게 함으로써 성령이 예수를 영화롭게 하고 그를 증언하고 있다는 사실을 공동체 구성원들에게 주지시킨다.

예수 자신에게 하나님의 증언이 필요했던 것처럼 성령도 예수의 증언이 필요한 것이다. 예수께서 미리 성령의 도래와 그의 사역에 대하여 증언하고 있음은 성령의 입지를 강화하기 위한 것이다. 사실 성령의 예언은 모세나 에녹의 예언과 같은 독자적인 것이 아니고 예수로부터 보고 들은 것에서 유래한다(요 16:14f). 이것은 예수와 성령의 상호 관련성을 잘 나타내 주고 있다.

성령의 이 사역은 상담상황에서도 일어난다. 성령은 상담자를 통해 상담상황을 말씀과 관련시키며 말씀의 조명하에서 구조화시킬 수 있다. 상담상황에서 내담자가 이전에는 자신의 삶과 무관했던 성경 구절이나 이야기를 새롭게 이해하기 시작하는 것은 성령의 감동에 의한 새로운 해석 때문이다.

3. 조명자료 발견 방법

이 믿음의 세계는 고통과 절망 가운데 살아가는 사람들에게 독특한 세계이며, 그 속에서 새로운 삶을 살게 해 주는 조명자료를 많이 발견할 수 있다.

조명자료는 성경 이야기 속에서 다양한 방식으로 존재하고 있다. 내담자의 이야기에서 독특한 자료를 발견하기 어려운 경우, 상담자는 성경 이야기 속에서 그것을 찾을 수 있다. 그러면 성경 속에 있는 수많은 이야기들 가운데 어떻게 찾아야 할까? 이 질문에 대한 답은 내담자가 성경 이야기에 얼마나 익숙해져 있느냐에 따라 달라질 수 있다. 상담자가 내담자의 주 호소 문제에 맞는 성경 이야기를 선정할 수도 있고, 내담자가 자신에게 익숙한 이야기를 선정할 수도 있다.

조명자료를 찾기 위해서는 인력 탐구지를 활용하여 내담자가 성경 이야기 중에서 가장 강하게 끌리는 부분에 대해 보다 자세하게 분석해야 한다. 이때 내담자의 반응지수는 9~10점이면 충분히 효과적이라고 할 수 있다. 조명자료는 하나의 주제나 몇 마디의 말로 표현하기는 어렵다. 그러나 기독영성상담연구소에서 실시한 상담에서 내담자들은 인력 탐구지를 통해 조명자료를 명확하게 제시할 수 있었다. 여기에서 한 내담자의 이야기를 통해 조명자료를 찾아보도록 하였다. 이 내담자는 특정 성경 이야기에서 강하게 끌리는 부분이 있었다. 그는 그 부분에 대해 깊이 탐구한 결과 중요한 조명자료를 발견할 수 있었다.

4. 조명자료 발견 질문법

조명자료를 발견하는 단계에서는 내담자에게 인력을 느끼는 부분에 대해 집중적으로 질문하는 것이 필요하다.

조명자료 발견 단계는 성경 이야기에서 느낀 메시지를 내담자가 자신의 삶과 연결하는 중요한 과정이다. 이 단계에서 내담자는 성령의 조명을 통해 자신에게 전달된 메시지를 깊이 성찰하고, 그 메시지를 실천 가능한 형태로 구체화한다. 각 질문은 내담자가 성경 이야기의 핵심 메시지를 자신에게 맞는 방식으로 탐색하고, 그 메시지가 삶에 미치는 영향을 인식하게 돕는 역할을 한다.

이 과정은 단순히 성경의 메시지를 지식으로 습득하는 것이 아니라, 내담자가 그 메시지를 자신의 삶에 어떻게 적용할 수 있을지를 진지하게 고민하도록 이끈다. 이로써 내담자는 자기 인식의 깊이를 더하고, 내적인 변화를 경험할 수 있다.

조명자료 발견은 내담자가 성경의 메시지를 실천으로 옮기기 위한 중요한 단계로, 내담자가 삶의 변화와 성장을 향해 나아갈 수 있도록 돕는 중요한 역할을 한다.

상담자 : (인력탐구 내용)에서 강한 끌림을 느꼈다면, 당시 사람들에게 전달하는 메시지가 당신에게 어떤 의미를 전달한다고 느끼나요?

상담자 : 이 메시지가 당신의 삶에 어떤 의미를 지닌다고 생각하나요?

상담자 : 이 메시지를 당신의 삶에서 실천한다면, 어떤 변화가 일어날 수 있을까요?

상담자 : 이 메시지에 제목을 붙인다면, 어떤 제목을 붙일 수 있을까요?

상담자 : (다만, 제목을 붙이는 데 어려움을 겪을 경우 다음과 같이 할 수 있다.) 이 메시지를 간단히 한 문장으로 표현한다면, 어떻게 할 수 있을까요?

상담자 : 그 제목의 의미는 무엇입니까?

상담자 : 그 제목이 당신의 삶에서 어떤 변화를 나타내고 있나요?

이러한 질문들을 통해 내담자는 성경 이야기에서 자신에게 중요한 의미를 발견하고, 그 발견이 자신의 삶에 어떤 영향을 미칠 수 있는지

지각하게 된다. 이 과정을 내담자가 성경 이야기와 자신의 이야기를 연결지어 삶을 새롭게 재구성하는 데 중요한 역할을 한다.

5. 조명자료 발견 사례

박성식(가명)의 경우를 예로 들어 보자. 그의 주 호소 문제는 자신을 괴롭히는 동생이 용서가 되지 않는다는 것이었다. 그는 호세아서를 가지고 인력 탐구를 했다. 그는 호세아와 고멜의 이야기에 끌렸다. 그는 호세아서 1:1-3:3을 문제에 대한 성경 이야기로 선정했다. 그는 이 이야기에서 하나님이 호세아에게 정결한 여인이 아닌 음탕한 고멜을 신부로 맞이하라는 말씀에 부딪혔는데, 놀라운 것은 호세아가 이 명령에 순종한 것이었다. 고멜은 이스르엘, 로루하마, 로암미라는 세 명의 자녀를 낳는다. 그 후에 고멜은 집을 나가서 다른 사람의 정부가 된다. 그런데 하나님은 호세아에게 이 여인에게 속전을 주고 다시 데려오라고 하셨다.

그는 이 이야기를 읽으면서 하나님 앞에서 자신의 모습을 보는 것 같았고, 자신이 고민하고 속상해하는 문제의 해답이 될 것이라고 느꼈다. 그는 "내가 저희의 패역을 고치고 즐거이 저희를 사랑하니."(호 14:4)라는 말씀에서 결국 하나님이 고치신다는 확신을 갖게 되었다. 그는 자신을 괴롭히는 동생(반복적이고 고질적이다시피 한 일을 계속적으로 하는, 정말 잘 안 변하는)에 대해 인내와 용서가 잘 안 됨으로 너무나 갈등을 느끼기도 했는데, 호세아를 통해서 보여 준 하나님의 사랑을 보면서 '아, 용서해야겠구나. 그도 하나님이 용서하시고 구원하시고 사랑하시는 사람인데…….' 하고 다시 느낀다. 그리고 다음과 같이 생각한다. '그렇게 해야 할 이유는 고멜의 모습이 하나님 앞에서 나의 모습이었고 나 역시 하나님의 그러한 용서와 사랑을 받았음으로 나도 그를 용서하고 사랑해야 마땅하다. 그러면 나는 진정으로 용서하는가? 내가 참사랑을 하지 않아서 그가 안 변하는 것은 아닌가?'

이 내담자의 경우 조명자료는 '우리가 죄인되었을 때 사랑하신 하나님' 또는 간단히 '하나님의 사랑'이라 하였다. 이 이야기를 읽으면서, 그는 자기가 얼마나 용서하지 못하는 사람인가를 깨닫게 되었다. '아! 나도 고멜 같은 사람이었는데 하나님께서 나를 용서해 주시고 구원해 주셨구나.' 하는 사실을 깊이 깨닫게 되었다. 그의 조명자료는 하나님이 고멜을 통해서 보여 주신 참된 용서와 사랑이었다. 곧 하나님의 이 사랑이 그에게 있어서 조명자료가 되는 셈이다. 이 사랑이 그 자신과 동생을 새롭게 보게 하는 자료가 된다. 그것은 자기 자신이 정말 하나님의 용서를 받은 사람이라는 것을 깨닫는 순간 용서하지 못한 동생을 바라보는 눈이 달라진다.

기독영성상담연구소에서 실시한 상담에서 내담자들이 인력 탐구를 통해 발견한 조명자료는 다음 표와 같다.

본문	인력	조명자료
요 9:1-41	인물 : 출교 위협 속에서도 신앙을 지킨 소경	예수와의 첫 만남, 손 내미는 분
행 9:10-22, 31	사건 : 아기가 앓고 죽음	책임지는 분, 택한 그릇
삼하 12:7-25	사건 : 자기 자신을 위해 목숨을 구함	새로운 아이의 출생, 축복의 아이
호 1:1-3:3	사건 : 하나님이 고멜을 용서하신 일	하나님의 죄인에 대한 사랑, 용서 받은 자신
요 21:15-23	인물 : 의심과 실패 속에서도 따르는 베드로 등장 사건 : 실패한 베드로를 회복시키시는 사건	주님의 변함 없으신 사랑

눅 15:11-32	인물 : 먼 나라에서 고난당한 탕자	회복시키시는 하나님
대하 1:1-13	인물 : 일천번제 드리는 솔로몬	전적인 헌신
출 2-4장	인물 : 위기에도 침착한 모세의 부모, 철저한 탐색 후에 결단하는 모세	환경을 뛰어넘는 하나님의 섭리
막 15:33-41	인물 : 십자가상의 예수, 끝까지 따른 여인들	상처 회복과 새로운 출발, 신실한 여성
마 1:1-23	사건 : 낳기를 통한 관계성 형성	우리와 함께하신 하나님, 관계 속의 나
창 16:1-16	사건 : 하갈의 가출	하나님의 배려로 인한 개성화

제13장

조명자료 강화

문제 파악	성경 이야기 선정	서사적 읽기	인력 탐구	조명 자료 발견	조명 자료 강화	재저작	지지적 신앙 소그룹 형성

1. 조명자료 강화의 개념

조명자료가 발견되면, 그 자료에 담긴 성경적·신학적 의미를 찾는 해석 작업이 중요하다. 조명자료 발견이 인식의 단계라면, 조명자료 강화는 인식된 것을 구현하는 과정이다. 이 구현 과정을 효과적으로 진행하기 위해서는 발견한 조명자료의 영향력을 평가하고 확인하는 작업이 필요하다.

조명자료의 영향력 평가는 윔벌리가 신화의 영향력을 평가하는 방식처럼, 먼저 자신에게 미친 영향력을 살피고, 그다음에 이웃과의 관계에서의 영향력과 하나님과의 관계에서의 영향력을 탐색해 보는 것이 좋다. 이 평가에 있어서 전술한 세 가지 차원 중에서 주 호소 문제와 관련이 되는 차원을 우선시하여 그 부분에 더 많은 관심을 가지는 것이 필요하다.

도건이 중환자실에 입원하고 있는 신생아들의 부모를 대상으로 한 상담에서도 성경 이야기가 신학적 토론을 유발하느냐는 질문에 대해 31명의 내담자 중 24명이 긍정적으로 답변하였다. 이 결과가 보여 주듯이, 대다수의 내담자는 성경 이야기를 통해서 자신의 경험을 조명할 때 신학적 질문을 가지게 된다.

따라서 상담자는 이러한 질문에 대해 만족할 만한 답변을 제시해야 하는데, 이것이 결코 쉽지 않다. 이 단계에서 일반 상담자와 기독교 상담자 간에 차이가 존재한다. 그러나 기독교 상담자라 할지라도 신학적·성경적 지식에 한계가 있기 때문에 상담자는 신학을 공부하거나 목회자와의 긴밀하게 협력하는 방식으로 상담이 이루어질 필요가 있다.

조명자료 강화는 조명자료를 근간으로 해서 대안적 이야기를 작성할 수 있도록 그 자료를 확대하고 심화하는 과정이다. 이 과정에서는 조명자료가 연상시키거나 혹은 조명자료와 관련이 있는 성경 이야기나 성경 구절 또는 찬양을 찾아내어 그것을 상세하게 살펴보는 것이다. 이 작업은 조명자료의 성경적·신학적 의미를 심화시키는 일이다.

조명자료 강화는 재저작과 문제해결을 위해 매우 중요한 단계이다. 조명자료가 확고하지 않은 경우, 내담자는 계속해서 혼란을 느끼거나 새로운 삶의 플롯이 어려워진다. 특별히 조명자료로 받은 말씀, 언약, 또는 비전과 현실 간에 간격, 불일치, 심지어 정반대의 현상이 발생할 때 내담자가 이 문제를 어떻게 대처해야 하는가? 이때 진정으로 필요한 것은 믿음이다. 히브리서 저자는 믿음을 이렇게 정의하고 있다.

믿음은 바라는 것들의 실상이요 보이지 않는 것들의 증거니 선진들이 이로써 증거를 얻었느니라(히 11:1 - 2).

이 믿음은 내담자가 현실 속에서 여러 가지 상황으로 조명자료를 계속해서 자신의 삶에 적용하기 어려울 때 필요한 필수적인 요건이다. 믿음은 조명자료가 내담자에게 주로 영적 · 신앙적 의미를 받아들이고, 그 의미를 현실의 어려움 속에서도 지속적으로 적용할 수 있도록 돕는 역할을 한다. 이를 위해서는 조명자료를 강화하는 방법이 필요하다.

2. 조명자료 강화 실례

1) 조명자료 '죄인을 사랑하는 하나님' 강화하기

앞에서 제시한 박성식(가명)의 사례를 예로 들어 보자. 그는 자신을 괴롭히는 동생이 용서가 되지 않아 고민해 왔다. 그가 호세아서에서 용서하신 하나님을 만나서 동생을 새로운 눈으로 바라봄으로써 문제에 대한 해결의 길을 찾았다. 그의 경우 '죄인을 사랑하시는 하나님'이 조명자료가 되었다. 이 자료를 가지고 새로운 삶을 살기 위해서는 이것이 그의 사고와 느낌 속에서 보다 굳건한 터전을 가져야 한다.

조명자료를 강화하는 방법은 조명자료를 일관성 있게 이해하고 이와 관련되는 성경 이야기나 성경 구절 또는 찬양을 연상하는 것이다. 예를 들면, 로마서 5장 8절이 연상된다.

우리가 아직 죄인되었을 때에 그리스도께서 우리를 위하여 죽으심으로 하나님께서 우리에게 대한 자기의 사랑을 확증하셨느니라.

이 구절이 연상되면서 조명자료는 그리스도의 죽으심과 하나님의 참된 사랑과 연결된다. 그리고 참된 사랑의 실체가 무엇인지를 깨닫게 된다. 예수의 산상보훈의 말씀과도 연결된다.

> 너희가 너희를 사랑하는 자를 사랑하면 무슨 상이 있으리요? 세리도 이같이 아니하느냐? 또 너희가 너희 형제에게만 문안하면 남보다 더 하는 것이 무엇이냐? 이방인들도 이같이 아니하느냐?(마 5:46-47)

또는 베드로의 이야기와 연결될 수도 있다. 베드로가 예수께 질문했다.

> 그때에 베드로가 나아와 이르되 주여 형제가 내게 죄를 범하면 몇 번이나 용서하여 주리이까 일곱 번까지 하오리까. 예수께서 이르시되 네게 이르노니 일곱 번뿐 아니라 일흔 번씩 일곱 번까지도 할지니라(마 18:21-22).

예수의 이 말씀은 우리가 70×7=490, 곧 사백구십 번까지 용서하라는 말씀인가? 그 대답이 바로 밑에 나오는 일만 달란트 빚진 자의 비유이다(마 18:23-35).

> 그러므로 천국은 그 종들과 결산하려 하던 어떤 임금과 같으니 결산할 때에 만 달란트 빚진 자 하나를 데려오매 갚을 것이 없는지라 주인이 명하여 그 몸과 아내와 자식들과 모든 소유를 다 팔아 갚게 하라 하니 그 종이 엎드려 절하며 이르되 내게 참으소서 다 갚으리이다 하거늘 그 종의 주인이 불쌍히 여겨 놓아 보내며 그 빚을 탕감하여 주었더니 그 종이 나가서 자기에게 백 데나리온 빚진 동료 한 사람을 만나 붙들어 목을 잡고 이르되 빚을 갚으라 하매 그 동료가 엎드려 간구하여 이르되 나에게 참아 주소서 갚으리이다 하되 허락하지 아니하고 이에 가서 그가 빚을 갚도록 옥에 가두거늘 그 동료들이 그것을 보고 몹시 딱하게 여겨 주인에게 가서 그 일을 다 알리니 이에 주인이 그를 불러다가 말하되 악한 종아 네가 빌기에 내가 네 빚을 전부 탕감하여 주었거늘 내가 너를 불쌍

히 여김과 같이 너도 네 동료를 불쌍히 여김이 마땅하지 아니하냐 하고 주인이 노하여 그 빚을 다 갚도록 그를 옥졸들에게 넘기니라. 너희가 각각 마음으로부터 형제를 용서하지 아니하면 나의 하늘 아버지께서도 너희에게 이와 같이 하시리라.

일만 달란트와 백 데나리온의 차이는 어떻게 될까? 일 달란트는 육천 데나리온이며, 일 데나리온은 노동자의 하루 품삯으로 치면 된다. 그러면 하루 일당을 요즘 계산으로 적게 잡아 30만원으로 치면 일만 달란트는 무려 6조원 정도다. 이에 비해 백 데나리온은 2천만원 정도의 가치이다. 주인이 6조원을 면해 주었는데 2천만원을 가지고 친구를 옥에 넣은 종을 보고 노하지 않을 수 있을까? 우리는 사백구십번을 용서해야 되는 것이 아니다. 우리는 말할 수 없이 큰 빚을 탕감 받은 존재라는 것이 이 비유의 핵심이다.

이렇게 하여 조명자료를 강화시킨다. 조명자료가 강화되면 재저작이 쉬워진다. 이외에도 간음하다 잡힌 여인(요 8:2-11) 또는 포도원 품꾼 비유(마 20:1-6) 등의 자료와 연결할 수도 있다.

이 단계에서 내담자가 성경적 · 신학적으로 그릇된 해석이나 개념을 가지고 있는 것이 발견되면, 그것을 교정해 줄 필요가 있다. 내담자의 사고나 관점에서 수정할 부분은 수정해 줌으로써 그다음 단계인 재저작에서 바른 저작을 할 수 있다. 그렇지 않으면 그릇된 기초나 자료를 가지고 재저작할 수 있는 위험이 있다.

2) 조명자료 '함께하시는 하나님' 강화하기

내담자 정선숙(가명)이 '함께하시는 하나님'을 조명자료로 정한 것을 예로 들어 보자. 이 주제를 성경적으로 강화시켜 보자. 성령의 사역

중 중요한 사역은 제자들과 함께 있는 것이다. 예수는 제자들을 떠나가지만 성령은 영원토록 그들과 함께하실 것이다.

> 내가 아버지께 구하겠으니 그가 또 다른 보혜사를 너희에게 주사 영원토록 너희와 함께 있게 하시리니…. 그러나 너희는 저를 아나니 저는 너희와 함께 거하심이요 또 너희 속에 계시겠음이라(요 14:16 - 17).

성령의 사역 중 중요한 것이 바로 이 '함께하심'의 사역이다. 상담에서 내담자와 함께 있다는 것은 매우 중요하다. 내담자의 많은 문제들은 혼자 있을 때 발생하며, 혼자 있다는 심리적 고립감, 버림받음, 고아와 같음에서 오는 소외감에서 비롯된다. 예수께서도 제자들을 부른 것은 그들과 함께 있기 위함이었고, 두세 명이 예수의 이름으로 기도할 때 그와 함께하겠다고 약속했다.

> 이에 열둘을 세우셨으니, 이는 자기와 함께 있게 하시고…(막 3:14). 두 세 사람이 내 이름으로 모인 곳에는 나도 그들 중에 있느니라(마 18:20).

또한 그의 마지막 말씀도 제자들과 세상 끝날 때까지 항상 함께하시겠다는 말씀이었다(마 28:30).

세상을 감동시킨 앤 설리번 선생과 헬렌 켈러의 이야기에서 설리번 선생은 헬렌에게 많은 정성과 사랑을 헌신적으로 준 것을 알 수 있다. 그런데 그 사랑과 헌신 중 가장 인상 깊은 것은 설리번 선생이 헬렌과 사십팔년 동안 함께 있어 준 것이었다. 마음의 상처를 치료하는 것은 상처에 대한 적절한 분석과 충고보다도 그냥 함께 있어 주는 것이다. 상처난 마음은 충고를 주기보다도 함께 있어 줄 때 치료된다.

그러나 상담자가 내담자와 함께 있는 데는 한계가 있다. 그리고 그 어떤 사람도 내담자와 늘 함께 있어 줄 수가 없다. 그래서 내담자에게는 성령의 함께하심이 치료하는 데 도움이 된다. 사람이 함께할 수 없는 시간, 함께 있을 수 없는 장소에서도 성령은 함께할 수가 있다. 성령은 긴 세월 동안 믿는 이들과 함께 계시는 분이며, 함께 있음으로 치유하시는 분이다.

조명자료가 강화되고 심화되는 과정에서 이를 일목 요연하게 설명할 수 있는 이름이나 제목을 붙이는 작업은 매우 중요하다. 제목을 붙이는 것은 그 조명자료가 가진 핵심적인 메시지나 의미를 간결하게 요약하는 것이다. 내담자는 이 과정을 통해 강화된 조명자료를 압축시켜 보다 명확하게 기억할 수 있다.

3. 조명자료 강화 질문법

이 단계에서의 질문은 조명자료를 강화하는 자료를 찾되 그 초점이 흩어지지 않도록 해야 한다.

조명자료를 강화하는 질문을 구체적으로 하는 데 있어 중요한 점은 내담자가 보다 명확하게 성경 이야기와 그 의미를 자신의 삶에 적용하도록 돕는 것이다. 이를 위해 아래와 같이 질문을 구체적으로 표현할 수 있다. 구체적인 질문을 통해 내담자는 성경 이야기를 자신의 개인적인 경험과 감정에 맞춰 반영하며, 더 깊은 내적 변화를 경험할 수 있을 것이다.

1) 조명자료 강화 질문 – 성경 이야기를 중심으로

상담자 : (조명자료에 붙인 이름)과 관련된 성경 이야기가 떠오르나요?
상담자 : 그 성경 이야기를 들려줄 수 있나요?

상담자 : 그 이야기를 통해 얻은 교훈은 무엇인가요?"

상담자 : (조명자료에 붙인 이름)과 연관된 또 다른 성경 이야기가 생각나나요?

상담자 : 그 성경 이야기를 들려줄 수 있나요?

상담자 : 그 이야기가 당신의 삶에 어떤 영향을 주었나요?

상담자 : (조명자료에 붙인 이름)과 관련된 성경 이야기가 떠오르나요?

상담자 : 그 성경 이야기를 들려줄 수 있나요?

상담자 : 이 성경 이야기를 이야기하면서 어떤 생각이나 느낌이 들었나요?

2) 조명자료 강화 질문 - 성경 구절을 중심으로

상담자 : (조명자료에 붙인 이름)과 관련된 성경 구절이 떠오르나요? 그 구절은 어떤 내용인가요?

상담자 : (조명자료에 붙인 이름)과 관련된 또 다른 성경 구절이 떠오르나요? 그 구절은 어떤 내용인가요?

상담자 : (조명자료에 붙인 이름)과 관련된 성경 구절이 있나요? 그 구절의 내용은 어떤 것인지 설명해 줄 수 있나요?

상담자 : 이 성경 구절을 이야기하면서 어떤 생각이나 느낌이 들었나요?

3) 조명자료 강화 질문 - 찬양을 중심으로

상담자 : (조명자료와 관련하여) 떠오르는 찬양이 있나요? 그 찬양의 가사 중 특히 마음에 와닿는 부분은 무엇인가요?

상담자 : (조명자료와 관련된) 또 다른 찬양이 있나요? 찬양 중에서 마음에 깊이 와닿는 부분은 무엇인가요?

상담자 : 찬양을 하면서 어떤 생각이나 느낌이 들었나요?

4) 강화된 조명자료에 이름 붙임

상담자 : 이것(강화된 조명자료)에 이름이나 제목을 붙인다면 무엇이라고 할 수 있을까요?

상담자 : 그 의미는 무엇인가요?

상담자 : 이것(강화된 조명자료)을 상징이나 그림으로 표현한다면, 어떻게 나타낼 수 있까요?

상담자 : 그 표현이 당신에게 어떤 의미를 가지는지 구체적으로 설명해줄 수 있나요?"

이러한 질문들을 통해 내담자는 성경 이야기와 그 의미를 자신의 삶에 더욱 효과적으로 적용하고, 성경을 통한 변화와 성장을 경험할 수 있게 된다.

4. 조명자료 강화 사례

내담자 서정미(가명)는 조명자료로 예수님과의 첫 만남이란 사건을 찾아냈다. 그녀는 조명자료를 강화하기 위해 그것에 '내미는 손'이란 이름을 붙였다. 그녀가 이렇게 이름 붙인 경위를 들어 보자.

> 과거, 현재, 미래를 생각할 때, 나의 모습은 아무리 벗어나려 해도 어둠을 벗어날 수 없다고 생각했다. 그러나 예나 지금이나 항상 나 혼자 어둠 속에 웅크리고 앉아 있을 때 어김없이 내게 손을 내미신 분이 계셨다. 그 손을 잡았을 때 내 삶의 관점과 만남에 대한 방향이 긍정적으로 바뀌었다. 그 분과의 첫 만남, 그 설렘을 잊고 있었다.

내담자는 과거의 경험을 되살려 내고, 그 경험을 쉽게 기억할 수 있는 이름을 붙였다. 그녀는 과거의 경험을 기억한 후 곧 그녀의 시선이 미래로 향하는 것을 볼 수 있다.

> 그때의 벅참과 감사함을 기억하며 앞으로의 인생을 살 것이다. 내 삶의 고백이 끊이지 않는 한 예수의 방문은 계속될 것이다. 그리고 지금까지 내가 맺어 왔던 인간관계 속에서 외로움과 실망감을 느꼈다면 또 다른 눈으로 세상을 바라보게 된 지금 이 순간부터 맺은 관계는 또 다른 나로 태어나게 할 것이다.

이 미래의 비전은 새로운 삶을 살아가게 하는 힘과 방향을 제시한다는 의미에서 보다 구체화되고 지속적으로 기억할 수 있어야 한다.

제14장

재저작

문제 파악	성경 이야기 선정	서사적 읽기	인력 탐구	조명 자료 발견	조명 자료 강화	재저작	지지적 신앙 소그룹 형성

1. 재저작의 개념

조명자료를 가지고 인생의 이야기를 다시 쓰는 것을 '재저작'이라 한다. 재저작 과정은 발견된 조명자료를 강화한 후 내담자의 주 호소 문제를 이 자료를 통해 새롭게 조명해 봄으로써 문제에 대한 새로운 관점을 갖고 해결방안을 찾는 과정이다.

내담자는 발견한 조명자료를 강화한 후, 이를 통해 주 호소 문제를 새롭게 조명하고 그 문제를 새로운 관점에서 이야기한다. 이때 이야기의 구성 요소인 인물, 사건, 배경, 플롯을 확인하고, 각 요소들에 대한 기술에서 변화된 점들을 상세하게 기술하도록 한다. 또한 이야기는 시간의 흐름을 가지고 있기 때문에 새로운 이야기를 과거(가까운 과거, 먼 과거), 현재, 미래의 시점에서 재구성해 본다.

재저작은 [표 14-1]과 같이 시간의 흐름에 따라 과거 → 현재 → 미래의 시간 순서와 함께 이야기의 구성 요소별로 새롭게 이야기를 만들어 간다.

[표 14-1] 시간 순서에 따른 재저작

과거	→	현재	→	미래
등장인물		등장인물		등장인물
↓		↓		↓
사건		사건		사건
↓		↓		↓
배경		배경		배경
↓		↓		↓
플롯		플롯		플롯

다시 말하면, 재저작은 조명된 자료를 가지고 자신의 과거, 현재, 미래를 다시 한번 새롭게 바라보는 작업이다. 이때 시간 순서는 연대기적인(크로노스) 순서가 적합하나, 이야기의 성격상 유형론적인, 혹은 영적인(카이로스) 순서대로 기술할 수도 있다. 즉, 연상되는 순서가 반드시 연대기적인 시간 순서일 필요는 없다.

조명자료는 내담자의 이야기를 재저작하여 대안 이야기alternative story를 구성하는 데 필수적이다. 대안 이야기는 지배적인 이야기와는 다른 새로운 이야기로서 내담자의 삶을 바꿀 수 있는 이야기이다. 이야기 상담에서는 과거의 삶에서 독특한 요소나 예외 상황을 발견하여 이것을 중심으로 미래에 자신이 살아갈 수 있는 이야기를 만들어가지만, 성경 이야기 상담에서는 성경 이야기에서 발견한 조명자료를 통해 대안 이야기를 만든다. 이러한 대안 이야기는 성경 이야기 자료와 그 안에서 제공되는 전망을 중심으로 새롭게 만들어지는 내담자의 이야기이다.

2. 재저작 과정

1) 재저작 방법

재저작 방법은 두 가지가 있다. 하나는 내담자가 스스로 자신의 이야기를 쓰도록 하는 방법이고, 다른 하나는 상담자와 대화를 통해 내담자가 재저작하는 방법이다. 쓰기 방법은 내담자가 해당되는 질문에 대한 답을 과제물 형식으로 작성하여 상담자와 나누는 방식이다. 이 방법은 재저작 질문에 대해 내담자가 시간을 두고 깊이 생각하며 재저작을 보다 더 일관성 있게 해 나갈 수 있다. 반면에 상담자가 내담자에게 질문하는 방법은 상담자와 내담자 간의 협력관계를 통해 재저작할 수 있다는 것이 장점이다.

상담자는 주로 질문을 통해 내담자가 대안 이야기를 재저작하도록 돕는다. 재저작을 위한 질문들은 내담자가 과거 경험들을 새롭게 바라보도록 유도하고, 그의 마음을 열게 하며, 그의 상상력을 자극하고 그에게 의미 있는 자료들을 활용하도록 돕는다. 내담자는 이러한 대화가 진행되면서 종전에는 등한시했던 삶의 측면들과 관계성에 관심을 가지며, 그들에게 새로운 매력을 느끼게 된다.[205]

재저작 질문은 주 호소 문제를 조명자료로 조명했을 때 어떤 변화가 있었는지를 찾아내는 방법이다. 이 과정에서 내담자는 주 호소 문제에 나타나는 인물, 사건, 배경, 플롯에서 어떤 변화가 있었는지를 이야기의 구성 요소별로 파악한다. 예를 들어, "조명자료를 통해서 보았을

205) M. White, *Maps of Narrative Practice,* 61.

때 이 사건은 어떤 의미가 있습니까?", "이 의미는 종전에 생각했던 의미와 어떤 점에서 차이가 있습니까?"와 같은 질문을 할 수 있다. 이러한 질문은 내담자가 자신의 이야기 속에서 새롭게 발견한 관점을 통해 삶의 문제를 재구성할 수 있도록 돕는다.

내담자는 비록 자신의 삶을 어느 누구보다도 잘 알고 있지만, 내담자가 진술하는 이야기가 그의 삶의 모든 측면을 다 말하지는 못한다. 화이트가 지적한 것처럼, 하나의 이야기는 삶의 한 측면과 몇 가지 경험 밖에 표현할 수 없다.[206] 이는 내담자의 이야기에서 선택된 부분만이 강조되고 다른 부분은 종종 간과되거나 생략될 수 있다는 의미이다.

새로운 이야기를 만드는 재저작 대화는 사람들이 가지고 있는 일반적 속성, 즉 의미의 일관성을 추구하는 점에 착안하고 있다. 화이트와 엡스톤은 이 점을 잘 지적하고 있다. 사람들은 삶을 이해하려고 노력하는 과정에서 자신이 경험한 사건들을 시간을 거슬러 순서대로 배열하고, 자신과 주변 세계에 대해 일관성 있는 설명을 하려고 한다.[207] 로더도 이와 유사한 주장을 펼치고 있다.

> 우리는 확신 체험을 통해 자신의 뇌리에 수록되어 있는 모든 기억이 재정렬되고 있음을 종종 발견하게 된다. 그때 우리가 잊고 있었던 많은 사건, 사람, 의미들이 놀라우리만큼 중요한 것으로 부각되고 있음을 알게 되는 것이다.[208]

재저작은 조명자료를 중심으로 자신의 이야기를 다시 써 보는 과정이다. 이것은 문학비평에서 말하는 회상과 예상의 논리와 같다. 예상

206) M. White, *Re-Authoring Lives: Interviews and Essays* (Adelaide: Dulwich Center Publications, 1995), 15.
207) M. White and D. Epston, *Narrative Means to Therapeutic Ends* (New York: W. W. Norton and Company, 1990), 9.
208) J. E. Loder, op. cit., 335.

은 미래에 일어날 일을 예측하는 것이고, 회상은 과거의 일을 기억하되 그것을 현재의 경험에서 재해석하는 것이다. 이 재해석은 조명자료를 통해 과거와 미래를 재해석하는 것이다.

인력 탐구를 통해 발견한 조명자료는 내담자의 삶에서 그동안 등한시되었던 사건들과 경험들을 새롭게 해석하여 그 중요성을 재인식하게 만든다. 로더에 의하면, "내담자는 과거의 요인들이 확신의 체험에 의해 생겨난 결과를 통해서 직접적으로든지 간접적으로 치유되며, 변화될 수 있다는 사실을 확인하고자 하는 것이다." 우리의 미래도 "확신 체험을 통해 깊은 영향을 받으며, 미래에 대한 기대를 불러일으킬 수 있는 것이다."[209] 그래서 조명자료의 발견은 새로운 이야기의 출발점이다. 사람들은 자신의 삶을 조명자료를 통해서 다시 진술함으로써 그것을 새롭게 체험한다. 내담자가 이 작업을 쉽게 하기 위해 상담자는 조명자료를 중심으로 질문을 해야 한다.

재저작하는 과정에서 내담자는 자신의 삶에서 자신이 능동적인 존재임을 경험하는데, 이 경험은 새로운 삶을 만들어 가는 데 중요한 요소가 된다. 상담자는 내담자의 능동성을 발견하고 강화시키기 위해 내담자가 이루어 낸 것과 해낼 수 있었던 환경에 대해 다양하게 질문한다.[210] 예를 들어, 내담자에게 과거와 현재에 일어났던 일련의 성취와 극복이 무엇인지를 묻는 질문을 통해 내담자가 자신이 능력 있고 창조적이며 가치 있는 존재라는 것을 의식하도록 돕는다. "어떻게 그렇게 할 수 있었습니까?", "어떻게 그 상황을 다른 방법으로 생각하게 되었습니까?", "당신은 어떻게 새로운 느낌을 가지게 되었습니까?" 등의 질문들이 포함된다.

209) Ibid., 336.
210) J. Winslade and G. Monk, 이야기 상담, 송현종·정수희 역 (서울: 학지사, 2005), 75.

조명자료가 강화되었다 하더라도 단편적이고 불명확한 자료만으로는 새로운 저작을 하기에는 한계가 있다. 따라서 조명자료를 통해 새롭게 조명하고자 하는 부분은 내담자의 과거 경험과 관련된 의미와 소망, 의도와 신념, 헌신의 목적, 동기, 가치관 등이 드러나는 새로운 차원의 세계이다. 이를 위해 필요한 질문들을 의미부여 질문이라 한다. "그것을 무엇이라고 생각합니까?", "그 사람과의 관계에서 무엇을 느낍니까?", "그 경험에서 당신은 무엇을 배웠습니까?", "그 사건은 어떤 의미가 있습니까?"와 같은 질문들을 통해 내담자는 자신의 경험과 삶을 새롭게 바라볼 수 있게 된다.

2) 재저작 순서

조명자료를 근거로 하여 자신의 삶을 재저작할 때, 삶이 시간적으로 인식된다는 점을 염두에 두고 현재, 과거, 미래의 시간 선상에서 재저작해야 한다. 그런데 조명자료의 성격상 그 시간 순서가 정해져 있지 않은 경우가 많다. 그럼에도 불구하고 대체적으로 조명자료로 재저작하기 쉬운 시점부터 점점 더 먼 시점으로 옮겨 가는 것이 재저작하기 쉬운 방법이다. 따라서 재저작의 시간적 순서는 일반적으로 가까운 과거 → 먼 과거 → 아주 먼 과거 → 현재 → 미래 순서가 적절하다. 구체적인 순서는 [그림 14-1]과 같다. 물론 조명자료의 성격이나 강도에 따라 이 순서는 달라질 수 있다.

[그림 14-1] 재저작의 시간적 순서

가까운 과거	먼 과거	아주 먼 과거	현재	미래

타임머신을 타고 시간이라는 차원의 세계에서 과거나 미래로 여행하려는 것처럼, 자신의 이야기를 재저작하기 위해서는 먼저 과거의 삶을 되돌아보아야 한다. 김번영은 이것을 '과거 재방문하기'[211] 라고 한다. 가까운 과거로의 여행은 현재의 삶에서 시작한다. 이 단계에서는 가까운 과거를 여행하면서 조명자료를 사용하여 빈약한 이야기 속에 있던 인물, 사건, 배경, 플롯을 해체하고 그동안 삶에서 중요하게 생각하지 않았던 것들을 재조명한다. 가까운 과거의 삶을 조명자료를 통해 재구성하는 작업을 가치면 동일한 작업을 좀 더 먼 과거 이야기를 대상으로 하고, 그다음에는 더 먼 과거 이야기로 나아가게 한다.

조명자료는 내담자의 과거 삶에 나타나는 인물, 사건, 배경과 플롯 등을 새롭게 조명하여 과거의 지배적 플롯을 해체하고, 이를 바탕으로 새로운 지배적 플롯을 형성하는 데 중요한 역할을 한다.

[그림 14-2] 재저작 과정

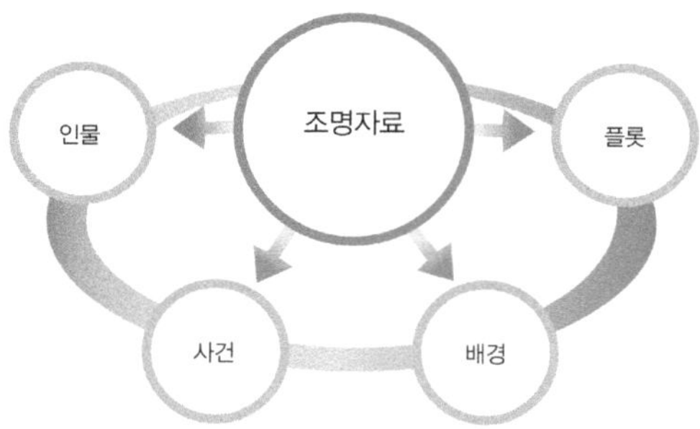

사건들을 재구성할 수 있는 효과적인 방법으로 구조화된 집단상담에서 활용하고 있는 '생애도표'를 도구로 사용할 수 있다[그림 14-3].

211) 김번영, op. cit., 188.

[그림 14-3] 생애도표

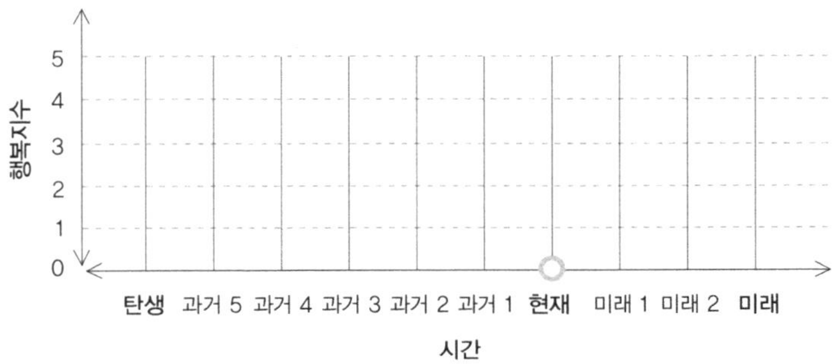

이때 상담자는 내담자로 하여금 사건들을 중심으로 도표를 그리게 한다. 생애에서 가장 기뻤던 사건과 고통스러웠던 사건들을 구분하고, 그 강약에 따라 숫자로 도표에 표시하게 한다. 도표에서 좌측의 숫자는 행복지수를 나타낸다. 즉, 행복한 사건일수록 숫자는 높아지고, 고통스러운 사건일수록 숫자가 낮게 표시된다.

내담자가 자신의 생애에 일어났던 각각의 사건들을 한눈에 볼 수 있도록 생애도표를 만들게 되면, 내담자는 자신의 삶을 전체적으로 조망해 볼 수 있게 된다. 그리고 객관적으로 재해석할 수 있는 공간이 만들어진다.

이때 상담자는 다음과 같이 말할 수 있다: "태어나서 이 자리에 오기까지 순간순간 애써서 살아온 나는 기뻤던 일, 슬펐던 일, 고통스러웠던 일을 겪으면서도 최선을 다해 지내 왔습니다. 어제의 모습이 오늘의 나의 삶이 있게 하였습니다. 앞으로의 생애를 더욱 알차게 살 수 있도록 삶을 돌아보면서 새롭게 계획해 보는 시간입니다."

내담자가 지배적인 문제 이야기에서 자신의 과거를 자유롭게 탐색하고 새롭게 구성할수록, 그는 과거의 문제로부터 더 적은 영향을 받으며 미래를 보다 긍정적이고 능동적으로 설계할 수 있게 된다.[212] 현재와 과거의 이야기가 조명자료를 통해 새롭게 구체화되기 시작하면, 상담자는 내담자에게 미래에 일어날 변화들을 상상하고 그려 보게 함으로써 이야기의 초점을 미래로 옮긴다.[213] 이야기의 초점을 미래로 옮길 때 내담자의 상상력을 활용한다. 내담자는 상상력을 통해 조명자료에 근거한 미래의 삶을 재구성할 수 있다. 회상과 예상을 통해 일관성 있는 삶의 재구성이 이루어지며, 이때 조명자료는 일관성을 제공하는 중요한 역할을 한다.

3. 재저작 질문

상담자는 질문을 통해 내담자의 대안 이야기를 발전시켜 나가야 한다. 이 질문들은 내담자의 경험들을 새롭게 바라보도록 하고, 그들의 마음을 열게 하며 그들의 상상력을 동원시키고, 의미 있는 자료들을 사용하도록 돕는다. 내담자는 이러한 대화가 진행되면서 종전에는 등한시했던 삶의 측면들과 관계성에 관심을 가지고 매력을 느끼게 된다.[214] 조명자료를 가지고 조명하는 부분은 현재나 가까운 과거에서부터 시작하는 것이 내담자로 하여금 쉽게 회상할 수 있게 해 준다. 다음 질문들이 내담자가 회상하는 것을 도울 수 있다.

212) J. Freedmam and Geme Combs, 이야기 치료의 이론과 실제, 허남순 등 역 (서울: 학지사, 2006), 54.

213) Michael P. Nichols and Richard C. Schwartz, *The Essentials of Family Therapy*, 3rd ed, (Boston: Allyn and Bacon, 2007), 271-272.

214) M. White, *Maps of Narrative Practice*, 61.

상담자 : 당신의 현재나 가까운 과거에서 조명자료를 가지고 조명할수 있는 이야기는 어떤 것이 있습니까?

상담자 : 그 이야기의 등장인물, 사건, 배경은 어떤 것입니까?

이상의 질문들은 가까운 과거, 먼 과거와 아주 먼 과거를 조명자료에 근거해서 회상하게 하고, 미래의 이야기를 예상하게 한다.

상담자는 내담자에게 새롭게 형성된 대안 이야기가 미래의 삶에 어떤 영향을 줄 것인가라는 질문을 통해 대안 이야기를 확대해 나갈 수 있다. 즉, 새로운 이야기가 지속적으로 발전되어 가면, 상담자는 내담자에게 새로운 이야기가 미래의 삶에 어떤 영향을 미칠 것인가에 대해 생각해 보게 한다. 특히 미래에 대한 자신의 정체성과 진로 그리고 환경이 어떻게 변화될 것인가에 대해 생각해 보도록 한다. 이렇게 내담자는 자신의 삶을 역사적으로 되돌아보면서, 새로운 이야기는 과거, 현재 그리고 미래를 갖게 된다. 즉 새로운 이야기는 온전한 이야기가 된 것이다.[215]

조명자료의 의미를 명료화하고 그 자료의 구조와 적용력을 높이기 위해서 상담자는 다음과 같은 질문을 할 수 있다.

먼저, 상담자는 내담자에게 조명자료를 어떻게 발견했는지에 대해 질문을 한다. 상담자가 조명자료를 어떻게 탐색하게 되었는지를 설명하도록 요청하는 것은, 내담자가 자신의 삶에서 주체적인 존재라는 것을 경험하도록 돕는 것이다.

둘째, 조명자료와 유사한 최근의 경험을 연상하도록 질문한다. 내담자가 조명자료를 사용해서 자신의 삶을 조명할 때는 가까운 과거로부터 점차 먼 과거의 경험을 조명하도록 해야 한다. 상담자는 이런 순

215) Michael P. Nichols and Richard C. Schwartz, *The Essentials of Family Therapy*, 272.

서를 염두에 두고 내담자에게 적합한 질문들을 해야 한다. 물론 시간 순서는 내담자의 상황에 따라 달라질 수도 있다. 특히 내담자가 성령의 영향하에 있을 때 때로는 본인이 예상하지 못한 과거의 일들과 생각, 느낌들을 경험할 수 있다. 이런 경우는 상담자가 내담자의 영적 상황을 예민하게 파악하여 그 이야기가 계속될 수 있도록 도와주어야 한다.

셋째, 상담자는 내담자의 조명자료를 그 전후관계에서 관련되는 것과 연관시켜 이야기하도록 도와주어야 한다. 이는 내담자가 조명자료에 앞서거나 뒤따르는 생각과 감정을 표현하도록 도와주는 것이다.[216] 재저작은 시간의 흐름에 따른 내담자의 삶을 재해석하는 과정이기 때문에 내담자의 삶을 전체적으로 돌아볼 수 있는 생애도표가 도움이 될 수 있다.

기독영성상담연구소에서 실시한 상담 실습에서 발견한 사실은 연구원 대부분이 조명자료를 찾을 수 있었고, 그것을 근거로 재저작을 할 수 있었다는 것이다. 이 과정을 거치면서 상담의 주관자가 성령이시라는 것을 확신하게 되었다.

4. 재저작 질문법

대화를 통한 재저작은 내담자가 자신의 삶을 돌아보며 그 경험을 재구성하고 새로운 의미를 찾는 과정이다. 이러한 대화를 통해 내담자는 자신이 경험한 사건을 보다 명확히 인식하고, 그 사건과 관련된 사람들의 배경을 되새기며, 현재의 가능성과 미래를 상상하게 한다. 이러한 방식은 내담자와 과거를 돌아보며, 현재와 미래의 경험을 재조명하

216) J. Winslade and G. Monk, *Narrative Counseling in School*, 84－85 참조.

고, 새로운 의미를 발견할 수 있게 한다. 재저작 질문은 강화된 조명자료를 중심으로, 그와 유사한 삶의 경험을 발견하고 의미를 부여하게 하는 것이다.

재저작 질문은 내담자가 자신의 경험을 성경 이야기와 연결하여 새로운 통찰을 얻고, 이를 바탕으로 실질적인 삶의 변화를 이루도록 돕는 중요한 과정이다. 이 단계의 질문들이 내담자에게 매우 유용하게 작용할 수 있다.

1) 과거 경험에 대한 재저작 질문

과거 경험의 재저작은 내담자가 자신의 경험을 성경 이야기와 연결하여 새롭게 바라보도록 돕는 과정인데, 그 시작은 가까운 과거에서부터 시작하여 점차 더 먼 과거로 확장하는 방식으로 이루어진다. 이 과정은 내담자가 자신의 경험을 더 깊이 탐색하고, 그 경험들 간의 연관성을 발견하면서 내적인 성장을 이룰 수 있도록 돕는다.

상담자 : 당신의 가까운 과거에 (조명자료 이름)과 관련된 비슷한 사건이나 경험이 있었나요? 그 이야기를 들려줄 수 있나요?

상담자 : 그 경험을 통해 어떤 교훈을 얻었나요?

상담자 : 당신의 먼 과거에 (조명자료 이름)과 관련된 비슷한 사건이나 경험이 떠오르나요? 그 경험에 대해 이야기해 줄 수 있나요?

상담자 : 그 경험이 당신에게 어떤 긍정적인 영향을 주었나요?

상담자 : 당신의 더 먼 과거에 (조명자료 이름)과 관련된 비슷한 사건이나 경험이 있었다면, 그 경험에 대해 이야기해 줄 수 있나요?

상담자 : 그 경험이 지금의 당신에게 어떤 영향을 미쳤나요?

상담자 : 이 이야기를 하면서 어떤 생각이나 느낌이 들었나요?

상담자 : 그 생각이나 느낌이 당신의 삶에 어떤 변화를 일으킬 수 있을까요?

상담자 : (조명자료 이름)에 비추어볼 때, 당신의 과거 경험에서 하나님께서 주시는 메시지가 무엇일까요?"

2) 현재 문제에 대한 재저작 질문

현재 겪고 있는 문제에 대한 재저작은 내담자의 주 호소 문제를 조명자료를 통해 새로운 관점에서 바라보는 과정이다. 이 과정은 내담자가 자기 문제를 새로운 시각으로 보게 하고, 하나님의 뜻과 성경의 교훈을 통해 해결방안을 찾는 데 도움을 준다. 이를 통해 내담자는 자신의 문제를 성경적 관점에서 새롭게 해석하고, 그 문제에 대해 하나님이 주시는 메시지를 발견할 수 있다.

상담자 : 당신이 현재 겪고 있는 문제를 (조명자료 이름)을 통해 새롭게 바라보면 어떻게 이야기할 수 있을까요?

상담자 : 이 이야기를 하면서, 어떤 생각이나 느낌이 들었나요?

상담자 : (조명자료 이름)에 비추어볼 때, 당신이 현재 겪고 있는 문제를 통해 하나님께서 주시는 메시지가 무엇일까요?

상담자 : 그 메시지가 당신의 문제해결에 어떻게 적용할 수 있을까요?

3) 미래에 대한 재저작 질문

미래 재저작 질문은 내담자가 조명자료를 바탕으로 미래의 삶을 상상하고, 그 상상 속에서 하나님의 뜻을 발견하며, 그 뜻을 실천적인 삶으로 연결하도록 돕는 중요한 과정이다. 내담자가 미래의 변화를 실현할 수 있도록 구체적인 행동 계획을 세우는 것은 그 변화가 지속적으로 이루어지도록 돕는다. 이 과정에서 내담자는 희망과 동기를 얻고, 자신의 삶에 대한 목적 의식을 더욱 확고히 할 수 있게 된다.

상담자 : 이제 다른 질문을 해볼게요. 상상력을 발휘해보세요! (조명자료 이름)을 통해 당신의 미래를 상상해 본다면, 당신의 삶은 어떻게 될 것 같나요?

상담자 : 이 이야기를 하면서 어떤 생각이나 느낌이 들었나요?

상담자 : (조명자료 이름)에 비추어볼 때, 이 미래의 이야기가 당신의 삶에 어떤 영향을 미칠 것 같나요?

상담자 : 그 상상한 미래를 실제로 살아가기 위해 필요한 구체적인 행동은 무엇인가요?

상담자 : 그 행동을 실천하기 위해 첫 번째로 무엇부터 시작할 수 있을까요?

이렇게 재저작 단계의 질문들은 내담자가 자신의 삶을 조명자료와 연결하여 실제적이고 구체적인 변화를 일으킬 수 있도록 돕는 중요한 역할을 한다.

이러한 질문들을 통해 내담자는 과거의 사건과 경험을 재구성하고, 현재의 상황을 새로운 관점으로 바라보며, 미래에 대해 더 구체적이고 희망적인 비전을 설계할 수 있다. 중요한 것은 이러한 대화가 내담자의 상상력과 감정, 신념을 자극하여, 그들이 자신의 이야기를 능동적으로 재저작 하도록 돕는다는 것이다. 이 과정에서 내담자는 자기 자신에 대한 새로운 이해와 성찰을 하고 그것을 통해 변화와 성장을 경험할 수 있다. 따라서 재저작 질문들은 내담자가 자신의 삶을 주도적으로 다시 쓸 수 있도록 돕는 유용한 도구가 된다.

이상의 질문들은 내담자와의 실제 상담상황에서 적절하게 조정할 수 있다.

5. 쓰기를 통한 재저작 사례

여기서는 서정미(가명)의 상담 사례를 가지고 재저작 과정을 알아본다.

그녀는 쓰기 방식을 통해 재저작을 시도했다. 그녀의 주 호소 문제는 미래에 대한 두려움, 인간관계의 회의와 영적인 침체라고 하였다. 그녀는 미래에 대한 두려움과 인간관계의 회의도 궁극적으로는 영적인 침체에서 온다는 것을 알고 있었다. 그녀가 두려워하는 것은 이 영적인 침체에서 회복되는 기간이 길지 않을까 하는 것이었다.

1) 내담자가 발견한 조명자료 '수호천사'

그녀는 성경 본문으로 요한복음 9장 1−41절을 선택했다. 이 본문을 한번 읽어보자.

> 예수께서 길을 가실 때에 날 때부터 맹인 된 사람을 보신지라 제자들이 물어 이르되 랍비여 이 사람이 맹인으로 난 것이 누구의 죄로 인함이니이까 자기니이까 그의 부모니이까 예수께서 대답하시되 이 사람이나 그 부모의 죄로 인한 것이 아니라 그에게서 하나님이 하시는 일을 나타내고자 하심이라 때가 아직 낮이매 나를 보내신 이의 일을 우리가 하여야 하리라 밤이 오리니 그때는 아무도 일할 수 없느니라 내가 세상에 있는 동안에는 세상의 빛이로라 이 말씀을 하시고 땅에 침을 뱉어 진흙을 이겨 그의 눈에 바르시고 이르시되 실로암 못에 가서 씻으라 하시니 (실로암은 번역하면 보냄을 받았다는 뜻이라) 이에 가서 씻고 밝은 눈으로 왔더라. 이웃 사람들과 전에 그가 걸인인 것을 보았던 사람들이 이르되 이는 앉아서 구걸하던 자가 아니냐? 어떤 사람은 그 사람이라 하며 어떤 사람은 아니라 그와 비슷하다 하거늘 자기 말은 내가 그라 하니 그들이 묻되 그러면 네 눈이 어떻게 떠졌느냐 대답하되 예수라 하는 그 사람이 진흙

을 이겨 내 눈에 바르고 나더러 실로암에 가서 씻으라 하기에 가서 씻었더니 보게 되었노라 그들이 이르되 그가 어디 있느냐 이르되 알지 못하노라 하니라 그들이 전에 맹인이었던 사람을 데리고 바리새인들에게 갔더라 예수께서 진흙을 이겨 눈을 뜨게 하신 날은 안식일이라 그러므로 바리새인들도 그가 어떻게 보게 되었는지를 물으니 이르되 그 사람이 진흙을 내 눈에 바르매 내가 씻고 보나이다 하니 바리새인 중에 어떤 사람은 말하되 이 사람이 안식일을 지키지 아니하니 하나님께로부터 온 자가 아니라 하며 어떤 사람은 말하되 죄인으로서 어떻게 이러한 표적을 행하겠느냐 하여 그들 중에 분쟁이 있었더니 이에 맹인 되었던 자에게 다시 묻되 그 사람이 네 눈을 뜨게 하였으니 너는 그를 어떠한 사람이라 하느냐 대답하되 선지자니이다 하니 유대인들이 그가 맹인으로 있다가 보게 된 것을 믿지 아니 하고 그 부모를 불러 묻되 이는 너희 말에 맹인으로 낳다 하는 너희 아들이냐 그러면 지금은 어떻게 해서 보느냐 그 부모가 대답하여 이르되 이 사람이 우리 아들인 것과 맹인으로 난 것을 아나이다 그러나 지금 어떻게 해서 보는지 또는 누가 그 눈을 뜨게 하였는지 우리는 알지 못하나이다 그에게 물어보소서 그가 장성하였으니 자기 일을 말하리이다 그 부모가 이렇게 말한 것은 이미 유대인들이 누구든지 예수를 그리스도로 시인하는 자는 출교하기로 결의하였으므로 그들을 무서워함이러라 이러므로 그 부모가 말하기를 그가 장성하였으니 그에게 물어보소서 하였더라 이에 그들이 맹인이었던 사람을 두 번째로 불러 이르되 너는 하나님께 영광을 돌리라 우리는 이 사람이 죄인인 줄 아노라 대답하되 그가 죄인인지 내가 알지 못하나 한 가지 아는 것은 내가 맹인으로 있다가 지금 보는 그것이니이다 그들이 이르되 그 사람이 네게 무엇을 하였느냐 어떻게 네 눈을 뜨게 하였느냐 대답하되 내가 이미 일렀어도 듣지 아니하고 어찌하여 다시 듣고자 하니이까 당신들도 그의 제자가 되려 하나이까 그들이 욕하여 이르되 너는 그의 제자이나 우리는 모세의 제자라 하나님이 모세에게는 말씀하신 줄을 우리가 알거니와 이 사람은 어디서 왔는지 알지 못하노라 그 사람이 대답하여 이르되 이상하다 이 사람이 내 눈을 뜨게 하였으되 당신들은 그가 어디서 왔는지 알지 못하는도다 하나님이 죄인의 말을 듣지 아니하시고 경건하여 그의 뜻대로 행하는 자의 말은 들으시는 줄을 우리가 아나이다 창세 이후로 맹인으로 난 자의 눈을 뜨게 하였다 함을 듣지 못하였으니 이 사람이 하나님께로부터 오지 아니하였으면 아무 일도 할 수 없으리이다 그들이 대답하여 이르되 네가 온전히 죄 가운데서 나서 우리를 가르치느냐 하고 이에 쫓아내어 보내니라 예수께서 그들이 그 사람을 쫓아냈다 하는 말을 들으셨더니 그를 만나사 이르시되 네가 인자를 믿느냐 대답하여 이르되 주여 그가 누구시오니이까 내가 믿고자 하나이다 예수께서 이르시되 네가 그를 보았거니와 지금 너와 말하는 자가 그이니라 이르되 주여 내가 믿나이다 하고 절하는지라. 예수께서 이르시되 내가 심판하러 이 세상에 왔으니 보지 못하는 자들은 보게 하고 보는 자들은 맹인이 되게 하려 함이라 하시니 바리새인 중에 예수와 함께 있던 자들이 이 말씀을 듣고 이르되 우리도 맹인인가 예수께서 이르시되 너희가 맹인이 되었더라면 죄가 없으려니와 본다고 하니 너희 죄가 그대로 있느니라

인력 탐구 과정에서 그녀가 가장 인력을 강하게 느끼는 부분은 소경이라는 인물인데, 그 이유는 소경이 출교당할 위험 속에서도 끝까지 예수를 증거하였기 때문이다. 그녀는 또한 예수께서 출교당한 소경에게 다시 찾아오시는 모습에서 강한 느낌을 받았다고 하였다. 그녀는 이 이야기를 통해서 자신이 예수와 처음 만났던 때를 떠올리게 되었다. 이것이 그녀에게는 자신의 삶을 다시 보게 하는 조명자료로 기능하였다.

오래전에 예수와의 첫 만남을 통해 소경같았던 자신이 삶의 눈을 다시 뜨게 되어 어둡고 불안했던 삶이 변화되었다. 그녀는 기쁨과 희망을 가지고 지금껏 살아왔던 것을 기억하고, 그때의 감사와 행복감을 다시 강하게 느꼈다. 어둠 속에 있던 자신에게 예수께서 손을 내밀었을 때 그 손을 붙잡기만 하면 문제가 해결되던 자신의 삶을 회상하면서 이

경험을 '내미는 손'이라고 이름 붙였다. 예수께서 손을 내미실 때 그 손을 붙잡기만 하면 항시 어려움에서 자신을 도우려는 사람들이 주위에 생겼다. 그녀는 이 사람들이야말로 예수께서 보내신 사람들이라 믿었다. 그래서 그녀는 그들을 '수호천사'라 불렀다.

2) '수호천사'를 중심으로 재저작하기

재저작에서 그녀는 자신의 현재에서 처음 이 수호천사를 만난 경험을 인물, 사건, 배경 순으로 기술하고 그 사건 이후 과거에서 미래에 이르기까지 순차적으로 기술하였다. 여기서 그녀의 이야기를 한번 들어 보자.

시기	현재
등장인물	같은 교회 교역자들
사건	나이가 들면 새로운 환경에 적응하는 것이 쉬울 줄 알았는데 아니다. 더구나 지금까지와는 다른 입장에서 사람들을 만나야 할 텐데 어떡하지…. 아~ 정말 피할 수 있다면 피하고 싶은 순간이다. 본당에 들어섰다. 어색하다. 교인들도 '쟤 누구지?' 하는 눈빛으로 쳐다본다. 아~ 뻘쭘하다. 그때 누가 말을 건다. "자기가 오늘부터 나랑같이 이 교회에 처음 온다던 그 목사구나. 우리 한번 잘 지내 보자." 그때부터 우리 교회 여자 교역자분들은 나를 딸처럼 친구처럼 보살펴 주셨다. 이 주 전 주일예배 후에 있었던 일이다. "서 목사! 우리 바람 쐬러 경주에 가서 벚꽃도 보고 바다에 가서 회도 먹고 오자." "좋죠. 근데 갑자기 왠 여행요?" "우리가 서 목사 안수 받았는데 축하 파티도 못 해 줬잖아. 그래서 겸사겸사 드라이브 가자구. 운전은 김 전도사가 할거고 밥은 내가 살게. 서 목사는 여행도 자주 못 가는데 이번에 산이랑 바다 다 보여 준다." 이렇게 해서 여자 교역자 세 명이 바람 쐬러 떠났다. 대구로 오는 길에 전도사님들께서 "이렇게 한 교회에 있어서 서로 기도해 주고 힘이 돼 주고 여행도 같이 다니니까 진짜 좋지? 우린 젊은 목사가 나이 든 우리하고 놀아 줘서 더 좋은데…. 고마워." "아니죠… 제가 오히려… 저 이렇게 챙겨 주시고 놀아 주셔서 감사한데요?" "그래? 우리가 까짓거 뭐 서 목사 수호천사 하지, 호호." "어! 그 말 다음 주 연구소 발표할 때 조명자료 이름인데…." 요즘 수호천사라는 단어 자주 접한다….
배경	2009년 4월 첫째 주 금요일

시기	가까운 과거
등장인물	장은미(가명)
사건	드디어 내가 대학에 들어왔다. 시간표 짜는 것부터 식당에 가서 밥을 먹는 것까지, 아! 머리가 아프다. 내가 꿈꾸던 대학생활은 이런 게 아닌데…. 그리고 대학은 수업마다 건물이랑 강의실이 다르네. 어떻게 10분 만에 강의실을 옮겨 다니지…. 아! 머리가 아프다 못해 깨질 것 같다. 학교에 다니기가 싫다. 그렇다고 매일 엄마가 학교에 와 있을 수도 없는 거고…. 신입생 O.T.를 마쳤다. 난 또 혼자다. 고등학교 때까지는 그래도 한 반인 친구들이 있어서 괜찮았는데…. 사수까지 하는 바람에 내 또래도 아닌 동생들과 공부를 해야 하는 내 처지가 불쌍하다. 잘 어울릴 수 있을까? 졸업이나 할 수 있을까? 그런데 엄마는 왜 이렇게 늦게 오는 거야? 이 넓은 공간에 어떤 여자아이 한 명과 나만 있다. 어색하다. 그런데 아까부터 저 아이는 왜 자꾸 날 쳐다보는 거야? 기분 나쁘게…. 어디를 가도 꼭 저런 사람이 한 명씩 있는 것 같다. 어~그런데 왜 나한테 오는 거지? 경계의 눈빛으로 쳐다봐 줘야겠다. "저기요" "네?" "혹시 실례가 안 된다면 제가 4년 내내 학교생활을 좀 도와 드리면 안 될까요?" "뭐지? 이 애는?" 그런데 눈빛이 참 선하다. 나는 속는 셈 치고 허락(?)해 주었다. 그렇게 해서 하나님이 나에게 보내 주신 수호천사 은미를 처음 만나게 되었고, 은미 덕분에 대학생 활을 별 어려움 없이 보낼 수 있었다.
배경	1994년 2월 대학 입학 O.T.

시기	먼 과거
등장인물	최수경(가명)
사건	나 또 이사를 가야 한단다. 수원으로 전학 온 지 얼마 됐다고…. 이번엔 저기 밑에 대구라는 곳으로 간단다. 전학을 가는 것은 정말 싫다. 벌써 일곱 번째다. 이건 뭐… 아빠 직업 때문에 어떻게 친구를 좀 사귈 만하면 이사를 하고…. 지금 이 학교 친구들하고도 겨우 친해졌는데…. 친구들하고 같이 중학교 올라가면 학교생활도 재밌을 것 같았는데…. 우리 선생님도 이사하는 날 집까지 찾아오셔서 우셨는데…. 꼭 가야 하는 걸까? 그냥 여기 살면 안 되는 걸까? 전학 갈 때마다 나를 무슨 동물 쳐다보듯이 보는 아이들의 눈빛도 다시 견뎌야 하고, 학교 오갈 때마다 나를 놀리는 남자애들하고 엄마는 또 싸워야 하고…. 그 무엇보다 그 학교에서 날 받아 줄지도 의문이고…. 난 또 친구를 만들기 위해 애써야 하는데…. 친구가 생기기 전까지 난 항상 외톨이다. 그렇다고 내가 먼저 친구하자고 말할 용기도 없다. 솔직히 말하면 애써 친구를 만들고 싶은 생각도 없다. 혼자 있는 것에 익숙해져 가고 있는 것 같다. 그래도… 심심한 데…. 대구에 전학 온 첫날, 화장실을 가고 싶은데 건물 밖에 있는 재래식 화장실이다. 시골은 시골인가 보다. 아~ 이럴 줄 알았으면 아침에 물 마시지 말 걸…. 교실도 2층이고… 쉬는 시간 10분 안에 갔다 올 자신도 없다. 어쩌지 하고 망설이고 있을 때 내 뒤에 있는 아이가 말을 걸었다. 나 화장실 갈 건데 같이 안 갈래? 그 뒤부터 그 아이는 나와 둘도 없는 친구가 됐다. 내가 중학교 1학년 때 전학을 가기 전까지 그 친구는 나의 수호천사가 돼 주었다.
배경	1984년 6학년 대구로 전학 온 첫날

시기	미래
등장인물	나
사건	학생들이 다 빠져나간 텅 빈 강의실에 한 여학생이 우두커니 앉아 있다. 누군가를 기다리고 있는 눈치이다. "친구 기다리나 보네." "아뇨, 엄마요…." 그 순간 눈치를 챘다. 몸이 불편한 친구라는 것을…. 예전의 내 모습을 보는 것 같다. "그렇구나. 내가 같이 기다려 줄까?" "괜찮아요." "당연히 괜찮지. 근데 내가 같이 기다려 주고 싶은데…." "전동 휠체어를 타는구나. 점심은 먹었어?" "아뇨… 굶었어요." "그래? 나도 학교 다닐 때 점심을 챙겨 먹은 적이 별로 없었는데." "정말요?" "응. 근데 점심을 안 먹으니까 오후 수업 듣기가 힘들더라. 너만 괜찮다면 시간 될 때마다 쌤이 있는 방에 와서 같이 점심 먹자. 우리처럼 몸이 불편한 친구들이랑 매일 12시에 모여서 짜장면이나 도시락을 같이 먹거든. 네 생각은 어때?" "생각해 볼게요." 나는 안다. 이 아이가 금방 오지는 않을 거라는 것을. 그러나 난 포기하지 않을 것이다. 왜냐하면 그 순간 난 그 학생의 수호천사가 되기로 결심했기 때문이다. 이 아이는 내가 이 학교에서 수호천사가 되기로 약속한 열 번째 친구이다. 하나님께서 보내 주셨던 나의 수호천사들에게 받았던 사랑을, 아니 그보다 큰 사랑을 난 나와 같은 처지에 있는 아이들에게 베풀어 줄 것이다. 그것이 나를 아직까지 학교에 남아 있게 하신 그리고 나를 장애인으로 태어나게 하신 하나님의 뜻임을 알고 있기 때문이다.
배경	2029년 3월 첫째 주

3) 에필로그 : 상담을 마무리하기까지의 여정

내담자는 상담 과정 전반에 걸쳐 자신에게 강한 영향을 끼친 주요 과정을 다시 한번 성찰해 봄으로써 상담 효과를 더욱 높일 수 있다.

1. 조명자료 발견	아~ 하기 싫다. 저번에 발표할 때의 문제는 이제 사라졌는데 다시 끄집어내야 하는 것이 싫다. 그래서 몇몇 분들에게 얘기를 했더니 나의 근본적인 문제는 언니가 아니었고 언니로 인해서 야기되었던 외로움과 미래에 대한 두려움이라는 것을 일깨워 주셨다.[217] 그렇다면 나는 지금도 외롭다고 몸부림치고 있는가…. 이제 많이 편안해졌는데…. 그럼 완전히 편안해지기 위해 다시 한번 조명자료를 봐야겠다.
2. 성경을 통한 조명자료 강화	기대 이상이다. 막상 발표를 하기 위해서 예전의 발표 자료를 다시 읽고 말씀을 묵상했는데 또 다른 은혜를 부어 주셨다. 특히 나의 조명자료를 강화시킨 성경 이야기와 말씀을 분석해 본 결과, 나는 결코 외로운 사람이 아니었다는 것, 하나님께서 나와 함께하신다는 약속, 하나님의 아름다운 창조물인 내가 어떻게 살기를 바라신다는 말씀, 하나님의 말씀에 순종할 때 나에게 어떤 축복을 부어 주실 거라는 희망의 메시지로 요약해 볼 수 있었다. 이러한 말씀은 홀로 남겨짐에 대한 두려움과 외로움, 불확실한 미래에 대한 절망감, 좌절, 원망, 불신으로 가득 차 있던 나에게 빛이 되는 말씀이었다. 깨달음을 주는 말씀이었다. 절망을 희망으로 바꾸게 하시는 변화의 말씀이었다.

3. 찬양을 통한 조명자료 강화	예전에 습관적으로 불렀던 찬양의 가사를 묵상했다. 나의 조명찬양 또한 분석해 보면 나를 향해 끊임없이 부어 주시는 하나님의 사랑과 은혜 그리고 깨달음이다. 그리고 무엇보다 내 옆에서 나를 위로해 주시고 보호해 주시는 하나님의 존재를 인정하는 것이다. 그런데 이번에 하나 깨달은 것이 있다. 나의 외로움에 대한 원망과 불평을 하나님과 다른 사람들에게로만 돌리고 있었다는 것이다. 특히, 왜 하나님이 나를 외롭게 놔둔다고 원망만 하고 있었지? 참 이기적이다. 내가 하나님을 외롭게 했을 때가 더 많았을 텐데 말이다. 이렇게 발표 준비를 하면서 다시 듣고 묵상해 보니까 마지막 조명찬양인 윤복희의 '여러분'은 정말 최고다.
4. 조명자료의 표상화	수호천사를 조명자료 이름으로 정하고 난 순간부터 그 단어가 머릿속을 계속 떠나지 않았다. 그러던 어느 날 교재의 그림을 보면서 예수님의 품에 안겨 있던 아이의 평안함이 전해졌다. 특히 마지막 그림은 엄마 등에 업혔을 때의 그 포근함이 느껴졌다. 그러네…. 엄마가 있었네…. 엄마는 그 누가 뭐라고 해도 나의 수호천사 1호이다. 예전처럼 엄마 등에 한번 업혀 보고 싶다. 그 따스함과 편안함이 그리운 밤이다. 만일 내가 외로울 때면 누가 나를 위로해 주지 여러분!!
5. 조명자료로 재저작	참, 한심하게 인생을 살았던 것 같다. 언니와의 일로 인해 나는 외롭다고, 나를 사랑하는 사람은 아무도 없고 나와 함께하는 사람들도 결국에는 자기 짝이 나타나면 다 떠난다고 생각했었다. 그러나 이번 조명자료 강화 작업과 재저작을 통해 하나님은 나를 혼자 두신 적이 한 번도 없으신 것을 깨달았다. 내가 주님을 원망했고 주님을 외롭게 했던 그 시절에도 주님은 나를 홀로 두지 않으셨다. 멀리 찾을 것도 없는 것 같다. 나에게 우리의 가정을 허락해 주신 그 순간부터 주님은 나의 수호천사들을 허락해 주셨다. 내가 새로운 환경과 삶에 대한 두려움으로 홀로 있었을 때마다 하나님은 늘 누군가를 보내 주셨다. 하나님의 형상대로 지어진 나라면 내가 외롭고 두려울 때마다 하나님도 그 감정을 똑같이 느끼셨으리라…. 그래서 자신은 외롭더라도 나는 홀로 남겨지는 것을 방관하지 않으셨다. 그러셨다. 그래서 나를 챙겨 주고 보호해 줄 수호천사를 꼭 보내셨던 것 같다. 앞으로 살아가야 할 인생의 여정 가운데 이와 유사한 일들을 아니 어쩌면 내 나이가 들어가고 부모님과의 이별하는 순간 더 심한 외로움을 겪을지도 모른다. 그러면 난 또 그 외로움을 준 주변 환경과 하나님과 원인 제공자들을 원망하며 두려워할지도 모른다. 그렇지만 이제는 그런 상황이 두렵지만은 않다. 설령 그렇더라도 작년처럼 힘들어하는 시간이 길지는 않을 것이다. 왜냐하면 하나님은 이런 나를 잘 아시기에 그 어딘가에 또 다른 나의 수호천사를 준비 중이실 테니까…. 그리고 이런 훈련을 통해서 나를 다른 사람을 위한 수호천사로 성장시키시는 것임을 알고 있으니까. 할렐루야!!

217) 내담자는 최근에 아주 친한 언니가 결혼하여 힘들어했다.

제15장

지지적 신앙 소그룹 형성

문제 파악	성경 이야기 선정	서사적 읽기	인력 탐구	조명 자료 발견	조명 자료 강화	재저작	지지적 신앙 소그룹 형성

1. 지지적 신앙 소그룹의 개념

내담자가 대안 이야기를 만들고 나면 이야기 상담에서는 일정한 원리와 기법에 따라서 내담자를 위한 의식과 공동체를 만든다. 그러나 성경 이야기 상담에서는 다르게 접근한다. 성경 이야기 상담은 소그룹의 신앙 공동체를 활용하되, 내담자의 상담 및 치유를 위해 내담자 중심의 소그룹을 형성한다. 이야기 상담에서는 이 과정에서 내담자에게 중요한 인물의 역할을 강조하나, 성경 이야기 상담에서는 성령의 은사를 받은 사람들의 역할을 강조한다. 성령의 인도하심을 통해 내담자는 영적 회복과 변화를 경험하게 되며, 이를 지원하는 공동체의 역할이 중요하다.

성경에는 성령의 다양한 은사들이 기록되어 있는데, 그중에서 특히 상담, 권면, 위로 및 내적 치유의 은사를 가진 사람들의 역할이 중요하다. 많은 은사들 가운데에서도 권면의 은사, 지혜와 지식의 말씀 은사, 무엇보다 사랑의 은사를 가진 사람들로 구성된 공동체는 내담자의 회복과 치유에 중요한 역할을 한다.

> 우리에게 주신 은혜대로 받은 은사가 각각 다르니 혹 예언이면 믿음의 분수대로, 혹 섬기는 일이면 섬기는 일로, 혹 가르치는 자면 가르치는 일로, 혹 위로하는 자면 위로하는 이로, 구제하는 자는 성실함으로, 다스리는 자는 부지런함으로, 긍휼을 베푸는 자는 즐거움으로 할 것이니라(롬 12:6 - 8).

> 각 사람에게 성령을 나타내심은 유익하게 하려 하심이라. 어떤 사람에게는 성령으로 말미암아 지혜의 말씀을, 어떤 사람에게는 같은 성령을 따라 지식의 말씀을, 다른 사람에게는 같은 성령으로 믿음을, 어떤 사람에게는 한 성령으로 병 고치는 은사를, 어떤 사람에게는 능력 행함을, 어떤 사람에게는 예언함을, 어떤 사람에게는 영들 분별함을, 어떤 사람에게는 각종 방언 말함을, 어떤 사람에게는 방언들 통역함을 주시나니 이 모든 일은 같은 한 성령이 행하사 그의 뜻대로 각 사람에게 나누어 주시는 것이니라(고전 12:7 - 11).

이야기 상담에서도 신념이 동일한 공동체의 지지 및 치유 능력을 인정하고 있다. 성경 이야기 상담에서는 소그룹 신앙 공동체가 성경의 원리에 따라 형성되고 유지될 때, 그 공동체가 내담자의 회복을 돕는 중요한 역할을 한다고 본다. 즉, 성경 이야기 상담에서는 신앙 공동체가 내담자의 치료와 변화를 돕는 중요한 역할을 한다. 이러한 공동체는 성경의 원칙에 따라 내담자에게 영적인 지원과 정서적인 회복을 제공하며, 그 과정에서 이야기 상담의 기법을 효과적으로 원용할 수 있다.

2. 지지적 신앙 소그룹 형성 원리

1) 지지적 신앙 소그룹의 일반적 원리

그렇다면 지지적 신앙 소그룹 형성 및 유지 원리와 기법은 무엇인가? 우리는 성경에서 지지적 신앙 소그룹 형성과 유지 및 강화에 관한 일반적 원리와 세부적인 지침들을 찾아볼 수 있다. 이러한 원리와 지침들은 지지적 신앙 소그룹의 기초를 이룬다. 여기서 이러한 기본적인 원리를 제시하는 성경 구절을 살펴본다.

> 비판을 받지 아니하려거든 비판하지 말라 너희가 비판하는 그 비판으로 너희가 비판을 받을 것이요 너희가 헤아리는 그 헤아림으로 너희가 헤아림을 받을 것이니라(마 7:1 - 2).
>
> 서로 마음을 같이하며 높은 데 마음을 두지 말고 도리어 낮은 데 처하며 스스로 지혜 있는 체하지 말라(롬 12:16).
>
> 그런즉 우리가 다시는 서로 비판하지 말고 도리어 부딪칠 것이나 거칠 것을 형제 앞에 두지 아니하도록 주의하라(롬 14:13).
>
> 믿음이 강한 우리는 마땅히 믿음이 약한 자의 약점을 담당하고 자기를 기쁘게 하지 아니할 것이라(롬 15:1).

보다 일반적인 원리로서 제시할 수 있는 것은 사랑의 본질을 잘 묘사한 고린도전서 13장의 사랑의 노래(13:4－7)가 있다. 그리고 성령이 내주함으로 나타나는 아홉 가지 열매도 지지적 신앙 소그룹을 이루는 주요한 덕목이 될 수 있다(갈 5:22－23).

2) 지지적 신앙 소그룹의 필요성

상담 및 치유에 공동체를 활용하는 것은 서구적 인간상인 자기소유, 자기만족, 자아실현과 같은 고립화된 자아에서 탈피할 수 있는 기회를 제공한다.[218] 이러한 시도는 삶을 공동체적 관점에서 바라보게 하고, 수동적 수용자로서의 개인이 상호 관련성을 가진 능동적 인간으로 변화되는 것을 도와준다.

내담자가 새로운 삶의 이야기를 재저작했다고 해서 그것이 바로 그의 새로운 삶이 되는 것이 아니다. 윔벌리는 이 점을 정확하게 간파하고 있다.

> 한 개인이 자신의 상황과 유사한 성경 이야기의 인물과 동일시하게 되는 위기가, 그 사람으로 하여금 역할을 하게 하는 것으로 나타난다. 위기에 처한 사람의 상황이 성경의 관점으로 구조화되고, 성경의 이야기를 근거하여 예상되는 양식이 전개될 것이라는 기대를 갖게 한다. 그러나 이와 같은 양식화와 구조화에 의한 경험은 일시적이다. 결국 그 개인은 경험의 틀에 의하여 일상적인 삶의 양식으로 되돌아온다.[219]

이것이 일반 상담이든 기독교 상담이든, 일상적인 상담 모두의 문제이자 한계점이다. 비록 상담을 통해서 대안 이야기를 재저작했다 할지라도 내담자의 삶의 환경, 인간관계, 가족관계 등에 변화가 없을 때 내담자는 동일한 문제로 되돌아온다. 경우에 따라서는 이전보다 더 심한 좌절과 혼란을 경험하고 회복하기 어려운 상태가 되기도 한다. 이런 문제는 상담자와 내담자를 똑같이 좌절시키고 어렵게 만드는 상담 현장에서의 전형적 문제이다.

218) M. White, *Maps of Narrative Practice*, 137.
219) E. P. Wimberly, op. cit., 42.

삶의 이야기를 재저작한 내담자에게는 그 이야기를 실현시키고 강화해 줄 수 있는 지지 공동체가 필요하다. 이 공동체는 내담자의 회복과 치유라는 특정한 목적을 가지고 구성된 공동체이다. 이 공동체가 주로 감당해야 할 사역은 내담자의 지배적인 문제 이야기를 부정하고, 대안 이야기를 적극적으로 지지하여 그 이야기에 가치와 의미를 부여해 주는 것이다.

3) 지지적 신앙 소그룹 형성의 모형

지지적 소그룹을 구성할 때 유의해야 할 사항이 있다. 내담자가 겪는 위기적 변화는 선한 방향으로 나아갈 수도 있고 때로는 더 나쁜 방향으로 나아갈 수도 있다. 흔히 회심의 경험 후에 선한 삶과 더 나은 목적을 행해 나아가는 이야기를 많이 듣게 되지만, 때에 따라서는 기존의 유익하고 선한 환경과 관계성이 단절됨으로 인해서 전보다 더 나쁜 방향으로 변할 수도 있다. 그 대표적인 경우가 악한 종교집단이나 반사회적 조직으로 흡수되는 경우이다.

현대사회와 교회의 인간관계와 물적 환경이 피상적이고 가변적이기 때문에 위기적 변화를 겪게 되는 사람들이 많이 생기게 되는데, 그 위기적 결단이 반드시 선한 결과만을 가져오지 않는다는 문제가 있다. 지지 그룹을 구성할 때에 이 지지그룹의 성격과 구성원의 선별기준이 중요한 이유가 여기에 있다. 성경 이야기 상담에서는 지지 공동체의 모형을 최초의 신앙 공동체에서 찾을 수 있다.

최초의 신앙 공동체는 그 당시의 유대교, 그리스-로마 문화가 가지고 있는 경계를 허물고 신앙만을 기준으로 하는 보편적 공동체를 만들었다. 유대교의 경우 선민과 이방인이라는 민족적 구분, 율법을 지키

지지적 신앙 소그룹 프로그램은 이상에서 소개한 것 외에도 보조용으로 유용하게 쓸 수 있는 프로그램들이 많이 있는데, 여기서는 그중에서 3개의 프로그램, 즉 기독교인을 위한 관계증진 프로그램, 기독교인을 위한 자기성장 프로그램, 마음을 여는 대화 프로그램을 소개한다.

[표 15-1] 성경 이야기 소그룹 상담 프로그램

회기	주제
1회기	오리엔테이션
2회기	자기소개
3회기	문제 파악
4회기	성경 이야기 선정
5회기	서사적 읽기
6회기	인력 탐구
7회기	조명자료 발견
8회기	조명자료 강화
9회기	재저작
10회기	지지적 신앙 소그룹 형성

앞의 두 프로그램은 10회기로 되어 있고, 마지막 세 번째 프로그램은 8회기로 구성되어 있다. 이 프로그램들에서도 내담자가 중심이 되고, 참여자들은 각자의 역할을 맡아 내담자를 지지하도록 하게 되어 있다. 이 프로그램들은 부록에서 자세하게 소개해 놓았다.

2) 외부증인 기법

외부증인outsider witness 기법은 이야기 상담의 인정의식 가운데 하나로, 외부증인들은 내담자에게 긍정적인 영향을 주는 사람들로 구성되어야 한다. 외부증인들은 내담자의 새로운 이야기의 증인이 되어 내담자 자신의 삶을 조명해 보도록 도와준다. 외부증인들은 내담자의 이야기를 주의 깊게 경청하고 지지적 증인으로서 그 이야기를 다시 내담자에게 들려준다. 내담자가 자신의 이야기를 다른 사람들을 통해 들음으로써 자신의 이야기에 대해 확신을 가지게 하는 기법이다.

외부증인 세우기는 외부 증인들을 통해 내담자에게 자신의 삶의 이야기를 객관적으로 조명하도록 도와주는 방법이다. 외부증인은 내담자의 가족들, 친구들, 혹은 함께 신앙생활하는 사람들 등으로 내담자의 삶에 긍정적인 영향을 주었거나 또한 지속적으로 긍정적인 영향을 줄 수 있는 사람으로 구성되어야 할 것이다.

외부증인 그룹은 무엇보다도 약한 자를 지지하기 위한 그룹이므로 성경 이야기 상담의 원리에 따라서 그 역할을 잘 감당해야 한다. 성경 이야기 상담의 원리는 앞에서 제시한 대로 실패에 대해 판단하거나 비난하는 것이 아니다. 그래서 외부증인들은 내담자의 실패에 대한 문제를 다시 거론하지 않아야 한다. 내담자의 주 호소 문제를 거론하는 대신에 오히려 내담자가 발견한 새로운 이야기에 대해 지지하고 격려하는 것이어야 한다.

내담자의 새로운 이야기에 대해 상담자 한 사람보다는 다수의 사람들로부터 인정을 받을 때 효과가 더 크다. 외부증인은 내담자의 새로운 이야기를 인정하고 지지하는 역할뿐 아니라, 새로운 이야기에 대해 증인이 되면서 그것을 퍼뜨리는 중요한 임무를 수행한다.[220] 결국 외부증인의 역할은 내담자가 자신의 삶에 대해 새로운 의미를 부여하고, 실천적인 삶으로 나아가서 자신이 삶의 주인공이 되도록 하는 것이다.

220) 고미영, 이야기의 치료와 이야기의 세계, 231.

즉, 증인 그룹이 내담자의 새로운 이야기에 대해 청중이 되어 그가 살아갈 새로운 삶에 대해 증인이 된다는 것이다. 이렇게 구성된 증인 그룹에 의해 주관된 인정의식은 새로운 이야기가 지속적으로 유지될 수 있도록 하는 반석이 될 것이다. 외부증인들은 이 의식이 성공적으로 거행되게 하기 위해서 준비해야 할 사항들이 있다.

- 외부증인들은 내담자의 이야기를 지지하기 위해 주의 깊게 들어야 한다. 특히 내담자의 이야기 중에서 무엇이 자신의 관심을 끌게 하였는지에 대해 재진술할 것에 대해 준비해야 한다.[221]
- 이 작업은 청중들로 하여금 상담실에서뿐 아니라, 사람들의 직접적인 삶의 환경에까지 치유의 자리를 확대함으로써 내담자의 치료와 변화를 도와주는 것이다.[222] 이들은 내담자의 이야기를 경청하고, 감동적인 부분들을 다시 이야기할 수 있어야 한다. 이 이야기를 할 때 거부감을 느끼지 않도록 해야 하며 개인적인 정서, 이미지, 반응과 생각들이 잘 표현되도록 하고 판단, 비판, 이론화, 충고 등은 금하는 것이 좋다.
- 내담자가 외부증인들과 협상해야 하는 때가 있다. 바로 자신의 풍부한 대화를 발전시키는 데 도움이 되겠다고 판단되는 경우나 재진술이 의도되는 결과와 마찰을 일으킬 가능성이 있는 경우 등이다. 상담자는 외부증인들의 재진술 결과에 대해서 온전하게 책임을 져야 하므로 대화에 관여해야 한다.[223]

221) M. White, "Reflecting Teamwork as Definitional Ceremony," In White, M., *Re-authoring Lives: Interviews and Essays* (Adelaide: Dulwich Centre Publications. 1995), 110.
222) S. Russel and M. Carey, *Narrative Therapy* (Australia: Dulwich Centre Publications, 2004), 65.
223) M. White, *Maps of Narrative Practice*, 189f.

외부증인의 재진술은 내담자에게서 들은 모든 내용을 말하는 것이 아니라, 내담자의 진술 가운데 자신이 가장 관심이 끌렸던 부분에 초점을 둔다. 이때 외부 증인이 나타내야 하는 반응의 범주는 다음과 같다.[224)]

(1) 표현확인

인정의식의 중심에 서 있는 사람의 이야기를 들을 때, 어떤 표현이 당신의 상상력을 잡았거나 관심을 끌었는가? 어떤 표현이 당신의 심금을 울렸는가?

(2) 이미지 기술

이러한 표현들은 사람들의 삶, 그들의 정체성, 더 나아가 세상에 대해 어떤 이미지를 불러일으켰는가? 이러한 표현들이 사람들의 목적, 가치, 믿음, 희망, 꿈, 의지에 대해 당신에게 암시하는 것은 무엇인가?

(3) 반응의 구체화

이러한 표현들이 당신의 관심을 끌었거나 심금을 울렸던 이유에 대해 설명하는 당신 자신의 삶이나 일은 무엇인가? 당신의 경험 중 어떤 부분이 이러한 표현 및 표현을 통한 이미지로 나타나는가?

(4) 변화

이러한 삶의 표현을 목격한 후 자신이 아닌 다른 사람의 상태로 어떻게 변화했는가? 만약 당신이 청중으로 참가하지 않았다면 변화하지 못했을 상태가 있는가? 이러한 표현을 목격했기 때문에 어떤 식으로 자신이 아닌 다른 사람이 되었는가?

---

224) M. White, *Michael White Workshop Notes*, Website www.dulwichcentre.com.au September 21st, 2005, 2024년 11월 10일 검색.

이와 같이 외부증인은 내담자의 주변 사람이 아닐지라도 내담자와 유사한 경험을 한 사람을 초청하여 구성할 수도 있다.

4. 지지적 신앙 소그룹 형성 질문법

이 단계는 내담자가 신앙 공동체와 함께 형성된 지지적 관계를 통해 신앙적 성장을 이루는 중요한 과정이다. 여기서는 내담자가 자신이 재저작한 이야기를 나누고, 다른 이들의 이야기를 듣는 과정에서 서로에 대한 이해와 신앙적 지지를 깊게 할 수 있도록 돕는 질문들이 포함된다. 각 질문은 내담자가 소그룹 내에서 정서적이고 영적인 지원을 받을 수 있도록 이끄는 역할을 한다.

1) 지지적 관계 형성 질문

상담자 : 당신을 비난하지 않고, 잘 이해해주는 사람들이 있나요? 그 사람들은 누구인가요?

상담자 : 그 사람들과의 관계에서 특별히 감사한 점은 무엇인가요?

상담자 : 그 사람들과 만날 수 있는 기회가 있을까요? 만약 그렇다면, 언제 함께 모일 수 있을까요?

2) 이야기의 나눔과 영향 질문

상담자 : 당신이 새롭게 쓴 이야기, 즉 당신의 이야기를 그 사람들에게 들려주세요.

상담자 : 그 이야기를 나누면서 어떤 감정이 들었나요?

상담자 : 그(녀)의 이야기 중에서 특별히 마음에 와닿은 부분은 무엇이었

나요? 그 부분이 왜 특별히 마음에 와닿았는지 더 구체적으로 말해 주세요.

상담자 : 당신은 그(녀)의 이야기를 들으면서, 그(녀)에 대해 새롭게 알게 된 것은 무엇이었나요?

상담자 : 그 새로운 이해가 당신의 관계에 어떤 영향을 미칠 것 같나요?

3) 도움의 발견과 적용 질문

상담자 : 지지자들의 이야기를 들으면서, 당신에게 도움이 되었던 부분은 무엇인가요?

상담자 : 그 도움이 당신의 일상에 어떻게 적용될 수 있을까요?

상담자 : 오늘 서로의 이야기를 들으면서 느낀 점들을 나누는 시간을 갖겠습니다. 서로의 느낀 점을 나누어 줄 수 있나요?

상담자 : 그 이야기에서 나눈 점들이 앞으로 당신의 삶에 어떤 영향을 미칠 것 같나요?

상담자 : 이 상담을 통해 성령께서 함께하신다고 느꼈다면, 그 경험에 대해 나눠 주실 수 있나요?

상담자 : 성령께서 함께하셨다고 느낀 순간, 그 경험이 당신의 신앙에 어떤 변화를 일으켰나요?

이 질문들을 통해 내담자는 신앙 공동체 안에서 소속감을 느끼고, 서로의 경험을 나누며 영적으로 성장할 수 있다. 또한, 성령의 인도하심을 경험하고 그 경험을 삶에 적용할 수 있는 기회를 제공받게 된다.

제3부

성경 이야기 상담 사례

제16장

남편과 별거 중인 상담 사례

상담자와 내담자가 일대일로 대화하는 개인상담이 있다. 성경 이야기 상담은 내담자의 문제를 파악하고, 그 문제에 맞는 성경 이야기를 정하여 읽고, 내담자의 삶에 적용시키면서 다시금 삶을 돌아보게 한다. 그리고 내담자를 지지해 줄 공동체를 찾는다.

앞 장에서 제시한 상담 사례는 내담자에게 상담의 단계별로 쓰기 과제를 준 상담 사례였다. 이 상담 사례에서는 각각의 내담자가 자신의 주 호소 문제를 제시하고 그 문제해결에 상응하는 성경 이야기를 선정하였다. 내담자가 선정한 성경 이야기로 상담자가 서사적 읽기를 가르치고 그것을 통한 인력 탐구를 하였다. 상담자는 내담자에게 인력을 강하게 느끼는 이야기 부분에서 조명자료를 발견하고, 그것을 강화해서 재저작을 하게 하고, 재저작된 이야기를 지지할 수 있는 신앙 소그룹을 형성하도록 하였다. 각각의 단계에서 상담자는 내담자에게 상담의 원리에 따라 단계별로 과제물을 통한 질문과 대화로써 상담을 진행하였다.

이런 방법은 제시된 단계별 원리에 따라 상담을 진행할 수 있다는 장점이 있으나, 내담자의 개별적 문제에 따라 상담 과정에 융통성이 없어서 내담자가 정서적 지지나 문제해결의 느낌을 받지 못하는 문제도 있을 수 있다. 여기서 소개하는 것은 상담자와 내담자가 일대일로 대화를 통한 개인상담 사례이다. 실제 상담은 주 1회씩, 한 회기 당 60분 진행하였다. 독자의 이해를 돕기 위해 여기서는 단계를 표시하여 제시한다. 이 단계는 때로 그 경계가 불명확한 부분도 있음을 밝혀 둔다.

1. 1단계 : 문제 파악

상담자 : 오늘 어떤 이야기를 하고 싶으세요?

내담자 : 아이들이 사춘기에 접어들었는데 아빠를 어떻게 보여 주어야 할지 모르겠습니다. 아빠 이야기를 어떻게 풀어 가야 하는지 모르겠습니다.

(중략)

내담자 : 남편을 좀 떼어 내고 싶습니다. 사고를 치면 너무 힘들어져서 떼어 내고 싶어요. 하나님께 약속 받은 것이 있어서 이러지도 저러지도 못하겠어요.

<상담자가 파악한 내담자의 문제>

내담자는 현재 남편과 별거 중에 있다. 남편과 이혼하고 싶은데, 하나님께 받은 약속 때문에 이러지도 저러지도 못하는 상황에 놓여 있다.

2. 2단계 : 성경 이야기 선정

상담자 : 성경 가운데서 지금 가장 끌리는 이야기가 있습니까? 있다면 무엇입니까?

내담자 : 호세아서가 지금 마음에 가장 와닿습니다.

3. 3단계 : 서사적 읽기

상담자 : 호세아서가 마음에 와닿는다고 하셨는데, 그럼 호세아 이야기를 처음부터 끝까지 읽어 보셨나요?

내담자 : 네. 하나님께 기도하고, 내가 호세아가 되어서 다시 읽어 보니 속이 시원했어요. 호세아가 고멜을 데리고 와서 아무렇게나 살았던 것이 아니었어요. 고멜에게 준 포도밭에서 엉겅퀴가 나오고 축복보다는 저주하는 부분들이 나왔어요. 다른 남자들에게 갖다 준 금과 은과 포도주와 같은 것이 나왔는데, 그 부분에 대해서는 호세아가 가시와 엉겅퀴가 망가져 나왔구나 하면서 저주하는 부분을 보면서 호세아도 분노를 표현했다는 생각이 들었어요.

상담자 : 그 부분에 대해 좀 더 구체적으로 이야기 해 줄 수 있나요?

내담자 : 그 부분들을 보면서 호세아도 그냥 데려오지만은 않았구나, 내가 그 과정들을 겪어 왔기 때문에 알게 되었는데, 호세아도 처음에는 정말로 고멜을 사랑했다는 것을 알았어요. "내가 어찌 너 손을 놓겠느냐, 내가 어찌 너를 버리겠느냐."라는 그 말씀이 마음에 와닿았거든요. 그래서 단지 사랑만 가지고 견디어 낼 수 있나 하는 마음이 들더군요. 그것은 아닌 것 같아요. 사랑하는 마음은 크지만, 그냥 불쌍히 여기는 마음이…. 사랑하는 마음이 있지만, 긍휼만 가지고 다 담을 수는 없는 것 같고, 긍휼만 가지고 결혼할 수 있을까요? 지금 재판을 한다면 이혼당할 감이에요. 그런데 긍휼만 가지고 살 수 있나 남편인데…. 저는 긍휼이라고 말했을 때 안 와닿았거든요. 그런데 이 말을 들으니 가슴이 풀리는 것 같아요.

상담자 : 호세아의 이야기 세계에서 느낀 점이군요.

4. 4단계 : 인력 탐구

상담자 : 그렇다면 호세아 이야기 세계에서 어떤 부분이 가장 끌리십니까? 사건입니까? 인물이나 배경입니까?

내담자 : 호세아 선지자가 가장 끌립니다. 호세아 선지자는 하나님의 명령으로 창기인 고멜을 아내로 맞이하잖아요. 그리고 고멜이 몇 번이나 집을 나갔는데도 호세아는 다시 그 아내를 찾아서 집으로 데려오잖아요. 어떻게 그렇게 할 수 있었는지? 특히 호세아가 창기인 고멜을 아내로 맞이하는 장면이 가장 가슴에 와닿아요.

상담자 : 호세아가 창기인 아내를 계속 찾아오는 그 모습이 가슴에 와닿나 보네요? 그러면 호세아 선지자의 그러한 모습을 보면서 무엇을 발견할 수 있습니까?

내담자 : 호세아의 아내를 향한 사랑이요. 저라면 그렇게 못하겠어요. 어떻게 그렇게 할 수 있어요. 그런데도 호세아는 아내를 찾아오고 있잖아요. 그것이 바로 사랑이에요.

상담자 : 호세아가 되어서 말씀을 읽기만 하셨습니까, 아니면 쓰기도 하셨습니까?

내담자 : 읽기만 했어요. 읽다가 호세아서 1장 2절에서 넘어가지를 못했어요. 제가 여기서 호세아가 되어서 "하나님, 말도 안 되는 것을 명령하시느냐"고 반문했어요. 2절에서 못 넘어가고 있는데, 다시 그 말씀을 묵상하니까 "내가 너를 사랑한다. 그렇지만 네가 아니고는 저 영혼을 맡길 데가 없다. 너니까 맡기는

것이다.” (갑자기 복받쳐 오는 듯한 울먹임으로) 그러면서 하나님이 “아픈 마음으로 너를 사랑하고 네가 힘들 것은 알지만 저 영혼을 너에게 맡길 수밖에 없구나.”고 하셨어요. 나에게 맡길 수밖에 없는 하나님의 아픈 마음을 보고 나니까 제가 마음이 한결 편안해진 것 같아요. 하나님의 마음을 알고 나니까 정말로 기꺼이 질 수 있겠구나 하는 느낌이 왔어요.

상담자 : 하나님이 남편을 사랑하는 마음을 느끼게 된 것 같네요.

내담자 : 하나님이 나도 사랑하지만 남편의 영혼도 사랑하나 봐요. 그 영혼을 맡길 데가 저밖에 없기 때문에 너에게 맡긴다고 하셨어요. 네가 아프고 힘들 것을 알지만 너밖에 없다고 하셨어요. 나에게 맡길 수밖에 없는 부모의 마음을 알고 나니까 마음이 편해진 것 같아요.

상담자 : 네…. 음…. 마음이 편해졌단 말이네요.

내담자 : 네. 그러면서 제가 힘들지만 위로가 되었던 것이 예수님이 십자가를 지고 골고다 언덕을 올라가실 때 14번이나 쓰러지셨다는 말씀을 듣고 보니까 나도 쓰러지고 넘어지는 것이 위로가 되더라고요.

상담자 : 그렇지요. 힘든데 안 넘어질 사람이 없지요. 예수님도 쓰러지는데…. 그런데 1장 2절에서 못 넘어가고 있다가 과제를 받고 호세아서를 읽으면서 어떤 인물이나 사건이나 또는 어떤 구절 중에서 특별히 끌린 부분이 있으십니까?

내담자 : 2절에서 못 넘어가고 있을 때, 그다음 주 상담 시간을 위해서 나머지를 마저 읽어 보아야 할 것 같아서 읽어보니까 “내가 너를 어찌 버리겠느냐 내가 어찌 너 손을 놓겠느냐”라는 말씀이 와닿았어요.

상담자 : 그러니까 "내가 너를 어찌 버리겠느냐"라는 말씀은 호세아가 고멜에게 한 말씀인데 그것이 마음에 와닿았네요.

내담자 : 남편을 놓고 싶은 마음이, 혹처럼 잘라 내고 싶은 마음이 수도 없이 많았는데 하나님의 약속 때문에 내가 이렇게 두 마음을 품고 사나라는 생각 때문에 많이 힘들었어요. 제가 남편을 사랑해서, 불쌍하고 안된 것 때문에 놓지 못한 것 같아요.

상담자 : 그 동안 남편을 불쌍한 마음 때문에 놓지 못하고 있었는데, 호세아의 마음에 공감하고 하나 되는 경험을 하게 되었네요. 그래서 성경 말씀 중 끌리는 부분이 호세아가 고멜에게 한 그 말씀이 되는군요.

5. 5단계 : 조명자료 발견

상담자 : 그러면 이러한 호세아의 이야기를 한 문장이나 한 단어로 표현한다면 무엇이라고 할 수 있을까요?

내담자 : 사랑이에요. 하나님의 사랑이에요. 하나님께서는 부족하고 연약한 나를 찾아오셔서 여전히 나를 사랑하시잖아요. 저는 호세아서를 통해 하나님께서 그리고 예수님께서 나를 사랑하신다는 것을 느껴요.

상담자 : 예수님의 사랑이라고 할 때, 가장 마음에 강하게 와닿는 부분이 있을 텐데 그런 부분에 맞는 이름이나 제목 또는 어떤 상징이나 그림을 생각해 보시면 어떤 것이 떠오릅니까?

내담자 : 상징이라고 하면요. 십자가…. 십자가…. (나지막이) 예수님이 십자가에 박혀서 저를 바라보는 그 눈빛. 그 눈빛….

상담자 : 십자가 위에서의 눈빛….

내담자 : 제 머릿속에 환상으로 남아 있는 것인데요. 예수님이 저에게 맡길 수밖에 없는 그 눈빛을 묵상하면 그냥 아파 오는 것 같아요.

상담자 : 예수님의 눈빛 속에서 남편을 맡길 수밖에 없는 마음을 읽을 수 있다는 것이네요.

내담자 : 남편을 사랑하는 마음을 느끼는 것 보다는요. 그냥 저를 향해서, 그 영혼을 맡길 수 밖에 없는 그 마음…. 내가 너를 사랑하니까 너를 믿으니까.

상담자 : 남편보다도 집사님한테 더 눈빛으로 '내가 너를 사랑한다. 너를 믿는다. 너밖에 없는데 어떻게 하느냐? 나를 위해서라도 좀 해 줄 수밖에 없지 않느냐' 그런 마음을 느끼시는군요.

내담자 : 그런데 저도 이 영혼이 불쌍해서 하나님이 맡기는 마음도 알지만 제 마음이 더 아프고 똑같은 무게로 아파 오는 것 같아요. 아픈 마음이랑 하나님을 사랑하는 마음이랑 똑같은 무게로 오는 것 같아요. 하나님의 뜻을 아니까.

상담자 : 그러면 가장 간단하게 기억나게 할 수 있다면 그것은 예수님이 십자가에서 나를 바라보는 눈빛 또는 예수님이 나밖에 없다고 맡기시는 그 마음, 그런 것들이 가장 깊은 상징이나 표현이 되겠군요.

내담자 : 사진으로 보면 그것은 한 컷이고 그 속에 '내가 너를 사랑한다'는 말씀이 있어요.

상담자 : 내가 너를 사랑한다는 그 말씀 속에 예수님의 십자가에 달리신 모습과 눈빛, 나에게 너밖에 없다는 그런 마음과 환상이 호세아까지 연결이 될 수 있겠네요.

내담자 : 모든 것을 문장 하나로 다 표현될 수 있을 것 같아요. '내

가 너를 사랑한다.'

상담자 : 음… 내가 너를 사랑한다.

내담자 : 하나님이 나를 사랑하시니까 가장 좋은 것으로 주실 것이라고 전적으로 신뢰가 될 것 같아요.

상담자 : '내가 너를 사랑한다'는 그 속에 모든 것이 들어가 있네요. 이 모든 것은 언제든지 내가 너를 사랑한다는 제목을 붙이면 그 속에서 기억해 낼 수 있고 넓힐 수도 있는 것 같네요.

내담자 : 네. 그래서 제게 부활이 없다면, 이것으로 끝이 난다면…. 정말 고통당하시는 예수님, 십자가를 질 수 밖에 없는 예수님의 부활의 소망이 없다면 지난 한 주간은 정말 어려웠을 거예요.

상담자 : 집사님의 말씀을 들어 보니까 때가 딱 맞는 것 같아요. 지난 주 부활 주간을 맞이하여 집사님의 삶 속에서 부활의 소망을 가지는 것을 보면서 하나님께서 이 상담을 도와주시는 느낌을 받았어요.

내담자 : 네. 그런데 사랑만 가지고는 제가 남편을 버렸을 것 같아요. 제가 처음에 말했던 호세아를 생각하면 그냥 사랑만 느껴졌어요. 그 사랑만 가지고는, 제 속에 있는 사랑의 이미지만 가지고는 남편을 예전에 내쳤을 거예요.

상담자 : 맨 처음에 자신의 문제를 내어놓았을 때 사랑이라는 것은 남녀 간의 애정에 머물러 있었는데, 호세아서를 읽으니 호세아가 하나님의 뜻에 의해서만 고멜을 데려온 것이 아니라 호세아가 고멜을 참 불쌍히 여겼구나 하는 느낌을 가졌네요.

내담자 : 제가 제 모습만을 보았을 때 남녀 간의 그 사랑만 가지고는 이것을 할 수 없었을 것 같아요. 그 사랑 안에는 동등함만이 있었는데, 하나님을 바라보았을 때 긍휼 때문에 돌이키는 것 같

내담자 : 처음에는 정말 싫어서 다른 말이 안 나왔어요. (울먹이면서) 하나님 나는 싫어요. 싫다는 말밖에는 못 했어요. 처음에는 너무 황당해서 '음란한 여인이라고요', '음란한 여인이라고요' 이 말 밖에 안 나왔었는데 나중에는 그냥 싫다고 싫다고 계속 싫다고 그냥 울었어요. 그럴 때 예수님의 그 땀방울이 핏방울이 되도록 기도하는 그 모습이, 그래서 예수님이 그렇게 기도했구나. 저는 땀방울이 핏방울 되도록 기도하지는 않았지만…. 예수님도 그러셨구나.

상담자 : 그렇지요. 그러니까 십자가를 지기 싫은 마음을 극복하기 어려웠는데, 겟세마네 예수님의 모습과 연결이 되었군요. 땀방울이 핏방울이 되도록 기도하는 그 모습이 생각나면서 하나님의 말씀을 받아들이고 싶은 마음으로 예수님을 더 깊이 이해하게 되고, 하나님의 말씀을 받아들이고 싶은 힘이 좀 생기고… 그런 변화가 일어난 것 같네요.

내담자 : 네.

상담자 : 그런데 전에 기도하다가 환상을 봤다는 이야기도 있었지요? 철야 기도했을 때….

내담자 : 그전에 저희 교회에 오신 목사님의 말씀 가운데 '낭만의 하나님'에 대해 말씀하셨던 적이 있어요. 대학교 1학년 때 친구 따라서 신앙생활을 조금했지만 친구들과 어울려 노는 것이 재미가 있어서 그 이후부터 하나님을 잊고 있었어요. 그러다가 이 일을 겪게 되었어요. 이 일을 겪기 전에도 신혼 초에 많은 사람들이 찾아왔어요. 전도를 하려고…. 그렇지만 계속 거절해 왔어요. 제가 가는 곳곳마다 저를 찾아다니시는 하나님을 낭만의 하나님으로 그려 봤어요. 어떨 때 너를 만나면 네가 감동을 할까?

늘 나를 관찰하시면서 나와 평생 연애하시는 그 하나님을 기억했어요. 그때 제가 이 일을 겪고 난 다음에 제가 다시 하나님을 찾은 거예요. 만나게 된 거예요. 일 년을 고생하다가 만나게 된 거예요. 그때 제가 하나님을 찾아왔을 때 하셨던 말씀이 탕자의 비유예요. 첫 설교로 하신 거예요. 제 마음에는 그 말씀이 제 것이라 생각하지 아니하고 남편의 것이라고 하였어요. 그런데 그 말씀이 나에게 하신 것이었어요. 작년에 목사님이 낭만의 하나님이란 말씀을 주셨어요. 그때 하나님이 환상을 보여 주셨어요. 제가 십자가 아래 있는데 '내가 너를 사랑한다'는 모습으로…. 십자가에 달리셔서 고통 중에 피를 흘리고 계시는데 저는 십자가 아래서 예수님을 쳐다보고 있었어요. 그 분은 비명도, 원망도 하지 않으시는 눈빛으로 "내가 너를 사랑한다."고 하시는 거예요.

상담자 : 예수님의 눈빛을 보셨군요.

내담자 : 그렇게 나를 쳐다보고 계시면서 사랑한다는 말씀을 하셨어요. 내가 십자가에 달리게 했는데, 원망이나 비난 없이 내가 너를 사랑한다는 눈빛으로 말씀하시는 거예요. 그것이 생각 속에 남아 있었는데 숙제를 하면서 묵상을 하다가 내가 싫다고 하는 모습과 예수님의 그 모습이 연상되었어요. 땀방울이 핏방울이 되도록 기도하는 모습을 보고 정말 예수님이 힘드셨구나, 아프셨겠구나, 하는 것이 느껴졌어요. 다시 예수님의 말씀이 '내가 너를 사랑한다. 사랑하니까 맡기는 것이다. 네가 다 알 수는 없겠지만 그래도 내가 너를 사랑한다.'고 하시는 그 모습이었어요. 그래도 음란한 여인이랑 결혼을 하라는 말씀이 도저히 이해가 안 갔어요. 그래도 그런 일을 시킬 때는 뜻이 있었겠지요.

그런 가운데서 한 주간을 지나면서 내가 너를 사랑하지만 그 아들도 사랑한다고 말씀하셨어요. 그 아들도 내가 사랑하는데 내가 이 아이를 맡길 데는 너밖에 없구나. 내가 너를 사랑한다. 그렇지만 네가 잘할 줄 믿고 너에게 맡길 수밖에 없는 나의 마음을 알아 달라는 그 모습으로 저를 보고 계시는 거예요.

상담자 : 환상 속에서 지금 맡길 데가 너밖에 없다고 말씀을 하시는 것 같았군요.

내담자 : 네. 그 눈빛을. 맡길 수밖에 없는 내 마음도 좀 알아 달라는 눈빛…. 내가 너를 사랑하기에 내가 너한데 맡길 수밖에 없다고 하셨죠.

상담자 : 그러니까 하나님은 집사님의 아파하는 마음과 거부하는 마음도 아시지만, 그럼에도 그 영혼을 맡기는 그런 마음을 읽으셨나 보네요.

내담자 : (울면서) 내가 너한테 맡길 수밖에 없구나. 그러니까 순종할 수 밖에 없더라고요.

상담자 : 예수님이 겟세마네에서 땀이 피가 되도록 기도하시면서 싫어하는 십자가의 고통을 세 번씩이나 옮겨 달라고 기도하는 그 마음을 기억하실 수 있었는 것 같네요.

내담자 : 이제 생각이 나는데, 저는 하나님 싫어요. 왜 하필 나에게 시키느냐고 했죠.

상담자 : 그렇지요. 싫어하시는 예수님, 얼마나 싫으셨길래 횟수로는 세번이지만 간절히 기도하시는 그런 예수님의 모습이 기억이 나셨고. 십자가에 달리셔서 그럼에도 불구하고 원망을 하지 않고 집사님을 향해서 남편을 부탁하시는 환상…. 이것들을 한번 엮어 가지고 써 보시면 그것이 오래 마음에 남을 수도 있겠다는 생각

이 들어요. 전체적으로 보면 호세아에서 시작한 말씀이 예수님의 겟세마네 기도로, 또 십자가의 환상으로 연결되었군요.

내담자 : 계속 바뀌었어요. 처음 말씀보다 계속 더 깊어진 것 같아요. 처음에는 나에게만 집중한 것이었는데, 그냥 단순히 내 생활에 관한 말씀이었어요. 내가 너를 사랑한다. 내가 너를 사랑하니까 똑바로 살아라. 예수님은 단순히 나에게만 집중하다가 겟세마네 동산에서의 잔을 거절하는 모습을 통해서 내가 싫다고 싫다고 하는 나의 모습을 보여 주셨어요. 그리고 주님이 하신 말씀인 "아버지의 뜻이거든 이 잔을 옮겨 주시옵소서."가 생각난 거예요.

상담자 : 집사님, 이제 짧은 시간 동안에 말씀 속에 담겨 있는 깊은 하나님의 뜻을 내 삶의 문제와 잘 연결시켰군요. 지금 이렇게 성령께서 마음을 감동시켜 주셔서 새로운 말씀으로 깨닫게 하시고 지금도 계속 바뀌면서 깨달음을 주시는군요. 처음에는 나 혼자만 관심을 가지다가 다른 사람에게로 관심이 넓어지고, 성령께서 점점 마음을 넓혀 주는 변화를 주시는 것 같은데, 맞는지 모르겠네요.

내담자 : 네. 똑같은 십자가의 달리신 모습인데도 처음에는 어린아이 같은 제 마음에 집중하는 하나님이었다면 이제는 어른인 저로, 이제는 마지막의 그 환상 속에서 십자가에 보이시는 예수님의 모습에는 저를 성숙한 어른으로 받아 주시는 것 같아요. 그래서 내가 너에게 이것을 맡길 수밖에 없다는 그런 사명을 맡기는 것 같아요. (계속 울먹임)

7. 7단계 : 재저작

상담자 : 지난 1주일 지내면서 힘들었던 부분에 대해서 얘기했는데, 지난번에 우리가 상담을 마칠 때 집사님이 남편 문제 때문에 예수님이 겟세마네에서 지기 싫어하시고 괴로워하시는 이야기를 하셨고, 그러면서도 하나님의 뜻이라고 순종해서 십자가를 지셨다고 이야기했어요. 지금 남편 문제에 대해서도 사실 지기 싫은데, 십자가와 같은데, 그러한 마음에서 예수님의 마음을 공감하셨다고 했어요. 그러면서 예수님이 집사님한테 십자가의 눈빛으로 말씀하시는 것에 대해 '내가 너를 사랑한다'라는 이름을 붙였잖아요.

내담자 : 네.

상담자 : '내가 너를 사랑한다'는 이름을 붙인 느낌, 즉 가장 강하게 '내가 너를 사랑한다'고 느꼈던 경험을 한 때가 언제라고 하셨죠?

내담자 : 숙제로 적어 보라고 해서 제가 적어 보았어요. 예수님이 베드로에게 네가 나를 사랑하느냐고 세 번 물었잖아요. 환상에도 한 번, 두 번, 세 번으로 보이는 거예요. 처음에 보았을 때는 내가 너 때문에 죽지만 내가 너를 사랑한다. 그러니 다시는 죄짓지 말라는 느낌으로 알았어요. 내가 너의 죄를 다 담당했으니까 다시는 죄짓지 말라는 뜻으로 내가 너를 사랑한다고 했어요.

상담자 : 그것이 언제쯤이에요?

내담자 : 작년 1월 달이에요.

상담자 : 작년이라면 일 년이 조금 넘었네요.

내담자 : 네.

상담자 : 그때 가장 강력하게 느끼셨나요?

내담자 : 숙제를 하면서 느낀 것인데요. 겟세마네 동산에서 주님이 기도하실 때 그때 나도 하나님 나도 싫어요. 나도 싫어요. (울먹이기 시작, 10초간 침묵) 나 싫어요. 계속 나도 버티고 있었어요. 왜 음란한 여인이어야 하나요. 계속 버티고 있을 때 예수님의 모습이 보이면서 다시 환상이 보이는 거예요. '내가 너를 사랑한다.' 음란한 여인이라 도, 그 고멜과 결혼하면 안 되겠니? 그때 내가 너를 사랑한다는 그 말은 음란한 여인이랑 나를 믿고 결혼할 수 없겠냐는 뜻이었어요.

상담자 : 아, 그렇군요.

내담자 : 세 번째 환상을 보았을 때는 내가 너를 너무나 사랑한다는 음성을 들었어요. 내가 너를 너무 사랑하는 것처럼 내가 너를 그만큼 믿는다. 그런데 그 사랑으로 네 남편도 사랑한다. 네 남편을 보면 가슴이 아프다. 그도 내가 너무 사랑한다. 그러니까 네가 이 십자가를 져 줄 수 없겠냐? 그를 위해서 네가 십자가를 (울먹임) 져 줄 수 없겠냐?

상담자 : '내가 너를 사랑한다.'는 말의 첫 의미는 내가 너 죄를 깨끗하게 하였다는 것이었죠. 두 번째는 고멜과 같은 음란한 남편과 결혼할 수 없겠냐는 의미고요. 세 번째는 내가 너를 믿는다, 내가 너를 믿고 남편도 내가 정말 사랑한다. 나를 위해서 그를 사랑해 줄 수 없겠냐? 이렇게 내가 너를 사랑한다는 말씀이 환상마다 그 의미가 달라졌네요.

내담자 : 네.

상담자 : 그래서 그것을 써 보셨어요? 써 보니까 전체 이야기에서 가장 멀리 기억되는 것이 작년 1월부터 지금까지 계속되었군요.

내담자 : 네.

상담자 : 이야기가 계속될 때에는 행복하고 좋았네요.

내담자 : 네.

상담자 : 그래서 예수님이 내가 너를 사랑한다는 말을 주시면서 지금까지 삶과 연결을 해 오면서 현재까지 지냈군요. 작년 1월 이후에 기억에 남는 일이 있으세요?

내담자 : 작년 6월쯤에 남편이 집에 굉장히 오고 싶어 했어요. 그 전에도 오고 싶어 한 적이 있었는데 저는 지금은 오면 안 된다고 했어요.

상담자 : 음….

내담자 : 그런데 작년 그때부터 마음의 준비를 계속 했어요. 계속 안 된다고 했는데 작년 봄에도 집에 그렇게 오려고 했는데…. 무절제한 생활로 질서가 완전히 무너진 상태에서 올 것인데…. 애들이 아직 깊이 뿌리를 내리지 못했는데, 아빠가 이런 모습들을 보일까 봐서요. 제가 거절했어요.

상담자 : 음.

내담자 : 계속 매번 거절했어요. 계속해서 두 마음을 품고 있었던 것 같아요

상담자 : 남편은 오고 싶어 했었는데 애들에 대한 염려 때문에 거절을 했네요.

내담자 : 네.

상담자 : 내가 애들이 어릴 것이라고 생각을 했었지만 성경 인물들의 가정들에 대해서 질문을 해 보니까 큰 애는 생각보다도 좀 더 성숙한 생각을 하고 있다는 것을 느꼈잖아요.

내담자 : 네.

상담자 : 그러니까 하나님께서 내가 너를 사랑한다고 했을 때에 처음에는 허물과 죄의식 문제를 감당하시고, 그다음에는 가장 아파했던 남편의 문제를 말씀해 주시고 그다음에는 정말 하나님께서 내가 너를 믿는다고 말씀하셨어요. 사랑한다는 말씀을 하시면서 집사님의 마음 속에서 괴로워하는 문제들을 하나씩 해결해 주셨군요. 자기 자신의 문제, 남편의 문제, 큰 아들의 문제, 작은 아들의 문제를 하나님이 관심을 가지고 책임을 져 주시는 것 같아요. 하나님은 집사님이 가지고 있는 문제에 대해서 하나씩 해결해 주시는군요. 미래를 한번 상상해 보면 똑같은 느낌이 들 수 있지 않을까요? 예수님께서 그런 문제들을 해결해 주신다는 느낌이 들었다면 큰 애와 작은 애도 다른 방식으로 사랑해 주실 것이라는 느낌이 드는데 집사님의 생각은 어떠세요?

내담자 : 지금까지 아이들에 관해서 하나님한테서 얻어지는 영적인 체험들이 특별한 것 같아요. 하나님이 자녀들을 통해 저에게 많이 보여 주시는 것 같아요. 제가 생각지도 못한 것들을 자녀를 통해서 하나님이 말씀해 주시는 거예요. 큰애는 영재반 중에서 특별히 잘해요. 하나님이 사랑해 주시는 것을 보면 특별하게 넘치게 주시는 것 같아요.

상담자 : 집사님에게 가장 강한 느낌이 드는 것을 정리해 보면 결국 내가 너를 사랑한다는 예수님의 말씀 속에 모든 느낌이 다 들어 있는 것 같아요.

내담자 : 네. 이 상황들을 보면 하나님이 나를 몰고 가시는 것 같아요.

상담자 : 하나님이 몰고 가시기보다는 오히려 인도하시는 것 같아요.

내담자 : 네, 맞아요. 하나님이 저와 함께하시는 것 같아요. 하나

님이 함께하시는 거예요. 하나님이 양 무리 저 뒤편에 계시는 것도 아니고 양무리와 같이 가시는 거예요. 적당히 넓은 시골길을 같이 가는 거예요. 목자가 양과 함께하고 싶으니까 목자가 양 무리들 속에서 그냥 같이 가시는 거예요.

상담자 : 그것 참 좋은 그림이네요. 편안하게 가는 거네요. 그 길을 가니까 결국 큰 아들도 내면적으로 성숙되어 있고 둘째 아들에 대해서도 염려를 하지만 둘째 아들도 영적인 체험을 통해 온전해졌군요. 우리가 전체적으로 보면 하나님께서는 내가 너를 사랑한다고 하시면서 집사님의 두려운 문제들을 하나하나 해결해 주셨군요.

내담자 : 지금까지 그렇게 해 오셨네요. 남편의 문제만 빼고. 남편 문제는 올해 안에 결정을 봐야 되겠어요. 제가 더 이상 감당을 못하겠다는 생각이 들어요. 작은애가 성막 체험장에 가서 양을 보고 기도를 했대요. 그때 양을 보고는 주일 학교 때 말씀이 생각이 나서 '제가 양이 될테니까요. 아빠 죄도 제가 지고 갈게요. 엄마 죄도 제가 가지고 갈게요. 형아 죄도 제가 가지고 갈게요.'라고 기도를 하고 들어가는 거예요. 이렇게 기도하니까 가슴이 뻥 뚫린다는 이야기를 듣고는 정말 가슴이 찢어지는 거예요. 아빠가 왜 애만도 못할까? 진짜 올해는 하나 님한테 결말을 좀 봐야 되겠다 싶었어요. 그래서 사십 일 작정 기도를 해야 되겠다 생각을 했어요. 상담을 하면서 호세아 숙제를 내는 것을 보고 하나님이 내 마음을 보시고 이 숙제를 내시는가 보다는 확신이 오는 거예요.

상담자 : 그렇지요. 그것이 중요한 것 같아요. 하나님이 해결해 주실 것이라는 확신이 들잖아요. 예수님이 겟세마네에서 힘들게

기도를 하셨지만 하나님의 뜻대로 순종했을 때 부활이 있었지요. 영적인 고난이 열매를 맺었잖아요. 나에게 어려운 결정이 지나고 나면 단순히 남편이 돌아오는 문제뿐 아니라 내가 생각지도 못했던 축복이 있을 수 있거든요. 자녀들에 대한 염려가 많잖아요?

내담자 : 짐이 많아요.

상담자 : 하나의 예로 큰애가 염려할 것이라 생각했지만 이런 일을 통해 더욱 성숙해 있다는 것을 알았죠. 작은애도 이런 가운데서 하나님이 더 가까이 계시는 것을 느끼고요. 결론적으로 말하자면, 내 생각에는 내가 너를 사랑한다는 말씀 속에 너희 아들들도 염려하지 말라. 너 혼자서 마음에 염려를 하고 있구나. 그 짐을 내가 맡을 수 있다고 예수님이 말씀하실 것 같아요. 이야기를 들으면서 이런 느낌이 들어요. 집사님이 지난번에 요약을 해서 내가 너를 사랑한다는 말씀을 가지고 작년 1월부터 가까운 현재까지 적용했잖아요. 앞으로는 내가 너를 사랑한다는 말씀이 미래에 어떤 의미가 있을까 생각을 해 보면 좋겠네요. 지난번의 과제는 내가 너를 사랑한다는 말씀을 과거에 적용해 보셨잖아요. 이번 주는 몇 달 후에나 내년에 하나님께서 어떻게 하실 것인가를 한번 생각해 보면 어떨까 하는 생각이 들어요. 하나님이 다음 달이나 내년에 무슨 일을 하실 것인가를 상상해 보신다면 좋을 것 같아요. 지난 시간에는 하나님의 사랑으로 과거를 새롭게 말해 보았는데 더 이상 기억나는 것이 없으면 미래를 한번 상상해 보고자 하였죠? 그런데 지난 주 혹시 과거 일이 다시 기억된 것이 있으세요? 없으면 미래 일을 한번 얘기해 보죠.

내담자 : 오면서 정리를 했는데 신명기 8장이 떠올랐어요. 네 열조

도 알지 못하는 자에게 만나를 먹게 하였는데…. 결론은 너를 낮추시고 너를 시험하사 말씀을 지키는지 아니 지키는지 알려고 하려는 것이라고 하였어요. 이사야 말씀도 주셨는데 그때는 주셨던 말씀들이 토막토막으로 되어 있었던데, 이번에는 마음으로 정리가 된 것 같아요.

상담자: 네. 마음으로 정리가 되었군요.

내담자 : 그때그때, 힘들 때마다 하셨던 말씀들이 '내가 너를 지명하여 불렀나니 너는 내 것이라 물이 너를 침몰치 못하며….' 그때 굉장히 두려울 때 이 말씀을 주셨거든요. (울먹임)

상담자 : 네.

(조명자료가 되풀이된다.)

내담자 : 옛날 일을 생각하면서 너무 힘들어할 때 (울먹임) 이전의 일들을 너무 힘들어할 때 '너는 이전 일을 기억치말며 옛적 일을 생각지 말라 광야의 길이 사막의 강이 될 것을 믿지 못하겠느냐' 하면서 결국 내가 너를 찬양하게 할 것이라는 그 말씀을 주셨거든요.

상담자 : 네.

내담자 : 어려울 때마다 하나님이 적절한 말씀을 주셨어요. 그래서 그 일들이 생각나면서 저에게 이제 마지막 한 가지 숙제가 남았는데, 그 마지막 한 가지는 제가 요즈음 상담 공부를 하면서 너무 겁이 나는 거예요.

상담자 : 겁이 난다. 어떤 것이 겁이 나는가요?

내담자 : 네, 겁이 나는데, 그것이 빙산의 일각도 아니고 그냥 빙산이 이만큼 숨어 있을 거라고 생각해요. 내가 가정적으로 보아

도 그렇고 형편적으로 보아도 그렇고…. 아이들이 고등학교 들어갈 때가 되니까 경제적인 부담들이 많이 힘드네요. 하나님께서 상담을 계속하도록 재촉하는 것 같기도 하고. 저는 말과 글 쓰는 것도 어눌한데, 똑똑하지도 않은데, 에스겔서에서 대언하라 전하라는 말씀을 예전에도 받았어요. 그때는 그렇게 깊이 생각하지 않았는데, 내가 그냥 하나님을 전하면 되지 뭐 이렇게 생각했는데. 그런데 요즈음에는 하나님이 계속적으로 상담을 하게 하시는 것 같아요. 그런데 왜 상담 공부를 해야 하는지 잘 몰랐는데, 감사한 것은 사십 년 동안 광야 생활을 하면서 내가 하나님을 믿은 지 팔 년이 되었는데 되돌아보면 하나님은 처음부터 하나님을 믿게 하셨어요.

상담자 : 하나님께서는 처음부터 함께하셨다는 거네요.

(다시 재저작으로 돌아온다.)

내담자 : 네. 하나님은 처음부터 믿게 하셨어요. 그러고서 하나님이 만나 주셨어요. 하나님이 어디 계시느냐고 하였는데, 초등학교 때 불렀던 찬양이 생각났어요. 지금까지 쉬지 않고 달려온 것 같아요.

상담자 : 광야 길을 쉬지 않고 달려오셨네요. 그러면 초등학교 때 불렀던 찬양이 무엇이었어요?

내담자 : 434장이에요. “나의 갈길 다가도록”

상담자 : 네.

내담자 : 그때 2절인가 “어려운 일 당할 때 나의 믿음 적으나 족한 은혜 주시네….” 그 찬양을 부르는데 하나님이 여기에 계시더라고요. 쉬지 않고 달려왔는데 팔 년밖에 안 걸렸어요. 사십 년이

안 걸려서 다행이다. (웃음)

상담자 : 사십 년 걸리면 상담도 필요 없겠죠.

내담자 : 네.

상담자 : 그런데 그 어려운 문제에 대해서 집사님이 참 지혜롭게 하신것 같아요. 아들들에게 성경의 가정들을 심방해 보자고 제안했잖아요. 저도 생각해 보니 그것이 참 지혜로웠던 것 같아요.

내담자 : 네.

상담자 : 제가 볼 때에 그것도 하나님이 지혜를 주시는 것 같아요. 그런 지혜가 보통 사람들한테는 안 나오는데 그런 지혜를 예수님이 주시는 것 같아요. 사랑하니까 그런 지혜를 주는 것 같아요. 그러면 앞으로 하나님이 함께하시면 집사님의 미래가 어떻게 되겠느냐는 생각해 보자고 했죠?

내담자 : 네, 그런데 그것이 잘 안되면 과거의 이야기를 정리해 보라고 했어요.

상담자 : 그러니까 아까 이야기했는데 상당히 정리가 많이 된 것 같아요.

내담자 : 네.

상담자 : 미래가 상상이 안 되어 과거를 이야기를 하셨는데, 돌아보니까 팔 년 동안의 세월이 흘렀었죠. 지금은 힘들고 어렵지만 너는 내 것이라고 하셨으니까 미래도 하나님이 인도하시겠죠?

내담자 : 네.

상담자 : 하나님은 그때마다 적절하게 말씀을 주시는 것 같아요. 모세가 떨기나무에서 부름을 받잖아요. 제 생각에는 아마 지금 남편의 문제는 떨기나무 불처럼, 그것 때문에 부름을 받은 것 같아요.

내담자 : 그래서 남편을 미워할 수 없나 봐요. 그러니까 떨기나무처럼 사건이 생겼기 때문에 하나님을 찾지, 그렇지 않았다면 남편과 함께 광야를 계속 헤매고 다녔을 것 같아요.

상담자 : 그랬을 것 같아요.

내담자 : 저의 집에 심방을 오신 분이 이렇게 말씀을 하시더라고요. 그 분은 상담을 하는데 상담하다 보면 저 사람은 하나님이 부르시는 것 같다는 느낌이 들 때 복음을 전하면 눈물을 흘리고 영접을 한대요.

상담자 : 음. 집사님도 그런 경우가 있어요?

내담자 : 네, 상담소에 찾아오시는 분이 가정에 어려움을 가지고 오는데, 그런 사람들의 이야기를 듣다가 지금 이때인 것 같은 사람이 있어서 예수님을 전하면 눈물을 흘리면서 이제 하나님한테 가야 되겠다고 해요.

상담자 : 그러니까 집사님이 영안이 있으시네요.

내담자 : 그냥 그런 느낌이 오는 분들이 있어요.

상담자 : 그것이 대단한 것이지요. 그런 느낌이 온다는 것은 집사님이 은사를 가진 것이지요.

내담자 : 저희 집에 심방을 오신 분들이 하신 말씀이 저 사람은 찔러도 바늘 하나 들어가지 않을 만큼 너무나 완벽해서 이런 일이 아니면 절대로 예수님을 믿을 사람이 아니겠다는 이야기를 하셨대요.

상담자 : 네. 그러셨군요.

내담자 : 그것이 무슨 말인가 했는데 그때는 혼자 잘나서 잘 살았던 것 같아요. 근데 그때 하나님이 나를 만나 주셨는데 하나님은 낭만의 하나님이에요. 저를 만날 때가 언제인지 보고 연애할

때처럼, 내가 찜해 놓은 사람에게 어떤 모습으로 나타나면 연인이 될까 계속 지켜보다가 결정적인 순간에 짠하고 나타나서 감동을 주는 거예요.

상담자 : 음. 낭만의 하나님, 놀라운 얘기군요.

내담자 : 제가 한 말이 아니고요. 작년 부흥회 때 어떤 목사님이 내가 너를 사랑한다는 말씀으로 설교를 하셨어요. 그때 하나님이 가장 적절한 때에 (이십 초간 울먹임) 나타나셔서 만나 주신 것 같아요. 그때 하나님이 처음 만나 주셔서 하신 말씀이 내가 너를 사랑한다는 말씀이었어요.

상담자 : 그것이 처음 하나님께 들은 메시지라서 그렇게 가슴에 계속 남아 있군요.

내담자 : 네. 저도 부흥회 하는데 그렇게 많이 울어 본 적이 없어요. 남편이 그렇게 애를 먹여도 울지 않았는데 정말로 실컷 소리내어서 울어 본 것 같아요. 그때 정말로 하나님의 사랑을 느껴 본 것 같아요.(울먹임)

상담자 : 하나님이 계속 지켜보시면서 기다리셨네요.

내담자 : 네. 하나님은 계속 지켜보시고 기다리시다가 짠 하고 나타나셨어요. 마음에 그 사랑이 느껴졌어요. 지금까지 사랑하셨는데 그렇게까지 기다리게 하였다는 것이…. (계속 울먹임)

상담자 : 그러니까 이제까지 그렇게 느껴 본 적이 없었다는 말씀이시죠?

내담자 : 하나님이 나를 안타까운 마음으로 기다린 것이지요. 대학교에 입학한 이후에 십 년 동안 하나님을 잊어버리고 살았거든요.

상담자 : 네.

내담자 : 그 일이 있기 전까지 하나님을 완전히 새까맣게 잊어버리

고 살았어요. 그 일이 있기 전에 하나님이 저에게 몇 번이나 찾아와 주셨어요. 그런데 그때 저는 하나님이나 부처나 다 똑같다고 생각했어요. 그랬는데 하나님께서 정말로 그때까지도 나를 지켜보고 계셨다는 것을 새롭게 깨달은 셈이죠.

상담자 : 음.

내담자 : 그 사랑 때문에 그렇게까지 나를 기다리고 늘 지켜보고 있었다는 것을 말씀으로 들으니까 더 강하게 느낌이 왔던 것 같아요.

상담자 : 네. 집사님의 삶을 보니까 초등학교 때부터 하나님이 나타나셨는데 대학교 때까지 잊어버리고 살다가 남편과 그런 일이 있으면서 하나님을 찾게 되셨네요. 그리고 작년에 부흥회를 통해 낭만의 하나님, 기다리시는 하나님을 강하게 느끼셨네요. 그러니까 세상의 하나님이 아니라 나의 하나님으로 깨달았네요. 과거를 훑어보니 하나님이 옛날부터 집사님을 지켜보고 계셨네요. 이전에 부모님이나 가족분들 중에 혹시 믿으신 분이 없으셨어요?

내담자 : 아버지가 청년 때인가 교회를 다니셨대요. 친정 엄마도 어릴 때에 교회를 가셨대요. 목사님께 상처를 받고 난 다음에 교회에 대한 반감이 있었어요.

상담자 : 그런 상처가 있었네요.

내담자 : 다니다가 상처를 받은 것이 아니라 쉴 때에 상처를 받았어요. 그래서 저도 이제 교회를 못 나가게 했어요. 말로는 엄마랑 많이 다퉜어요.

상담자 : 그런 아픔이 있었네요. 어릴 때는 교회를 다니셨으니 부모님도 아픔이 있었네요. 그것이 영향을 미쳤네요. 그래서 아마

집사님이 교회 나가는 것이 좀 더 힘들었을 수도 있겠네요. 하나님께서는 부모님 때부터 준비를 해 오셨네요. 그 후에 집사님의 삶을 통해서 나타내시려고 하시는 것 같네요.

내담자 : 그것을 가장 강하게 느낀 것이 작년이었는데 아마 그때 가장 많이 울었어요. 남편하고 그렇게 되었던 것보다 더 많이 아팠던 것 같아요.

상담자 : 어떤 아픔의 눈물이었는지요?

내담자 : 남편과 연애하다가 결혼해서 살아가는데, 남편이 나에게 내가 너와 결혼하기 위해서 얼마나 기다리고 힘들었는 줄 아냐고 한 것처럼 그런 아픔의 눈물…. 그냥 우연히 하나님을 만난 것이 아니라 하나님이 언제 제가 당신을 알아볼까 하고 그동안 준비 작업을 했던 것 같아요. 내가 너를 만나기 위해서 지금까지 계속해서 기다렸다는 이야기를 들은 것처럼, 하나님이 내 눈에 띄려고 계속해서 노력했는데 그때도 내가 못 알아봤던 것이라는 점들이…. (울먹이면서 말함)

상담자 : 그런 것들이 가장 마음을 아프게 했군요.

내담자 : 그렇게 해서 나를 만나 주시고 이렇게 사랑해 주고 행복하게 해주는 것이 너무 감사해요.

상담자 : 음…. 하나님이 오래전부터 준비를 해 오셨네요. 거슬러 올라가 보면 준비를 많이 하셨어요.

내담자 : 제가 믿지 않는 동안, 애들을 불교 유치원에 보낼까 생각하고, 친구들 따라서 절에도 늘 즐겨 다녔어요. 절에 가면 풍경 소리와 독경 소리가 너무 좋은 거예요. 그때 하나님이 얼마나 아팠을까 하는 것들이 다 생각이 나는 거예요. 그때도 하나님은 나를 지켜보고 계셨구나. (울먹임)

상담자 : 음. 그러니까 하나님이 사랑하시는 방법은 독특하시군요. 하나님이 집사님을 짝사랑하신 것 같아요. 진짜 사랑하는 사람은 사랑 하는 사람이 잘 살아가면 멀리서 지켜보면서 힘들 때가 되면 그때 나와서 진짜 도와주는 것이지요. 그런 느낌이 드네요. 하나님은 그동안 집사님이 이리저리 재미있게 살 때에는 행복하게 사니까 가만히 지켜보고 계시다가 어려움을 당하니까 그때 나와서 도와주시는, 그런 하나님이라는 느낌이 드네요. 어려울 때의 사랑이 진짜 사랑이라고 느껴요.

내담자 : 하나님을 떠나 있을 때 죽을 일인 줄을 모르고 저는 그 일을 계속하고 있고, 죽을 일인 줄을 알면서도 어떻게 할 수 없기 때문에 가만히 지켜보시고 계시는 하나님이 느껴져요. 제가 남편을 보고 울고 불고했던 것처럼 하나님도 그렇게 하셨을 것 같아요.

상담자 : 음….

내담자 : 하나님이 나를 바라보는 아픔이란 내가 남편을 바라보는 아픔 보다 더 클 것 같아요.

상담자 : 이제 집사님의 과거 일이 대략 정리가 되었으니 미래 일에 대해서 말씀해 보시면 어떨까요? 집사님을 사랑하시는 하나님과 앞으로 삶이 어떻게 전개될까요?

내담자 : 이제 전에 말씀드린 대로 남편을 있는 그대로의 모습으로 받아들여서 사랑하는 마음으로 살고 싶어요. 십자가상에서 나에게 부탁하신 주님의 십자가를 기꺼이 질 수 있을 것 같아요. 주님이 비전으로 보여 주신 대로 남편이 장로가 되어서 열심히 교회를 섬길 때까지. 어려움이 있겠죠. 그렇지만 이제 기꺼이 그 십자가를 주님과 함께 지고 갈 수 있겠어요.

상담자 : 이제 주님께서 기뻐하시는 마음을 느낄 수 있겠네요.

내담자 : 그동안 하나님의 마음을 그토록 아프게 해 드렸으니 이제 하나님의 마음을 기쁘게 해 드려야죠. 얼마나 잘할 수 있을지 몰라도….

상담자 : 하나님께서 과거를 준비를 하신 것처럼 미래를 준비하시는 것 같아요. 미래를 우리가 잘 모르지만, 하나님께서 더 큰 축복을 주려고 하는 미래가 있단 말이지요.

내담자 : 하나님께서 미래를 만들고 계신다는 말씀이 제 마음에 큰 힘이 되는 것 같아요. 그동안 저 혼자 하나님과 함께하면서 정리가 잘 되지 않았는데 하나님이 또 이렇게 마음을 인도하셔서 정리가 되고 명확화된 것 같아요. 말씀을 배워서 먼저 알았던 것이 아니라 체험으로 알아서 깨달아지는 것 같아요. 막연히 미래를 바라보았는데, 느낌으로만 그렇게 알아 왔는데, 누구한테 물어볼 수도 없었는데, 이렇게 미래를 만들어 가신다는 그 말을 듣는 순간, 미래를 만드신다고 하니까 마음에 힘이 되는 것 같아요. 하나님이 먼저 가시고 예수와 우리가 함께 가시는 거예요.

상담자 : 그런 깨달음으로 살게 하시는 은혜가 보통 사람들한테는 잘 없는 것 같아요. 결국 하나님께서 계획하심 가운데 집사님을 인도해 가신다는 느낌을 받아요. 지난주에 한 번 읽어야 할 것 읽어 보신다고 하였는데….

내담자 : 내가 무엇인가 행동을 취해야 할 때라는 것을 이야기하는 것 같아서 다시 한 번 말씀을 읽어 보았어요. 말씀을 읽으니까 호세아서 12장에 있는 '묵은 땅을 기경하라. 지금이 여호와를 찾아야 할 때라'는 말씀을 주셨어요. 이 말씀을 지금까지 계속

주셨는데 아직 내 마음의 준비가 되어 있지 않아 내가 자꾸 거부했던 것 같아요. 남편이 오려고 할 때 계속 안 된다고 했는데 이번에는 하나님이 응답하라고 하는 것 같아요. 호세아의 묵은 땅을 기경하라는 말씀을 받았는데 남편에 대한 기도를 안 한 것은 아닌데, 제가 계속 너무 오랫동안 굳어져서 있었어요. 지금이 여호와를 찾을 때라는 말씀을 주셨어요. 오랫동안 응답이 현실로 나타나지 않는 것이 제가 묵은 땅을 기경할 때인 것 같다는 것으로 내 마음에 와닿은 것 같아요. 제가 지금까지 해 달라고 기도는 했지만 막상 닥쳐 오면 거부했는데, 이제는 내가 결단할 때인 것 같아요.

상담자 : 하나님께서 적절한 말씀을 주신 것 같아요. 그래서 호세아를 다시 읽고 6년 동안 행동하지 않고 묵은 땅을 기경을 하지 않으면 아무런 것도 나올 수 없으니까 묵은 땅을 갈고 씨를 뿌려야 하는 것이 지금이라는 말씀을 받았군요.

내담자 : 네.

상담자 : 묵은 땅을 기경한다면 구체적으로 어떻게 했으면 좋다고 생각을 하시나요? 이제는 먼저 행동을 해야 할 때인 것 같아요.

내담자 : 그래요. 지난번에 교수님이 이야기하신 것처럼 어떻게 이곳까지 올 수 있었는지 놀라워요. 남편 말은 다른 사람들은 잘만 이혼하는데 너는 왜 나를 놓아주지 못 하나라고 그랬었거든요. (울먹임) 그게 이해할 수 없대요. 그에 대한 대답으로 호세아가 왜 고멜에게 그렇게 했는지 보여 주는 것이었어요. 그렇게 함으로써 내가 하나님인 것을 알 것이라는 말씀이 있어요. 남편에게도 그렇게 해서 하나님을 알게 해 주어야겠다고 생각했어요. 하나님을 전할 마음의 준비를 했던 것 같아요.

상담자 : 그러니까 그동안 계속 남편을 위해서 기도를 했기 때문에 남편 생각에도 집사님이 다른 여자와 달리 끝까지 사랑하면서 기다리고 있었다는 것을 알게 됐네요.

내담자 : 남편 말이 내가 자기를 잡고 있어서 못 떠난다고 했는데 이 말은 내가 내치면 떠나게 되고 잡고 있으면 안 간다는 거죠.

상담자 : 집사님의 말씀처럼 행동이 중요한데 앞으로 어떻게 행동을 하고 싶으세요?

내담자 : (잠시 침묵) 그 전에는 힘들고 속상했던 일들을 남편에게 떠넘기고 싶은 마음이었다면 이제는 있는 그대로 나의 모습으로 살아가고, 그 사람도 자신의 모습 그대로 살아가도록 두고 싶어요.

상담자 : 그러면 집사님 쪽에서 남편에게 '이제는 들어와도 된다'는 전화를 하실 수 있는 그런 마음이 생기셨죠?

내담자 : 네.

상담자 : 언제쯤 그러한 마음을 행동으로 옮길 수 있을 것 같아요?

내담자 : 내 마음에 확신이 오면 행할 수 있을 것 같아요. 아직까지 2주 동안 남편으로부터 연락이 오지 않는 것을 보면, 마음이 편해지면 전화할 수 있을 것 같아요.

상담자 : 집사님 편에서 이제까지 기도하면 하나님이 응답해 주신 것을 보면 집사님이 적극적으로 남편을 받아들이면 하나님이 더 큰 것으로 응답해 주실 것 같다는 생각이 드네요.

내담자 : 지금까지 그런 생각을 한 번도 하지 않은 것 같아요. 그런데 그러한 이야기를 들어도 마음이 편안해지는 것을 보니까 행동으로 해도 될 것 같아요.

상담자 : 네. 그것만 해도 많이 좋아지신 것 같아요. 하나님이 주

신 말씀이 이제는 기경할 때라 했는데 씨를 뿌릴 때는 힘드시겠지만 뿌려야 결실이 나올 것 같아요.

내담자 : 저는 농사를 잘 지어요. 텃밭이 있는데 이모작을 하고 있어요.

상담자 : 농사짓는 것을 잘 아시겠네요. 집사님이 이제 텃밭에 씨를 뿌리듯이 씨를 뿌리고 가꾸어야 하는데, 구체적으로 씨를 어떻게 뿌릴 수 있을 것 같아요?

내담자 : 그러니까 내가 왜 당신을 내치지 못했는지에 대해서 말해주고 들어오기를 기다려야 할 것 같아요.

상담자 : 지금이 적절한 때이니까 이때가 지나가면 안 되잖아요. 지금이 제일 좋은 때니까 남편에게 먼저 전화를 하여 이제 들어와도 좋다. 내가 왜 이제까지 손을 놓지 못하였는지 보여 주겠다는 말씀이죠? 이 말은 먼저 씨를 뿌려야 할 것 같다는 뜻이죠? 이것만 해도 대단한 결심을 하셨네요. 제가 볼 때에도 자녀들을 위해서도 집사님이 대단한 일을 하고 있는 것 같아요.

내담자 : 제가 한 것이 아니고 소망이 하나님 한 분밖에 없어서요.

상담자 : 제가 볼 때에 집사님은 씨를 뿌리듯이 전화를 해서 남편이 들어와서 같이 살 수 있도록 시간적인 여유를 가지고 기다리는데 이것이 인생에서 큰 전환점인 것 같아요. 하나님이 집사님에게 큰 복을 주시겠다는 생각이 들어요.

내담자 : 이제는 밭을 갈아엎어야겠네요. 전화를 해서 그렇게 해야 할 것 같아요. 이런 말을 하고 있는 지금도 마음이 너무 편해요. 월요일에 큰 숙제를 하고 보니 문제가 90% 이상 해결된 것 같아요.

상담자 : 그래요, 집사님의 얼굴을 보니 마음이 편안해지고 좋아진

것 같아요.

내담자 : 지난 주 상담 시간에 직면을 하고 나니 참 편하다 싶었는데, 오늘은 오면서 참 행복하다는 생각이 들었어요.

상담자 : 3주 전인가 집사님이 하신 말이 생각나는데요. "나는 누가 나를 건드리면 수도꼭지처럼 눈물이 나는데 이것이 행복의 눈물이죠."라고 했어요. 행복하다고 하니까 두 번째 만남의 이야기 생각이 나네요. 행복한 눈물과 행복한 마음을 주신 것을 보니까 마음속의 아픔이 풀리고 난 뒤의 행복감이 느껴지는 것 같네요.

내담자 : 처음에 상담을 할 때부터 했던 말들을 정리해 보니 하나님께서 내가 흘리는 말까지도 완벽하게 내 마음에 정리할 수 있도록 하신 것 같아요. 저는 상담을 하면서 내담자는 자기가 진짜 누구인지 찾아가는 순례자라고 생각했어요. 과거로 갔다가 현재로 왔다가 저 사람한테도 갔다가 이 사람한테도 갔다가…. 지난겨울에 다른 사람과 상담을 할 때 나의 모습 그대로 살고 싶다고 했는데, 이 상담을 통해 나를 찾은 것 같아요. 오늘은 문제의 90%가 정리가 된 것 같아요. 나머지 10%는 신랑의 묵은 마음을 부드럽게 갈아엎어 주어야겠다고 생각했어요. 그 방법으로 아이에게 관심을 갖게 하는 노력을 하고 있었던 것 같아요. 아이들에게 대한 관심으로 묵은 남편의 마음을 풀어 주고자 했던 것 같아요.

상담자 : 그렇지요. 집사님이 지혜로운 것 같아요. 아이들에게 대해서 끊임없이 남편에게 알려 줌으로써 관심을 갖게 했죠.

내담자 : 남편은 내가 할 수 있는 것들이 없다고 하기에 당신이 신혼 때 나에게 한 말을 책임지라고 했어요. 그러니까 못한대요.

그렇게 할 수 없다고 하기에 그날 문자를 계속 주고받았어요. 그동안 당신 자리를 항상 비워 놓았었다고 했어요. (조용히 삼십 초간 눈물을 흘림) 당신이 와서 아이들하고 이야기를 들어주고 놀아 주고 그렇게 하라고 하니까. 경제적인 것을 해 줄 능력이 없으니까 부담감이 많은 것 같아요. 이럴 때 지난번에 그 찬양이 생각이 나는 거예요. '어려운 일 당할 때 족한 은혜 주시네'라는 찬양이 생각나는 거예요. 이 찬양을 계속하면서 하나님이 인도하여 주실 것이라는 확신이 오는 거예요.

상담자 : 그렇군요.

8. 8단계 : 지지적 신앙 소그룹 형성

상담자 : 집사님이 아픈 이야기를 하면 이해해 줄 수 있는 사람들이 주위에 누가 있습니까? 받아 주고 지지해 줄 사람이 누가 있어요?

내담자 : 제일 가까이 있는 사람이 담임 목사님이에요.

상담자 : 담임 목사님이 지지해 주시고 또 그 외에 가까이에서 나를 지지해 줄 사람이 누군가요?

내담자 : 상담소의 소장님과 교수이면서 대구에서 교회를 하시는 정 목사님. 그분도 있는 그대로 다 받아 주시더라구요.

상담자 : 그런 분들이 가까이서 지지해 주실 것 같네요. 그러면 이해하기보다는 괴롭게 하는 사람도 있을 텐데…. 피하고 싶은 사람들은 누구예요?

내담자 : 그런 분들은 제가 '아직 그 정도밖에 안 되는구나.'라고 생각하여 이야기하지 않고 피해요. 그 사람에게 좋은 말만 하면 되고 부딪히지 않아요. 기대 자체를 안 하는 거예요.

상담자 : 싫어도 만나야 하는 괴로운 사람은 없어요?

내담자 : 몇몇 집사님이 있어요.

상담자 : 피할 수도 없이 만나야 하나요? 그런 사람들은 좀 안 만날 방법을 강구해 보시고.

내담자 : (음성이 높아지면서 빨라지며) 그런 사람들은 내가 안 만나고 싶어도 다가오는데요.

상담자 : 그러니까 다가오더라도 그렇게 자꾸 힘들게 하는 사람들은 내가 계획적으로 안 만나고 피하는 방법을 생각해 보세요. 이것이 상담의 한 방법이에요. 영원히 그렇게 하자는 것이 아니고 일정한 기간 동안만 그렇게 해 보세요, 내가 힘을 얻고 힘이 생길 때까지만. 그러니까 괴롭게 하고 힘들게 하는 사람이 있으면 내가 좀 계획적으로 그런 사람은 안 만나고 안 부딪히는 쪽으로 하세요. 만나면 지지가 되고 힘이 되는 사람은 어떻게 하면 자주 가까이할 수 있을까 생각해 보세요. 이메일이 되면 이메일로 하고, 휴대전화가 되면 휴대전화로 하고요. 지지해 주는 사람은 어느 기간 동안이라도 만나는 횟수를 늘리고, 괴롭게 하는 사람은 만나는 시간을 줄여 보는 거예요. 그것을 한번 계획적으로, 의도적으로 하면서 소위 지지 소그룹을 만드는 것이지요. 내가 힘을 얻고 그런 것에 구애하지 않을 때까지는 그런 것이 필요한 것이지요. 병원에서 필요하면 면회 사절하잖아요. 지금 큰 문제가 목사님, 소장님은 하실 일이 많아서 바쁘시잖아요. 나를 지지해 주는 사람들을 자주 만날 수 있도록 생각해 보세요.

내담자 : 이제는 상처받을 것은 없을 것 같아요. 제가 이제 마음이 안정되는 것 같아요. 그 사람을 있는 그대로 받아 줄 수 있을 것 같아요. 선생님이 지지적 소그룹을 만들라고 했을 때 생각나

는 사람이 없었어요. 그런데 내가 가만히 돌아보니까 교회 공동체를 내가 가족이라고 생각하고 있었어요. 공동체와 같이 남편의 문제를 해결하기를 원하시는 하나님의 마음을 읽었어요.

상담자 : 이제 정리를 하자면 이제까지 상담을 하면서 집사님이 말씀 받은 것을 가지고 과거를 새로 보고, 삶을 새롭게 조명했는데 이제 이 삶을 현실적인 것으로 만들기 위해서는 지지 그룹이 필요하잖아요. 지난번에 지지 그룹을 생각해 보라고 했는데, 주위에 있는 교회 공동체 사람들이 가족으로 인식이 되셨다는 것이네요.

내담자 : 많더라고요.

상담자 : 그 동안에는 상처를 받을까 봐 걱정이 되어서 그러한 사람들이 지지 그룹이 아니라고 생각했는데, 이제는 이러한 사람들이 지지 그룹이 된다는 말이네요.

내담자 : 이 사람들이 가족이 되어서 정말 내게 힘을 줄 사람이라는 마음이 들었어요. (울먹임) 사실 이 사람들과는 속 깊은 이야기를 나누기를 원치 않았는데, 이제는 이 사람들이 가족으로 느껴지면서 속 깊은 이야기를 할 수 있다는 생각이 들었어요.

상담자 : 과거에는 내가 상처 받을까 봐 교회 사람들을 피해 왔다는 거죠. 사실 내가 하나님 앞에서 확고하게 서 있지 않으면 쉽게 상처를 받아요. 그러나 집사님은 상담을 통해서 자기 자신에 대한 정체성 확립과 비전이 생기니까 받아들일 수 있는 능력이 생기게 된 것이지요. 그다음 단계에서 유의해야 할 것은 지지 소그룹을 잘 구성해서 이 문제를 같이 기도하고 같이 이야기할 수 있다면 잘 해결되지 않을까 생각해요. 지지 그룹 중에서 나를 지지해 주고 격려해 줄 수 있는 사람을 선별하는 작업이 필

요할 것 같아요. 도움이 많이 되시는 분들을 중심으로 지지 그룹을 만들면 좋을 것 같아요.

내담자 : 벌써 작업을 했어요. 다섯 명 정도 되어요. 이 다섯 사람은 같은 전도회라서 서로에 대해서 잘 알고 있어요. 이제는 내가 어설픈 말을 하더라고 상처 받지 않고 굳건히 설 수 있을 것 같아요.

상담자 : 지지적 신앙 소그룹을 잘 구성하셨네요.

내담자 : 남편을 이제 용서하고 같이 살아가겠다고 그들에게 문자를 보냈어요. 지금이 그때인 것 같아서 특별히 기도를 해 달라고 했어요. 한결같은 마음으로 다 받아 주었어요.

상담자 : 그분들이 지지하고 격려하고 기도에 동참하겠다고 하셨네요. 그분들과 정기적으로 만나기를 계획하세요.

내담자 : 그냥 기도만 해 달라고만 했어요. 다섯 분이 교사를 같이 하고 있기 때문에 자주 만나요. 화요일 기도회, 수요일 셀 리더, 금요 기도회 때에 만나요.

상담자 : 그분들을 자주 만나기는 하지만 지금은 일단 상담 과정에 있고 얼마 동안은 좀 강하게 지지가 필요하니까 비록 삼십 분이라도 지지 집단이 한 달이나 두 달 동안 정기적으로 만나 이야기를 들어 주고 지지해 줄 수 있도록 해 보세요. 이것이 지지 그룹을 형성하는 거예요. 평상시에도 만나겠지만 이 목적을 위해서 그룹이 형성이 되어 집중적으로 그리고 정기적으로 할 수 있으면 도움이 되겠어요. 일단 그 그룹이 형성되어 지지만 잘 받으면 성령이 역사하실 겁니다. 상담이 끝나면 이 지지 그룹에 가서 이야기하고 같이 기도할 수 있는 그룹을 만드는 것이에요. 다음 주에는 이 지지 그룹에서 어떤 것들이 도움이 되었는지 그

리고 지지 그룹을 형성하는 데 어떤 어려움이 있었는지 이야기 해 주세요.

내담자 : 네, 이제 내가 편한 이유를 알 것 같아요. 현재의 내가 아니라 과거에서 머물러 있어서 힘들었던 것 같아요.

상담자 : 과거에 머물러 있다는 의미가 무엇인지요?

내담자 : 과거에 머물러 있다는 것은 내가 현재 어디 있는지 찾는다고 과거에서부터 지금까지 거슬러 온 것 같아요. 현재 살고 있는 내 모습이 나인 것을 알게 된 것 같아요.

상담자 : 과거 속의 내 모습이 아니라 지금 내 모습을 있는 그대로 받아들이면서 미래에 하나님께서 나에게 주실 것을 기대하면서 편안해지셨다는 것이네요?

내담자 : 지금의 내가 좀 더 명확해진 것 같아요. 상담을 해 보니까 내가 무엇을 해야 하는지 좀 더 명확해진 것 같아요.

상담자 : 이번 주에는 성령께서 늘 함께하실 수 있도록 소그룹을 잘 만들어 보세요.

내담자 : 그것은 할 수 있겠다는 생각이 들어요.

상담자 : 이번 주에 가셔서 소그룹을 이루어서, 내가 지금 도움이 많이 필요하니 일주일에 한 번 삼십 분이라도 내 문제를 내어놓고 이야기할 수 있도록 약속을 받으세요. 다음 주에 와서는 무엇이 힘들었는지, 어떤 것이 도움이 되었는지에 대해 같이 이야기해 보죠.

(지지적 신앙 소그룹 형성 과제 후 상담 회기)

상담자 : 한 주 어떻게 보냈어요?

내담자 : 이제는 완전히 제가 된 것 같아요. 포장도 필요 없고 있

는 그대로 살고 있는 것을 보여 주면 되니까요. 이제는 오늘의 내가 살고 있는 것 같아요.

상담자 : 오늘의 내가 살고 있다….

내담자 : 오늘을 최선을 다해서 살았다고 생각했는데, 상담을 해 보니까 과거에 발목 잡혀서 살았기 때문에 오늘이 힘들었구나 하는 것을 알게 되었어요. 그래서 지금은 너무 편해요.

상담자 : 지난주에 신앙 소그룹 형성하기로 했는데 결과가 어떻게 되었어요?

내담자 : 여섯 명이 화요일마다 모여서 기도하기로 했어요. 화요일 목양 기도회 마친 후 이십 분 정도 모여서 하기로 했어요.

상담자 : 그때 모여서 집사님 중심으로 기도하고, 이야기도 하는 시간을 가졌으면 해요.

내담자 : 이제는 성도들과 함께 하나님이 이루어 주시는 것을 보여 주시려고 하는 것에 대한 확신과 기대가 생겨 같이 하기로 했어요.

상담자 : 그러면 모이기 쉬운 시간을 잘 정하셨네요. 하시면서 어려운 것이 없었어요?

내담자 : (웃음) 그동안에 제 마음이 불편해서 그렇지 그들과의 관계는 나쁘지 않았었고요. 방법이 달라서 그렇지 기본적인 마음들은 신앙이 자리 잡고 있어서 믿음이 가더라고요. 그렇게 얘기했더니 다들 좋아하셨어요.

상담자 : 그렇게 해 주시기로 했다니 잘되었어요.

내담자 : 일단은 남편의 사정을 이야기했어요. '죄책감 때문에 내가 어떻게 들어가냐'고 하는 남편의 마음을 이야기했어요. 그런 단단한 마음을 갈아엎을 수 있도록 기도 좀 해 달라고 부탁했어요. 내가 그동안 이야기하지 못했던 것은 내 마음의 중심이 흔

들릴까 봐, 아프고 상처 받고, 말을 했을 때 아이들 귀에 들어갔을 때에 그것을 감당할 힘이 없어서 이야기하지 못했던 것이다고 말했어요. 그래서 주일날 오후에 둘째한테 아빠가 실수로 죄를 짓고 무언가 잘못했을 때 어떻게 하겠냐 하니까 둘째가 "내가 아빠 편 되어 주어야지?"라고 말해서 용기를 얻었어요. 정말 마음이 가벼워졌어요.

상담자 : 나름대로 생각을 많이 하고 있었던 것 같네요.

내담자 : 작은애는 전혀 모르고, 큰애는 우편물을 통해 짐작은 하고 있었던 것 같아요.

상담자 : 네. 일단 기도하시는 분들이 생겼으니까 정기적으로 만나서 한달 동안 보세요. 일단 마음을 열어 놓을 수 있다는 것이 큰 변화인 것 같네요.

내담자 : 네, 내 이야기를 성도들에게 할 수 있다는 자체만 해도 신뢰감을 형성한 것이지요.

상담자 : 뭐가 영향을 준 것 같아요?

내담자 : 남편의 문제를 상담하면서 정리가 된 것 같아요. 저 혼자 계속해 오다 보니까 많이 지쳐 있었던 것 같아요. 많이 지친 상태에서 혼자 하다 보니까 그동안 말씀을 보고 기도도 하고 깨닫기도 했지만 퍼즐처럼 혼란스러워지고 하나가 되지 않고 정리가 되지 않았았어요. 그런데 개인상담을 하면서 하나님이 나를 향해서 그리고 남편을 향해서 무엇을 원하시는지 선명해진 것 같아요. 흐트러져 있었던 것이 뚜렷하게 드러나게 되었어요.

(가벼운 이야기로 마무리하고 기도함)

제17장

12년된 알코올 중독자 상담 사례

성경 이야기 상담은 쓰기와 대화로 진행한다. 그리고 그 두 가지를 병행하는 방법도 있는데, 이것이 실제로 상담 효과가 가장 좋다. 상담자는 단계별로 대화로 시작하되, 필요할 때는 과제를 주어서 쓰기를 통한 상담을 할 수 있다.

이 장에서 우리는 성경 이야기 상담의 쓰기와 대화를 병행한 제3의 기법을 소개한다. 이 기법은 현실적으로는 상담에서의 효과가 가장 좋은 기법이다. 상담자는 단계에 따라 대화로써 시작하되 필요한 때에는 과제를 주어서 쓰기를 통한 상담을 할 수 있다.

1. 1단계 : 문제 파악

50세가 된 김희망(가명)은 교회에 다니는 정권사와 함께 상담자를 만나러 왔다. 정권사는 그를 병원전도팀에서 만났다. 김희망은 병원전도팀에게 자신의 알코올 중독에 대해서 이야기하고 도움을 요청하였다. 그는 12년째 알코올 중독으로 정기적으로 병원치료를 받고 있었다.

그는 병원전도팀에서 병원을 방문하여 찬양과 상담을 해 주는 모습을 보고 자신이 도움을 받아야겠다고 생각하였다. 김희망은 "봉사하는 분들을 보면서 아무런 소득도 없는데 어떻게 하면 저렇게 할 수 있는지를 많이 생각하게 되었고 부정적인 면을 버리고 긍정적인 삶을 사시는 분들의 모습이 진심으로 보였다."고 말하였다. 그는 봉사자들의 모습에 감동을 받아 정권사에게 접근하였고, 자신의 삶에 대해서 이야기하게 되었다.

그 이야기를 들은 정권사는 김희망의 삶이 애처롭고 불쌍하여 도와주고 싶은 마음이 생겼다. 그러나 자신은 알코올 중독자를 전문적으로 도와줄 수 없어 상담자에게 상담을 요청하였다.

그는 두 달에 한 번씩 정기적으로 술을 마셨다. 한 번 술을 마시게 되면 일주일씩 술만 마시고, 병원에 입원해야 비로소 술을 마시지 않게 된다.

그는 술을 자신의 의지로 끊기 위해서 많이 노력했다. 그러나 결국 혼자였다. 어디에도 도움을 요구할 수가 없었고 혼자서 알코올에 대해 대책을 세워나가야 했다. 친척이나 아는 사람들은 "술은 안 마시면 되는 건데 네가 의지가 약해서 못 끊는 거야."라며 핀잔을 준다. 결국 그는 알코올을 끊는 데 실패하였다.

그의 주 호소 문제는 "나는 마음의 문을 잠그고 있었다. 술을 끊으려고 많이 노력했지만 결국 실패했다. 도움을 구할 데가 없었다."였다.

문제 파악의 상담 대화 요약

내담자는 지금까지 그 누구에게도 마음의 문을 닫고 있었다. 아내와의 이혼, 이로 인한 마음의 갈등과 번뇌로 술을 입에 대게 되었다. 이렇게 술로 인한 절망의 삶이 시작되었다. 이 술 문제가 해결되어야 한다는 강한 의지를 가지게 되었다. 그러나 자신 혼자의 힘으로는 되지 않는다고 생각되어 이렇게 상담을 요청하게 되었다. 인생의 마지막 기회라 생각하고 술 문제를 해결하려고 한다. 지금까지 실패한 것은 심리적으로 도움을 받을 곳이 없었기 때문이다. 그는 자신의 의지만으로 끊어 보려고 노력했지만 실패했다.

그는 말한다. "술 문제가 해결되어야 한다. 그래야 내 인생이 변한다. 이제 일어서는 것이 문제다.", "과거에는 나 자신의 의지로 모든 것을 해결하려고 노력했으나 현재의 상태로는 집요한 자신의 의지를 버리고 다른 어떤 것으로 채워지기를 소망한다."

그는 알코올 중독에서 벗어날 수 있는 희망이 보인다고 하였다. "닫혀 있던 마음의 문을 열어 버리고 싶고 과거의 상태에서 벗어나고 싶은 열정이 생기고 자신감이 느껴진다." 그러면서 그가 자신의 문제를 바라보는 인식의 틀이 바뀌고 있었다. "문제해결이 혼자의 힘으로는 안 된다는 사실을 인식하며 주위에 도움을 요청할 용기가 생기고, 도움을 주실 분이 계시기 때문에 마음이 편안하고 불안감이 사라지며 희망이 보이고, 하여튼 무엇인가에 고맙고 감사하고 싶다."고 하였다.

그는 상담을 하고 있는 현재의 마음에 대해 '희망이 보인다'라고 이름을 지었다. 그는 자신의 삶에서 희망이 보이고 있음을 알았다. 그는 이제 자신은 혼자가 아니라 누군가의 도움을 받아 삶을 새롭게 시작할 수 있다는 희망을 보게 되었다. 그는 "과거의 절망적인 상태에서도 아들이 정상적으로 제대했고, 딸도 자신의 길을 걸어가고 있기 때문에 나 자신도 변하고 싶다."라고 하였다.

2. 2단계 : 성경 이야기 선정

상담자 : 성경 가운데서 지금 가장 끌리는 이야기가 있습니까? 있다면 무엇입니까?

내담자 : 엘리사 이야기입니다. 엘리사에 대해 설교 시간에 들었는데 그 이야기가 마음에 와닿습니다. 사실 저는 성경에 대해 모르거든요. 그래서 얼마 전 예배 시간에 들었던 엘리사가 마음에 와닿아요.

상담자 : 열왕기하 1~13장을 읽으면서 끌리는 이야기에 줄을 긋고 읽으세요. 그때 엘리사에 나를 대입시켜 보세요.

3. 3단계 : 서사적 읽기

글쓰기를 통하여 서서적 읽기를 한다.

다음 글은 내담자가 열왕기하 1~13장을 서사적으로 읽고 그 요점만을 간략하게 기록한 것이다.

"엘리사"-소로 밭을 갈던 사람으로 많은 기적을 보인 선지자로 유명하다.

4:1-7 그릇에 기름이 불어나도록 만들었고

4:32-37 수넴 여인의 죽은 아들을 살려 주었다.

5:14 아람의 장군 나아만의 문둥병을 고쳐 주었다.

7장 사마리아 성이 아람의 군대에 포위되었을 때에도 구했다.

8:7-15 하사엘을 아람 왕으로 세웠다.

9:3-6 예후를 북 이스라엘의 왕으로 기름 붓는 엘리야의 일을 완성했다.

13:14-21 죽는 순간에도 요아스 왕에게 모압을 세 번 칠 것을 예언했다.

죽은 엘리사의 뼈에 닿았던 사람이 다시 살아났다.

내담자는 본문을 읽음으로써 엘리사의 신앙과 활동, 특히 기적의 의미를 깊이 있게 알 수 있었다고 하였다.

4. 4단계 : 인력 탐구

1) 성경 이야기를 통한 인력 탐구

상담자가 내담자에게 "엘리사의 이야기에서 가장 마음에 끌리는 이야기가 무엇입니까?"라고 질문하였을 때 내담자는 "열왕기하 2장 2절에서 6절까지의 말씀에서

2절 "여호와께서 살아 계심과 당신의 영혼이 살아 있음을 두고 맹세하노니"

4절 "여호와께서 살아 계심과 당신의 영혼이 살아 있음을 두고 맹세하노니"

6절 "여호와께서 살아 계심과 당신의 영혼이 살아 있음을 두고 맹세하노니"

"이르되… 여호와께서 살아 계심과….."라고 하였다. 엘리사는 세 번이나 하나님의 살아 계심을 믿고 떠나지 않겠다고 맹세한다고 하였다. 서사적 읽기를 통한 인력 탐구에서 내담자는 엘리사가 하나님이 있다는 것을 믿고 떠나지 않는 장면의 이야기에 가장 많이 끌렸다. 그는 특히 엘리사가 세 번이나 반복해서 하나님의 살아 계심을 믿는다고 말한 것에 감동을 받았다.

그가 가장 가슴이 아팠던 때는 "아무 것도 먹지 않고 잘 때이다." 라고 하였다. 그러한 삶 가운데 그가 가장 원하였던 것은 '할 일이 있어야 한다'는 것이었다. 그러한 그가 엘리사의 이야기를 통해 "각 개인마다 쓸 가치가 있는 것 같습니다. 믿고 순종하고 변하면 내 모습을 보고 영향을 받을 사람도 있을 것입니다. 태어날 때 보통으로 태어나더라도 믿음으로 살 때와는 다른 것으로 느낍니다. 변해야 되고 이제 변

할 자신이 있습니다. 이제 준비하는 생활이 필요한 것 같습니다. 그리고 자제해야 할 부분이 많은 것 같습니다. 사실 이렇게 나를 엘리사에게 대입시켜 읽어보니 말씀을 통해 나 자신을 많이 느낍니다."라고 말하였다.

2) 찬송가를 통한 인력 탐구

내담자는 정권사로부터 찬송가 백여 곡이 수록된 테이프를 선물로 받았다. 그는 날마다 찬송가 테이프를 들었다. 그는 찬송가를 듣고 있으면 가사가 가슴에 와닿고 마음이 편안해진다고 하였다. 상담자가 "찬송가 가운데서 가장 끌리는 찬송이 무엇입니까?"라고 질문하니, 그는 "'예수 나를 위하여'라는 찬송가의 가사가 가장 마음에 와닿습니다."라고 하였다.

〈예수 나를 위하여〉

1 예수 나를 위하여 십자가를 질 때 세상 죄를 지시고 고초당하셨네
2 십자가를 지심은 무슨 죄가 있나 저 무지한 사람들 메시아 죽였네
3 피와 같이 붉은 죄 없는 이가 없네 십자가의 공로로 눈과 같이 되네
4 아름답다 예수여 나의 좋은 친구 예수 공로 아니면 영원형벌 받네
후렴) 예수여 예수여 나의 죄 위하여 보배 피를 흘리니 죄인 받으소서

이 찬송가 가사 가운데 '세상 죄를 지시고 고초당하였네', '십자가의 공로로', '예수 공로로 아니면'이 가슴에 와닿는다고 하였다. 그러면서 그는 4절의 '아름답다 예수여 나의 좋은 친구 예수 공로 아니면 영원형벌 받네 예수여 예수여 나의 죄 위하여 보배 피를 흘리니 죄인 받으소서'라는 가사를 들으면 가슴이 찡하다고 하였다. 4절 가운데서도 특히 '아름답다 예수여 나의 좋은 친구'라고 하면서, 예수님이 나의 친

구가 되어주신다니 너무 좋다고 하였다. 자신이 알코올 중독이 된 이후에는 친척들도 자신을 귀찮아했는데 예수님이 친구가 되시니 좋다고 하였다. 상담 시간에 그와 함께 이 찬송가를 세 번 불렀다. 특히 4절을 부르면서 내담자의 눈은 눈물이 촉촉이 젖어 왔다. 우리는 찬송가를 부르면서 성령의 임재하심을 느낄 수 있었다.

5. 5단계 : 조명자료 발견

내담자에게 끌리는 자료에 이름을 붙이게 하니 '믿어야 역사가 이루어진다'고 했다. 인력 탐구를 계속해 가면서 그는 자신의 현재의 삶에 '희망이 보인다'라고 이름을 지었다. 그는 "정신적으로 방황하는 사람을 사회구성원으로 돌아오게 하고 싶다. 내가 먼저 변하여 그 사람들의 삶 자체를 바꾸어 주고 싶다."라고 하였다.

그는 이미 자신이 자기학대를 이기고 있었음을 알았다. 그는 희망을 이루기 위해서는 먼저 자신이 변해야 한다는 사실을 알고 있었다. 그리고 자신이 변할 수 있다는 믿음이 있을 때 그 믿음이 희망을 이루어 갈 수 있음을 알고 매우 뿌듯해하였다. 그 결과 그는 행복하였다.

여덟 번째 상담을 한 이후 그는 그 주간에 술에 대한 유혹을 강하게 느꼈다. 딸과의 갈등으로 억눌렀던 감정이 폭발하였으나, 그 순간 과거로 돌아가면 안 된다고 생각했다. 물을 마셔도 진정이 되지 않아 수면제를 먹고 자려고도 생각했으나 허사였다. 결국 예전처럼 두산동에 있는 노래방 술집으로 갔다.

예전 같으면 들어가자마자 술을 마셨을 텐데 그렇지 않았다. 담배를 피우면서 작은 맥주 캔을 마시는데 예전과는 술맛이 달랐다. 아주 쓰고 헛구역질이 몇 번 났다. 맥주 한 캔을 다 마시는 데 상당한 시간이 걸렸다. 그는 자리를 옮겨 다른 술집에서 안주와 소주 한 병을 시켰다.

예전 같으면 유리컵에 마셨는데 그날은 작은 소주잔으로 마셨고 반 잔을 마신 후 술에 대한 관심보다는 상대가 하는 이야기에 집중하였다. 예전 같으면 억지로라도 돌아다니면서 마셨을 것이다. 빈 공터에서 한참을 생각했다. '내 인생 처음으로 말씀에 대한 생각이 떠오르고 내가 왜 이렇게 살았지 하는 생각에 우스웠다.'

그는 그때의 경험을 이렇게 말하였다. "술맛이 더럽게 느껴진 것이 처음이다. 왜 술이 당기지 않았고 연속적으로 술을 마시지 않으며 폐쇄병동에 가지 않고 다시 일상으로 회복하게 됐는지 나도 모른다. 누군가 나를 건져 주셨다고 생각한다. 이것이 하나님의 능력일 것이라고 믿는다. 감사고 은혜이다." 그때 말씀이 생각나는 것은 어떤 이유에서인지는 알 수 없다.

이러한 상황에 이름을 붙이게 하니 '불가능은 없다(하나님의 능력으로)'라고 이름을 지었다. 그 이름의 의미에 대해서 질문하니, "일주일간의 상황이지만 하나님의 능력으로 불가능이 없다는 것이 느껴진다."고 하였다. 아마도 하나님이 여러 가지 방법으로 도와주지 않으셨다면 그는 또 폐쇄병동에서 희망이 없는 방황을 하고 있었을 것이다.

그러면서 그때 순간적으로 그에게 떠올랐던 말씀이 열왕기하 6장 6–7절 말씀이었다고 하였다.

> 하나님의 사람이 가로되 어디 빠졌느냐 하매 그곳을 보이는지라 엘리사가 나무 가지를 베어 물에 던져서 도끼로 떠오르게 하고 가로되 너는 취하라 그 사람이 손을 내밀어 취하니라.

그는 그 의미에 대해서 "인간의 내면에는 하나님만이 채울 수 있는 빈 공간이 있다고 하였다."고 하였다.

우리는 3주 동안 엘리사의 이야기 속으로 들어가 상담을 하였다. 엘리사의 이야기 중 가장 끌리는 이야기는 엘리사가 하나님의 살아 계심을 믿고 떠나지 않는 장면이다. 그러면서 그가 여러 가지 기적을 이루어 가는 장면이다. 그의 이야기는 점점 변화되어 가고 발전되어 갔다.

그것은 마치 살아 있는 생명체처럼 꿈틀거리며 전진하였다. 그가 엘리사의 이야기를 하면서 붙인 이름의 순서가 다음과 같다.

믿어야 역사가 이루어진다 → 희망이 보인다 →
불가능은 없다(하나님의 능력으로) → 가능성이 보인다

상담 과정 중 엘리사의 이야기를 통한 인력 탐구와 조명자료 발견하기를 통해 그는 "나에게 일어난 모든 변화는 하나님의 존재를 믿을 때에만 가능하다. 나의 모든 변화는 하나님의 능력 안에서만 가능하다."라고 하였다.

특히 그는 "성경을 읽을 때마다 깊이가 다르다. 엘리사에 나를 대입시켜 보니 그날그날 느끼는 감정의 차이가 있다. 내가 엘리사가 되어 보니 한 부분은 엘리사처럼 될 수 있을 것 같다. 내가 영적으로 병든 사람들에게 친구가 되어 줄 수 있을 것 같다…."라고 말했다.

그는 이어서 "살아가는 데 진리는 하나님의 말씀이다. 내가 고백하고 회개하면 하나님은 사람이 살아갈 수 있는 힘과 능력을 천국에 가는 동안 주는 것 같다. 내가 처음 방황할 때 이 말씀을 잡았다면…"이라고 덧붙였다.

조명자료 발견까지의 상담 과정 중에 그에게 나타난 신체적 증상의 변화는 수면제 한 알을 반으로 줄이게 된 것과 악몽을 꾸는 횟수가 감소된 것이다.

6. 6단계 : 조명자료 강화

1) 요셉 이야기-상담자에 의해 선정된 이야기

조명자료 강화에서는 상담자가 내담자에게 가장 적절하다고 생각하는 요셉의 이야기를 선정하였다. 내담자와 상담을 하는 가운데 상담자에게 요셉의 이야기가 강하게 끌렸다. 한두 번이 아니라 지속적으로 마음이 끌렸다. 그 당시 상담자는 성령의 이끌림을 강력하게 받았다. 그래서 내담자에게 창세기에 나오는 요셉의 이야기 속으로 들어가게 하였다.

상담자 : 창세기 37~50장을 읽으십시오. 나를 요셉에 대입시켜 읽으면서 가장 끌리는 이야기에 줄을 그으세요.

(1) 글쓰기를 통한 조명자료 강화

다음의 글은 내담자가 창세기 37~50장을 서사적으로 읽고 기록한 것이다. 그는 서사적 읽기를 통해 주로 간략한 사건과 등장인물 중심으로 정리해 왔다.

요셉의 꿈(37장)

- 요셉의 꿈-부친의 편애, 꿈 때문에 형제들에게 미움을 받음(1-11)
- 애굽에 팔려 간 요셉(12-36)
- 요셉의 광야 생활(12-17)
- 죽음을 면한 채 애굽으로 팔려 가는 요셉(18-28)
- 요셉의 죽음 소식으로 인한 야곱의 비애(29-36)

요셉과 보디발의 아내(39장)

- 요셉의 애굽 정착 → 하나님의 은총이 배후에 있음 → 정직, 총명,

충성이 특징(1-6)

- 보디발의 아내의 유혹-요셉이 감옥에 갇힘(7-23)

정체를 밝힌 요셉(45장)

- "당신들이 나를 이곳에 팔았으므로 근심하지 마소서 한탄하지 마소서 생명을 구원하시려고 나를 당신들 앞에 보내셨나이다…. 그런즉…."(5-8)
- 요셉 생애의 절정의 날이다. 이십이 년간의 기나긴 분리와 질시와 원망이 끝나는 날이다. 그런 후에 용서와 화해 그리고 화평과 신뢰, 번영의 앞날이 약속되어 있다.

야곱 가족의 애굽 이주(46장)

- 1-7 애굽으로 이주-야곱(130세) 권속의 애굽 진입

야곱의 죽음과 장사(50장)

- 용서와 화해-요셉과 형제들의 대화(15-21)
- "너희는 이같이 요셉에게…."(17)
- "당신들은 나를 해하려 하였으나 하나님은 그것을 선으로 바꾸사 오늘과 같이 만민의 생명을 구원하게 하셨나니."(20)

(2) 말하기를 통한 조명자료 강화

내담자는 요셉의 이야기를 두 번씩 읽고 정리를 해 왔다. 그는 각 장과 절별로 주제를 붙이면서 정리하였다. 그 내용을 중심으로 상담이 대화로 이루어졌다. 쓰기를 통한 서사적 읽기와 대화를 통한 서사적 읽기는 여러모로 차이가 난다는 것을 알 수 있었다. 쓰기를 통한 서사적 읽기가 스토리라면, 대화를 통한 서사적 읽기는 내러티브였다. 다시 말하면, 대화를 통한 서사적 읽기는 스토리에 새로운 의미를 부여함으로

써 이야기가 더욱 풍성해지고 발전되어 가는 것 같았다.

내담자는 요셉 이야기를 읽으면서 모든 부분에서 자신감이 생긴다고 하였다. "내가 술에 중독된 것이 요셉에게 있어서는 감옥이다. 나는 요셉의 감옥에서의 삶에다 곧 나의 술중독에서의 삶을 대입시켰다. 이제나 자신을 버려야 할 이유를 알 것 같다."고 하였다. 자신이 가지고 있는 감옥은 바로 욕심이고, 이기심이며, 물질에 매여 있는 것이다. 그는 2주 동안 요셉 이야기를 두 번이나 읽었다.

요셉의 이야기에서 창세기 42~46장 말씀이 가장 끌렸다. "요셉이 가족을 만나는 장면이 가장 가슴에 와닿고 평온함이 느껴지며 굉장히 감동적이다. 특히 요셉이 형제들을 용서하고 화해하는 장면이 정말 가슴에 와닿았다."

그는 요셉 이야기 가운데 요셉이 형제들을 용서하는 이야기에 가장 끌렸다고 했다. 그가 발견한 것은 요셉이 용서할 수 있었던 것은 하나님 존재에 대한 신뢰와 믿음 때문이었다. 그래서 그는 자신도 하나님 사랑을 믿을 때 변화의 가능성이 있다고 하였다. 곧 자신의 변화는 오직 하나님 안에서만 가능하다고 하였다. 그는 자신을 엘리사와 요셉에 대입시켜 성경을 읽기 시작하면서 "말씀이 들린다. 엘리사와 요셉을 읽기 시작하면서 가슴 뭉클함을 느낀다. 가능성이 보인다. 이렇게 상담을 하고 나면 감정이 새로워진다."고 하였다.

그에게 지금 이 상황에 이름을 붙이게 하니 '하나님 존재에 대한 믿음과 신뢰'라고 했다. 그러면서 그는 "살면서 이렇게 마음이 풍요롭고 뿌듯한 경험은 처음이다."라고 하였다.

그가 요셉 이야기를 서사적으로 읽으면서 자신의 깨달음을 이야기하였다. "말씀이 내 속에 들어오니 나를 깨닫게 되고, 나를 깨닫게 되니 내 자신이 비워지더라. 내 자신이 비워지니 말씀으로 채워지고, 말씀으로 채워지니 삶이 가치 있어지고, 가치 있는 삶이 되니 삶의 목적을 갖게 되더라. 말씀이 채워지니 가치 있는 부분을 자연스럽게 생각하게 되더라."

그가 요셉 이야기를 서사적으로 읽으면서 말한 것은 다음과 같이 정리할 수 있다.

말씀이 들어옴 → 자신을 깨닫게 됨 → 자신이 비워짐 →
말씀으로 채워짐 → 가치 있는 삶이 됨 → 삶의 목적을 갖게 됨

이것이 성경 이야기 상담의 핵심이라고 생각한다. 그의 이야기 속에 성경 이야기 상담의 핵심이 있었다. 결국 하나님의 말씀으로부터 시작하여, 말씀이 채워지니 그의 삶의 가치관이 바뀌고 삶의 목적을 갖게 된 것이다. 그러므로 성경 이야기 상담은 단순히 알코올 증상만을 치료하는 것이 아니라 그 사람의 가치관을 변화시키고, 삶의 목적을 갖게 하는 상담이다. 이러한 변화는 오직 말씀으로 시작해서 말씀으로 채워져야 가능한 것이다.

상담자 : 엘리사의 이야기와 요셉의 이야기를 읽을 때 하나님 편에서 읽으세요. 하나님께서 엘리사와 요셉에게 어떻게 행하셨는지 읽으세요.

(3) 하나님 편에서 다시 읽는 엘리사, 요셉 이야기의 상담

그에게 있어서 엘리사의 이야기들 중에서 가장 끌리는 본문은 열왕기하 2장 2절, 4절, 6절 말씀이다. 선지자 엘리사가 성령이 하시는 역사를 받기 위해 열왕기하 2장 2, 4, 6절에서 세 번이나 '하나님의 존재와 믿음에 대한 신뢰를 강조'하고 있다. 엘리사의 이야기를 통한 느

낌은 하나님이 함께하심의 축복이다. 하나님이 엘리사와 함께하심으로 무에서 유를 창조하는 것 같다. "소금을 뿌려 물을 새롭게 하는 것, 나병환자를 고쳐 주는 것, 과부의 기름 등의 기적들이 엘리사에게는 무에서 유를 창조하는 것 같다."

그는 이런 말을 했다. "이때 나의 마음은 깨달음 자체로 뿌듯하였다. 질병에도 불구하고 나도 가능하다는 자신감으로 다가온다. 알코올 중독자들은 '죽어야 끝이 난다'라고 한다. 그러나 내가 하나님을 의존하였을 때, 즉 말씀, 찬양, 기도, 예배가 행해질 때 이러한 기적이 일어날 것이다. 나의 마음과 심리적 변화가 일어난다. 그래서 나도 자신감이 생긴다."

그에게 요셉 이야기에서 가장 끌리는 것은 '하나님이 함께하실 때'이다. 요셉 이야기를 읽으면 '하나님께서 함께하셔서'라는 문장이 많이 나온다. 특히 그는 "요셉의 신분상승, 요셉이 형제들을 용서하는 장면 등은 하나님의 도우심 없이는 이러한 기적이 일어나지 않는다."라고 하였다.

그러면서 그는 "처음에 나를 요셉에 대입시켰을 때는 뿌듯함이 있었다. 그 기쁨은 짧았다. 일시적인 기쁨이었다. 그러나 요셉과 하나님의 관계에서 나를 볼 때는 큰 틀을 형성하면서 생명력이 오래가는 것 같다. 하나님이 함께하시기 때문에 변함이 없을 것 같다."고 하였다. 그러면서 그는 자신을 요셉에 대입시켰을 때는 뿌듯함이 일시적이었지만, 하나님 편에서 나를 바라보니 내가 변했을 때 다른 사람을 도와주는 비전에 대해 재확인하는 것 같았다고 말했다. 그는 요셉 이야기가 이 비전에 대한 큰 틀을 형성해 주는 것 같다고 하였다. 그는 그래서 하나님의 말씀을 사람들에게 믿어 보라고 권하고 싶다고 하였다.

하나님이 엘리사와 요셉에게 어떻게 행하시는지에 대한 이야기에 이름을 짓게 하니 '하나님이 함께하심'이라고 이름을 붙였다.

2) 야곱 이야기-내담자가 선정한 성경 이야기

내담자는 요셉의 이야기를 읽고 난 후 야곱의 이야기가 끌린다고 하였다. 요셉의 이야기 가운데 아버지 야곱이 등장하니까 야곱이 어떻게 되는지 궁금하다고 하였다. 그래서 조명자료 강화를 위한 새로운 성경 이야기를 야곱의 이야기로 선택하고 서사적으로 읽어 오도록 숙제를 냈다. 상담자는 내담자에게 창세기 25~50장까지를 서사적으로 읽도록 하였다. 내담자는 서사적으로 읽은 것을 노트에 정리하였다. 그는 각 장을 거의 한 페이지 노트 분량으로 정리를 하였는데 가장 끌리는 이야기는 다음과 같다.

- 창세기 27:41-46(야곱의 도피 생활)
  에서가 야곱을 시기하고 죽이려고 했다. 에서의 보복이 두려워 리브 가의 도움으로 하란으로 가서 리브가의 오라버니 라반에게 피했다.

- 창세기 30:37-42
  애굽에 체류하면서 바라던 성과를 거두었다. 야곱이 양떼, 노비, 약대, 나귀가 심히 많아졌다.

- 창세기 32장(하나님 사자의 출현)
  - 하나님 사자가 야곱을 만났다.
  - 야곱이 하나님의 군대라고 했다. 땅 이름은 마하나이다.

- 창세기 33장(에서와의 화해)
  - 야곱의 생애에서 가장 감동적인 부분으로, 창세기 45장 요셉의 생애와 비슷하다.

– 야곱의 신분 변화(드라마처럼 다양한 모습)
  사랑하는 아내의 비극적 운명
  장자 르우벤의 반인륜적 행위
  파란만장한 객지 생활만큼이나 복잡한 혈통에 연루된 열두 아들
  온건하고 과묵한 부친 이삭의 죽음

(1) 야곱 이야기를 통한 조명자료 강화

내담자는 야곱을 인간적으로 보면 세상 풍파를 많이 겪었다고 하였다. 야곱은 정말 하나님의 축복을 받을 만한 사람이 아니다. 야곱이 아버지 이삭을 속이고 장자권을 획득하고, 아내 리브가를 속이면서 자신의 생명을 보호하는 장면을 보면 그의 삶은 정직하지 못한 삶이다. 그러므로 그는 정말 축복을 받을 만한 자격이 없는 사람이다. 이 부분이 내담자에게는 끌리는 이야기였다.

야곱은 세상적으로 살았을 것 같다. 그런데도 하나님은 일방적인 축복을 주는 것 같다. 이와 같이 중독자인 자신도 세상적으로 보면, 축복하지 않겠지만 먼저 하나님이 축복을 해 주시는 것 같다. 하나님이 일방적으로 축복을 주시는 것 같다. "인생은 아무리 발버둥 쳐도 하나님의 능력에 달려 있고, 세상만물은 하나님이 주관하신다."

야곱 이야기는 시련 속에서 인내하는 것을 강조한 것 같다. 야곱은 하나님을 믿고 충성하는 믿음을 가지고 있음을 볼 수 있다. 특히 "야곱이 이십 년 동안 라반의 집에서 생활하면서 어떻게 참았느냐?" 하는 사실이 가장 가슴에 와닿는다고 하였다. 그는 아마도 자신의 잘못을 시인하고 회개의 삶을 살았을 것이다. 그는 이십 년 동안 환경에 순응하는 삶을 살았을 뿐만 아니라 자신이 처한 환경에서 최선의 삶을 살아온 것 같다. 이 기간 동안 야곱은 자신의 장자권 등 속임에 대해 회개

의 기도를 많이 한 것 같다. 중간에 회개의 기도를 많이 했기 때문에 하나님의 축복을 받은 것 같다. 그래서 그 축복이 자녀들에게 연결되었을 것이다. 하나님의 축복은 자신만의 축복이 아니라 후대를 위한 축복이다.

이와 같이 야곱은 고난의 삶 가운데서도 하나님을 놓치지 않은 것 같다. 내담자는 야곱이 항상 하나님과 함께하는 시간을 놓치지 않은 것 같다고 하였다. 세상 풍파나 고난 가운데서도 하나님 안에 있어야 견딜 수 있다. 하나님의 백성은 중간에 죄를 지어도 결국 하나님께 매달려야 문제가 해결될 것 같다.

야곱의 이야기에 이름을 붙이게 하니 '야곱은 축복 받을 사람이 아니다. 야곱은 회개를 많이 하였을 것이다'라고 하였다.

3) 조명자료 강화에 이름 붙이기

상담자가 내담자에게 지금까지 이야기했던 엘리사 이야기, 요셉 이야기, 야곱 이야기에 공통적으로 '하나님이 함께하심의 축복'이라는 이름을 지었다.

- 엘리사 이야기 : 하나님께서 함께하심으로 엘리사가 많은 기적을 행했다.
- 요셉 이야기 : 여호와께서 함께하심으로 만사형통한 축복을 주셨다(임마누엘의 축복).
- 야곱 이야기 : 인간적으로 보면 도저히 축복 받을 만한 사람이 아니다. 야곱의 신앙이나 행동에 관계없이 하나님이 주시겠다고 약속하셨기 때문에 주시는 하나님의 무조건적 축복을 받았다.

7. 7단계 : 재저작 대화

조명자료 강화를 통해 붙여진 이름이 '하나님이 함께하심의 축복'이다. 그 의미는 엘리사, 요셉, 야곱은 하나님의 도우심으로 축복을 받는다. 희망은 '하나님이 함께하심의 축복'으로 그의 삶을 조망하면서 새로운 삶의 이야기를 만들게 하였다. 순서는 조명자료를 통해 현재에서 시작하여 가까운 과거 ⇒ 먼 과거 ⇒ 더 먼 과거 ⇒ 미래의 순서로 재저작하게 하였다.

재저작 순서의 단계별로 한 주에 한 단계별로 재저작 대화를 진행하였다. 그에게 재저작 단계별로 숙제를 주어 기간별로 사건을 중심으로 정리해 오게 하였다. 그가 일주일 동안 자신의 삶을 조망하면서 사건별로 정리해 와서 상담 시간에 대화를 통해 재저작을 하였다. 그 기간의 재저작이 끝나면 그 상황에 대해 이름을 붙이게 하여, 그 기간의 삶을 전체적으로 그림을 그리게 하고 의미를 부여하게 하였다.

1) 가까운 과거 이야기 재저작

상담자가 내담자에게 조명자료인 '하나님이 함께하심의 축복'으로 가까운 과거의 삶을 재저작하게 하니, 내담자는 다음과 같이 이야기하였다.

> 당뇨나 간질환 등 특별한 질환 없이 살아 있는 것에 감사하고 폐쇄병동에 갇혀 있지 않고 영적으로 육체적으로 회복되어 교회에 나와서 예배, 찬양, 말씀, 기도를 드린다는 것은 상상도 못할 축복이다. 지난 시절(술, 담배, 육신적 쾌락, 방탕한 생활)에 대한 그리움이 있었으나 요즈음은 그런 생각이 이상하리만큼 사라져 간다. 나의 최근 삶을 과거의 삶과 비교

하면 극과 극이다. 남을 위해 무엇을 하겠다는 생각 자체를 해 본 적이 없다. 그러나 지금은 마음 자체가 내 중심이 아니라 타인 중심으로 바뀌었다. 요즈음은 내 주위를 돌아보게 되는데 나보다 불행한 사람이 더 많은 것 같다. 그래서 말로라도 사람들에게 베풀려고 하는 마음을 가짐이 감사하다.

생활이 계획성 있게 바뀌었다. 생활 자체가 바뀌었다. 전에는 생각도 없이 되는 대로 살았다. 불쌍한 사람을 돕는 삶을 살고 싶다. 전에는 삶의 목적을 돈에 두었는데 이제는 아니다. 내가 본정신으로 돌아온 것이 신기하다.

상담자가 내담자에게 가까운 과거 이야기에 이름을 붙이게 하니, 그는 '돈으로는 환산할 수 없다'라고 하였다. 그 의미에 대해 질문을 하니 "말로 표현할 수 있는 내면적 기쁨이다."라고 답하였다. 그러나 일 주일 후에 상담을 하면서 '돈으로 환산할 수 없다'는 이름이 우습다고 생각했다. 그래서 이 이름을 '내적인 기쁨'으로 수정하기를 원해 최근 이야기의 재저작에 '내적인 기쁨'으로 새롭게 이름을 붙였다. 그 의미는 세상 적인 성취감과 비교할 수 없는 진정한 행복이라고 하였다.

2) 먼 과거 이야기 재저작

2004년에 발생한 폐결핵, 카드 연체 문제로 살 의욕도 없고, 세상의 빛도 보이지 않아서 죽으려고 약 이십 일 동안 소주 백팔십 병 정도를 먹었고 아들과 딸이 ○○○병원에 입원시켜서 입원 사일만에 의식을 회복했다.

안 죽고 살아난 것이 감사하다.

○○○○년도에 아들이 고등학교를 자퇴하고, 바로 그해에 공부를 다시 시작하여 검정고시에 합격했다. 그리고 아들 스스로 ○○○대학에 합격하여 등록금을 마련했다.

> 두 번이나 위험한 고비와 큰 사고를 세 번이나 당했는데 아직도 살아 있는 것이 신기하다. 지금 살아 있는 자체가 감사하다. 지금 생각하면 나에게 많은 시험을 하셨고, 많은 깨우침을 주셨다. 지금 지나온 시간들을 돌아보면 대개 헛된 것 같지 않다. 앞으로의 삶에 할 일이 많이 남아 있는 것 같다. 이렇게 나를 구원할 수 있는 자는 세상 사람이 아니고 오직 주님이라는 것을 알게 하심이다. 이제는 몸을 상하게 하고 싶은 마음이 안 생긴다. 이제 나도 가치 있게 살고 싶다. 그러면 다른 사람이 나를 가치 있게 대할 것이다. 자녀들도 나를 가치 있게 대할 것이다.

내담자에게 가까운 과거에 이름을 붙이게 하니 '떠오르는 연'이라고 지었다. 그 의미에 대해 질문을 하니 내담자는 "지금 살아 있는 것이 하나님의 능력으로 희망이 싹트고 있다. 내가 단지 못 보았을 뿐이다. 그러나 하나님은 나를 희망으로 조금씩 떠오르게 하고 있었다."고 하였다.

3) 더 먼 과거 이야기 재저작

1995년쯤 어머니와 아들과 딸이 교회에 다니기 시작했다. 그리고 희망은 2000년 2월부터 교회 다니기 시작하였다. 그는 2003년 환청 환시 경험 후 병원에 입원하여 일차적 위기를 극복하였다. 2004년에 아버지가 돌아가셨는데 그때 누님과 친척들의 도움으로 장례식을 무사히 치르고 난 후 알코올성 간질로 넘어졌으나 다행히 응급실에서 회복한 적이 있다. 아마도 욕실 바닥에 넘어졌더라면 위험한 상황에 직면했을 것이다.

사실 내 자신의 형편으로 아버지의 장례식을 치를 형편이 못 되었는데, 주위 분들의 도움으로 무사히 장례식을 마치게 된 것이 감사하다. 그는 이렇게 말했다.

생명 보존을 위해 하나님의 택함을 받음은 필연적이다. 그러나 나는 하나님의 택함을 깨닫지 못하고 불순종하였다. 이때가 내 인생에서 가장 절박한 시기였다.

4) 미래 이야기 재저작

내담자는 자신이 대가 없이 헌신하는 병원전도팀의 도움으로 삶을 되찾았기 때문에 미래에 그는 그들과 같이 남을 위해 대가 없이 봉사하는 삶을 살고 싶어 했다. 그 자신이 온전히 회복되고 나면 그는 미래에 자신의 모든 것을 바쳐 봉사하는 모습을 그려 보고 있다.

특히 자신과 같이 알코올 중독에 빠져 삶을 포기한 많은 사람들을 찾아다니며 그들의 친구가 되어 주고 그들과 함께하는 자신의 삶을 구상하고 있다. 무엇보다도 하나님의 큰 사랑을 뼈저리게 느끼게 해 준 성경 이야기들을 그들과 함께 나누는 삶을 살고자 하였다.

8. 8단계 : 지지적 신앙 소그룹 형성

내담자가 상담을 시작한지 4주가 지나서 상담센터가 있는 ○○교회에 출석하였다. 그는 십여 년 전부터 다른 교회에 다니기 시작하였지만 두달에 한 번 출석하는 정도였다. 그는 상담을 하고 교회에 다시 다니기 시작하면서 새로운 지지적 신앙 소그룹을 형성하였다.

여덟 번째 만남에서 상담자는 내담자에게 지지적 신앙 공동체를 구성하도록 하였다. 지지적 신앙 소그룹을 구성하도록 한 이유는 알코올 중독자들은 순간적으로 알코올에 넘어지기 때문이다. 내담자는 술이 생각날 때면 "5분 이내로 결판내야 한다. 밤늦게 발동할 수도 있다."고 말하였다. 그에 의하면 알코올 중독자들은 5분이 가장 중요하다. 이 5분을 잘 견딜 수 있다면 술을 입에 대지 않을 수 있다. 그래서 상담자는 그가 외롭고 힘들 때 바로 전화를 할 수 있는 새로운 지지 그룹을 구성하도록 하였다.

“마음이 힘들고 외로울 때 당신이 지지와 용기를 얻을 수 있는 사람은 누구입니까?”라는 질문에 그는 자신을 상담하도록 도와준 정 권사와 교회의 이 권사와 김 장로라고 말하였다. 지지적 신앙 그룹을 형성하기 전에도 정 권사는 매주 두세 번씩 그에게 전화를 하고 있었다. 또한 이권사와 김 장로는 그와 함께 가끔 식사를 하면서 이야기를 나누고 있었다. 그래서 상담자는 그에게 외롭고 힘들 때나 갑자기 술이 생각날 때 이분들에게 도움을 요청하도록 하였다. 그런 생각이 날 때 즉시 전화를 하도록 하였다. 그리고 상담자는 이분들에게 전화가 오면 잘 도와주도록 부탁을 하였다.

또한 그에게 있어서 지지적 신앙 소그룹은 ○○교회의 새가족부이다. ○○교회의 새가족부에서 섬기는 성도들이 모두 그에게 지지적 그룹으로 활동을 한다. 주일마다 만나서 성경 공부를 하고 한 번씩 함께 식사를 하면서 삶의 이야기를 하였다.

여덟 번째 상담을 한 이후, 그가 딸과의 갈등으로 인해 억눌렀던 감정이 폭발하였던 그 주간에 술에 대한 유혹을 강하게 느껴 맥주 한 캔과 소주 한 잔을 마신 사건이 있었다. 이 일이 있은 후 그가 상담자와 성도들에게 미안한 마음에 힘들어할 때, 정 권사와 새가족부원들이 그를 초대하여 밤늦은 시간까지 함께 있으면서 위로하고 격려를 해 준 일이 있었다. 그래서 그는 병원 봉사자들과 새가족부 성도들을 보면서 이분들의 사랑은 세상 사람이나 친척들과는 다름을 느끼게 되었다고 한다. 그리고 이분들을 통해 예수의 사랑을 깨닫게 된다고 하였다.

그가 상담을 하고 ○○교회에 등록한 이후 현재까지 주일 오전·오후 예배, 수요일 예배, 금요일 기도회에 한 번도 빠짐없이 참석하고 있다.

그래서 그에게 가장 중요한 지지적 신앙 공동체는 예배 공동체이다. 그는 상담 중에 이렇게 말했다. "예배에 빠져서는 안 될 것 같다. 내가 이렇게 변화될 수 있었던 것은 상담과 교회에서 저를 도와주신 분들 그리고 가장 중요한 것은 예배와 말씀과 찬양과 기도이다. 내가 술을 완전히 끊고 목적이 있는 삶을 살기 위해서는 예배가 중요하다."

그에게 있어서 성경 이야기를 통해서 발견한 조명자료는 지지적 신앙 소그룹과 예배 공동체 안에서 현실화되고 있었다.

내담자에게 가까운 과거에 이름을 붙이게 하니
'떠오르는 연'이라고 지었다.
그 의미에 대해 질문을 하니, 내담자는
"지금 살아 있는 것이 하나님의 능력 때문이며,
내게 이제 희망이 싹트고 있다.
내가 단지 그것을 못 보았을 뿐이다.
그러나 하나님은 나를 희망으로 조금씩 떠오르게 하고 계신다."고 하였다.

부 록

기독교인을 위한 관계증진 프로그램

회차	제목	목표 및 내용
1	오리엔테이션	과정에 대해 전반적으로 이해하며, 학습동기를 촉진한다.
2	자기소개	자기소개를 하면서 긴장을 해소하고, 소그룹 상담에잘 참여할 수 있는 동기를 유발한다.
3	서로 도와주기	서로 협동함으로써 집단원 간의 친숙함과 신뢰감을 발달시키고, 집단원들끼리 보다 적극적인 상호 작용을 하도록 한다.
4	나의 주변관계	나와 관련된 사람들과의 관계를 파악하고 그들을 통해 나 자신을 좀 더 다양하게 알 수 있다.
5	나의 관계 걸림돌 알아보기	친구와의 관계를 증진시키는 데 걸림돌이 되는 것이 무엇인지 알아보고, 그 대안을 탐색하여, 궁극적으로 하나님과의 관계회복을 돕는다.
6	귀 기울여 들어 보아요	타인의 말을 주의 깊게 듣는 기술을 학습함으로써 타인과의 관계 증진을 도모한다.
7	보물찾기	칭찬하는 방법을 알게 하여 바르게 칭찬함으로써 좋은 우정관계를 만들며 긍정적이고 합리적인 사고를 하도록 한다.
8	사랑과 나눔의 실천	예수와의 만남과 나눔이 있는 사랑을 실천한다.
9	사랑의 선물	상호 간에 감사와 애정의 표시를 함으로써 자기 이해와 수용 및 타인 이해와 수용을 통한 친근한 인간 관계를 체험한다.
10	마무리	경험 보고서를 쓰고 발표함으로써 자신의 경험을 정리한다.

이 프로그램은 내담자의 대안 이야기에 대해서 이제까지 지지적 신앙 소그룹이 없었거나 있었다고 하더라도 형식적으로 참여하는 것이어서 실질적이며 친밀한 관계형성을 하지 못해서 발생한 경우에 효과적인 프로그램이다. 이 프로그램은 내담자와 참여자들 간의 친밀감과 상호헌신의 질을 높이고자 구성된 것이다.

기독교인을 위한 자기성장 프로그램

회차	제목	목표 및 내용
1	방향 제시와 참여자 소개	자신을 이해하고 집단원 간의 이해 및 신뢰감의 발달을 돕는다.
2	나는 어떤 사람인가?	자기 자신에 대하여 구체적으로 기술하고, 집단 앞에서 발표해 봄으로써 자신을 있는 그대로 이해하고, 수용, 개방하는 학습 경험을 한다.
3	신뢰감 형성	신뢰감을 발달시켜 상호 간에 사적인 정보를 교환하고, 보다 자유로운 상호 작용을 촉진하는 데 도움을 받는다.
4	자기각성	심신의 상태에 대한 보다 정확한 각성을 통해 자기 이해를 증진시킨다.
5	경청하기	타인의 말에 주의를 기울여 듣는 기술을 학습하며, 경청하기의 중요성을 인식한다.
6	가치관 경매	가치관 경매를 하는 활동을 통해 스스로 가치를 선택하는 경험을 해 보며 자신의 가치관을 명료화한다.
7	자기노출	건전한 자기개방을 통하여 친밀하고 성숙한 관계를 도모한다.
8	생활자세	네 가지 생활자세를 이해하고 건전한 생활자세인 자기긍정-타인긍정의 자세를 학습한다.
9	장점과 단점	하나님이 우리를 만드셨으므로 우리에게 있는 장점과 단점을 수용하고 그것들을 보물로 잘 개발할 수 있도록 하여 자기성장을 돕는다.
10	마무리	지금까지의 집단 경험을 토대로 스스로를 생각하며 돌아보는 기회를 가진다.

이 프로그램은 내담자가 자기이해, 자기수용, 자기개방이 되지 않아서 기독교인으로서 자아 정체성과 가치관이 확립되지 못하고 성숙하지 못하여 발생하는 문제들을 해소하는 데 도움을 준다.

마음을 여는 대화 프로그램

단계	회기	제목	목표 및 내용
눈으로 보아요	1	별명 짓기	참여자들로 하여금 서로 관심을 갖게 하며, 자신을 소개하는 과정을 통해 친밀감을 갖게 한다.
	2	내 눈에 비친 너	상대방의 경험과 느낌을 가치판단에 사로잡히지 않고 있는 그대로 정확하게 확인할 수 있다.
귀로 들어요	3	내 말 좀 들어 주세요	상대방의 말에 관심을 가지고 주의 깊게 듣는 경청을 익힌다.
	4	내가 듣고 보니	상대방이 전달하고자 하는 생각, 정보, 의견을 내가 정확히 이해하였는지 확인하는 법을 익힌다.
입으로 말해요	5	나는 느껴요	자신의 느낌을 억압하거나 부인하지 않고 즉시 말로 표현하여 정확한 의사소통이 이루어지게 한다.
	6	너를 느껴요	대화 중에 상대방의 마음을 공감할 수 있으며, 그것을 언어적·비언어적 메시지를 통해 전달할 수 있다.
마음으로 대화해요	7	바꾸어 말해요	같은 말, 같은 상황도 긍정적인 관점으로 바꾸어 따뜻한 대화를 할 수 있도록 돕는다.
	8	A-HA	이제까지 배운 것들을 정리하고 자연스럽게 대화 속에서 활용할 수 있도록 촉진한다.

프로그램의 이론적 배경

- 지각 확인
- 경청
- 내용 확인
- 느낌 보고
- 공감
- 긍정적인 피드백

이 프로그램은 내담자가 효과적인 대화를 할 수 있도록 훈련하는 프로그램이다. 상대방 말을 잘 알아듣고 내가 말하고자 하는 것을 효과적으로 전달할 수 있도록 훈련하는 프로그램이다. 이 프로그램은 주로 대인관계에서 대화 문제로 갈등을 겪는 내담자들에게 특히 효과가 있다.

참고문헌

강병도 편. 호크마 종합주석-마태복음. 서울: 기독지혜사, 1992.

고미영. "이야기의 속성과 치유." 교수논총 11 (2000): 7–30.

고미영. "이야기 치료의 경험에 관한 질적 연구–이야기의 전환은 가능한가." 한국사회복지학 30 (1996): 1–24.

고미영. 이야기 치료와 이야기 세계. 서울: 청목출판사, 2004.

고미숙. "우리의 삶을 이야기하는 서사적 접근의 도덕교육." 교육철학 24 (2000): 1–28.

고영복. 사상사 개설. 서울: 사회문화연구소. 1992.

김번영. 이야기 치료와 상담. 서울: 솔로몬, 2007.

김욱동. 포스트모더니즘의 이론. 서울: 민음사, 1992.

김재현. "버림받은 이야기로 부터의 탈출과 조명자료의 발견." 복음과 상담 43, 기독상담연구소 (2009): 143–159.

김혁기. "포스터모던 법리론 연구: 데리다의 해체론을 중심으로." 서울대학교 대학원 박사학위논문, 2000.

박민수. 마음을 움직이는 대화의 기술. 서울: 시그마북스, 2024.

박민수·오우성. 이야기 상담의 이론과 실제. 일산: 피앤씨에듀, 2025.

박정호. 현대 철학의 흐름. 서울: 동녘, 1996.

박종수. 성서와 정신건강. 서울: 한국신학연구소, 2004.

박찬부. 현대 정신분석 비평. 서울: 민음사, 1996.

박혜경·조선하. "유아 내러티브 발달에 대한 연구." 생활과학연구 8 (2003): 162–172.

백승균 등. 해석학과 현대철학. 서울: 철학과 현실사, 1996.

손봉호. 오늘을 위한 철학. 서울: 지학사, 1986.

손철민. "이야기 치료 이론." 복음과 상담 40. 기독상담연구소 (2007): 42–72.

안석모. "해석학적 전환으로의 치유." 기독교심리상담학회지 3 (2002): 3－28.

안석모. 이야기 목회 이미지 영성: 해석학적 목회론. 서울: 목회상담, 2001.

양유성. 이야기 치료. 서울: 학지사, 2007.

양유성. "성경 이야기의 치료적 이해와 적용." 복음과 상담 40. 기독상담연구소 (2007): 13－41.

오우성. 성서와 심리학의 대화. 서울: 대한기독교서회, 2007.

오우성 · 박민수. 상담으로 풀어본 신학. 대구: 계명대학교출판부, 2005.

오우성. 성서의 권위와 성서적 신앙 공동체. 대구: 계명대학교출판부, 2005.

이광래. 미셀 푸코. 서울: 민음사, 1989.

이상근. 신약주해 마가복음. 서울: 대한예수교장로회총회교육부, 1985.

이연길. 이야기 설교학. 서울: 쿰란출판사, 2006.

이재현. "이야기치료의 기독교적 활용을 위한 연구." 장로회신학대학원 석사학위 논문, 2006.

이한수. 신약은 성령을 어떻게 말하는가. 서울: 이레서원, 2002.

전요섭. "목회상담에서 성경의 역할과 활용방안에 관한 연구." 성결신학연구 13 (1988): 203－219.

정기철. "역사 이야기 이론을 위한 해석학적 고찰." 철학과 현상학 연구 (1993): 217－246.

정석환. 목회상담학 연구. 서울: 한국학술정보, 2002.

정정호 · 강내희. 포스트모더니즘의 쟁점. 서울: 문학과학사, 1989.

정희성. "열린 체계로서의 목회임상진단." 목회와 상담 2 (2002): 250－283.

추부길. 작은 천국을 찾아라. 서울: 모스트 커뮤니케이션, 1995.

한성태. "힘겹게 노를 저을 때." 복음과 상담 42. 기독상담연구소 (2008): 116－134.

Adams, J. E. "The Use of the Jewish/Christian Scriptures in Counseling." *Journal of Pastoral Care*. 20 (1985): 116－124.

Adams, J. E. 상담학 개론, 정정숙 역. 서울: 베다니, 1992.

Andersen, Tom. 심리치료와 사회구성주의, 김유숙 역, 서울: 학지사, 2004,

Bleicher, J. 현대해석학, 권순홍 역. 서울: 한마당, 1990.

Borg, Marcus J. 예수 새로 보기: 영, 문화, 제자 됨, 김기석 역. 서울: 한국신학연구소, 1988.

Branscomb, B. H. *The Gospel of Mark*. London: Moffat New Testament Commentary, 1937.

Brooks, Peter. *The Empty Space.* New York: Avon, 1968.

Bruner, Jerome. *Actual Minds Possible Worlds*. Cambridge: Harvard University Press, 1986.

Bruner, Jerome. "Life as Narrative." *Social Research*, Vol. 54, No. 1, 1987: 11−32.

Calvin, J. *Institutes of the Christian Religion*, ed. J. T. McNeill tr. F. L. Battles. Philadelphia: Westminster Press, 1960.

Carr, David. *Time Narrative and History*. Bloomington and Indianapolis: Indiana University Press, 1986.

Capps, D. "Pastoral Use and Interpretation of the Bible." in *Dictionary of Pastoral Care and Counseling*, R. J. Hunter ed. Nashville: Abingdon Press, 1990.

Capps, D. *Biblical Approaches to Pastoral Counseling*. Eugene. OR: Wipf & Stock Publishers, 2003.

Chatman, Seymour Benjamin. *Story and Discourse−Narrative Structure in Fiction and Film*. Cornell University Press, 1980.

Clifford, James and George E. Marcus. *Writing Culture: The Poetics and Politics of Ethnography*. Berkeley. CA: University of California Press, 1986.

Crabb, L. J. 성경적 상담학, 정정숙 역. 서울: 총신대학출판부, 1994.

Crabb, L. J. 인간이해와 상담, 윤종석 역. 서울: 두란노, 1993.

Collins, G. 교회지도자를 위한 효과적인 상담, 정동섭 역. 서울: 두란노, 1984.

Dogun, J. T. E. *Biblical Narratives in Pastoral Care*. Southeastern Baptist Theological seminary, 1993.

Dowey, E. A. *The Knowledge of God in Calvin's Theology*. New York: Columbia Unv. Press, 1952.

Dreyfus, H. L and Rainbow, P. *Michael Faucault: Beyond Structuralism and Hermeneutics*. Chicago: University of Chicago Press, 1983,

Fee, G. D. 바울, 성령, 그리고 하나님의 백성, 길성남 역. 서울: 좋은 씨앗, 2000.

Fletcher, M. S. *The Psychology of the New Testament*. London: Hodder & Stoughton, 1912.

Forster, Edward M. *Aspects of the Novel*. 1927: reprint, Harmondsworth, Eng.: Penguin Books, 1962.

Freeman, J., Epston, D and Lobovits, D. *Playful Approaches to Series Problems: Narrative Therapy with Children and Their Families*. London: W. W. Norton, 1997.

Freedman, Jill and Gene Combs. **이야기 치료의 이론과 실제**, 허남순 등 역. 서울: 학지사, 2006.

Freud, S. **히스테리 연구**, 김미리혜 역. 서울: 열린책들, 1997.

Gerrish, B. A. "Biblical Authority and the Continental reformation." *Scottish journal of Theology* 10 (1957): 337-60.

Gerkin, Charles V. **살아있는 인간문서**, 안석모 역. 서울: 한국심리치료연구소, 1988.

Grant, F. C. "Psychological Study of the Bible." in *Religions in Antiquity: Essays in Memory of R. Goodenough* ed., J. Neusner. Leiden Brill, 1968.

Houston, J. M. "Spirituality." in *The Evangelical Dictionary of Theology*. Grand Rapids, MI: Baker Books House, 1984.

Horseley, R. **예수 운동: 사회학적 접근**, 이준모 역. 서울: 한국신학연구소, 1993.

Ivey, Allen E. *Intentional Interviewing and Counseling: Facilitating Client Development in a Multicultural Society*. 3rd ed. Pacific Grove, CA: Brooks/Cole, 1994.

Jeremias, J. *Jerusalem in the Time of Jesus*. Philadelphia: Fortress Press, 1969.

Kaesemann, E. *Commentary on Romans*. Grand Rapids: Eerdmans, 1989.

Kirwan, W. **현대기독교 상담학**, 정동섭 역. 서울: 예찬사, 2007.

Kort, Wesley A. *Narrative Elements and Religious Meaning*. Philadelphia: Fortress Press, 1975.

Lax, William D. "임상장면에서 포스트모더니즘적 사고." In Sheila McNamee and Kenneth J. Gergen, *Therapy As Social Construction*. **심리치료와 사회구성주의**, 김유숙 역. 서울: 학지사, 2004.

Loder, J. E. **종교체험과 삶의 변환**, 김성민 역. 서울: 한국신학연구소, 2001.

Longman, T. 3세. **문학적 성경해석**, 유은식 역. 서울: 솔로몬, 2002.

Lowry, Eugine L. *The Sermon: Dancing the Edge of Mystery*. Nashville: Abingdon Press, 1997.

MacIntyre, Alasdair. *After Virtue: A Study in Moral Theory*. 3rd ed. Notre Dame: University of Notre Dame Press, 2007.

Mark Allan P. 서사비평이란 무엇인가, 이종록 역. 서울: 한국장로교출판사, 2002.

McNamee, S and Gergen, K. J. 심리치료와 사회구성주의, 김유숙 역. 서울: 학지사, 2004.

May, Rollo. *The Cry for Myth*. New York: W. W. Norton and Company, 1991.

Neimeyer, R. A. "An Appraisal of Constructivist Psychotherapies." *Journal of Consulting and Clinical Psychology* 61 (2) (1993): 221-234.

Nichols, Michael P and R. C. Schwartz. *The Essentials of Family Therapy*. 3rd ed. Boston: Allyn and Bacon, 2007.

Nichols, Michael P and Schwartz, R. C. 가족치료-개념과 방법, 김영애 등 역. 서울: 시그마프레스, 2002.

Niesel, W. *The Theology of Calvin*, tr. H. Knight. Philadelphia: Westminster Press, 1956.

Norris, C., Derrida. 데리다, 이종인 역. 서울: 시공사, 1999.

Oglesby, W. B. Jr. *Biblical Themes for Pastoral Care*. Abingdon Press, 1980.

Palmer, Richard E. 해석학이란 무엇인가, 이한우 역. 서울: 문예출판사, 1990.

Peterson, Eugene H. 다윗: 현실에 뿌리박은 영성, 이종태 역. 서울: IVP, 1999.

Polkinghorne, Donald. E. "Narrative and Self-Concept." *Journal of Narrative and Life History* 1(2&3) (1991): 135-153.

Polkinghorne, Donald E. *Narrative Knowing and The Human Sciences*. New York: State University of New York Press, 1988.

Powell, M. A. 서사비평이란 무엇인가, 이종록 역. 서울: 한국장로교출판사, 2002.

Rhoads, D. "Losing Life for Others in the Face of Death: Mark's Standards of Judgment." in *Reading Mark, Engaging the Gospel*. Minneapolis: Fortress Press, 2004.

Rhoads, David., M. Dewey, J., and Michie, D. M. 이야기 마가: 복음서 내러티브 개론, 양재훈 역. 서울: 이레서원, 2003.

Robbinson, Wayne B. 이야기식 설교를 향한 여행, 이연길 역. 서울: 한국장로교출판사, 1983.

Rogers, Carl. "The Necessary and Sufficient Conditions for Therapeutics Personality Change." *Journal of Counseling Psychology* 21 (1957): 95-103.

Rollins, W. G. *Soul and Psyche: The Bible in Psychological Perspective*. Minneapolis: Augusburg, Fortress Press, 1999.

Russell, Shona and Maggie Carey. *Narrative Therapy*. Adelaide, Australia: Dulwich Centre Publications, 2004.

Ruether, R. R. *Sexism and God-talk*: Toward a Feminist Theology: With a *New Introduction*. Beacon Press, 1993.

Sampson, E. E. The Construction of The Self, In J. Shotter & K. J. Gergen(eds). *Text of identity*. London: Sage, 1989.

Stroup, George W. *The Promise of Narrative Theology*. Westminster: John Knox Press, 1981.

Schwartz, Matthew B., and Kalman J. Kaplan. 성경속의 치유와 상담, 권명수· 전정운 역. 서울: 시그마프레스, 2007.

Taylor, V. *The Gospel According to St. Mark*. Michigan: Baker Book House, 1981.

Theissen, G. *Sociology of Palestinian Christianity*. Philadelphia: Fortress Press, 1978.

Via, D. "The Prodigal Son: A Jungian Reading." *Semeia* 9 (1977): 21f.

Wachterhauser, B. R. *Hermeneutics and Modern Philosophy*. New York: State University of New York Press, 1986.

Wendel, F. Calvin: *The Origins and Development of His Religious Thought*. Philadelphia: Westminster Press, 1963.

White, M. *Re-Authoring Lives: Interviews and Essays*. Adelaide, Australia: Dulwich Centree Publications, 1995.

White, M. *Maps of narrative practice*. New York: Norton and Co, 2007.

White, M and D. Epston. *Narrative Means to Therapeutic Ends*. New York: W. W. Norton and Company, 1990.

White, M. "Workshop notes 9." 2005. 9. 21. Published on Dulwich Centre, Website www.dulwichcentre.com.au. 2024년 11월 10일 검색

Wimberly, E. P. 목회상담과 성경의 사용, 김진영 역. 서울: 한국장로교출판사, 2005.

Winslade, John Maxwell., and Gerald D. Monk. 이야기 상담, 송현종·정수희 역. 서울: 학지사, 2005.

찾아보기

ㅇ

ㅈ

ㅎ

영어

저자소개

오우성

서울대학교 경영학과(B.B.A)를 졸업하고, 미국 프린스턴 신학대학원에서 석사(M.Div)를, 미국 드류 대학교에서 박사(Ph.D) 학위를 취득하였다. 현재 기독영성상담연구소 소장, 계명대학교 기독교학과 명예교수, 대봉교회 협동목사로 섬기고 있다.

저서로는 『바울의 갈등과 회심』, 『데살로니가전후서』, 『성서의 권위와 성서적 신앙공동체』, 『신약신학논제』, 『상담으로 풀어 본 신학』(공저), 『성서와 심리학의 대화』, 『이야기상담의 이론과 실제』(공저), 『요한의 영성』, 『바울의 영성 신학』, 『성경적 영성 형성』(공저) 등이 있다.

박민수

현재 계명대학교 기독교학과 기독교상담학 교수로 재직 중이며, 한국기독교상담심리학회 감독, 한국청소년상담학회 감독, 한국상담학회 전문상담사로 활동하고 있다. 기독영성상담연구소 부소장 및 지도교수, G2심리상담센터장으로서 상담 현장에서 상담과 상담센터 운영에 참여하고 있다.

저서로는 『마음을 움직이는 대화의 기술』, 『집단상담 및 교육 프로그램 개발』, 『이야기 상담의 이론과 실제』(공저), 『성경 이야기 상담 가이드북』(공저), 『1325 함께 하는 수련회: 집단상담 프로그램』, 『상담으로 풀어본 신학』(공저), 『성경적 영성 형성』(공저), 『목회상담 이론 입문』(공저), 『다음세대를 위한 집단상담 수련회』 등이 있다.

역서로는 『대중을 사로잡는 연설』, 『논증의 달인』, 『자기표현의 기술』, 『면접 가이드 – Interview Q&A Book』, 『면접 가이드 – Interview Book』 등이 있다.